중국몽은
일장춘몽

머 리 말

중국몽中國夢, Chinese Dream은 시진핑 체제의 아젠다 중 하나로, '근대 이래로 모든 중국인들이 꾸고 있는 가장 위대한 꿈'이라는 중국의 주장을 말하며, 시진핑 국가주석은 이를 구체적으로 '중화민족의 위대한 부흥'이라 정의했다. 한자의 의미와 영문 표기에서 알 수 있듯이, 미국의 아메리칸 드림에 대응해 만든 조어다.

중국 내 인민들을 겨냥한 정치적 수사라는 평가가 있다. 꿈이라는 단어가 실현 방안은 철저히 중국 지도부 입에서 나오는 데에도 불구하고, 그것을 모든 중국 사람들이 꿈꿔야만 한다는 뜻을 내포하기 때문이다.

쉽게 말해 중국 공산당의 독재가 최선임을 각인시키는 게 중국 지도부가 중국몽을 내세우는 진짜 의도다. 공산당 지도부가 "청조의 몰락으로 인해 닥쳤던 망국의 위기를 극복하고자 농민혁명과 자산계급혁명이 일어났음에도 역사적 사명을 이뤄내지 못한 데에 비해, 오로지 공산당 지도부만이 반봉건 반식민지 역사를 청산하고 중국 내 열강의 이권을 일소해 인민주권을 실현하였으며, 생활수준의 급증과 국제적 영향력 확대라는 위대한 위업을 달성함으로써 중국민족의 꿈 실현에 가장 근접했다."는 역사적 인식을 강조하는 것이 그 근거다.

또 실제로도 시진핑 주석이 집권하기 이전후진타오 지도부에 비하면, 현 중국 내 민주주의 담론의 질과 양은 크게 줄어들었고, 당의 영도를 전제한 '협상민주'가 기존 담론을 거의 대체하고 있는 실정이다.

중국은 아시아 태평양 질서를 21세기판 조공·책봉체제로 만들려 하고 있고 이에 삼동심원三同心圓 전략을 추구해왔으며 이것이 중국몽의 핵심이고 중국몽의 완성이 21세기 중화제국의 부활이다. 기존에 추진된 동북공정도 이러한 전략의 일부다. 동북공정은 이미 부여, 고구려를 넘어 백제까지 자국 역사로 포함시킨다. 동북공정은 이미 2006년에 종료됐으나 잔재가 아직도 있다.

학계는 이를 아메리칸 드림과 구분되는 중국 국가의 꿈, 집단적인 민족적 꿈이라 보고 있다. 다시 말해, 중국몽은 아메리칸 드림으로 표현되는 '미국 예외주의'와 대비되는 '중국 예외주의'란 것이다. 중국몽은 공식적으로 유교적 인본주의에 기초한 철학체계를 기반으로 한다고 알려져 있는데 유교의 특성상 집단적 가치를 중시하는 점과 이를 주창한 쪽이 현재 소수 엘리트 일당독재를 한다는 점에서 그 본질은 독재 합리화에 가깝다는 게 학계의 정설이다.

실크로드 경제벨트와 21세기 해상실크로드 계획, 혹은 일대일로—帶—路는 2014년 11월 중화인민공화국에서 개최된 아시아 태평양 경제 협력체 정상 회의에서 시진핑 주석이 제창한 경제권 구상이다. 이는 중국과 중국 이외의 유라시아 국가들을 연결하고 협동하도록 하는 것에 그 목표를 두고 있는 계획이다. 이 구상은 크게 두 가지로 이루어져 있는데, 하나는 육지기반의 실크로드 경제벨트 계획이고 다른 하나는 해상기반의 21세기 해상실크로드 계획이다. 이 계획은 중국이 국제 사회에서 더 큰 역할을 하는 것을 노리는 한편, 철강 산업과 같이 중국 내 생산능력이 필요 이상으로 과다하게 된 분야의 문제를 해소하려는 것에 있다. 중국의 공식적인 통계에 따르면 일대일로 계획은 지구상 인구의 63%에 해당하는 44억 인구를 대상으로 하고, 이와 관련한 GDP는 전 세계 GDP의 29%인 21조 달러에 달한다.

일대는 아프가니스탄, 이란, 시리아, 신장 위구르 자치구 등 정세가 불안정한 지역을 많이 지난다. 또한 일로 중 남중국해는 중국을 포함한 7개 국가가 서로 영해분쟁을 하는 곳이고 말라카 해협과 예멘-소말리아 사이의 아덴만은 해적이 들끓는 곳으로 유명하다.

중국 정부가 일방적으로 주도하는 사업이다 보니 과거 중화제국 때처럼 중국의 패권 장악 수단이라는 시각이 강하다. 실제로 스리랑카 정부는 중국이 주도하는 함반토타 항구 개발사업을 중단했다. 태국 정부도 중국 경제에 종속되기를 우려해 철도 건설 계약 취소를 고려 중이다.

결국, 중국은 왼쪽 주머니_{국고}에 있는 돈을 오른쪽 주머니_{민간}로 옮기기만 한 건데, 장부에는 받을 돈이 기입되는 것이다.

거의 제국주의 시절 식민지 지배로 이어지는 과정과 유사하다. 자국의 자본과 기술로 만들 수 없는 것들을 쥐여 준 다음에 의존성을 높이는 수법으로, 과거 일제가 조선에 돈을 빌려주고 이런저런 사업을 반강제로 하게 한 것과 비슷하다. 특히, 이 정도 규모의 인프라 투자라면 사후 관리에 대한 대책으로 기술 이전이 당연히 나오게 되는데 그것조차 없다면 투자가 아닌 지배에 가까운 수준이다.

여기에도 교묘한 함정이 있는데, 왼쪽 주머니의 돈이 오른쪽 주머니로 이동하는 소위 '당사국은 인프라 건설을 수주한 중국 기업에게 그 돈을 준다'는 과정에서 건설사가 공사비를 부풀리거나, 중국산 자재를 많이 사서 필요 이상 소비하여 과잉공사를 하게 된다. 또는 재고가 넘치는 저가 중국산을 본 프로젝트로 소진하면서도 가격을 부풀려 청구할 경우 '사업이 끝나면 중국 정부에게는 채권이, 중국 기업들에게는 돈이, 당사국 정부에게는 사회기반시설과 부채가 남는다'는 단계의 상대국의 부채를 과대 계상할 수 있다. 그리고 실제 지출한 것_{혹은 과잉공사가 없을 시 적정 지출액}보다 더 많이 상대국에 청구하는 게 가능하다는 것도 숨은 함정이다. 그렇게 되면 같은 돈이 주머니를 거쳐 옮겼을 뿐인데도 받을 돈이 더욱 증가하는 것이다. 이것은 대출자와 사업 시행자_{자재 생산, 건설 시공, 사후 관리 등의 전 과정}가 중국이란 동일 주체 내에서 일어나기 때문에 가능한 것으로, 자기들끼리 짝짜꿍 담합으로 상대국을 사기치려 한다면 어떤 꿍꿍이를 써도 알아내기 힘들다. 이 프로젝트의 불투명성 문제에 대해서는 미국 존스홉킨스대 연구진이 회계가 아니라 수사에 가깝다고 지적한 바 있다.

　중국의 패권화가 노골화됨에 따라 이제 서구 세계는 중국과 본격적으로 실력을 겨룰 필요성이 생겼다. 이러한 중국의 본격적인 패권화 정책은 일본의 재무장과도 밀접한 연관성을 지닌다. 지그마어 가브리엘 독일 외무장관 겸 부총리는 MSC 연설에서 "중국은 일대일로를 활용해 자유·민주·인권 존중에 기반을 둔 서구 가치관과 다른 중국적 가치를 촉진하고 있다."며 "그로 인해 민주주의와 독재체제 간 대결이 재연되고 있다."고 말했다. 그는 이어 "중국은 현재 전 지구적 스케일의 확고한 지정학적 목표를 가진 유일한 국가"라며 "서구는 여기에 맞서야 한다."고 촉구했다. 가브리엘 장관은 특히 일대일로를 앞세운 중국의 공세적인 금전 외교의 힘을 우려했다. 그는 "중국의 금전 외교에 맞서 유럽은 동유럽과 중앙아시아, 아프리카에 대한 적극적인 투자에 나서야 한다."고 말했다.

　'나라사랑 전직 외교관 포럼' 회원 일동은 지난 2019년 12월 15일 '외교안보정책을 180도 전환하라'는 제하의 성명에서 "지난 11일 유엔 안보리 이사국들이 북한 문제를 다루기 위해 긴급회의를 소집함으로써 지난 2년간 북한의 비핵화를 위해 국제사회가 기울여왔던 외교적 노력은 사실상 물거품이 되고 말았다."며 "이러한 결과는 그간 우리 정부가 안보리 제재를 무력화시키기 위해 유엔 안전보장이사회 상임이사국을 포함한 다수의 세계 정상들에게 북한제재 완화를 요청한 것이 역효과를 낸 것이라고도 볼 수 있다."고 해석했다.

　전직 외교관들은 "북한은 핵과 미사일 도발을 재개할 것이라고 협박하고 있고, 미국은 북한이 비핵화 약속을 어길 경우 군사적 대응도 불사하겠다고 밝히는 등 한반도의 안보상황이 '화염과 분노'라는 말로 표현됐던 2년 전 상황으로 되돌아가고 있다."며 "이러한 상황이 전개된 것은 북한정권에 영합하려는 주사파 정권의 본색이 외교영역에 그대로 투사돼 있다는 데 그 원인이 있다."고 지적했다.

이어 "사드를 추가 배치하지 않고, 미국이 주도하는 미사일방어망에 참가하지 않으며, 한·미·일 안보협력을 군사동맹으로 발전시키지 않는다는 '3불 약속'도 문재인 정부의 종북·친중 정책과 연결돼 있다."고 지적한 이들은 "그럼에도 불구하고 이 정권은 북한 및 중국·러시아로부터 무시와 멸시, 조롱을 받는 존재로 전락했고, 미국과 일본 등 우방국에게도 신뢰를 잃어버리는 고립무원의 신세가 됐다."고 개탄했다.

이들은 "이 와중에 중국이 미국의 중거리미사일 한국 배치를 반대한다는 약속을 우리 정부에 요구했다는 소문이 들리고, 중국의 왕이 외교부장이 방한해 청와대와 외교부, 기업인들을 상대로 우리의 주권과 국민들의 존엄을 심각하게 훼손시키는 행동을 했다."며 "이처럼 묵과할 수 없는 만행을 저지른 중국 정부를 강력히 규탄한다."고 목소리를 높였다.

그러면서 이들은 "대한민국의 안보와 경제의 버팀목이 돼온 한·미·일 3국 협력체제를 하루빨리 복원하지 않으면 우리나라의 장래는 암담할 수밖에 없다."고 지적하며 △중국에 대한 3불 약속을 철회하고, △일본과의 국제적 약속을 준수하며, △자유민주주의의 보편적 시각으로 외교문제를 처리하고, △지역 안보협력체제에 적극 참여할 것을 문재인 정부에 주문했다.

문재인 정부는 우리의 현실적 요구와 충언이 외교적으로 외톨이가 된 대한민국을 다시 국제사회의 책임 있는 일원으로 되돌리기 위한 것임을 깊이 깨달아 하루빨리 대오각성이 있기를 진심으로 바라마지 않는다고 입을 모았다.

중국몽은 중국 인민 대중의 꿈이 아니다. 그것은 오로지 중국 공산당 지도부의 꿈일 뿐이다. 하물며 대한민국 국민 우리와는 아무 상관이 없는 개꿈이다. 일대일로 정책 또한 마찬가지다. 우리는 하루 속히 이러한 미몽迷夢에서 깨어나야 한다.

이 책은 작금의 중국과 관련하여 떠도는 온갖 소문과 불편한 진실로부터 우리 모두가 자유로워질 수 있도록 일깨우기 위해서 집필되었다. 현재 우한 폐렴으로 알려진 코로나바이러스감염증-19는 중국은 물론 전 세계를 공포의 도가니로 몰아가고 있다. 연일 확진자·사망자가 늘어나고 있고, 각국은 자국을 찾는 외국인이 못 들어오도록 빗장을 내걸고 있다. 그런데 당사국인 중국은 한마디 사과나 변명이 없다. 오히려 발병 원인을 다른 이유, 다른 곳으로 떠넘기려는 잔머리를 굴리고 있지 않은가.

이 책을 준비하는 데는 주위 많은 분들의 격려와 지원을 받아서, 이 자리를 빌어 감사의 말씀을 전한다.

끝으로 이 책의 출판에 많은 도움을 주신 한올출판사 임순재 사장님과 관계자 여러분의 노고에 깊은 감사의 말씀을 드린다.

2020년 10월

저자 씀

차 례

Chapter 01

중국몽

개 요

중국몽中國夢은 시진핑 정부에서 퍼진 개념으로, 중국이 추구할 이상향을 말한다. 시진핑 주석은 2012년 11월에 중국공산당 중앙위원회 총서기로 추대되면서부터 '중국몽'을 처음으로 사용했다. '중국몽'은 미국과의 수평적 관계 형성, 중국식 강대국 외교를 통한 국제 사회에서 중국의 제 위치 찾기, 경제 패권국으로의 발전을 위한 패권국가로서 역할과 정체성 확립 등이 핵심이다. 중국은 이를 구현하기 위한 전략으로 '일대일로' 계획과 아시아 인프라 투자은행AIIB 설립을 추진하며 관련 국가들에게 자원과 자본을 제공하고 있다. 중국몽은 '위대한 중화 민족 부흥'과 중국 특색을 반영한 지역패권 국가 구축을 위한 정체성 정치의 일환으로 볼 수 있다. 한자의 의미와 영문 표기에서 알 수 있듯이, 미국의 아메리칸 드림에 대응해 만든 조어다. 그러나 시 주석이 추진하는 중국의 패권 정체성 정치는 중국의 특수성과 세계자본주의 경제 질서라는 보편성이 충돌한다는 한계가 있다.

시진핑의 중국몽(Chinese Dream)

자료 : dhswlzzz35.tistory.com

　　문재인 대통령은 2017년 중국을 방문한 자리에서 "중국은 단지 중국이 아니라 주변국들과 어울려 있을 때 그 존재가 빛나는 국가이다. 높은 산봉우리가 주변의 많은 산봉우리와 어울리면서 더 높아지는 것과 같다.", "중국몽이 중국만의 꿈이 아니라 아시아 모두, 나아가서는 전 인류와 함께 꾸는 꿈이 되길 바란다."라고 밝혔다.

　　문 대통령은 특히 "중국이 더 많이 다양성을 포용하고 개방과 관용의 중국정신을 펼쳐갈 때 실현 가능한 꿈이 될 것"이라며 "한국도 작은 나라지만 책임 있는 중견국가로서 그 꿈에 함께 할 것"이라고 발언한 바 있다.

중국몽은 대략 다음과 같이 정리된다.

- **국가적 통합** : 13억 중국 인민, 즉 한족과 소수민족, 연안과 내륙, 빈부 계층을 하나로 지배한다.

- **인민의 행복** : 강력한 국가만이 내부적으로 민생을 안정시켜 인민의 행복을 실현할 수 있다.

- **국가의 현대화** : 중국몽은 제1단계로 2020년까지 중산층 사회, 제2단계로 2049년까지 부강한 사회주의 현대화 국가를 건설한다.

- **강력한 군대** : 경제력에 기반해서 군을 현대화한다. 전투기 탑재 항모, 탄도 미사일, 사이버 전력 등으로 군사강국으로 거듭난다.

- **초강대국화** : 현재의 G2미·중 양강 시대를 넘어서 중화인민공화국 건설 100주년이 되는 2049년엔 미국을 넘어 새로운 역학관계의 G2중·미 시대를 연다.

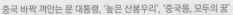
중국 바짝 껴안는 문 대통령, '높은 산봉우리', '중국몽, 모두의 꿈'

자료 : news.sbs.co.kr

중국의 속내와 이에 대한 평가

　중국 내 인민들을 겨냥한 정치적 수사라는 평가가 있다. 꿈이라는 단어가 실현 방안은 철저히 중국 지도부 입에서 나오는 데에도 불구하고, 그것을 모든 중국 사람들이 꿈 꿔야만 한다는 뜻을 내포하기 때문이다.

　쉽게 말해서 중국공산당의 독재가 최선임을 각인시키는 게 중국 지도부가 중국몽을 내세우는 진짜 의도이다. 공산당 지도부가 "청조의 몰락으로 인해 닥쳤던 망국의 위기를 극복하고자 농민혁명과 자산계급혁명이 일어났음에도 역사적 사명을 이뤄내지 못한 데에 비해, 오로지 공산당 지도부만이 반봉건 반식민지 역사를 청산하고 중국 내 열강의 이권을 일소해 인민주권을 실현하였으며, 생활수준의 급증과 국제적 영향력 확대라는 위대한 위업을 달성함으로써 중국민족의 꿈 실현에 가장 근접했다."는 역사적 인식을 강조하는 것이 그 근거다.

　또, 실제로도 시진핑 주석이 집권하기 이전후진타오 지도부에 비하면, 현 중국 내

자료 : news.kbs.co.kr

민주주의 담론의 질과 양은 크게 줄어들었고, 당의 영도를 전제한 '협상민주'가 기존 담론을 거의 대체하고 있는 실정이다.

중국은 아시아 태평양 질서를 21세기 판 조공·책봉체제로 만들려 하고 있으며 이에 삼동심원三同心圓[1]전략을 추구해왔다. 이것은 중국몽의 핵심이고 중국몽의 완성이 21세기 중화제국의 부활이다. 기존에 추진된 동북공정[2]도 이러한 전

※ 1　① 대만, 홍콩, 마카오, 동투르키스탄, 티베트의 완전 통합 영토 정책, ② 인접국인 북한, 파키스탄, 미얀마의 종속, ③ 일대일로를 통해 중국을 중심으로 한 60여 개 주변국과 경제권 구축.

※ 2　동북공정(東北工程)은 중국 동북3성의 역사 연구를 목적으로 하는 중화인민공화국의 국가 프로젝트이다. 참고로, 공정이란 단어는 범위가 넓고 각 방면의 협력이 필요하며 많은 인력과 물자가 투입되는 프로젝트나 사업, 프로그램, 계획을 의미한다. 동북3성지역의 헤이룽장성, 지린성, 랴오닝성에서 일어난 과거 역사와 파생되어 나온 현대사와 미래사의 현황에 관련하여 2002년 초부터 5개년 계획으로 랴오닝성을 중심으로 2007년 초까지 대한민국과 중화인민공화국의 격론을 겪으며 강력한 반발 속에서 추진되었고, 그 뒤 몇 년 간 변강사지연구중심(邊疆史地研究中心)에서 단행된 중국 동북지역 역사의 학술적 연구와 한국사 왜곡 정책을 뜻한다. 정식 명칭은 동북변강역사여현상계열연구공정(東北邊疆歷史與現狀系列研究工程)이다. 주로 조선, 부여, 발해, 고구려를 중심으로 하며, 가끔 백제와 신라를 포함하기도 한다.

략의 일부이다. 동북공정은 이미 부여, 고구려를 넘어 백제까지 자국 역사로 포함시킨다. 동북공정은 이미 2006년에 종료됐으나 잔재가 아직도 있다.

학계는 이를 아메리칸 드림과 구분되는 중국 국가의 꿈, 집단적인 민족적 꿈이라 보고 있다. 다시 말해서, 중국몽은 아메리칸 드림으로 표현되는 '미국 예외주의'와 대비되는 '중국 예외주의'란 것이다. 중국몽은 공식적으로 유교적 인본주의에 기초한 철학체계를 기반으로 한다고 알려져 있는데 유교의 특성상 집단적 가치를 중시하는 점과 이를 주창한 쪽이 현재 소수 엘리트 일당독재를 한다는 점에서 그 본질은 독재 합리화에 가깝다는 게 학계의 정설이다. 실제로 시진핑 지도부는 2018년 3월 11일에 전국인민대표대회_{전인대}에서 '국가주석직 2연임 초과 금지' 조항을 삭제함으로써 주석의 10년 임기 제한을 철폐하는 개헌을 단행하였으며, 2964표 가운데 찬성 2958표, 반대 2표, 기권 3표, 무효 1표로 99%의 압도적인 찬성으로 이를 이뤄냈다.

덩샤오핑 지도부가 내세웠던 도광양회[3], 화평굴기[4]를 대체했다는 평가도 있지만, 기본적으로 샤오캉 사회[5]의 틀을 그대로 따르고 있다는 점에서 연속적인

※ 3　　도광양회(韜光養晦)는 '자신을 드러내지 않고 때를 기다리며 실력을 기른다.'는 의미이다. 한자를 그대로 풀이하면 '빛을 감추고 어둠 속에서 힘을 기른다.'는 뜻이다. 원래는 나관중(羅貫中)의 소설 『삼국지연의(三國志演義)』에서 유비(劉備)가 조조(曹操)의 식객 노릇을 할 때 살아남기 위해 일부러 몸을 낮추고 어리석은 사람으로 보이도록 하여 경계심을 풀도록 만들었던 계책이다. 또, 제갈량(諸葛亮)이 천하 삼분지계(三分之計)를 써서 유비로 하여금 촉(蜀)을 취한 다음 힘을 기르도록 하여 위(魏)·오(吳)와 균형을 꾀하게 한 전략 역시 도광양회 전략이다. 그러나 도광양회가 널리 알려진 것은 이러한 고사 때문이 아니라, 1980년대부터 중국이 취한 대외정책 때문이다.

※ 4　　화평굴기(和平崛起)는 '평화롭게 우뚝 선다.'는 뜻으로, 후진타오(胡錦濤) 집권 초기에 천명된 중국의 대외전략이다. 2003년 당시 중앙당교 상무부장 정비젠(鄭必堅)에 의해 처음 소개되었으며, 핵심 내용은 경제세계화에 적극 참여, 자주독립적인 발전 방법 채택, 영원히 패권을 추구하지 않을 것 등이다. 2003년 11월 3일, 불리는 보아오아시아포럼(博鰲亞洲論壇)에서 화평굴기라는 개념이 처음 소개되었다. '중국 화평굴기의 새로운 길과 아시아의 미래(中國和平崛起新道路和亞洲的未來)'라는 제목의 기조연설을 통해 정비젠(鄭必堅)이 제시했다.

※ 5　　샤오캉(小康) 사회란 모든 국민이 편안하고 풍족한 생활을 누리는 상태를 의미하는 중국 정부의 장기적 정책목표다. 지난 2015년 11월 29일, 중국공산당 제18기 중앙위원회 5차 전체회의(5중전회) 폐막 이후 중국 정부는 공산당 창건 100주년이 되는 2021년에 샤오캉 사회를 전면 실현하겠다는 목표를 밝혔다.

특색이 강하다는 평이다. 중국 지도부 주장에 따르면 "중국은 2021년에 의식주와 문화생활에 관한 문제를 모두 해결하고, 2049년엔 사회주의 현대화 강국을 달성한다."고 한다. 중국에서 만들어진 여러 가지 시진핑 찬양가에도 중국몽에 대한 언급은 거의 필수 요소 급으로 들어간다.

도광양회를 주장하는 덩샤오핑

자료 : m.blog.naver.com

일각에서는 중국을 중심으로 하는 체제의 결과가 어떻게 되었는지 과거 대중국 역사에서 돌이켜 볼 필요가 있다는 비판이 존재한다. 중국과 가까운 나라들이 중국과 아예 척을 지고 적대하는 것은 불가능하지만, 그렇다하여 중국과 밀월관계를 가지는 것 또한 별로 도움이 되지 않는다는 의견이다. 이는 일대일로와 같은 예를 굳이 들지 않더라도, 일대일로보다 앞서 중국을 혈맹으로 선택했던 북한의 현재 상황을 본다면 중국과 동맹관계를 택했다는 것 또한 요인이라는 것을 부인할 수는 없다는 해석에서 기인한다. 좀 더 이전의 역사에서 중국과 척을 졌던 한반도 국가들과, 중국 밑으로 들어갔던 한반도 국가들의 국력이나 위상 차이가 얼마나 났는지 역사적 사실을 감안해보면 북한의 현재 상황을 마냥 다른 요인만으로 돌리기 어렵다는 해석이다. 이러한 시각에서는 굳이 한반도가 아닌 중국 주변 다른 국가들의 대중국 역사적 사례를 들어봐도 이에 일치하는 역사적 사실들이 상당히 많다는 점을 들어, '중국을 중심으로 대국관계를 맞춘다는 것은 국익에 있어 위험한 행위'라고 풀이하기도 한다.

🌸 시진핑의 발언

- 시진핑은 총서기에 선출된 지 보름도 안 되어서 중국몽을 언급했다. 그가 중국공산당 제18기 1중전회에서 중국공산당 총서기에 선출 된 시점은 2012년 11월 15일이고, 중국몽을 처음 꺼낸 시점은 그로부터 2주 뒤인 2012년 11월 29일이었다. 이날, 베이징 국가박물관에서 '부흥의 길'을 참관했던 시진핑 주석은 "중화민족의 위대한 부흥이 곧 중화민족의 꿈이다."라고 한 바 있다.

- 중국몽은 5세대 지도자로 등극한 시진핑이 혹시 모를 쿠데타에 앞서 군을 장악할 어젠다로 쓰인 바 있다. 2012년 12월 8일, 광저우전구를 시찰하던 시진핑은 "중국의 꿈은 곧 강군의 꿈이므로 군대는 당의 절대적 영도를 받아야 한다."고 주장했다.

- 2013년 3월 17일, 막을 내린 제12기 전국인민대표대회 폐막연설에서 시진핑 주석은 중국몽을 9차례 언급하며 그 실현 방안을 제시하였는데, 구체적으로 '중국만의 사회주의_{중국의 길}', '애국주의와 창조혁신을 두루 겸한 시대정신_{중국의 정신}', '중국 전 인민이 단결해 만든 역량_{중국의 역량}', 이 세 가지를 거론하였다.

- 시진핑은 도널드 트럼프 미국 대통령과의 정상회담_{4월 6~7일}에서 한반도 역사를 언급하며 왜곡된 역사관을 드러냈다. 트럼프 대통령은 2017년 4월 12일 월스트리트저널과 인터뷰에서 미·중 정상회담 결과를 얘기하면서 "시 주석이 북한이 아닌, 중국과 한반도_{Korea} 역사에 대해 말했다."며 "한반도는 사실 중국의 일부였다_{Korea actually used to be a part of China}고 발언했다."고 밝혔다. 또 트럼프 대통령은 "10분간 시 주석의 설명을 들은 후 북한 문제가 그렇게 쉽지 않다는 것을 깨달았다."며 "내가 생각하던 것과는 다를 수 있다."고 말했다. 시진핑의 이 발언은 트럼프 대통령의 입을 통해 전해졌다.

미국 우선주의 vs 중국몽 정면충돌

자료 : hankyung.com

해외에서의 중국몽

 한국

박근혜 전 대통령의 발언

　"중국 내륙기업들과 협력을 모색할 것입니다. 이 자리에 계신 중국기업인 여러분께서도 '중국의 꿈'을 함께 이루어갈 한국의 좋은 동반자를 찾을 수 있기를 바랍니다."

　"한중 양국 관계를 미래지향적으로 계속 발전시켜 나간다면 '중국몽'과 제2의 한강의 기적을 이루는 데 도움이 될 것입니다."

박 전 대통령 중국 칭화대 연설

자료 : news.sbs.co.kr

문재인 이전의 박근혜 또한 중국몽 발언을 한 적이 있어서, 친문 진영에서는 박근혜도 중국몽 발언을 했는데 문재인 대통령의 연설만을 지적하는 건 이중 잣대라 주장한다.

이명박 전 대통령의 발언

이명박 전 대통령은 2015년에 전 대통령 자격으로 일대일로와 중국몽을 주제로 하는 포럼에 참석하여 중국몽의 실현을 위해 한국경제의 발자취를 되짚어 보라는 연설을 하였다.

이명박 전 대통령이 중국 베이징 인민대회당에서 열린 '한·일·중 비즈니스 서밋'에 참석, 기조연설을 하고 있다.

자료 : korea.kr

"저는 오늘 여러분과 함께 세계경제가 직면한 위험과 도전을 조망하면서, 지금까지 한국경제의 발자취에 비추어, 중국경제가 '신기회'를 살리고 '중국몽'을 실현하는 전략에 대해 의견을 나누고자 합니다."

"한국은 중국보다 한 발 앞서 압축 경제성장의 경로를 밟아왔습니다. 그 과정에서 성공한 정책도 많지만, 실패한 정책도 적지 않습니다. 따라서 중국경제가 '신기회'를 가꾸고 '중국몽'을 실현하는 데, 한국경제의 발자취를 되짚어보는 것도 유익할 것입니다."

"내외 귀빈 여러분, 중국에는 진취적인 기업인과 금융인, 그리고 유능한 학자들이 많습니다. 중국 지도부도 오늘 말씀드린 미래의 위험과 도전을 잘 인식하고, 슬기롭게 대비하고 있습니다. 오늘 포럼의 주제인 '일대일로와 중국몽'이 이를 뒷받침합니다. 그래서 저는 중국경제의 앞날이 밝다고 봅니다. 한중관계는 그 어느 때보다 돈독합니다. 나는 두 나라가 21세기 미래를 함께 걸어갈 가장 가까운 친구가 될 것이라고 확신합니다."

먼저 앞서나간 한국을 공부해야 한다는 취지의 연설을 통해 중국몽의 실현을 위한 조언을 하고 도움을 주었지만, 이것은 중국몽에 대한 지지가 아니라는 의견도 있다.

문재인 대통령의 발언

"중국은 단지 중국이 아니라, 주변국들과 어울려 있을 때 그 존재가 빛나는 국가입니다. 높은 산봉우리가 주변의 많은 산봉우리와 어울리면서 더 높아지는 것과 같습니다. 그런 면에서 중국몽이 중국만의 꿈이 아니라 아시아 모두, 나아가서는 전 인류와 함께 꾸는 꿈이 되길 바랍니다.

문재인 대통령 베이징대학 연설

자료: m.blog.naver.com

인류에게는 여전히 풀지 못한 두 가지 숙제가 있습니다. 그 첫째는, 항구적 평화이고 둘째는 인류 전체의 공영입니다. 저는 중국이 더 많이 다양성을 포용하고 개방과 관용의 중국정신을 펼쳐갈 때 실현 가능한 꿈이 될 것이라고 믿습니다. 한국도 작은 나라지만 책임 있는 중견국가로서 그 꿈에 함께 할 것입니다."

문재인 대통령은 2017년 12월 15일, 베이징대학에서 한 연설에서 '중국은 높은 산봉우리 같은 나라'라고 발언했다. 문 대통령은 연설문 곳곳에서 중국을 '높은 산봉우리', '대국'이라고 치켜세우고 한국을 '작은 나라'라고 지칭하면서 중국이 주변국을 보다 넓게 포용해줄 것을 강조해 눈길을 끌었다. 같은 연설에서 "마오쩌둥 주석이 이끈 대장정에도 조선 청년이 함께 했다."고도 발언했다.

비판하는 측에서는 이 발언을 어떤 목적, 어떤 의미로 했던지 간에, 일국의 대통령이 자국을 작은 나라라고 하는 것은 분명히 잘못된 표현이며 경솔했다고 주장한다. 의도에 대한 분석 이전에 과도하며 그르친 표현이란 점은 의심할 여지가 없고 그나마 집권 초기, 한창 지지율이 고공행세를 보이던 2017년도 말에 했으니 유야무야 넘어갔지, 만약 지지율이 하락한 시점에서 저런 발언을 해버렸다면 과연 어떤 난리가 났을지 예상하기 어렵다고 말한다.

친문 진영에서는 문재인 대통령의 발언은 단순한 립서비스에 불과하며, 연설 가운데 "중국이 법과 덕을 앞세우고 널리 포용하는 것을 중국을 대국답게 하는 기초", "중국이 더 많이 다양성을 포용하고 개방과 관용의 중국 정신을 펼쳐갈 때 실현 가능한 꿈"이라는 내용 등, 중국 정부 정책을 우회적으로 비판하는 발언이 있기 때문에 오히려 중국이 대국다운 모습을 보일 때라야 중국몽에 참여하겠다고 우회적으로 표현했다는 의견도 있다. 즉, 비판하는 측에서 문 대통령의 발언을 사대주의적인 것으로 지나치게 과장하고 있으며, 이는 문맥 무시 인용에 불과한 것이라는 말이다. 중국을 높은 봉우리에 비유했다는 말도 마찬가지로 해석할 수 있다는 것이다.

문재인 대통령의 '중국몽' 실제 발언 확인

'해명 급급' 靑 팩트 오류

중국은 높은 산봉우리 같은 나라.
한국은 작은 나라지만
중국몽(夢) 함께 하겠다.
- 지난 15일, 베이징대 강연 中에서

자료 : kdsoo322.tistory.com

하지만 비판하는 측은 단순히 국가를 낮춰서 표현했다고 비판하기보다, '친중주의 발언'이라는 게 주된 이유다. 이 단어로 문재인을 조롱할 때 '작은 나라'라는 표현보다는 "중국과 함께 하겠습니다."라는 식의 표현을 주로 같이 쓰며 조롱하는 게 대다수이다. 애초에 작은 나라라는 표현이 논란의 핵심이었다면 그 자체가 문제가 되지 중국몽이라는 중국 아젠다에 대한 단어를 조롱하기 위한 대표 표현으로 선택하지 않았을 것이다.

문재인 대통령이 중국 베이징대를 방문해 '한중 청년의 힘찬 악수, 함께 만드는 번영의 미래'를 주제로 연설하고 있다. 문 대통령의 연설에는 교수와 교직원, 학생 300여 명이 참석했다.

자료 : kdsoo322.tistory.com

또한, 전임 대통령들의 중국몽 발언과의 차이점은 한국을 중국몽에 대한 팔로워 포지션에 둔 발언이라는 점이다. 이명박의 경우엔 한국이 중국보다 먼저 경제발전을 이루었다는 점을 강조하며 중국이 한국의 사례를 배워야 한다는, 즉 한국을 리더로 놓는 발언을 하였다. 박근혜는 한국과 중국의 파트너십을 강조하면서 중국에 대해 대등한 국가관계를 중점으로 연설하였다. 반면 문재인은 한국은 작은 나라라는 발언 이외에도 역사적으로 한국은 중국에게서 배워왔다든지, 중국 문화가 한국에 유입되어 왔다든지 하는 등 한국이 중국에게서 배우고 따라가는 입장인 것을 강조하며 연설하였다.

국력 수준으로 봤을 때 중국이 한국을 뛰어넘은 지는 오래 됐으나, 한국 사람들의 인식에는 여전히 중국이 한국보다 열등한 나라로 받아들여지고 있다. 실제로도 1인당 GDP는 한국이 중국보다 높고, 인터넷에서도 중국인들의 잘못을 비판할 때 따라붙는 수식어가 '미개'이다. 이런 관점에서, 앞선 두 대통령도 중국몽을 긍정했는데 왜 문재인만 비판하느냐? 라고 하는 논리는 연설 속의 한국과 중국의 포지션을 무시한 반박에 불과하다.

실제로 중국몽 연설 옹호 논리도 "문재인 대통령은 중국을 우회적으로 비판하면서, 그런 조건들이 해결될 때라야 중국몽에 동참하겠다는 논리이므로 이를 무시하는 건 문맥을 무시한 인용"이라고 주장하고 있다. 오히려 이러한 옹호 논리가 비판 측의 문맥을 무시한 인용이다. 왜냐하면 비판측이 문재인 대통령을 비판하는 가장 큰 이유는 해당 발언이 한국이 중국 밑으로 들어가는 내용이기 때문이다.

　하지만 옹호 측의 논리에 따라 해당 발언 전체를 중국을 향한 우회적인 비판으로 해석할 경우, 한국을 작고 중국을 크게, 중국을 이끄는 나라로 한국은 따르는 나라로 묘사한 것도 그저 중국의 논리를 비꼬기 위한 수사법에 불과하게 된다. '중국은 대국이다. 중국을 따르면 다른 나라들도 모두 함께 좋아질 것이다.'라는 중국 측의 논리를 우선 거짓으로 긍정하며 '중국이 그렇게 대국이며, 모두에게 이익이 되는 정책을 편다면 당연히 우리도 하겠다. 소국 취급도 받아주겠다. 그러나 아니지 않느냐? 그러니까 우린 소국도 아니고 그럴 일도 없다.'고 돌려서 말한 것인 셈이다. 하지만 이렇게 해석하더라도, 거짓 긍정이든 표면적인 수사법에 불과하든 간에 공식적인 자리에서 대통령이 자기 나라를 낮추어

중국을 대국으로 한국을 작은 나라로 표현한 문제의 연설

"韓 작은 나라지만 중국몽 함께할 것"

자료 : facebook.com

말하는 것은 부적절하다는 비판은 여전히 피할 수 없다.

한 가지 재미있는 것은 옹호 측도 비판 측도 어쨌든 중국과 중국몽에 대해 부정하는 논리를 편다는 점이다. 옹호 논리로 '중국몽에 동참하는 것은 좋은 일'라는 주장도 있을 법한데 정말 그런 주장을 하는 사람은 찾아보기가 정말 어렵다. 중국 정부에 대한 한국인들의 깊은 불신을 엿볼 수 있는 부분이다.

국내 정치에 한정하여 보면, 해당 발언이 어떤 취지였건 간에 불필요한 논란을 양산하고 친중 이미지를 만들었다는 점에 있어서 결과적으로 실패한 발언이었다고 평가할 수 있다. 정권을 비판하는 측에서는 해당 발언을 자주 희화화시키고 있고, 문재인 정권이 친중 기조를 띤다고 주장하는 측에서도 해당 발언은 필수 수준으로 언급한다. 실제 정책이 어떤지 만큼이나 겉으로 보이는 이미지가 상당히 중요한 정치판의 특성을 생각하면 실책으로 평가하기에 충분하다.

🌀 기타

같은 방식으로 일대일로[6]를 내세워 아시아와 아프리카, 유럽 등 68개국 총 8조 달러약 8,552조 원를 대여해 그중 23개국은 중국에 상당히 높은 수준의 부채 비율을 기록하고 있는데 동아프리카의 지부티, 아시아의 파키스탄·라오스·몽

❋ 6　실크로드 경제벨트와 21세기 해상실크로드 계획, 혹은 일대일로(一帶一路, One Belt and One Road, Belt and Road Initiative, BRI)는 2014년 11월 중화인민공화국에서 개최된 아시아 태평양 경제 협력체 정상 회의에서 시진핑 주석이 제창한 경제권 구상이다. 이는 중국과 중국 이외의 유라시아 국가들을 연결하고 협동하도록 하는 것에 그 목표를 두고 있는 계획이다. 이 구상은 크게 두 가지로 이루어져 있는데, 하나는 육지기반의 실크로드 경제벨트 계획이고 다른 하나는 해상기반의 21세기 해상실크로드 계획이다. 이 계획은 중국이 국제 사회에서 더 큰 역할을 하는 것을 노리는 한편, 철강산업과 같이 중국 내 생산능력이 필요 이상으로 과다하게 된 분야의 문제를 해소하려는 것에 있다. 중국의 공식적인 통계에 따르면 일대일로 계획은 지구상 인구의 63%에 해당하는 44억 인구를 대상으로 하고, 이와 관련한 GDP는 전 세계 GDP의 29%인 21조 달러에 달한다.

일대일로

자료 : yna.co.kr

골·몰디브·키르기스스탄·타지키스탄, 유럽의 몬테네그로 등 8개국은 중국에 진 빚을 감당하기 어려운 상황에 처했으며 이들 상당수가 지리적 요충지다. 이로 미루어 중국몽은 경제력을 내세운 속국화 방식으로 해석될 수 있다.

　중국 텐센트[7]의 AI 챗봇[8]이 사용자가 "너의 중국몽이 뭐냐."라고 묻자 "미국 이민 가는 거지."라고 답변했다가 서비스가 중단되는 사건이 있었다고 한다.

❋ 7　　텐센트(Tencent Holdings Limited)는 중화인민공화국의 인터넷 서비스 및 게임 서비스 전문 기업이다. 주로 무료 인스턴트 메시징 컴퓨터 프로그램 텐센트 QQ로 잘 알려져 있다. 1998년 11월 마화텅(Pony Ma)과 장즈둥(Tony Zhang)이 공동 창업했다. 2011년 텐센트의 총매출은 284억 9607위안(한화 약 6조 원), 2015년 1,028억 위안 매출에 달하며, 이 중 게임 부분 매출은 전체의 55.5%인 158억 1960위안(한화 약 3조 원)으로 공개되었다. 2016년 6월 핀란드 모바일 게임사 슈퍼셀을 89억 달러에 인수해 자회사로 편입시켰다. 최대 주주는 지분율 33.6%를 가진 남아프리카공화국의 미디어 기업 내스퍼스이다.

❋ 8　　메신저에서 유저와 소통하는 봇(인공지능에 의해서 자동으로 움직이는 플레이어 캐릭터를 의미한다.)을 말한다. 단순히 정해진 규칙에 맞춰서 메시지를 입력하면 발화를 출력하는 단순한 챗봇에서부터 상대방의 발화를 분석하여 인공지능에 가까운 발화를 내놓는 챗봇까지 다양한 챗봇들이 있다. 본래, 메시지를 규칙 기반으로 송출해주는 정도에 지나지 않았으나, 2016년에 있었던 구글 딥마인드 챌린지 매치와 알파고의 등장 이후 챗봇에도 AI 기술을 접목시키려는 시도가 활발하게 이루어지고 있다. 또한, 기업에서도 큰 관심을 보여 각종 은행, 보험회사 등의 상담 챗봇 등이 다수 등장하였다.

위 기

　2019년 홍콩 민주화 운동[9]이 지속되면서 시진핑의 지도력은 의심을 받고 있다. 그리고 2019년 11월 24일, 2019년 홍콩 구의회 선거에서 친중파가 참패함으로써, 시진핑의 중국몽은 중국 국내에서부터 뿌리째 흔들리고 있다.

　2020년 제15대 중화민국 정부총통 선거에서 민주진보당의 차이잉원 현 총통이 재선에 성공했다. 그러자 파이낸셜 타임즈에서는 시진핑의 중국몽은 죽었다고 논평했다.

※ 9　　홍콩 민주화 운동은 중화인민공화국 홍콩특별행정구에서, 정부가 추진 중인 '범죄인 인도 법안'에 반대하여 2019년 6월 9일부터 진행 중인 대규모 시위이다. 나무위키의 2019년 홍콩 시위 관련 틀들을 비롯해, 이 시위를 상징하는 색상은 검정색인데, 현재 홍콩의 민주주의가 죽음 혹은 몰락의 위기에 처해있음을 뜻하는 것이다.

중국몽은 일장춘몽

Chapter 02

중국이라는
거짓말

개 요

　근래 우리가 알고 있는 중국의 이미지는 중국 정부와 그리고 중국과의 무역을 중요시하는 사업가들이 유포시키는 '위로부터' 만들어진, 경제대국으로 급성장하는 위대한 중국의 이미지다. 프랑스의 기 소르망Guy Sorman은 이에 이론을 제기한다. 기 소르망은 중국에 체류하면서 직접 만나 이야기를 나눈 평범한 중국 시민들, 중국 농부들, 중국 노동자, 반체제 인사들의 경험을 바탕으로 '아래에서부터' 말하는 중국의 이미지를 제시한다. 또한 그는 독자들에게 중국 내의 에이즈 스캔들, 웹사이트 검열, 사형제도의 문제, 종교 종파의 발전에 대해서도 그 이면의 진실을 전해 준다.

　2006년에 출간된 『중국이라는 거짓말』에서 기 소르망은 중국공산당 간부들을 만나 대화하고 중국 지도자들이 펼치는 논리를 소개한다. 그는 상층부 중국의 논리와 하층부 중국의 대립된 논리를 제시하면서, 또한 중국에 대한 서구의 잘못된 환상들을 지적하고 있다.

저자 기 소르망

1944년 프랑스에서 태어난 소르망은 소르본느 대학에서 문학박사를, 동양어학교에서 일본어를 전공했고, 파리행정대학원ENA을 졸업하였다. 모교의 경제학 초빙교수를 역임하면서 「르 피가로」, 「렉스프레스」, 「월 스트리트 저널」, 「아사히」 등 세계적 언론의 칼럼니스트로 활동하기 시작했다. '세계적 석학이자 21세기 몇 안 되는 지성'으로 불리는 기 소르망은 문명비평가이자 문화충돌 진단 전문가일 뿐 아니라 행정가

『중국이라는 거짓말』표지

자료 : m.yes24.com

이자 사업가이다. 세계화 시대의 지성인답게 그는 지구촌 곳곳을 여행하면서 직접 수집한 자료들을 통해 『세계는 나의 동포』, 『20세기를 움직인 사상가들』, 『진보와 그의 적들』, 『자유주의적 해결방법』, 『Made in USA』, 『중국이라는 거짓말』 등 수많은 스테디셀러를 저술하였다. '국제기아해방운동'의 창립 멤버이

며, 불로뉴 시의 부시장, 프랑스 총리실 문화정책의
브레인으로 활동하면서 세계적 대학의 초빙교수를
겸임하였다. 최근에는 Greater Paris West 지역의
경제·사회위원회 위원장을 역임했다.

기 소르망

ohmynews.com

　프랑스 지성계에서 기 소르망의 위치는 무척이나
특이하다. 그는 프랑스를 넘어서는 20세기와 21세
기의 몇 되지 않는 세계적 지성에 속한다. 그는 정
치, 경제, 문화, 과학, 이데올로기의 갈등과 대립에
대한 탁월한 분석가이다. 하지만 그는 어느 한 대학의 교수가 아니다. 그가 이를
받아들이지 않기 때문이다. 그는 세계 전역을 여행하면서 세계적인 언론에 칼
럼을 쓰고, 수많은 대학의 초빙교수를 지내며, 프랑스 총리실 문화정책의 브레
인으로 활동하고, 「국제기아해방운동」의 창립 멤버이자 프랑스 불로뉴 시의 부
시장이다. 아카데미즘에 매몰되기 싫어하는 소르망은 이처럼 대학, 언론, 정치
와 사회생활 전 영역에서 활동하고 있다.

　기 소르망은 아일랜드와 영국의 종교적 갈등, 북한과 한국의 이념적 갈등, 이
스라엘과 아랍의 역사적 충돌 등 지구촌의 경계지대 구석구석을 방문하고 관
찰하고 기록했다. 뿐만 아니라 '문명 충돌론'으로 유명한 사뮤엘 헌팅턴과의 논
쟁을 비롯해 20세기의 여러 지성들과 대담을 나누고 논쟁을 벌였다. 이 과정에
서 그는 대립적인 사상들을 객관적으로 소개하면서 이를 읽는 독자들 스스로
가 논쟁에 참여하도록 유도한다.

　'유럽의 지성으로 불리는 문명비평가이자 세계적 석학', '21세기의 몇 안 되는
세계적 지성' 등 기 소르망Guy Sorman에 대한 이런 찬란한 평가는 이미 한국에도
잘 알려져 있다. 그는 프랑스에서도, 세계 어느 나라에서도 보기 드문 현실주의
적인 지식인이다. 현실주의적이라 함은 사회의 현실을 냉철하게 직시하고, 이데

올로기를 초월하여, 문제점이 어디 있는가를 정확히 진단해내는 성향을 지니고 있다는 말이다.

프랑스라는 자신의 출생지에 대한 감정적인 탯줄을 초월한, 냉혹하리만치 객관적인 시각이 어쩌면 그를 세계적인 지성으로 만든 것이 아닐까. 그의 이런 냉철한 객관적 현실주의에는 그의 경계적인 태생도 한몫을 하고 있는지도 모른다.

그는 제1차 세계대전과 제2차 세계대전 사이, 폴란드에서 프랑스로 이주 온 유대인 부모 사이에서 1944년에 태어났다. 그는 프랑스인도, 유대인도 아니다. 그러나 동시에 프랑스인이기도 하고 유대인이기도 하다. 이런 민족적, 문화적 경계선상에서 그는 다문화적 특성을 거부감 없이 몸에 익히며 성장했을 것이다. 동시에 이런 경계적인 특성은 프랑스 사회에 대해서도, 이스라엘, 미국, 세계 그 어느 국가에 대해서도 객관적인 거리를 갖게 해주었으리라고 생각된다. 그래서 그는 세계의 '갈등, 충돌, 내분, 경계'의 문제에 관심을 가지게 되었고, 정치, 문화, 과학, 사상의 충돌 분야에 대한 전문가가 된 것인지도 모른다.

기 소르망과 사뮈엘 헌팅턴

자료 : futurekorea.co.kr

『중국이라는 거짓말』 관련 자료

프랑스의 전 외무부 장관이었던 위베르 베드린Hubert Vedrine과 기 소르망이 「르 피가로Le Figaro」지를 통해 한 토론 내용이다.

H.V. : 『중국이라는 거짓말L'annee du Coq』에서 당신은 서구
에 거의 알려지지 않은 중국에 대하여 이야기하고
있습니다. 그것이 진정한 중국입니까?

위베르 베드린

ohmynews.com

G.S. : 나는 2005년 한 해를 중국의 지방과 시골 마을에
서 보냈습니다. 이 '아래로부터'의 중국이 내게 충
격적인 것은 극도의 빈곤보다 정신적 곤궁 때문이
었죠. 국민의 80%에 해당하는 시골의 농민들은 사
유 재산과 표현의 자유를 박탈당한 채 아무런 권리
도 누리지 못합니다. 이 참담한 현실에서 벗어나는 것은 거의 불가능해 보입니다.

연대의식으로 하나 된 예전의 단위, 가족, 사찰들은 혁명에 의해 와해되어 어렵게 명맥을 이어가고 있습니다. 아이들의 미래는 절망적이지요. 학교는 처참한 실정이고 비쌉니다. 집단이동만이 살 길이라 2억의 떠도는 중국인들이 이 작업장 저 작업장을 전전합니다. 실업은 국민 20%에 달하고 에이즈, 말라리아, 결핵 등 질병이 만연합니다. 매춘도 마찬가지고요. 국민의 건강을 위한 어떠한 공공체계도 없습니다.

H.V. : 이 책 속에서 당신은 개인적 치부를 권장하는 지배적인 이데올로기는 연민을 권유하지 않는다고 적었습니다. 그것은 세계화된 중국의 이면의 한 모습입니까?

G.S. : 현대 중국인들에게서 동정심을 찾아보기가 어렵습니다. 내가 보기에 그것은 공산

문화대혁명

자료 : m.blog.naver.com

화되기 전 중국의 동정심을 유발하는 동기들을 파괴해버린 현 공산당 체제의 이데

올로기처럼 보입니다.

H.V. : 『중국이라는 거짓말』은 졸라Zola, 디킨즈Dickens, 스타인벡Steinbeck의 소설처럼 가

차 없는, 때로는 잔인한 연구입니다. 다양한 중국이 존재합니다. 오늘날 중국인들이

전보다 더 악화된 상황에 처해 있다고 말하기는 어렵습니다. 20세기 중국인들이 겪

은 전쟁, 일본의 점령과 잔학무도함, 마오쩌둥주의, 문화대혁명의 권력 남용과 수백

만 사상자들 등 끔찍한 시련들을 잊지 맙시다.

G.S. : 중국의 현재 상황은 전체적으로 볼 때 당신이 나열한 비극적인 시대들에 비해 나은

편입니다. 바로 그러한 까닭에 대중의 욕구가 강한 것입니다. 수많은 항거는 조바심

으로 설명됩니다. 그들은 느린 근대화의 속도에 실망하고 권력자들의 치부에 대하

여 몹시 분개하고 있습니다.

H.V. : 이 모든 것에도 불구하고 나는 낙관적인 전망을 하고 싶습니다. 독재 권력의 힘에

도 불구하고 자유주의 운동의 약동하는 힘은 마침내 당신이 묘사한 상황을 바꿀 것

입니다.

G.S. : 아마도요. 하지만 2005년에 중국 정부는 정치선전 활동을 강화했고 미디어를 검열

하고 수많은 기자들, 종교인들을 감금시켰습니다. 많은 시위자들은 경찰에 의해 살

해당했습니다. 현 공산체제의 특징은 겉으로는 유교를 가장한 도덕군자다운 담화

와 서민들이 날마다 감내해야 하는 잔학무도함 사이의 모순입니다.

H.V. : 중국의 장래에 대한 한 시나리오는 극단적인 자본주의hypercapitalisme와 독재적인

정부의 결합이 아닐까요?

G.S. : 나는 경제적 번영에서 민주주의로의 자동적인 전환을 믿지 않습니다. 사유재산을

인정하지 않는 반민주주의적인 현 정부의 자본주의는 공산당을 강화시키기 위해

고안된 것입니다. 붕괴시키기 위해서가 아니지요. 대중문화가 공산당과는 상관없

이 독립적으로 발전한 것은 사실입니다. 음악과 TV를 통하여 젊은 중국인들은 서

구의 관습에 가까이 다가갑니다. 변화는 예기치 않게 거기서부터 올 것입니다. 사회가 개방되어 인터넷을 탐색하고 검열을 피하려 노력할 때, 공산당은 완강해집니다. 구글Google의 공모로 타이완, 민주주의란 단어들을 추방시킵니다.

H.V. : 이러한 검열은 중국 체제가 새로운 의사소통 수단을 가지고 계략을 쓸 줄 안다는 증거입니까?

G.S. : 공산당은 정보의 자유와 양심의 자유를 대단히 두려워합니다. 당은 어떤 비판도 참지 않습니다. 대학에서는 토론을 하지 않습니다. 경찰은 재판 없이 사회규범 일탈자로 여겨지는 사람들, 불교 신자들, 도교 신도들, 기독교의 목사들을 투옥시킵니다. 그러므로 내가 염려하는 것은 중국이 아니라 공산당입니다. 그들의 의도는 짐작할 수 없고 예측 불가능합니다.

중국공산당 19차 당대회

자료 : chinafocus.co.kr

『중국이라는 거짓말』 요약

　기 소르망의 눈에 비친 중국은 종교적 욕구의 증가, 약탈당한 농민들과 실업자들의 데모, 부패, 만연한 거짓말, 지식인층의 반론에 의해 서서히 침식당하고 있다. 기 소르망은 서방 국가들에게 공산당의 비위 맞추기를 그만두고, 다른 나라에게 그랬듯이, 중국 내외에서 핍박받고 있는 모든 반체제 인사들을 지지해 줄 것을 요구한다.

　하지만 중국을 좋아하는 사람들은 자신들과 다른 이국적인 중국을 선호한 나머지 중국을 신비주의로 채색한다. 그리고 공산당은 이 문화적 상대주의에 대한 유럽인들의 기호에 맞춰 처신한다. 베이징은 인권, 반체제파, 민주주의에 대한 모든 질문을 직간접적으로 봉쇄한다. 세계적인 기업인 야후나 구글도 중국에서는 당의 지시를 따른다. 또한 사업상의 훌륭한 계약, 반사 이익을 바라는 기업인들과 업무 수행 중인 정부 인사들에게는 비판정신을 기대할 수 없다. 기 소르망은 이와 같이 은폐되어 치장된 중국, 또는 '중국이라는 거짓말'들을 '가

차 없고, 때로는 잔인한 연구'를 통해 무참히 전
복시킨다. 결국 이것은 중국공산당 정부가 은폐
하고 있는 중국의 또 다른 얼굴을 드러내는 것이
기도 하다.

실제로 중국인들은 극도의 빈곤 속에 살고 있
으나 그보다 더 심한 정신적 곤궁에 시달리고 있
다. 국민의 80%에 해당하는 시골의 농민들은
사유 재산과 표현의 자유를 박탈당한 채 아무런
권리도 누리지 못한다. 13억 인구 중에 기적적인

경제발전의 혜택을 받는 사람들은 소수이며 나머지 10억 국민은 경제성장의 뒤
안길에서 참을 수 없는 불의의 심화, 공직자들의 부패, 학교와 무료 진료소 같은
유익한 모든 것으로부터의 소외를 경험하고 있다.

또한 마오쩌둥이 인민의 아편이라고 종교를 금지하고 말살했지만 중국인들은
불교, 도교, 파룬궁[1], 그리고 점점 더 많이 기독교에 귀의하여 반교권주의 이데
올로기 벽에 갇힌 공산당을 당황하게 하고 있다고 소르망은 지적한다. 놀라운
사실은 중국공산당이 철저한 검열을 하고 공산당 이외의 모든 정치활동을 금지
함에도 불구하고, 중국 인민들은 현재 중국이 어떠한 상태에 처해 있는가에 대
한 정보를 잘 알고 있다는 것이다. 그것은 입에서 입으로 전해지는 소문, 인터

※ 1   파룬궁(法輪功) 또는 파룬다파(法輪大法)는 진·선·인(眞·善·忍)을 핵심 사상으로 삼는 중국의 심신수련법
이다. 파룬궁은 불가(佛家)와 도가(道家)를 기반으로 한 기공(氣功) 수련법으로 인격 수양과 신체 단련을 결합한 것이
특징이다. 파룬궁 수련자들은 도덕적으로 엄격한 생활과 더불어 수련을 통해 번뇌를 제거하고 깨달음을 얻으려 한다.
파룬궁은 1992년 중국 동북부 지역에서 지린성 창춘시를 중심으로 리훙즈(李洪志)가 처음 전파했다. 당시 중국에서는
운동, 무술, 명상, 호흡 수련법 등이 급속하게 확산했던 '기공 열풍'이 불었고, 이 열풍이 끝날 때쯤 파룬궁이 등장했다.
파룬궁은 공식적으로 회비나 등록비가 없고, 종교처럼 예배를 지내지 않아도 될 뿐만 아니라 도덕성을 무엇보다 강조
하는 이론적 법리를 세웠다. 서양 학계에선 중국의 전통적 또는 종교적 '기공(Qigong) 수련법', '영적 운동', '자기계발 수
련법'으로 파룬궁을 정의하기도 했다.

넷과 휴대전화의 덕택이다. 이러한 21
세기의 통신수단이 중국공산당의 공
식적인 정치선전 활동의 두꺼운 벽에
균열을 가하고 있는 것이다. 중국 밖
에서는 중국의 놀라운 경제 기적으
로 중국을 두려워하고 있는 지금, 중
국 내에서 경제발전에서 소외된 농
민들과 노동자들이 그들의 굴욕적인

천안문 광장에서 사복경찰에게 폭력을 당하는 파룬궁 수련자

자료 : namu.wiki

삶의 조건에 항거, 시위하다가 공산당의 군대와 경찰의 몽둥이와 총탄 아래 사

라지고 있다고 한다.

　결론적으로 소르망은 중국의 반체제 인사들, 반체제 지식인들, 그 외의 경제

기적에서 소외된 중국인들이 희망하는 바는 '자유'라고 말한다. 노벨 경제학상

수상자인 아마르치아 센Amartya Sen은 시장경제는 모든 분야의 자유가 보장될 때

에야 비로소 지속적으로 기능을 발휘할 수 있다고 한 것처럼, 기 소르망 역시

이를 주장한다. 그는 중국이 자유의 최대 걸림돌인 공산당을 없애야만 진정한

시장경제를 이룰 것으로 본다.

　천안문 광장에서 중국 군대가 3천여 명의 학생들을 희생시킨 후 31년이 지난

지금, 우리는 그들을 잊었지만 중국인들, 특히 딩쯔린丁子霖 부인1989년 6월 4일, 북경 천

안문 광장에서 다른 시위자들과 함께 군대에게 죽임을 당한 당시 17살이었던 학생의 어머니은 그렇지 않다. 1989

년 6월 4일, 그녀는 베이징의 한 병원에서 총알구멍 투성이인 아들의 시신을 발

견했다. 그러나 다른 희생자 가족들은 시신조차 찾을 수 없어 끝없는 절망에 빠

져 있었다. 1991년 리펑李鵬은 "유족들이 침묵과 비밀을 지키기를 희망하기 때문

에 희생자들의 명단은 공개되지 않을 것"이라는 당의 입장을 밝혔다. 이 지나

친 거짓말이 딩쯔린을 투사로 변모시켰다. 그녀는 천안문 사태의 희생자들의 이

름을 국가기밀사항에 부친 정부에 굴복하지 않고 희생자 명단을 작성하기로 결심한다. 경찰은 유족 연합을 괴롭히고 그녀와 남편의 일자리를 빼앗고 가택 연금을 시켰다. 그리고 딩쯔린은 희생자 가족을 돕기 위해 외국에서 보내온 성금을 전달하다가 외화 암거래로 고소당했다. "희생자들의 이름을 모두 모아 장례식을 치를 때까지, 중국의 어머니들에게 역사의 페이지는 넘어가지 않는다."고 그녀는 말한다.

인민해방군의 발포로 아들을 잃고 진상규명을 요구하는 딩쯔린
자료 : hani.co.kr

유명한 민주투사 류샤오보劉曉波의 부인, 리우시아는 프랑스 지식인들에게 말한다. "프랑스인은 중국 민주화에 관심이 없었어요. 스탈린과 마오쩌둥을 좋아했지요. 앙드레 지드만이 스탈리니즘의 위험을 널리 알렸지요. 우리는 또 다른 앙드레 지드를 기다립니다. 우리 중국은 공산주의에서 파시즘으로 옮겨가고 있습니다."

에이즈를 상징하는 붉은 리본을 차고 있는 가오야오지에
자료 : news.joins.com

가오야오지에高耀潔 박사는 에이즈와의 고독한 투쟁을 24년째 해오고 있다. 그녀는 피를 팔다 감염된 농민들을 발견하고 세계 언론에 알려 중국 정부에 압력을 넣어 혈액거래를 금지시켰다.

텔레비전을 통해서는 독립적인 시민사회의 출현이 감지된다. 중국의 '스타 아카데미'의 결승전에서 4억 시청자들은 청바지에 티셔츠를 입고 영어로 노래하는 리위춘李宇春을 자유롭게 투표하여 당선시켰기 때문이다. 그녀의 승리는 중국인들이 얼마나 유교의 코드에서 멀리 떨어져 있는지 보

여준다. 공산당은 체제 위협의 냄새를 맡
고 탄압으로 응수했다. 「슈퍼걸Supergirl」은
그녀가 준비되지 않은 민주주의의 혼란을
예로 보여준다는 이유로 방영 금지되었다.
중국 공식 언론은 가장 예쁘지도, 가장 노
래실력이 뛰어나지도 않은전통적인 창법으로 볼 때
그녀가 당선되었다며 민주주의의 비효율
성을 지적하였다. 하지만 리위춘의 새로움
은 중국의 미래를 상징한다.

중국 톱스타 가수 리위춘

자료 : news.joins.com

중국공산당의 당원은 2006년 당시
6,000만 명2019년 기준 약 90,594,000명이다. 그중 농부는 겨우 5%다. 반대로 중국 전체
인구 중 농부의 비율은 80%다. 당원 중 여성 비율은 10%지만 책임 있는 자리
에 있는 여성은 거의 없었다.

중국이라는 체제는 결정이 내려지기는 하나, 누가 그 결정을 내렸는지는 알
수 없는 체제다. 사실 중국공산당은 파시스트 체제가 될 수 없다. 이미 파시스트
체제가 되어있는데 어떻게 더 파시스트 체제가 될 수 있단 말인가.

현실적으로 중국공산당이 독재할 수 있도록 보호해 주고 있는 것은 무엇일
까. 그것은 외국에서 과대평가하고 있는 중국의 경제적 성공이 아니다. 그것은
무엇보다도 내란內亂에 대한 두려움이다.

2006년 당시 중국은 아직 경제적인 난쟁이에 불과했다. 국민소득은 유럽인들
의 20분의 1이다. 또 중국의 총생산량은 이탈리아와 동일했다. 이 난쟁이가 유
럽인과 일본인 혹은 미국인들의 시기심을 불러일으키는 거인이 되기까지는 천
가지도 더 넘는 내부적인 모순을 뛰어넘어야만 할 것이라고 기 소르망은 예측
했다. 예측불허의 정치, 법치의 부재, 극심한 가난, 에너지 부족, 파산상태의 은

행, 국가자본의 유출, 전염병의 위험 등 중국 내부의 모순은 너무나 많다. 2020년 현재 중국은 미국 다음으로 두 번째 경제대국이다. 그렇다면 그 소르망이 염려했던 그 모든 내부적인 모순이 해결된 것일까.

2006년 당시 중국대학에서 학위를 받은 기술자들의 3분의 2가 3년 안에 그들의 자격에 맞는 일자리를 구하지 못하고 있었다. 이런 실업상태는 발전의 성격에 기인한다고 했다. 중국의 발전은 좀 더 많은 자질이 요구되는 연구나 서비스 위에 기초하고 있는 것이 아니다. 중국의 발전은 자질이라고는 거의 없다. 노동력의 대대적인 활용에 근거하고 있다. 한편, 높은 성장률에도 불구하고 벌어들인 돈을 비생산적인 곳정치적 이유 때문에에 재투자하기 때문에 경제성장이 충분한 일자리를 창출하지 못하고 있다고 기 소르망은 평가했다.

중국경제가 위협적이라고는 볼 수 없다. 중국은 기술개혁을 전혀 하지 않기 때문이다. 중국기업들은 다른 곳에서 만들어진 것을 조립하거나 복사한다. 당시 중국에는 중국적이라고 할 만한 어떤 상표도 개혁도 없었다.

어떻게 중국인들을 민족주의자로 만들 것인가. 중국인들은 자발적으로는 거의 민족주의자들이 아니다. 중국은 농업적 전통을 가진 나라다. 이 중국제국에서 사람들은 무엇보다도 가족, 씨족, 마을, 지방과의 연대성을 중요하게 여긴다. 그들은 중국이라는 국토에서 멀리 떨어져 있어도 중국인으로 남아 있다.

덩샤오핑은 수십 년간 전승되어온 공산주의 이데올로기를 단 한마디로 일축했다. "검은 고양이든, 흰 고양이든 쥐만 잘 잡으면 된다."

덩샤오핑 흑묘백묘론

黑描白描 住老鼠, 就是好描
[흑묘백묘 주노서 취시호묘]

검은 고양이든 흰 고양이든
쥐 잘 잡는 고양이가 좋은 고양이

『중국이라는 거짓말』 소감

주지하는 바와 같이 우리의 긴 역사를 통해, 그 지정학적인 위치와 관계 때문에 우리나라는 중국에 대해 언제나 종속적從屬的인 입장에 있었다. 21세기인 지금은 달라졌을까. 국군이 두만강에 도착했을 때 우리의 영토적 통일은 눈앞에 있었다. 그때 중공군이 한국전에 개입했고, 그들에게 밀린 전선이 오늘의 휴전선이다. 결정적인 순간에 그들은 한반도의 통일을 분명하게 반대한 것이다. 한반도가 대한민국으로 통일되면 러시아와 함께 '미제국주의 세력'과 국경을 마주하게 된다. 중간에 북한이라는 완충지대가 있는 것과 없는 것은 국제정치에서는 아주 큰 의미를 가지고 있다.

다른 하나는 불량국가 북한에 대한 후견인으로서 중국이 국제무대에서 누리는 조정역할은 더없이 매력적인 것이다. 계속해서 죽지 않을 만큼 식량과 기름을 대주고 있는 것도 그런 계산에서다. 그들은 김정일이 제거된 후에도 북한이 계속 친중 정권으로 남아있을 수 있도록 손을 쓰고 있다.

러시아와 함께 중국이 북한 제재에 동참하는 수위가 올라갈 수 없는 근본 이유가 거기에 있다. 오늘의 우리들이 이웃 중국에 대해 공부하고 그들의 속성을 알아야 하는 이유는 우리의 생존권과 생존하는 방법에서 중국이 차지하는 비중이 계속 커지고 있기 때문이다.

서방에서 중국이 과대평가되고 있는 것은 그 땅이 넓고 크기 때문이다. 서방 언론이 접촉하는 일부 해안지방이 중국 전체인 것처럼 보도되고 인식되고 있다. 그러나 버스로 10시간 이상 내륙으로 들어가면 모든 오지에 도착할 수 있다. 먹는 문제가 해결된 것은 사실이다. 그러나 오지의 주민들이 정성스레 준비한 그들의 음식은 평균적인 한국인으로서는 도저히 먹을 수가 없다. 21세기 한국인이 19세기 중국인과 만난 것으로 생각하면 된다. 삶의 질에서 그 오지들은 아직 원시적이다. 그 넓은 땅 중국이 해안지방처럼 발전해서 현대적인 국가가 되는 것은 거의 불가능하다. 세기적世紀的인 차이가 나는 이 이중성은 중국이 안고 가야 하는 운명일 것이다.

황제의 명령이 오지에 도착하기까지 빨라야 6개월이 걸렸고 서울이 너무 멀어 모든 진상품은 말려서 보낸 땅이 중국이다. 중국요리가 마른재료를 쓰는 연

6.25 당시 인해전술로 우리를 침략한 중공군

자료 : m.dailykorea.kr

자료 : kixx.tistory.com

유가 그러하다. 중국은 그렇게 큰 땅덩어리다.

투르판Turfan은 신강 위구르 자치구에 있는 오아시스 도시로 투르판 분지로 불리기도 하며 옛 고창국高昌國의 수도이기도 하다. 지금은 주변의 관광자원 때문에 외국인들도 많이 드나드는 잘 알려진 곳이다. 그 투르판의 철도역사의 화장실은 더럽고, 칸막이가 없다물론 투르판뿐만은 아니다. 인간의 삶에서 배설행위排泄行爲는 가장 은밀한 사생활私生活이다. 우리는 그것을 '프라이버시'라고 부른다. 그래서 화장실, 특히 공중화장실은 문화의 척도가 된다. 세계를 여행해보면 이게 무슨 뜻인지 알게 될 것이다. 공중화장실에 칸막이가 없다는 것은 '개인'의 개념이 없기 때문이다.

세계역사는 중세시대까지도 개인은 존재하지 않았음을 잘 보여주고 있다. '개인'은 문명과 문화의 산물이다. 진화한 인간의 생각·사상에서 '개인'은 탄생했다. 민주국가는 개인이 있고 그 개인의 인권人權이 있다. 전체주의 국가에 개인이 없는 것은 인간과 정치체제의 관계가 어떤 것인지를 잘 보여주고 있다.

쉽게 말해 보편적 기준에서, 중국에는 아직 '개인'이 없다. 따라서 '인권'도 없다. 2005년의 경우 형사소송에 소환된 용의자 중 97%가 유죄판결을 받았으며 그중 3분의 2는 변호사의 도움을 받지 못했다. 인구 3억의 미국에서 연간 사형이 집행되는 평균 숫자는 50명 선이다. 그러나 중국은 3,500명에서 15,000명이나 된다. 중국 밖에 있는 인도주의 조직이 파악하는 숫자가 그렇다. 개인-프라이버시가 존재하지 않는 곳은 GNP와 관계없이 미개한 나라다. 그게 오늘의 중국이다.

중국 미녀 사형수 얼굴공개 '인권침해' 논란

자료 : m.blog.naver.com

변동환율에 의한 위안화의 절상과 국책은행들의 정리는 중국경제의 붕괴로 이어진다. 중국경제는 경제원리가 아닌, 일당 독재국가의 권력이 지탱하고 있는 불구다. 중국공산당의 고민도 거기에 있다. 사회주의 정치 이데올로기를 견지해가면서 자본주의를 도입하고 있는 그 줄타기가 끝까지 갈 수는 없다. 중국의 변신은 역사적인 요청이기도 하다.

중국은 어디로 갈 것인가. 그것은 중국의 문제일 뿐 아니라 우리의 문제이기도 하다. 거기에 우리들의 이해관계가 깊숙이 걸려있기 때문이다. 우리는 우리의 생존을 위해 중국을 공부해야 한다. 일본이 중국을 공부하는 반만큼이라도 해야 한다. 이승만과 박정희는 이미 그때 내일의 중국을 읽어내는 혜안을 가지고 있었다. 그래서 그들은 노심초사 미국을 끌어들여 중국에 대해 우리가 가지고 있는 취약한 부분들을 메웠던 것이다. '한미동맹'은 말하자면 우리의 생존을 지키는 튼튼한 배수진이었다. 이제 그 배수진이 사라지고 있다. 이제 우리는 장난감 총을 들고 핵무기 앞에 서있는 신세가 된 것이다. 이미 '핵 공갈'은 시작됐고 미국과의 연계가 없어진 한국을 보는 중국의 시각도 달라질 수밖에 없다. 모두가 스스로 자초한 불행이다. 나랏일을 망친 친북 좌파세력들은 떠나면 그만이다. 결과는 고스란히 우리들의 몫이고 우리가 당해야 한다. 오늘의 우리 한국을 세계사적인 안목으로 냉정히 읽을 수 있다면 그게 누구든 식은 땀이 날 것이다. 지금 그만큼 우리는 위험한 곳에 홀로 서 있다. 더 비극적인 것은 거의 모두가 이 상황을 제대로 모르고 있다는 점이다.

한국 국민 한미동맹 지지하지만 미국 방위비 분담 요구엔 부정적

자료 : news.sbs.co.kr

Chapter 03

진화할 수
없는 중국인

중국과 중국인

물진인퇴 物進人退

이 세상에 지구가 존재하는 한 중국과 중국인은 영원히 세계의 화제의 중심에 있을 것이다. 중국인은 어떤 사람인가? 왜 중국은 이토록 전 세계에 풍부한 화제, 테마를 제공해 주는 것일까?

중국문화는 옛날부터 전 세계의 문명에 대해서 여러 가지 역할을 해왔다. 21세기의 중국도 경제대국으로서의 성공과 함께 세계에 새로운 문명 모델을 보이는 큰 존재로서 부상할 가능성이 있다.

새삼스레 언급할 것까지도 없지만, 우리나라에게 있어서 중국은 영원히 함께 해야 할 운명을 가진 지정학적 위치에 있는 대륙국가이며 문명유형이다. 근대 이래 한국인은 중국에 강한 관심을 갖고, 연구를 거듭해왔다. 장래에도 중국과 중국인에 대한 분석연구는 오래도록 계속될 것이다. 그것에 의심의 여지는 없다.

중국 관광객, 트렌스젠더 가슴 만지는 몰상식한 행동

자료 : busan.com

중국·중국인·중국문화는 여러 각도에서 고찰, 연구할 수 있는데, 각도에 따라서 보이는 모습도 달라질 것이다.

문명비평가 김문학金文學은 그의 저서 『진화할 수 없는 중국인進化できない中國人』[1]에서 작은 '발견'을 했다고 말한다. 세계의 선진국이나 일본, 한국과 비교해서 중국인은 경제적, 물질적으로는 발전하고 있더라도 국민성, 윤리는 오히려 후퇴해 왔다고 하는 것이다.

그는 이것을 '물진인퇴物進人退'라고 하는 새로운 조어造語로 자기 나름으로 표현했다. 일본, 한국이나 구미의 문명은 물질과 인간이 동시에 진화하는 '물진인진物進人進'이라고 표현할 수 있다고 한다. 그것과는 거꾸로 중국은 '물진인퇴'다. 물질면은 아무리 진화하더라도 인간성은 진화는 고사하고 오히려 퇴화하고 있다고 할 수 있다.

경제적 발전이나 진화는 반드시 인간성의 진화와 똑같지는 않다. 스스로를 이

※ 1   金文學, 進化できない中國人, 祥伝社, 2014.

모델로서 제시해 준 것이 현재의 중국사회일 것이다.

세계의 인류문명사는 입증해왔다. 문화적인 생물로서 존재하기 위하여, 인간은 물질, 경제면만을 진화시켜온 것은 아니다. 그 위에 인간성, 지성, 교양, 자질의 진화향상이야말로 문화적인 생물로서 살아가기 위한 필수 과제이다, 라고 하는 사실을.

이런 의미에서 현대 중국의 발전에 대해서는 물욕, 물질적 진화는 있어도 인간의 진화는 이미 정체해 버렸다고 지적하지 않을 수 없다.

정말로 중국인은 진화할 수 없는 것일까? 이 의문을 던지는 것이 『진화할 수 없는 중국인』의 중심이 되는 내용이다.

그러나 그렇더라도 저자는, 중국인은 반드시 진화할 수 있다고 믿고, 향후의 대책, 방법론은 중국인이 고안해서 실행해야 할 것이라고 생각하고 있다.

비교문화학자, 문명비평가로서 김문학은 항상 태어나서 자란 그의 모국, 중

북한 고려항공편으로 중국 상하이를 출발해 평양에 도착한 중국인 관광객들. 무례한 중국 여행객에 북한 주민들 '눈살'(2012년 7월)

자료 : busan.com

국과 중국인을 주시해왔다. 『진화할 수 없는 중국인』은 모국에 대한 깊은 애정을 가지고 관찰분석을 쌓아온 저자의 '중국인 분석 보고서'라고 할 수 있다.

저자는 저서를 중국에 대한 혐오의 감정에 의해서가 아니라 애정을 가지고 읽어줄 것을 독자들에게 당부하고 있다.

재일 조선족 비교문화학자 김문학 교수 -주요 저서 및 역서로는 『벌거숭이 3국지』, 『한국인, 일본인, 중국인』, 『반문화지향의 중국인』, 『진화할 수 없는 중국인』, 『한국인이여 상놈이 돼라』, 『3국인의 국민성』, 『일본국민에게 고함』, 『조선인의 사상과 성격』 등이 있다.

자료 : ckywf.com

 ## 일본인이 된 조선족 김문학

비교문화학자, 문명비평가인 김문학金文學은 1962년 중국 선양瀋陽에서 조선족 3세로 태어나, 1985년 둥베이사범대 일본문학과를 졸업하고 1991년 일본에 유학했다. 1994년 도시샤대학同志社大学 대학원 석사를 수료하고 1994년부터 1996년까지 도시샤대학 문학부 객원 연구원으로 활동했다. 2001년에는 교토대학京都大学을 거쳐 히로시마대학広島大学 대학원 박사를 수료했으며 현재 히로시마문화학원대학広島文化學園大学) 특임교수 및 도쿄, 베이징, 타이완, 서울의 여러 대학에서 객원 연구원, 교수로 활동 중이다. 일본에 귀화한 한국계 일본인의 비교문학자이다.

중국 '거짓 진보'의 구조

 일본 어린이의 '중국발견'

김문학은 일본에 살면서 그의 아들이 '국제인'으로서 국제적인 규모로 활약할 것을 바라고, 항상 국제적인 시야를 갖게 하기 위해서, 여름방학 등을 이용하여 아들을 데리고 자주 일본 이외의 나라에 여행을 떠났다. 일본에서 태어나 자란 그의 아들은 자기자신의 정체성을 '일본인'에서 구하고, 완전히 일본인이 되었던 것이다. 따라서 아이는 어리지만 언제나 일본인의 시선으로 외국문화를 보고 있었다.[2]

아이는 어머니 뱃속에 있을 때부터 외국에 나가 있었기 때문에, 8살일 때 구미에서의 어학연수나 중국·한국으로 여행을 갈 무렵에는 아이 나름대로 '비

※ 2   같은 책, pp.14~16.

교'라고 하는 시점은 가지고 있었던 것 같다.

자료 : amazon.co.jp

김문학은 아버지로서 자식에게 조국 중국을 알려주기 위해서, 1년에 한 번은 반드시 중국에 데리고 갔다.

2009년 당시 초등학교 4학년인 아들의 여름방학에, 베이징을 경유하여 김문학의 생가가 있는 선양을 방문했다. 2주간 정도 머물고 일본으로 귀국할 때, 그의 아들에게 "중국의 인상은 어떠하니?"라고 물었다. 그러자 아이는 잠시 생각한 끝에 다음과 같이 대답했다.

"중국은 넓고 민족도 다양하며 재미있는 나라야. 일본에서는 흔히 볼 수 없는 노점시장야시장은 진짜 재미있어, 한마디로 말하자면 중국은 유럽과 미국이 공존하는 것 같은 나라로 보였어"

"왜 그럴까?"라고 아버지가 이유를 물었다.

"베이징, 상하이, 다롄이나 선양의 초고층 빌딩들은 유럽이나 일본, 미국에도 뒤지지 않을 정도지만, 거기에 있는 인간은 말이야 …. 역시 질서를 지키지 않고, 횡단보도의 신호가 빨간색인데도 제멋대로 건너잖아. 그리고 더워서인지 남자들은 상반신 알몸으로 태연하게 걸어다니거든."라고 아이는 진지한 표정으로 말했다.

"유럽과 미국의 공존이란 말이지, 재미있는 발견이구나."라고 아버지는 칭찬했다.

"그런데 메이지 시대 초기의 일본에서는 금지령에 의해서 알몸 모습은 없어졌는데, 중국은 21세기인 지금도 태연하게 상반신 알몸으로 거리를 활보하고 있으니 이상해. 아빠, 중국 정부는 알몸 금지령을 내리지 않아?"

"글쎄, 어쩐다."

실은 김문학도 확실히는 몰랐다. 가령 정부로부터 그런 금지령이 내려졌더라도, '위에 정책이 있다면 아래에는 대책이 있다上有政策, 下有對策.'라고 하는 국민이니까 자기 좋을 대로 무시해 버리는 것이 중국인의 지혜이며 국민성일지도 모른다.

어쨌든 아들의 눈에 비친 중국사회는 '유럽과 미국이 공존하는' 매우 독특한 '모순'된 사회였던 것이다. 그 모순은 일본의 한 초등학생의 '중국발견'으로 이어졌던 것이다. 틀림없이 이 '발견'이야말로 중국의 현실을 설명할 수 있는 '큰 이야기거리'일 것이다.

중국에 '상유정책 하유대책(上有政策 下有對策)'이라는 말이 있다. 위(정부)에서 규제·정책을 만들면 아래(국민)에선 빠져나갈 구멍을 찾는다는 얘기다. 홍콩에서 '복면금지법'을 만들자 이를 회피하기 위한 아이디어가 속출하고 있는데, 그 중 하나라고 한다. 기발하다.

자료 : twitter.com

세계의 선진국은 모두 '물진인진物進人進'

동심이란 솔직한 것으로 때로는 어른이 느끼지 못한 것을 느끼는 경우도 있다. 김문학 아들의 '중국발견'은 아버지에게 작은 충격을 주었던 것이다.[3]

초고층 빌딩의 중국과 상반신 알몸의 중국인. 선진국과 같은 '물질문명의 발전'과 발전도상국과 같은 '인간적 미발달'. 초등학생의 아들이 말하고자 했던 것

❋3   같은 책, pp.16~18.

은, 이와 같은 양극단의 것이 동거하
는 중국의 현실이었던 것이다.

상의 탈의한 채 활보하는 중국 사람들

자료 : yna.co.kr

비교문화나 비교문명이 전문인 김
문학은 중국을 관찰분석하는 과정에
서 역시 가장 유효한 것은 비교, 다른
사람과의 비교분석이라고 생각했다.

종단적인 시간 축으로 보면 중국
의 진보발전은 매우 훌륭하다. 그러
나 횡단적인 공간 축으로 세계, 특히 선진제국의 발전양상과 비교해 보면, 곧 중
국의 진상을 발견할 수 있다.

예를 들면, 18세기 영국의 산업혁명 이래 유럽의 진보나 발전은 당연히 과학
기술의 '근대화'에 의해서 물질문명하드 파워의 획기적 발전을 가져왔다. 동시에 근
대화라고 하는 것은 물질문명의 진보, 혹은 진화뿐만 아니라 계몽과 교육에 의
한 인간의 자질이 향상 혹은 진화했다고 보는 것이 일반적이다.

일본은 서구식 근대문명에 있어 아시아의 우등생이며 본보기인데, 일본의 메
이지 이래의 근대화에서는 유럽식 근대화의 성과인 사물이나 제도를 받아들임
과 동시에 물질문명을 짊어지는 데 어울리는 인간성의 육성이 도모되었다.

좀 더 정확히 말하면 인간의 근대화, 인간의 자질향상, 국민성의 약점개조도
포함해서 일본 민족의 진화가 최우선으로 이루어졌던 것이다. 후쿠자와 유키치
福澤諭吉4의 『학문의 권장學問のすすめ』이나 『수신요령修身要領』에서 설파한 '독립자존'

✿ 4　　후쿠자와 유키치(福澤諭吉, 1835년 1월 10일 ~ 1901년 2월 3일)는 일본 개화기의 계몽사상가, 교육가, 저술
가이다. 1860년대부터 개항과 개화를 주장하고 자유주의, 공리주의적인 가치관을 확립, 막부 철폐와 구습 타파 등을
주장하고, 부국강병론과 국가 중심의 평등론을 역설하였다. 1868년 도쿠가와 막부 가문의 지배를 종식시키고 메이지
유신을 세우는 데 영향을 미쳤다. 게이오기주쿠(게이오대학)와 지지신보(산케이신문의 전신)의 창설자이다.
　　후쿠자와는 소년 시절 학문에 뜻을 두고 봉건적이고 계급적 질서의 근거로 비판받았던 한학 등에 반발하여 나가

의 정신에서 볼 수 있는 인간의 진화야말로 일본의 근대화 달성의 과정이었다.

후쿠자와 유키치

전후 일본의 1950년대 이후 고도성장을 보더라도, 역시 사물과 인간이 동시에 발전, 진보하는 '물인공진物人共進' 혹은 '물진인진物進人進'의 양상을 보여 주었다.

한국의 '한강의 기적'이라고 불렸던 1970년대 이래의 발전도 틀림없이 물질문명과 함께 인간의 진화라고 하는 '물진인진物進人進'의 코스였다.

자료 : ko.wikipedia.org

그러나 중국은 물질문명의 발전과 인간 자질의 진화 사이에 큰 갭이 있어, 이를테면 '물진인퇴物進人退'라고 할 수 있다. 물론 '물진인퇴'는 김문학이 만든 조어인데, 21세기 현재, 맹 스피드로 경제성장을 이루고 있는 중국을 해석하기 위한 새로운 관점이 될 수 있을 것이다.

사카와 오사카에서 난학(네덜란드학) 공부에 몰두하였다. 20대 중반에 도쿄에 가서 당시 세계의 중심이 네덜란드가 아니라 영국, 미국 등 영어권이라는 사실에 놀라 학문의 방향을 영학(英學)으로 바꾸었다.

1858년 도쿄의 에도에 네덜란드어 어학교인 난학숙(蘭學塾)을 열고, 1860년 네덜란드 선박 함장의 수행원으로 미국에 건너간 뒤 막부의 구미지역 견외사절단으로 프랑스, 영국, 독일, 아프리카 등을 방문하고 귀국, 자신의 견문을 알리고 개항을 주장하였다. 메이지 유신 기간 중 메이지 천황의 입각 제의를 사양하고 학문 연구와 계몽사상 교육, 토론 교육과 언론 활동 등 정부 밖에서 메이지유신의 이론적 토대와 개화 청년 양성에 주력하였다. 서구사상과 문물의 일본 도입을 위해 앞장섰고 그가 평소 강조한 것처럼 재야에서 일본의 힘과 독립을 증진시키는 데 기여했다. 그는 근대 일본에 복식부기 개념과 보험을 최초로 소개한 인물이기도 하다.

1984년 ~ 2004년의 일본은행권 D호 1만 엔권, 2004년부터의 E호 1만 엔권에 초상화가 쓰여 '유키치'라는 말이 1만 엔권의 대명사로 쓰이기도 한다. 게이오대학을 설립하여 게이오법인소속의 대학교 이하 학교에서는 경의를 표하여 '후쿠자와 선생님'이라고 부르고, 다른 교수나 교원에게는 선생님이라는 칭호를 쓰지 않는다. 또한 조선 개화기의 사상가 김옥균, 박영효, 홍영식, 유길준, 윤치호, 서재필, 서광범의 스승이자 한국 개화파에 영향을 준 인물로도 알려져 있다. 오사카에서 태어나고 도쿄에서 사망하였다. 외삼촌 나카무라 쓰히로의 양자였으므로 나카무라 유키치(中村諭吉)로도 알려져 있다. 호는 삼십일곡인(三十一谷人)이고, 자는 자위(子囲), 시호는 범공(範公)이다.

중국굴기의 특징은 '물진인퇴物進人退'이다

　중국의 개혁개발정책1978년 이래, 이미 40여년이 지났다. 일본이나 한국의 고도성장기 40년과 비교해 보면 알 수 있는 사실이지만, 과학기술이나 근대화에 의한 물질적경제적 부富는 대단한 진보를 이루었다.[5]

　이제 중국은 GDP에서 일본을 앞질러서 세계 2위의 경제대국이 되었는데, 세계도 이것을 '중국의 대두'라고 부르고, 중국은 스스로도 '중국굴기中國崛起'라고 하는 말로 설명하고 있다. 이 굴기란 갑자기 사건이 일어나는 것, 여럿 중에서 두각을 나타내는 것을 가리킨다.

　게다가 중국인은 스스로 '굴기'의 앞에 '화평평화'의 두 문자를 붙여서 중국의 '비패권주의'적, '비제국주의'적 대두를 강조하고자 한다. 이것은 세계에 평화적으로 공헌할 수 있다고 하는 중국인의 자신自信과 자부自負를 표방한 것으로 경사스러운 일이다. 어쨌든 '중국굴기'는 전 세계의 미디어, 인터넷에서도 가장 관심이 모아지는 테마이며 뉴스 용어다.

　단순히 뒤돌아보더라도 중국의 굴기발전는 기적적일 것이다. 1978년 이래 GDP만으로도 94배로 늘어났다.[6]

　하드 면에서도 중국 연해부沿海部, 대도시의 공항, 지하철, 고속철도, 초고층 빌딩, 번화가의 규모, 레스토랑

중국굴기

자료 : segye.com

❋ 5　　　같은 책, pp.18~20.

❋ 6　　　GDP 1978년 1,500(억 달러), 2019년(10월) 14,140,163(백만 달러).

상하이시 야경

자료 : namu.wiki

의 빛나는 네온 등은 뉴욕, 파리나 도쿄, 서울에 뒤지지 않는다.

GDP에 나타나는 중국의 굴기, 다시 말하면 진보는 일진월보日進月步이며 기적이라고 해도 과언이 아니다. 모든 중국인이 쾌재를 부를 만하다.

쾌재를 부르면서 그 한편으로 소프트 면, 다시 말하면 인간의 자질, 국민적 소질素質, 인재제도, 교육 등에 대해서는 역시 깊이 우려하지 않을 수 없다.

물적 진화와 인적 진화는 여전히 엇갈림이 크고, 물질적인 발전에 비해서 오히려 사람의 수준은 어떤 의미에서 퇴보한 것처럼 보이기 때문이다.

물욕에 대한 집착이 원래 다른 국민보다 각별히 강한 중국인은 한결같이 금전에 목표를 두고, 부를 잡는 것에 집착하여 인간 본연의 지적 향상심이나 도덕심을 방치하고 있다.

어떤 의미에서 이것은 중국인의 퇴영화退嬰化[7]이다. 돈과 부의 앞에서 인간적

※7   뒷걸음질치는 것.

진화를 중지해버린 중국인이다. '물진인퇴物進人退'는 김문학의 새로운 중국인식에 대한 대 테마라고도 할 수 있다.

모든 것이 변했는데 인간만이 변하지 않고 있다

1978년 이래 40년 남짓 중국의 약진적인 변화는 세계가 인정하고 있다. 이 기적적인 변모는 누구나 중국을 방문할 때마다 실감할 수 있다.

중국인의 조크에 "중국은 모든 것이 변했다. 오로지 변하지 않은 것은 덩샤오핑의 키뿐이다."라고 하는 것이 있는데, 이것은 중국의 변화를 상징적으로 말해 주고 있다.[8]

중국인이라면 누구라도 조국의 커다란 변화에 긍지를 가질 것이다. 특히 베이징 올림픽 이래, 중국인의 '대국' 의식과 자신감은 현저히 강해졌다.

그러나 이와 같이 중국의 겉모습 모두가 변해도 중국인 자신은 변하지 않았다. 통계상, 중국의 모든 것이 확실히 여러 가지 의미에서 변모를 이룬 것은 사실이다. 역사를 창조하는 것이나 물건을 만들어 향유하는 것도 결국은 인간이다. 그런데 중국에서는 가장 중요한 인간이 거의라고 해도 좋을 만큼 변하지 않고 있다. 대단히 유감스럽게도 겉보기 사물의 변

최근 중국에서 잠옷 차림으로 마트를 활보하는 사람들이 급증해 논란이다.

자료 : chinafocus.tistory.com

※ 8   같은 책, pp.20~23.

화에 어울리는 변화를 '완성'시키고 있지 못한 것이 오늘날 '중국인의 문제'이다.

중국인은 최첨단, 최고급의 사물을 사용하게 되었으나, 그 사물의 진보나 진화만큼 중국인은 진화해 있지 못하다.

 ## 굴기의 뒤에는 무엇이 있는가

만일 인류발전사의 흐름을 체험하기 위해서 타임머신으로 시간여행을 했다고 하면, 현재의 중국대륙을 돌아보면 된다.[9]

먼저 항공기로 상하이로부터 중국에 들어간다. 세계 최첨단의 기술을 이용해서 만든 상하이국제공항에서 세계 최고속의 리니어모터를 타고 시내로 향한다. 뉴욕에 뒤지지 않는 초고층 빌딩이 늘어서 있는 상하이로부터 디젤 열차를 타고 내륙부로 이동한다. 오지로 가면 갈수록 도시의 모습은 점점 촌스러워지고 마치 과거의 시간으로 들어간 것 같은 감각에 사로잡힌다. 예를 들면, 한국의 1960년대 쯤 될 것이다.

열차에서 내려 버스로 농촌에 들어간다. 그러면 여기는 마치 한국의 50년대 혹은 좀 더 이전의 40년대일지도 모른다. 더욱 오지로 들어가면, 길은 흙투성이에 울퉁불퉁하다. 이륜차에서 우마차 혹은 당나귀로 갈아탄다. 마지막에는 도보로 여행의 종착점에 다다르게 된다.

그러면 거기에는 지금까지 본 적도 없는 소수민족이 사는 마을이 나타난다. 거기에서의 생활은 마치 중국 교과서에 등장하는 원시사회 그 자체다. 전기나 신문, 화장지도 없다.

❀9　같은 책, pp.26~28.

이것은 중국문학자 가토 도오루加藤徹의 저서『조개와 양의 중국인貝と羊の中國人』에 나오는 우스개 소리다. 중국의 '굴기'는 거의 연해도시부沿海都市部만이고, 중국의 3분의 1을 차지하는 광대한 내륙부는 이 '굴기'에서 제외되어 있다.

해발 1,000m가 넘는 고산으로 둘러싸인 중국의 대표적 오지 저장성 산골 마을. 청정 그대로의 자연이 살아있는 곳이다.

자료 : en.seoul.co.kr

100년간 진화하지 못한 국민성과 민도

 100년 전에 쓴 중국 국민성론의 명저

다른 나라에서는 100년이나 세월이 지나면, 원래 있었던 국민성[10]의 열성劣性도 상당히 개조된다거나 고쳐진다고 하는데, 유일하게 중국만은 다르다고 하는 것이 김문학의 주장이다.[11]

예를 들면, 100년 전의 일본인이나 서양인이 남긴 기록에서는, 한국의 국민성 중에는 '감동하지 않는다, 감정이 부족하다'라든가 '느긋하고 만사 급하지 않다'

❋ 10　　한 사회의 성원은 어느 정도 비슷한 공통적인 경험을 하면서 자란다. 따라서 사회성원의 성격, 즉 인성에는 상당한 정도의 규칙성이 나타나게 된다. 그 사회의 단위를 국가(nation-state)로 잡았을 때 성원들의 인성 구조를 '국민성'이라고 한다. 국민성과 비슷한 개념으로 '민족성'을 들 수 있는데 이것은 언어·인종·문화 등과 같은 기준에 기초하여 다른 집단과 뚜렷이 구분되는 '민족'을 단위로 한다는 점에서 국민성과 대별된다. 다만, 한국과 같이 단일민족으로 구성되어 있는 경우에는 민족성과 국민성이 동의어로 사용될 수 있다.

❋ 11　　같은 책, pp.69~71.

고 하는 기술이 자주 등장한다.

루쉰

그러나 100년 후 현재의 한국인은 감정표현이 일본인이나 중국인 이상으로 풍부하고 성격도 누긋하기는커녕 매우 성질이 급하고 성마르다. 애국심이 부족하다고 되어 있던 한국에서는, 애국심은 이제 동아시아 최고라고 일컬어진다.

자료 : news.joins.com

이에 비하면 중국 국민의 열성은 거의 변하지 않고 있다.

루쉰魯迅은 섬뜩할 정도로 리얼하게 자신을 포함한 중국에 대해 '되돌아보기反思, reflection'를 시도했던 흔치 않은 지식인이었다. 어떤 문제든 시대적 통념에 기대지 않고 자기 생각을 가지고 '다시 보기'를 시도했다. 어떤 점에서 루쉰은 그 자신이 비판했던 공자와 매우 역설적으로 닮아 있다.[12]

공자가 다른 사람과 가장 달랐던 점은 자기가 사는 시대를 객관적으로 보고 성찰적으로 재해석하려 했다는 점이다. 공자의 시도는 그런 점에서 반동적 복고가 아니라 창조적 복고였다고 할 수 있다. 그는 단순한 관습으로 내려오던 예에 대해 창조적 해석을 시도했다. 관습적 예에 새로운 내용을 부여하여 춘추전국이라는 혼란의 시대에 새로운 지표를 제공하려 하였던 것이다.

루쉰은 『광인일기』에서 이렇게 적었다.

✽ 12   조경란, 중국 국민성을 바꾸려고 했던 비관적 급진주의자, 주간조선, 2014. 1. 27.

"무슨 일이나 연구해 보지 않으면 알 수 없는 것이다. 예로부터 늘 사람이 사람을 잡아먹었다는 것을 나도 기억하고 있지만 똑똑히는 모르고 있다. 그래서 역사책을 뒤져보았지만 역사책에는 연대도 밝혀져 있지 않고 그저 인의도덕仁義道德이라는 글자만이 삐뚤삐뚤 적혀 있을 뿐이었다. 잠을 이룰 수가 없어 밤중까지 열심히 살펴보았더니 드디어 행간에 글자가 나타났다. 책 전체에 사람을 잡아먹는다吃人는 두 글자가 쓰여 있었다."

『광인일기』 표지

자료 : ridibooks.com

『광인일기』 이후 중국에서 루쉰은 유교 비판의 상징적 인물이 되었다. 하지만 루쉰은 유교 그 자체보다는 어쩌면 습속화된 예교를 겨냥했다. 현재 루쉰이 지워지고 있는 것은 그가 저항을 상징하는 인물이어서 그렇지만 사회주의 시기 내내 유교 비판의 상징으로 소비되어 왔기 때문이기도 하다.

문화대혁명 시기에 공자는 비판되었지만 루쉰은 선양되었다. 지금과는 처지가 완전히 달랐다. 그러니 장기 관점에서 보았을 때 시대가 바뀌면 언제 또 이 상황은 뒤바뀔지 모른다.

이제 본격적으로 루쉰으로 들어가 보자. 그의 일관된 관심사는 계몽과 민중農民, 지식인이었다. 그는 민중의 각성이야말로 중국이 변화할 수 있는 최대 관건이라고 생각했다. 그의 사상 전반기에 보여주었던 '국민성'에 대한 관심은 이를 반영한다. 루쉰의 단편과 장편掌篇 소설 중 다수가 민중과 지식인의 관계, 또는 지식인 문제를 주제로 했다. 계몽은 민중과 지식인을 연결하는 다리다.

그러나 그에게서 계몽은 일반적 의미에서의 계몽이 아니다. '계몽을 회의하는 계몽'이다. 그는 민중의 계몽에 있어 지식인이 어떤 식이든 역할을 해야 한다고 생각했지만 또한 지식인에 대해서도 매우 냉소적이었으며 그들의 허위의

식에 대해서도 가차 없이 폭로했다. 민
중의 가능성에 대해서는 애愛와 증僧
을 동시에 가지고 있었다. 루쉰의 계몽
은 지식인의 일방적 계도가 아닌 민중
의 일상적 욕망을 수용하는 형태로 이
루어진다.

루쉰이 계몽이라는 문제를 처음 고
민하기 시작한 것은 일본 유학 시기였
다. 루쉰은 1902년 21세 때 일본에서
유학했는데, 그가 의사 지망생에서 문
학가로 방향을 돌리게 된 계기가 센다
이仙臺 의대에서의 '환등기 사건'이었다.

1903년 일본 유학 시절 20대 루쉰의 모습. 강인한 의지와 결단력이 서려 있는 표정이다.

자료 : jmagazine.joins.com

당시 세균학을 가르치는 나카가와中川 선생은 값비싼 독일제 환등기를 사서 학
생들에게 수업 시간 사이사이 러일전쟁 관련 필름을 보여주곤 했다. 러시아군
의 스파이 노릇을 했다는 죄목으로 일본군에게 끌려와 처형당하기 직전의 한
중국인이 총구를 마주하고 있는 장면이 환등기를 통해 루쉰 앞에 나타났다.

그런데 그를 둘러싼 무표정한 구경꾼들은 다름 아닌 중국인이었다. 루쉰은
"구경꾼들은 모두 튼튼한 체격이었지만 표정만은 명청했다. … 당시 나로서는
중국인 몇 명의 육체를 고치는 것보다 정신의 개혁이 훨씬 중요하다고 생각했
고, 정신의 개혁에는 문예가 가장 좋은 방법이라고 생각했다."라고 회고한다.

의사 지망생에서 문학가로 인생 방향을 돌리기로 결정한 그날 밤, 루쉰은 온
산을 헤매고 다니며 고래고래 소리를 지르듯 노래를 불렀다. 그리고 그는 문득
자신이 깊은 산 속에 버려진 상처 입은 짐승 같다고 느꼈다. 상처 입은 짐승, 헤
매는 영혼으로 평생을 살기로 결심하면서 아마 내림굿과도 같은 심한 몸살을

겪은 것이리라. 1907년 의학을 포기하고 센다이에서 도쿄로 옮겼다.

중국인이 일본 군인에게 공개처형을 당하는 모습

자료 : m.blog.naver.com

　그가 20대였던 시절에 쓴 몇 편의 긴 글에는 루쉰 철학의 방향이 뚜렷하게 제시되어 있다. 루쉰이 중국인을 표상하는 '아큐'와 아큐로 구성된 인간관계의 모습을 처음 발견했던 것은, 어린 시절 과거제 시험과 연관되어 할아버지가 투옥되고 이후 가문이 몰락하는 과정에서였다. 떵떵거리고 살던 가문이 쇠락의 길로 들어서는 순간 친절하던 주변 사람들은 태도가 달라졌다. 이들의 냉대를 겪으면서, 루쉰은 어려운 상황이 닥쳤을 때야말로 세상 사람들의 진면목을 볼 수 있다고 생각했다.

　청소년기에 이미 가족제도를 지탱하고 있는 낡은 예교의 뒷면에 도사린 추악한 인간관계를 어렴풋하게나마 간파했다고 할 수 있다. 이런 인간관계를 원형으로 하는 중국사회라는 골치 아픈 실타래를 어디서부터 풀어나갈까 하는 고민은 아마 이 시절의 '불행한' 경험에서부터 싹텄을 것이다. 루쉰의 대표작인 『아큐정전』[13]에서 중국인을 상징하는 아큐상의 원형은 이때 만들어졌다고 할 수 있다.

❀ 13　아큐정전(阿Q正傳, The True Story of Ah Q)은 1921년에 루쉰이 발표한 대표적인 중편 소설로, 베이징 신문 「신보부간(晨報副刊)」에 연재되었다. 최하층 신분의 날품팔이 아큐(阿Q)를 주인공으로 중국 구민주주의 체제 민중의 문제를 유머러스한 스타일로 파헤치고 있다. 작품의 전반에 그려진 정신승리법(精神勝利法, spiritual victory)은 민중 자신 속에 있는 노예근성인 것이었으며, 작가의 붓은 아큐를 그 집중적 존재로서 그려내고 있다. 따라서 '아큐'라는 이름은 널리 그와 같은 성격의 대명사로 사용되고 있다. 그러나 피압박자로서의 양상을 깊이 하여 작자는 아큐의 운명에 대한 동정과 접근을 이끌어낸다. 아큐는 최후에 신해혁명 후의 지방 정부의 손에 총살당하는데, 그것은 동시에 구사회에서 가장 홀대 받던 아큐가 구사회 체제에서 계속해서 피압박자가 되어 버린다는 것이었다. 이 소설은 세계 각국어로 번역되어 읽혔다.

그렇다면 아큐는 어떤 인물이었는가? 그는 바로 앞의 환등기를 통해 보았던 구경꾼들, 즉 당하고 있는 이를 무표정하게 보고만 있던 사람들이다. 타인의 불행을 동정하지 않고 오히려 그것을 영양분 삼아 살아가는 중국인, 그가 바로 아큐였다. 아큐는 노예라는 약자의 입장에 처해 있으면서도 반항할 줄 모르고, 오히려 자기와 같은 위치에 있는 약자를 무시한다.

아큐정전 - 노예근성의 상징

m.blog.naver.com

그리고 언젠가는 주인이라는 강자의 위치로 올라서서 자기 밑에 있을 노예를 압박하리라고 상상하는 노예이다. 루쉰은 이를 약자의 자위에 지나지 않는 '정신승리법'으로 보았다.

그는 중국인이 4000년의 문화 전통을 들먹이면서 자존심을 세우는 것도 결국 이런 '정신승리법'에 불과하다고 여긴다. 이런 것들이 바로 루쉰이 비판해 마지않는 국민성의 요체이다. 아큐로 상징되는 중국인, 그리고 이들이 형성하는 먹고 먹히는 음험한 인간관계, 이 증오스러운 현실은 바로 루쉰의 계몽이 출발하게 되는 조건이었다.

그러나 루쉰이 유학에서 돌아와 맞닥뜨린 현실은 유학 시절 구상했던 계몽과는 너무나도 이율배반적인 것이었다. 그렇기 때문에 그는 첸쉬안퉁錢玄同이 『신청년』의 원고를 부탁해 왔을 때 이렇게 말했다.

"무쇠로 만든 방이 하나 있다고 하지. 창문도 없고 무슨 방법으로도 부술 수 없는 방인데, 그 안에는 수많은 사람들이 곤히 잠들어 있다네. 머지않아 모두 숨이 막혀 죽게 될 것이지만 잠이 들고 나서부터 죽음에 들기까지 죽음이 닥쳐왔다는 슬픔을 전혀 느끼지 못하지. 그런데 자네가 고함을 질러대기 시작해서 조금이나마 의식이 깨어 있던 몇 사람을 놀라게 하고 그 때문에 이 불행한 소수가 돌이킬 수 없는 고통을 받는다면 자네는 그 사람을 볼 낯이 있겠는가."

아큐, 근대 중국의 일그러진 자화상

자료 : brunch.co.kr

루쉰은 자각까지는 어떻게 된다 하더라도 그 다음부터가 문제인 것이고 이에 대한 확신이 서질 않았던 것이다. 즉, 루쉰은 개인의 자각 '이후'를 문제 삼았다고 할 수 있다. 바로 이 대목이 루쉰의 계몽주의가 갖는 리얼리티라고 할 수 있다.

루쉰에게 봉건성으로 표상되는 중국은 결코 간단치 않은 '문제'였다. 중국은 계몽 자체를 회의하게 만들 정도로 강고한 철옹성과 같은 것이었기 때문이다. 중국의 봉건은 일찌감치 성숙하고 완비되어 제도와 일상에 깊숙이 침투되어 있었다. 너무도 깊숙하여 의식할 수 없으며 따라서 탈출해야 한다는 자각을 갖기가 힘들다. 혹시 의식하여 탈주한다 해도 완비된 봉건의 주술로부터의 탈주는 곧 악인으로 지탄받는 길이다.

『광인일기』에서 '악인'은 '인육을 먹은 사람吃人'으로 구성된 다수자의 눈으로 볼 때 의견이 다른 소수자이다. 봉건의 완비된 구조 하에서는 이견을 가진 소수자인 악인은 지탄의 대상이 되지만 남의 고기를 먹음으로써 시스템의 공모자가 된 다수자는 그렇지 않다.

자료 : news.joins.com

계몽이라는 주제를 둘러싼 루쉰의 지식인론과 민중론은 모두 봉건의 강고성에 대한 이러한 문제의식에서 나온 것이다. 여기서 특이한 것은 사대부 또한 봉건이 완비되는 데 협력한 공범으로 인식된다는 점이다. 물론 그 공범 안에는 지식계층으로서의 루쉰 자신도 포함되어 있다.

따라서 이 공범의식은 자기자신도 계몽해야 한다는 것으로 연결된다. 자신도 교정대상 안에 들어가야 하는 것이다. 그의 계몽이 진정성을 갖게 되는 것은 바로 이 지점에서다.

이런 생각을 바탕에 깔고 루쉰은 봉건과 근대가 혼재된 대격변기에 목격되는 여러 유형의 지식인 모습을 단편소설과 잡문을 통해 제시한다. 여기서 가장 인상에 남는 세 가지 유형을 소개하면 다음과 같다.

첫째, '정신계의 전사'다. 이들은 노예의 지배자가 되기 위해 싸우는 것이 아니라 압제자에게 반항해서 인간적 독립을 얻기 위해 싸우는 존재이다. 이 존재가 목표로 하는 것은 지배자와 피지배자 관계의 근원적 해소이다.

'정신계의 전사'는 약자의 입장에서 강자에 반항하고 여력이 있으면 다른 약자를 도와주는 일을 한다. 루쉰에 의하면 이는 인류 중에서 가장 진화된 모습이다. 루쉰은 여기서 바이런의 말을 빌려 "자유를 위해 싸우는 것이라면 자기 나라를 위해서만이 아니라 다른 나라를 위해서도 싸워야 한다."고 주장한다. 자유는 국가를 초월해 있다는 것이다.

둘째, 단편소설 『공을기_{孔乙己}』[14]의 주인공과 같은 시대착오적 지식인이다. '정신계의 전사'가 루쉰 초기 사상에서 보여주는 이

공을기 이미지

상적인 지식인 유형이라면 1911년 신해혁명 실패를 경험한 후의 지식인상은 매우 비관적으로 그려지고 있다. 대표적으로 『공을기』를 통해 보여주는 지식인상은 가련하기까지 하다.

'육경'에 팔려버린 영혼으로 인해 시대와 호흡하지 못하고 쇠락해가는 과정을 동정적이면서도 동시에 풍자적 필치로 그려낸다. 비록 공을기를 풍자하고 있지만 공감의 시선도 보낸다. 신新과 구舊가 교차하는 시기에 지식인의 무력함과 무책임함이 겹쳐 있다. 루쉰 자신의 자화상이기도 하다.

자료 : duobiji.com

❋14　『공을기』는 중국의 저명한 소설가인 루쉰의 단편 작품으로 중국의 최초 근대소설인 『광인일기』가 발표된 이후 거의 1년 만인 1919년 4월 중국의 신문화운동 당시 큰 역할을 했던 잡지 『신청년』 제6권 4호에 발표되었다. 이 작품은 1905년 청나라에서 과거제도가 폐지된 이래에 관리(官吏) 지망생의 삶의 몰락과 그로 비쳐지는 비극을 내용으로 담고 있다. 과거(科擧)시험이라 불리는 관리 등용시험을 위해 공부하던 선비가 중도에 몰락하여 인생의 마지막에 자신의 생계조차 감당할 수 없는 폐인이 되어 시골마을의 웃음거리가 되는 광경을 순수한 소년의 눈을 통하여 비추어지고 있다. 『신청년』에 기고한 이후에 1918년에서 1922년 사이에 쓴 소설 14편을 묶어서 수록한 단편소설집인 『납함』을 1923년 8월에 출판하였고, 『공을기』는 그 중 한 편에 속한다. 『공을기』는 아주 짧은 단편소설이지만 그 내용은 가볍지 않으며 어린 소년을 화자로 두고 주인공을 관찰하는 1인칭 관찰자 시점 소설이다.

셋째, '검은 사람'이다. 만년의 루쉰이 생각하는 이상적인 지식인 유형은 소설 '검을 벼린 이야기鑄劍'를 통해서 나온다. 여기서 주인공 '검은 사람'은 평범한 젊은이였으나 어머니의 바람으로 아버지의 복수를 하기로 마음먹게 된다. 그러는 과정에서 조용하고도 강인한 사람으로 변화해간다. 그런데 정작 복수는 오히려 복수가 완성된 이후에 시작된다.

루쉰이 계몽 이후를 문제 삼았던 것처럼 여기서도 복수 '이후'가 사유의 출발점인 것이다. 여기서 복수한 사람과 복수당한 사람이 한 솥 안에서 죽은 후 서로 엉기어 있다. 이 이야기를 통해 루쉰은 복수의 허무함과 무의미함을 말하고자 한 것이다.

'검을 벼린 이야기'로 루쉰은 1920년대 중반의 비관적 정서로부터 벗어난 듯 보인다. 루쉰은 1927년 사랑하는 여인 쉬광핑許廣平과 광저우廣州에서 동거에 들어갔다. 당시 루쉰의 생활은 활력으로 넘쳤다. 역사에 대한 비장감은 사랑을 얻음으로써 천하를 얻은 인생전환과 관련 있지 않을까.

루쉰은 잘 알려져 있는 것처럼 신문화운동 이전부터 지속적으로 국민성의 개조에 주력해 온 인물이다. 루쉰의 시종 관심사는 국민성과 지식인 문제였다. 아큐로 상징되는 국민성의 외연 안에는 농민만이 아니라 사대부까지 포함된다. 농민과 사대부는 중국의 개혁을 전망하는데 관건적 계층이다.

1911년 신해혁명 당시 상하이 시내(난징동로)

우리에게 잘 알려져 있는 『아큐정전』과 『광인일기』는 농민과 사대부의 집단 인격의 심층을 의미심장하게 보여준 작품이다. 루쉰이 국민성의 개조에 관심을 갖게 된 실질적 계기는 잘 알려져 있다시피 신해혁명의 실패이다.

자료 : ko.wikipedia.org

신해혁명은 정치적으로는 공화제를 가져다주었지만 인민들의 의식에서는 아무런 변화를 가져다주지 못했다고 루쉰은 판단했다. 이러한 인식하에서 신해혁명의 허구성을 폭로하고 고발한 작품이 『아큐정전』이다.

루쉰에게 지식인과 민중, 그리고 계몽이라는 주제는 봉건과 근대에 대한 시선과 많은 부분 겹쳐진다. 루쉰은 전통의 중압 아래 신음하고 있는 중국이지만 역설적으로 전통과의 대결을 지나치고서는 근대를 낳을 수 없으리라고 생각했다. 그런데 문제는 전통과의 대결을 거쳐 근대가 도출된다 해도 그 이후가 간단하게 해결되는 것은 아니라는 점이다.

그가 다른 계몽가와 달리 계몽 이후를 문제 삼았던 것도 근대에 대한 확신이 서지 않은 데서 연유한다. 봉건의 주술이 인간을 속박했던 것보다 근대의 이성은 인간의 종속을 훨씬 심화시키는 메커니즘을 가지고 있다는, 근대에 대한 역설적 이해가 있기 때문이다.

그가 이런 인식을 할 수 있었던 저변에는 선배 사상가 장병린章炳麟, 서양철학자 니체, 그리고 무정부주의자 슈티르너 Max Stirner 등에 대한 사상적 편력이 존재한다. 장병린에게서는 중국의 전통을, 니체에게서는 서양의 근대에 대한 역설적 사유를, 슈티르너에서는 체제에 대한 전복적이고 무정부적 사유를 보았다.

다케우치 요시미

루쉰의 글들이 지금도 강한 흡인력을 발휘하는 데는 그의 사회비평과 문명비판에서 묻어나는 고독과 비애가 있기 때문인데, 그것은 이들 사상가와의 조우와 관계가 있다.

루쉰은 보수와도 싸웠지만 진보와도 싸웠다. 그가 논적들과 줄기차게 싸울 수 있었던 힘은 어디서 나온 것일까. 이에 대해 일본의 근대 사상가이자 루

자료 : ko.wikipedia.org

쉰 연구자인 다케우치 요시미竹內好는 "루쉰 내부의 모순 때문이었다."고 말한다.
그 모순은 바로 자신도 식인食人의 경력이 있다는 어떤 원죄의식에서 오는 것은 아니었을까. 역사가 진보하지 않는다는 비극적 역사인식 이후에 오는 "안 되는 것을 알면서도 하는" 절망에 대한 저항적 인식에서 비롯된 것은 아니었을까.

"나는 매우 확실하게 종점은 바로 무덤이라는 것을 알고 있다. 그러나 이것은 누구나 알고 있는 것이며 누가 가르쳐줄 필요도 없다. 문제는 여기서 거기로 가는 길에 있다." 잡문집 『무덤』

리쩌허우

이 글에서는 '문제는 여기서 거기로 가는 길에 있다'에 방점을 찍어야 한다. 죽음을 피할 수 없다는 강렬한 감수가 생에 대한 강한 애착을 불러왔을 수 있다. 그에게서 싸움은 죽음으로 가는 길을 강렬하게 자각하는 방법이다. 그것이 그의 현존 방식이다. 그의 비관주의는 그래서 오히려 더 강한 생명력을 갖게 된다.

자료 : alchetron.com

중국의 철학자 리쩌허우에 의하면 루쉰의 특징은 구체적이고 현실적인 '사회의 죄악에 대한 분노에 찬 항의'를 사회를 초월하는 형이상적인 인생의 고독감과 융화시켰다는 점에 있다. 니체와 중국 전통정신 사이의 기묘한 융합이라 할 수 있다.

🍃 스미스의 『중국인의 기질』

미국에서 중국의 국민성을 논한 가장 오래되고 완성도가 높으며, 영향력 있는 저작은 아더 핸더슨 스미스 Arthur Henderson Smith, 1845 ~1932가 쓴 『중국인의 기질』이다.

아더 핸더슨 스미스

그의 중국 이름은 밍언푸明恩溥이며 선교사로 중국에서 근 50년간 살았다. 그는 책에 그가 관찰한 중국인의 스물여섯 가지 '특성'을 자세히 기록했다. 그 중에서 가장 중요한 것이 '멘쯔面子, 체면' 문제다.

유럽인과 미국인이 중국인의 민족성을 비판할 때 대부분 다음과 같은 특징에 주목한다.

자료 : en.wikipedian.org

1. 안정성 혹은 불변성이다. 이른바 안정성이라 함은 보수성을 듣기 좋게 표현한 것이다.
2. 거만함[自大]이다. 스미스가 말한 '멘쯔'다. 국가를 '천조天朝', '중국'이라고 부르는 것도 여기서 유래한다. '문혁' 시기 베이징을 '세계 혁명의 중심'이라고 대대적으로 선전하며 혁명을 수출했다. 이런 '중국 중심론'은 민족 자만심이 극에 달한 형태다.
3. 계급과 차별을 불변의 진리로 본다.
4. 국족國族, 가정, 군체를 개인보다 중시한다. 개인의 순종과 의무를 찬양하고 권리를 홀시한다. 차별을 당연시하고 개인을 천시하는 것은 노예성과 결합된다. 자연히 이는 전제정치와 밀접한 관계가 있다.
5. 사회와 타인의 존재를 무시한다. 정의와 진리 같이 궁극적인 이념을 추구하려는 열정이 부족하다.

스미스의 『중국인의 기질』에 대해 최근 중국 학자들은 작가의 동기가 악의적이었다고 추측할 수 있다. 하지만 당시 중국의 계몽학자는 그 책을 '오독'했다.

잘못 번역해 전파했다. 그들은 중
국인들의 나쁜 성질이 근대 중국
이 처한 어려움이 초래한 위기감
때문에 나온 것으로 바라봤다.

『중국인의 기질』번역본

자료 : amazon.com

『중국인의 기질』의 최초 번역본
은 『지나인의 기질』이라는 제목으
로 나왔다. '지나支那'라는 말에는
업신여기고 모욕하는 뉘앙스가 있
다. 당시 일본에 머물던 중국인들
이 이 용어를 쓴 것은 국치를 잊지 말자는 의도로 사용한 것이다.

이 책이 처음 번역 소개됐을 때 역자 서문은 다음과 같이 적었다. "우리나라
사람들은 염치가 없다. 이 말을 함에 가슴이 아프다. 우리나라 사람은 이를 스
스로 모르나 외국인이 그것을 알았다. 우리나라 사람은 감히 말하지 못했으나
외국인이 그것을 말했다. 우리나라 사람은 부끄럽지 않으나 외국인이 깊이 그
것을 부끄러워한다. 우리나라 사람은 스스로 책임지지 않으나 외국인이 그것을
책임진다. 태사공太史公, 사마천은 '마음을 상하는 것보다 더 고통스런 슬픔은 없다
悲莫悲于傷心'고 말했다사마천이 자신의 친구 임안에게 보내는 편지 '보임안서 報任安書)'에서. 우리나라 사
람은 마음을 상하는 것을 대수롭게 여기지 않고 외국인이 그것을 마음 아파한
다. 오호라! 이것이 실로 마음을 상하는 아픔의 극치라 할 만하다."

이 글을 보면 당시 번역자는 피동적으로 서방의 결론을 받아들였다. 스스로
를 비판하고 주동적으로 타인의 판단을 구한 것이 아니다. "부끄러움을 알면
용감함에 가깝다知恥近乎勇."란 말이 있다. 그들은 한 무리의 진정으로 '치욕'을 이
해한 애국자였으며 용사였다.

『중국인의 기질』, 이 책은 19세기 초 일본 유학생 사회에 큰 영향을 끼쳤다.

어떤 이는 "그 말이 잔인하지만 사실이고, 그 서술
이 긴박하나 도망갈 수 없다."고 말했다. 어떤 유학
생은 이 책을 읽은 후 "산 닭이 거울을 보고 자기의
모습을 본 형국"이라며 비록 달갑진 않아도, 그 말
을 부끄러워하지 않을 수 없다고 했다.

  량치차오梁啓超[15]가 1902년 시작한 '신민新民'운동
은 분명히 스미스의 책에 자극을 받은 것이다. 다음
해 그는 "중국 국민의 품격을 논한다."라는 글을 발
표, 중국 국민성의 네 가지 결점을 통렬히 비판했다. 즉, 애국심의 희박, 독립성
의 유약, 공공심의 결핍, 활력의 부족이 그것이다. 그 때 일본을 여행 중이던 중
국인 및 유학생들은 자국인들의 '노예성'을 비판하고, '국민성'을 배양하는 국민
화운동을 제창했다. '노예', '노예성' 등의 말들이 중국의 신문지상에 자주 등장
했다.

  이것이 중국 근대 지식분자들의 첫 정신 자각 집단행동이었다.

  스미스가 『중국인의 기질』을 펴낸 후 100년 동안, 그 책에서 펼친 중국 국민

※ 15   량치차오(梁啓超, 양계초, 1873~1929)는 중국의 근대 사상가이자, 정치가, 언론가, 개혁가, 철학가, 문학가,
사학가, 교육가이다. 당시 뛰어난 대학자였던 캉유웨이의 제자로, 그를 통해 개혁 사상과 서양의 근대 지식을 배웠다.
캉유웨이와 함께 광서제에게 보내는 상서를 함께 작성하였으며, 이것이 광서제의 눈에 들어 결국 무술변법으로 이어
진다. 그러나 서태후 등 반개혁 세력의 반동으로 이 혁명은 100일 만에 실패로 돌아간다.
    무술변법이 실패한 후, 그는 일본으로 망명을 떠나 언론 활동을 시작한다. 그는 중화민국 초기 연구계의 지도자로
서, 자산계급 개량주의와 입헌 공화제도를 지지하였으며, 공화당과 민주당, 통일당을 통합시킨 진보당을 창당하여, 위
안스카이와 쑨원과 경합하였다. 위안스카이가 중화민국을 배신하고 황제의 자리에 오르자 그에 대한 반대 투쟁을 전
개하였다.
    캉유웨이는 뒷날 선통제를 복위시켜 입헌군주제 형태로 청나라를 복원하는 데 주력하였는데, 량치차오는 이에 반
대하여, 세계 질서 진입을 위해 당시 정권을 잡고 있던 돤치루이에게 제1차 세계대전에 참전할 것을 적극 주장하였
다. 당시 세력 있던 정치가인 돤치루이와 펑궈장을 자기편으로 끌어들이는 데 실패한 이후는 정치계를 떠났다. 량치
차오는 20세기 초 '걸어다니는 백과사전'이라 불렸을 만큼 중국에서 동양과 서양 사상에 대해 모두 해박했던 학자 중
하나였다.

성에 대한 비판은 다시 중국 애국학자의 반反비판을 받았다. 시작은 구훙밍辜鴻銘, 1857~1928이었고, 끝은 모뤄摩羅다.

구훙밍은 그의 저서 『중국인의 정신』에서 스미스의 책을 모질게 비난했다. 각 나라 국민들의 특성을 비교하면서 중국인을 가장 걸출하고 완벽하다고 평가했다. 모뤄 역시 『기질』이란 책에서 '식민 어법'이라고 지적했다. 그는 스미스를 타도해야 할 뿐 아니라 서양인의 논리를 추종한 양계초, 천두수陳獨秀, 루쉰魯迅까지 싸잡아 비난했다.

루쉰은 일본에 머물던 당시 『중국인의 기질』을 읽었다. 그는 이 책의 관점에 찬동한 것만은 아니었다. 하지만 그는 중국인들이 자신을 돌아

구훙밍

자료 : en.wikipedia.org

볼 필요가 있다고 강조했다. 여러 차례 이 책의 중국어 번역 출판을 건의했다. 그가 세상을 떠나기 반 개월 전에 그는 여전히 편지에서 『중국인의 기질』은 번역과 일독의 가치가 있다며 이렇게 말했다. "자성하고 분석해야 한다. 이 책의 몇 가지 지적은 명백히 옳다. 중국인들은 변혁하고, 발버둥치고, 스스로 노력하지만, 다른 이의 양해와 칭찬을 구하지 않는다. 도대체 중국인이란 뭔지 증명해 봐야 한다."

바로 서방에 서방의 사회병폐가 있는 것과 마찬가지로 동방 국가의 병폐는 동방의 특징이 있다. 서방의 '요마화妖魔化'에서 나온 것이 아니라 객관적으로 존재한다. 이렇듯 국가가 전통사회에서 현대사회로의 변환기에는 서방 문명을 참조하지 않을 수 없다. 물질 방면뿐만 아니라 제도 방면, 정신문화 방면도 마찬가지다. 역사상 서방 선진국가와 격차가 큰 나라가 스스로의 힘만으로 현대적인 국

가로 발전한 사례는 없다. 이른바 전통의 '전화轉化'는 이질문화가 개입한 이후에 비로소 진행이 가능하다.

아더 핸더슨 스미스가 『중국인의 기질』에서 지적한 스물여섯 가지 중국인의 기질은 다음과 같다.

체면面子, 검소節儉, 부지런함勤勞, 예절禮節, 시간무시漠視時間, 대충대충漠視精確, 오해誤解的才能, 빙빙 돌려 말하기拐彎抹角的才能, 고집靈活的固執, 지적인 어리석음智力混沌, 둔함神經麻木, 외국인 경시輕視外國人, 공공정신 결핍缺乏公共精神, 보수保守, 편리함 무시漠視舒適和便利, 생명력生命力, 인내와 강인함忍耐和堅靭, 안빈낙도知足常樂, 효순孝順, 인자仁慈, 동정심 결핍缺乏同情心, 사회풍파社會台風, 상호책임相互負責和遵紀守法, 상호시기互相猜疑, 믿음 결핍缺乏誠信, 다신론, 범신론과 무신론多神論, 泛神論和無神論.

1936년 10월 상하이에서 열린 목판화 전시회장에서 청년들에 둘러싸여 있는 루쉰의 모습(맨 왼쪽)

자료 : news.joins.com

중국의 국민성 개조 운동

중국은 신문화운동 시기부터 줄곧 국민성 개조
운동을 벌여왔다. 근세에 중국은 동방강국에서 '동
아병부'로 전락해 열강의 유린과 능욕을 당했다. 많
은 지성인들은 그 원인을 중국의 국민성에서 찾았
다. 쑨원孫文은 공화혁명으로 봉건 전제통치하에서
왜곡된 국민성을 개조하려 했다. 강한 정부 아래 취
약했던 민간사회가 결국 노예근성과 나태한 국민성
을 배출했다고 본 것이다.[16]

쑨원

자료 : blog.daum.net

의술로 중국을 구하겠다고 일본 유학에 나섰던 루쉰魯迅은 한 장의 사진에 전
율했다. 일본인이 중국인의 목을 칼로 베는 장면을 다른 중국인들이 무표정으
로 구경하는 사진이었다. 결국 그는 메스가 아닌 펜을 들었다. 중국인들이 치유
해야 할 것은 몸이 아니라 정신이라고 보았던 것이다. 그처럼 중국인의 국민성
을 통절하게 비판한 사상가도 드물다. 그렇지만 그 역시 제대로 된 처방은 내놓
지 못했다. 근세 이후 중국을 개조하려 한 사상가, 정치가들은 거의 모두 국민
성 개조를 역설했다.

많은 지성인들이 국민성 개조가 선행되지 않으면 전제든 공화제든 의미가 없
다고 했지만 국민성 개조에 앞서 공화국을 창건한 마오쩌둥毛澤東은 새로운 제
도로 국민성 개조를 실현하려 했다. 그의 사회주의 개조운동은 사실상 사상개
조운동이었다고 할 수 있다. 사상 해방, 노예근성 치유, 집단정신 고양, 이타주
의 선양, 애국위생 선양 등이 그 슬로건이었다. 남을 위해 자신을 희생한 노동영

※ 16   진징이, 중국의 국민성 개조 운동, 문화일보, 2006년 10월 10일.

웅을 본받자는 '뇌봉雷鋒[17] 정신 따라 배우기'가 대표
적이었다.

어찌 보면 당시는 국민성 개조의 가장 적절한 시기
였는지 모른다. 지금도 일부 중국인들이 그 시기에
향수를 느끼는 것은 이것과 무관하지 않을 것이다.

그렇지만 전대미문의 문화대혁명文革은 결국 이 국
민성 개조의 기회를 날려버렸다. 일각에서는 그 문
혁도 마오쩌둥이 국민성 개조를 위해 일으킨 것이라
고 한다. 그것은 국민성 개조운동이 아니라 인간본
성과 집단적 '아큐阿Q정신'의 발로였다고 해야 옳을
것이다. 역설적이게도 아큐를 내세워 중국인의 국민
성을 통절히 비판했던 루쉰의 어록이 국민성 개조

에 일조한 게 아니라 정적이나 다른 일파를 비판하는 무기로 이용됐다.

개혁·개방으로 중국은 눈부신 경제발전을 이루었다. 하지만 개혁 초기부터
강조해 왔던 정신문명 건설은 경제발전만큼 눈에 띄지 않는다. 흔히 국민성은
한 세기를 주기로 변화를 일으킨다고 한다. 그래서일까. 오늘도 여전히 루쉰이
통박했던 도덕불감증 사례가 비일비재하다. 시장경제 속에서 '불익은 못 참아도

❋ 17 　뇌봉(雷鋒, 레이펑, 1940년 12월 18일 ~ 1962년 8월 15일)은 중국 인민해방군의 모범병사다. 후난 성 창사
출신으로, 아동단과 소년선봉대에 들어가 활동하였으며, 1957년에는 중국공산주의청년단에 들어가, 중국 각지의 농
장이나 공장에서 작업하는 등 봉사활동을 계속했다. 1960년 인민해방군에 입대, 수송대에 배속되었다. 1962년 8월 15
일, 랴오닝 성 푸순에서 트럭 사고로 순직했다.
　사후 마오쩌둥 등의 공산당 지도자의 말을 인용한 일기가 발견되었다. 그는 이상적 군인상으로 널리 선전되기 시작
해, 1963년 3월 5일에는 마오쩌둥이 직접 향뇌봉동지학습(向雷鋒同志学習, 레이펑 동지에게 배우라) 운동을 지시하
게 이른다. 이 슬로건은 문화대혁명 중, 각종신문이나 교과서에 수없이 인용되며 우상으로 떠받들어졌다.
　그 후로도 오늘날에 이르기까지 정부의 공식 캠페인에 수없이 활용되어, 3월 5일은 '레이펑에게 배우는 날(Learn
from Lei Feng Day)'로 지정돼 학생들이 공원이나 거리를 청소하는 날로 되어 있다. 또한 고향인 창사와 순직지인 푸
순에는 레이펑 기념관이 설립되어 있다.

불의는 참는다.'고도 한다.

최근 중국인과 한국인의 국민성을 비교한 한 학자의 글이 논쟁을 불러일으켰다고 한다. 중국과 유사한 국민성을 가지고 있던 한국이 근대화 건설과 함께 국민성 개조에도 성공했다는 취지다. 최근에 들어서서 '어글리 중국인' 전형 뽑기와 같은 캠페인이 벌어지는가 하면 해외여행 중의 공중도덕이 유난히 강조되고 있다. 후진타오胡錦濤가 제기한 '영욕관榮辱觀' 교육은 금세기 새로운 국민성 개조 운동으로 볼 수도 있을 것이다.

지난 세기 국민성 개조가 지식인이나 정치인 주도 운동에 그쳤다면 이제는 국민 전체가 주도하는 자율운동이 돼야 성공할 수 있을 것 같다.

한국의 경험도 이를 뒷받침해 준다. 국민의 자율성을 높여주는 체제개혁이 절실하다. 국민성 그 자체를 국력이라고 볼 때 중국의 종국적인 성공 여부는 국민성 개조에 달려 있다고 보아도 무방할 것이다.

후진타오의 8대 영욕관

후진타오의 8대 영광과 8대 수치(八榮八恥)

熱愛祖國 危害祖國
〈조국 사랑하는 것, 조국에 해 끼치는 것〉

服務人民 背離人民
〈인민 위해 봉사하는 것, 인민 배반하는 것〉

崇尙科學 愚昧無知
〈과학을 숭상하는 것, 무지몽매한 것〉

辛勤勞動 好逸惡勞
〈근면하게 일하는 것, 놀기만 좋아하는 것〉

團結互助 損人利己
〈서로 돕는 것, 남에게 손해를 끼치는 것〉

誠實守信 見利忘義
〈신의 지키는 것, 이익만 좇는 것〉

遵紀守法 違法亂紀
〈법-규율 준수하는 것, 법-규율 어기는 것〉

艱苦奮鬪 驕奢淫逸
〈각고 분투하는 것, 사치 방탕에 빠지는 것〉

자료 : donga.com

중국인의 식인풍습

공자 시대에도

『논어』의 「향당편鄕黨篇」을 보면 공자님의 밥상에 관한 이야기가 올라온다. 가히 내용과 형식, 실천을 중요시한 공자답다는 생각이 드는 부분이다.

"밥은 정미된 흰 쌀밥을 싫어하지 않으시고, 회膾는 가늘게 썬 것을 싫어하지 않으셨다. 밥이 쉬어서 냄새가 나거나 맛이 변한 것과, 또한 생선이 상해 냄새가 나고 뭉그러진 것은 먹지 않으셨다. 알맞게 익지 않은 것도 먹지 않으시며, 때가 아니면 먹지 않으셨다.

바르게 잘라지지 않으면 먹지 않으셨고, 간이 맞지 않는 것도 먹지 않으셨다. 고기가 많아도 주식보다 많이 먹지 않으셨다.

술은 양을 제한하지 않았으나 취해서 난잡하게 되는 일이 없으셨다. 시중에서 산 술이나 육포는 먹지 않으셨다. …

나라의 제사를 도와주고 제물로 받아온 고기는 밤을 넘기지 않으셨다. 자기 집 제사에 썼던 고기는 사흘을 넘기지 않으셨고, 사흘이 넘은 것은 먹지 않으셨다. …"

공자가 '싫어하지 않으셨다'는 '회膾'는 고기육肉=月변이 들어갔듯이 생선회라기보다는 육회를 의미한다.

육회(肉膾)

자료 : donga.com

조와 기장이 사대부들의 주식이었고 흰 쌀밥은 매우 사치스러운 음식으로 취급되었던 당시의 시대상에 비춰볼 때, 공자는 이 육회를 '싫어하지 않은' 정도가 아니라 엄청난 별미로 즐겼음을 유추해볼 수 있다.

하지만, 문제는 이 '회膾'가 오늘날 우리가 생각하는 쇠고기로 만든 육회와는 다른 것이라는 점이다. 자 다음을 읽어보자.

사마천의 『사기史記』는 중국 최초의 역사왕조인 은왕조주나라 이전의 왕조의 마지막 임금 주왕이 신하들의 인체를 잘게 썰어 누룩과 소금에 절인 고기인 '해醢', 저며서 말린 고기인 '포脯', 구운 고기인 '자炙'로 만들었다고 기록하고 있다. 이 '해, 포, 자'는 이후 중국 춘추전국시대까지 인육 조리법의 대표격으로 계속 등장한다.

공자가 즐겨 먹었다는 육회는 바로 사람고기였던 것이다. 공자는 이 '해'가 없이는 식사를 안했다는 말이 있을 정도였다고 한다.

그러나 공자가 아끼던 제자 자로子路가 위나라의 신하로 있다가 왕위 다툼에 휘말려 살해되고, 그의 시체가 잘게 토막 내어져 해로 만들어져서 사자에 의해 공자의 식탁에까지 전해지자 공자는 적잖은 충격을 받았다고 한다.

그 후로 공자는 그렇게 좋아하던 해를 먹지 않았다고 한다.

🌀 기원전부터

이럴 수가, 인의와 예의를 중요시했던 공자가 사람 고기를 먹었을 리가 없다는 반응이 나올지도 모르겠지만, 이러한 식인문화는 중국에서 수천 년의 역사를 가지고 근대까지 면면히 이어져온 것이 사실이다.

한나라가 건국된 기원전 206년부터 청나라가 멸망한 1912년까지, 정사正史에만 220여 차례 기록되어 있을 정도인 것이다.

이러한 식인은 생존경쟁의 패자가 승자의 먹이로 식탁에 오르거나 충성심이나 효심을 증명하기 위해 자행되기도 했는데, 급기야 수·당대에는 인육시장이 출현했고, 인육애호가가 열전列傳에 기록되었으며 송대에서 원대에는 『철경록綴耕錄』이라는 인육 요리 책까지 출판되었을 정도였다고 한다.

형벌 받는 죄인의 살점을 얻기 위해 모여든 사람들

자료 : blog.naver.com

한편, 원나라를 방문한 마르코폴로는 『동방견문록』에서 자신이 목격한 복주福州의 식인 풍습을 다음과 같이 기록하고 있다.

이 지방에서 특별히 기록할 만한 것은 주민들이 그 어떤 불결한 것이라도 가리지 않고 먹는다는 사실이었다. 사람의 고기라도 병으로 죽은 것만 아니면 아무렇지 않게 먹는다. 횡사한 사람의 고기라면 무엇이건 즐겁고 맛있게 먹는다.

병사들은 잔인하기 짝이 없다. 그들은 머리 앞부분을 깎고 얼굴에 파란 표식을 하고 다니면서 창칼로 닥치는 대로 사람들을 죽인 뒤, 제일 먼저 피를 빨아먹고 그 다음 인육을 먹는다. 이들은 틈만 나면 사람들을 죽여 그 피와 고기를 먹을 기회를 엿보고 있었다.

중국의 식인 풍습은 『삼국지연의』,
『수호지』, 『서유기』 등 유명한 중국
고대의 소설에도 나타나 있다.

정사로 기록된 진수의 『삼국지』에
는 유비가 즐겨먹은 음식이 인육으
로 만든 포였다고 하며, 여포가 죽
은 후 그 고기를 죄인들에게 먹였다
고 한다.

중국인 식인문화의 진실

자료 : blog.naver.com

소설 『수호지』에서는 인육으로 고기만두를 만들어 파는 악한이 등장하고,
『서유기』에서는 고승高僧의 고기가 불로장생의 영약이라 하여 삼장법사가 끊임
없이 요괴들의 공격을 받는 장면이 나온다.

인육의 판매를 금지하는 법이 송나라 때에 만들어졌지만, 명나라를 거쳐 청
나라 말기에 이르기까지 인육은 시장에서 공공연히 매매되었다.

1918년, 중국 근대의 사상가이자 문학가인 루쉰의 『광인일기狂人日記』에는 아이
를 대상으로 하는 식인의 피해망상증에 걸린 광인이 주인공으로 등장하는데,
이는 중국 사회에 만연한 식인의 사회상을 폭로하는 것이었다. 루쉰은 고대 중
국 국가 성립 이후의 사회를 '사람이 사람을 먹는 역사사회'라고 못을 박았다.

즉, 루쉰이 말하고자 했던 것은 국가라고 하는 사적인 권력에 의해 구축된 고
대국가 폭력기관이 광대한 대중을 국가라고 하는 우리에 가두고, 수탈의 대상으
로 삼고, 우리 속의 극빈한 군중은 서로가 서로를 잡아먹는 작용을 통해서 인구
와 식량의 자동제어를 하고 자생·자멸해간 결과를 이루어냈다고 하는 것이다.

루쉰은 수탈의 가혹화와 인구 과밀화가 가져온 식량위기 및 자연-사회환경의
악화가 사람이 사람을 잡아먹는 사회를 형성하고 중국의 식인문화를 창출했다
고 주장한다.

2006년 3월 25일, 중국 내륙 간쑤성의 한 산중에서 머리 윗부분이 예리하게 잘려나간 사람 두개골 121점이 발견돼 논란이 되고 있다. 남녀노소 모두 포함된 이 두개골들은 미라 상태로 남아 일부는 매우 고통스러운 표정을 짓고 있었다.

중국 5.4운동[18]의 사상적 지도자 오우는 '유교=식인'이라 하며 강력히 유교를 비판하기도 했다. 식인문화는 공산화된 중국에서 유교의 폐해 중 하나로 비판되었고, 최근에 이르러서야 점차 사라져가게 되었던 것이다.

하지만, 아직도 산모의 태반을 요리하는 식당이 폐쇄당하는 등의 뉴스가 간간히 나오는걸 보면 이런 문화의 뿌리는 쉽게 제거되지는 않는 것 같기도 하다.

※ 18　한반도의 3.1운동으로부터 약 2개월 후에 발생한 것으로, 우리가 알고 있는 현대 중국이 이 운동에서 시작되었다고 해도 과언이 아니다. 중국공산당은 이 사건을 신민주주의 혁명의 시작으로 간주하며 학자에 따라서는 이 사건을 중국 현대사의 분기점 중 하나로 간주하기도 한다.

좁게 보면 1919년 5월 4일, 베이징 지역 학생들의 시위(5.4사건)만 부르는 명칭이지만 그 이후 전국적으로 퍼져나간 몇 달 간의 시위와 신문화운동을 포괄하여서 5.4운동이라고 부른다. 당시 학계의 관심을 받았던 후스는 1938년에 "5.4운동은 아직 진행되고 있다."라고 언급했으니 이 사건의 파급력이 얼마나 엄청났는지 짐작할 수 있다.

🐌 문화상대주의

이쯤에서 '문화상대주의'나 '오리엔탈리즘'을 이야기하는 사람들이 있을 것이라고 생각한다. 좋은 개념이다. 하지만, 문화상대주의는 학술적인 영역에서 실증적 분석에 연구자의 주관이 개입되어서는 안 된다는 것을 강조하는 개념일 뿐이다.

연구자의 문화적 편견으로 타문화의 본질을 왜곡 없이

트로브리안드족(Trobriander)

자료 : m.blog.naver.com

바라보아야 한다는 노력의 산물인 이 개념은 그러한 분석의 결과물에 대한 규범적 판단까지 차단하는 것을 의도하지는 않는다.

남서태평양의 트로브리안드섬에서 '현지조사'라는 연구의 방법론을 시도하여 인류학의 경험주의 전통을 확립한 대표적인 문화인류학자 말라노프스키의 이야기는 이러한 문화인류학의 '문화상대주의'에 대해 재미있는 관점을 제공해 준다.

이 섬에서는 근대의 유럽인에게는 아무 가치도 없는 조개껍질이 부와 권력의 축적수단으로 이용되었으며, 주민들은 이러한 조개껍질의 채취라는 무익해 보이는 행위에 노동력을 투입하고 있었다.

말라노프스키는 이들과 유대관계를 형성하며 그 속으로 들어가 트로브리안드 주민들의 문화를 중립적이고 '상대적인 관점에서' 분석해내는 성과를 거두며, 이러한 연구방식은 지금까지도 문화인류학의 보편적인 방법론으로 자리 잡게 된 것이다.

인도 결혼 풍습 이미지

자료 : astudykorea.tistory.com

하지만, 이렇게 냉정하고 중립적으로 그들의 문화를 바라본 것으로 알려진 말라노프스키도, 후일 발견된 그의 노트_{일기장 같은}에서는 'X같은 미개인들 같으니', '말귀도 못 알아듣는 XX들', '조개껍질이나 캐는 XX들'이라는 식의 욕설로 가득 차 있었다고 한다.

다른 예로 인도의 혼인 풍습을 들 수 있다. 카스트라는 강력한 봉건적 사회체계가 남아있는 인도에서, 여성은 남성의 부속품으로만 취급될 뿐이다.

여기서 혼인은 종종 부유한_{상대적으로} 하위 카스트 가문의 여성이 가난한 상위 카스트 가문의 남성과 맺어져 신분상승을 노리는 장치로 이용되는데, 그 대가로 우리 상식으로도 거액의 지참금이 당연시되고 있는 것이다.

문제는 결혼 후에도 지참금이 부족하다며 학대당하는 여성들인데, 이들 중 상당수가 시어머니나 남편의 방화로 '부엌일을 하다가 사고를 당한 것'으로 위장된 채 살해당한다. 누가 봐도 살인이 분명한 경우라도 경찰이 수사에 들어가는 일은 결코 없다고 한다.

이런 경우에 문화인류학자는 문화상대주의적인 관점에서 이러한 '지참금 살인'에 대해 선입견을 최대한 배제한 채, 이러한 문화가 나타나게 된 그 나름의 원인을 분석하게 된다. 하지만, 이는 타문화를 편견 없이 이해하기 위한 노력일 뿐이지, 그러한 살인을 옹호하거나 용납하는 것은 아닌 것이다. 그러한 연구의 결과를 어떻게 이해하고 활용하느냐의 단계에서는 규범적인 의도가 들어갈 수밖에 없는 것이다.

예를 들면, 인도의 지참금 문화는 한국의 결혼문화와도 정도의 차이만 있을 뿐 매우 유사함을 알 수 있다. 상위 카스트의 남자와 결혼한 주제에 지참금이 부족하다고 살해당하는 인도여성은 의사나 변호사 남편과 결혼한 주제에 혼수가 충분하지 않았다며 학대당하는 한국여성과 본질적으로 차이가 없어 보인다.

이 경우에도, "여성에게 억압적인 한국의 결혼문화도 다 나름의 이유가 있는 것이니 이를 비판하는 것은 '문화상대주의'에 대한 이해가 부족한 것이다."라고 말할 수 있는가?

🌀 중국의 식인문화

다시 중국의 식인문화로 돌아와 보자. 대만의 사학자 황문웅黃文雄은 중국의 식인문화는 5천 년을 관통하며 지속되고 있고 이 식인문화를 알지 못하고서 중국의 역사와 문화를 논한다는 것은 있을 수 없는 일이며 중국인의 보편적인 사고방식도 이해할 수 없다고 말을 하였다.

영아를 먹고 있는 중국 행위예술가 주위(朱昱)

자료 : greatcorea.kr

왜 중국인은 서로를 믿지 못하고 부모 자식 간에 배신을 하는가? 왜 중국인은 강자에겐 약하고 약자에게 잔인한가? 왜 중국은 중국 특유의 대가족주의가 발달했는가? 이 모든 것이 식인문화와 관련이 깊다고 하는 것이다.

이는 식인문화로 인한 폐해가 중국인들의 사고에 미친 악영향을 정면으로 비판한 루쉰과 그 궤를 같이 하는 것이다.

문화상대주의적인 입장에서 중국의 식인문화를 분석하자면, ① 정치·경제·문화의 중심지인 장안, 낙양, 개봉, 북경, 남경, 양주, 항주 등의 도시로 인구가 과밀하게 되고, 이로 인해 자연생태계의 균형이 깨져 발생한 기근과, ② 사적 권력을 토대로 구축된 국가로 인해 자행된 가혹한 수탈이 식인문화로 이어졌다고 분석할 수 있을 것이다. 또한 이러한 식인문화가

폴리네시아 제도의 원주민 이미지

자료 : whimoonob.net

중국문화에 큰 영향을 미쳤음을 알 수 있을 것이다.

이러한 분석을 바탕으로 중국의 식인문화에 대한 새로운 이해를 시도할 수 있을 것이다. 식인문화에는 동족을 먹는 내식인 문화와 타 종족을 먹는 외식인 문화가 있다.

폴리네시아 제도의 원주민들은 부족원이 사망하면 시신을 화장해 그 재를 바나나 죽에 섞어 먹었으며, 대만 원주민들 역시 사망한 부족원의 인육을 구워먹었다고 한다.

이는 망자가 후손의 육신에 깃들여 영원히 살 수 있을 것이라는 믿음에 기초한 것이다. 이러한 내식인 문화는 대개 평화적인 의도를 담고 있다.

반면, 외식인 풍습은 타 종족에 대한 적개심의 분출, 용맹함의 과시, 전리품의 획득과 복수의 실행이라는 맥락에서 이뤄진다. 지금도 격심한 내전 상황의 중앙아프리카에서는 적군의 시체를 불에 태워 구워먹는 일이 종종 일어난다.

임진왜란 때 권율 장군과 정기룡 장군이 왜장의 배를 갈라 생간을 씹어 먹은 행위도 이러한 맥락에서 이해될 수 있을 것이다.

사실 동족을 잡아먹는 행위는 동물계_{영장류를 포함하여} 에서는 일반적인 현상이다. 영양학적으로 보면 인간에게 가장 완전한 식품은 인간이라고 한다. 다만 동족

을 먹는 행위는 유전자 손상의 원인이 되기도 하며, 무엇보다 사회를 이루어 집단생활을 하는 인간에게 식인은 사회를 유지하는 신뢰의 붕괴를 의미하게 되어 점차 금기시 되었다는 것이다. 내식인 문화와 외식인 문화가 공격성이라는 부분에서 차별되는 이유가 여기에 있다.

그렇다면, 중국의 식인문화는 어디에 들어갈 것인가?

중국의 식인문화에는 외식인적인 특성이 단연 두드러져 보인다고 할 수 있을 것이다. 왕에게 충성을 증명하기 위해 자신의 자녀를 요리해 바치거나, 몸이 쇠약해진 부모를 위해 허벅지를 잘라 요리했다는 기록이 언뜻 내식인적인 특성의 발현으로 보이기도 하지만, 사실 이들은 전쟁이라는 직접적인 폭력이 아니라 제도화된 유교적 위계질서라는 간접적인 폭력에 대응해 나타나게 된 외식인 풍습이라고 생각하기 때문이다. 즉, 충忠이나 효孝를 동기로 하는 이러한 '자발적'인 인육 제공은 신하는 왕의 소유물이며 자식은 부모의 소유물이라는 유교적 위계질서에 그 근본을 두고 있으며, 결국 그들의 희생은 더 큰 폭력을 막기 위한 적응의 결과였다고 보인다는 것이다.

이는 중국에서 식인의 기록이 종종 처형의 전리품을 나누거나 왕이 신하를 먹어 권위를 과시하는 것으로 묘사되는 것과 그 궤를 같이 한다고 볼 수 있을 것이다.

이쯤에서 솔로몬 애쉬Solomon Asch의 집단동조에 관한 실험1952을 언급하려고 한다. 애쉬는 한 명의 피험자와 다섯 명의 가짜 피험자물론 진짜 피험자는 이들이 가짜인지 몰랐다를 모아놓고 수직선을 하나 보여주었다.

그리고 길이가 서로 다른 세 개

솔로몬 애쉬, 사회 심리학의 개척자

자료 : ko.sainte-anastasie.org

의 수직선을 보여주면서 어떤 수직선이 먼저 보여준 수직선과 길이가 같은지를 대답하게 하였다. 이 판단은 너무 분명해서 누구나 답에 확신을 할 수 있는 상황이었다.

하지만, 피험자들에게 차례로 대답하게 하면서 차례가 마지막인 진짜 피험자 전에 가짜 피험자들이 모두 일관되게 틀린 답을 대답하자 많은 진짜 피험자들은 어리둥절해하면서 갈등을 느끼게 된다.

결국 32%의 피험자가 다수의 의견에 동조했음이 밝혀졌다. 재미있는 것은 애쉬의 집단동조 실험을 일본인들을 대상으로 하자 다수의 의견에 동조하는 비율이 뚝 떨어졌다는 것이다. 일반적으로 강한 집단주의 성향을 가지고 있을 것이라 여겨졌던 일본인들에 대한 의외의 실험 결과가 놀라움으로 받아들여졌음은 물론이다.

결국 이는 서구인들과 일본인들이 상이한 내집단-외집단 개념을 가지고 있었기 때문이라는 분석으로 이어졌다.

집단주의적 성향이 강한 일본인들의 내집단은 서구인들의 내집단보다 훨씬 결속력이 강하고 유대가 깊은 반면, 그 범위는 오히려 더 작고 폐쇄적인 특성을 띠게 된다는 것이다.

그 결과, 개인주의적인 성향이 강한 서구의 '진짜 피험자'들에게는 '가짜 피험자'들이 느슨하고 개방적인 내집단에 속한 것으로 느껴지는 비율이 높았던 반면, 일본인 피험자들에게는 생전 처음 보는 그들이 외집단에 속한 것으로 받아들여졌고 결국 비판적이고 공격적인 태도가 증가했다고 한다.

이러한 내집단-외집단 개념에 대한 이해는 중국의 식인문화에도 적용될 수 있다. 일단 전쟁, 기근으로 식인풍습이 대대적으로 시작되면 잡아먹히는 인간의 종류와 순서에 일정한 법칙이 있었는데, 일단 유괴하기 쉬운 어린이를 시작으로 여행자, 독신자 및 독거노인 등으로 순서가 옮겨갔다고 한다.

나중엔 비교적 소규모의 가족단위를 이루는, 즉 처치하기 쉬운 가정이 다음 차례가 되고 비슷한 규모의 가족단위 간에는 파벌에 속해 있는 자가 그렇지 못한 가정을 잡아먹는다. 마지막 단계에 가면 부모가 자식을, 남편이 아내를, 형이 동생을 잡아먹었다고 한다.

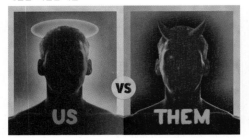

내집단-외집단 개념

자료 : psychologytoday.com

흔히들 대만 자본주의의 특징을 철저한 가족중심주의라고 설명하는데, 실제로 대만인들은 가족단위의 개인 기업들이 경제의 주류를 이루고 있다. 이는 유교적 가족개념을 사원에게까지 확장시키는 일본이나 변형적인 타입인 한국의 재벌과는 다른 개성을 보여주는 특징이라고 할 수 있다.

상장이나 동업관계를 통해 사업을 크게 확장하기보다는 일정 규모를 유지하면서 절대적으로 신뢰할 수 있는 가족단위로 사업을 유지하는 것을 선호하기 때문이다. 이는 거슬러 올라가면 식인문화로부터 자신과 가족을 지켜내려는 노력의 결과로 중국의 대가족제도가 정착되어 왔기 때문은 아닐까?

중국의 대가족제도는 잡아먹히는 순서 상 숫자가 많을수록 생존율이 높았기 때문에 대가족을 통해 수적 우위를 확보하려는 적응 노력의 제도적 산물이었던 것이다. 또한, 생존을 걸었던 대가족이라는 내집단의 결속력은 매우 강력했으며, 반대로 외집단에 대해서는 배타적인 태도를 가지게 되었던 것이다.

하지만, 그러한 결속력은 그 자체로 목적이라기보다는 개인의 생명을 지키려는 수단으로서의 의미가 강했기 때문에, 대가족은 종종 분열하는 모습을 보여왔던 것이다.

중국에서는 사회주의 혁명에도 불구하고, 오랜 기간 이어져 내려온 '가족단위로 생존한다'는 의식이 지금도 강력하게 자리 잡고 있다고 한다.

중국인의 도덕불감증

 공공장소에서 침뱉기, 떠들기, 새치기 일상화

중국은 G2라는 말이 옥스퍼드 영어 사전에 올라갈 정도로 세계적 슈퍼 파워로 떠오르고 있음에도 평균적인 민도는 상당히 떨어진다. 염치와 예의, 공중도덕을 운운하는 것이 민망할 정도다.

공공장소에서 아무 데나 마구 침을 뱉는 행위가 대표적이다. 남녀노소, 시간과 장소를 불문하고 마구 뱉어댄다. 심한 경우는 몸 저 밑에서부터 확 끌어올린 가래까지 튀 하고 뱉는다. 외국인들이 가장 소름 끼친다고 혀를 내두르는 행태로 전혀 부족하지 않다. 얼굴 예쁘장한 젊은 여자가 공공장소에서 이런 모습을 보이면 누구나 할 것 없이 혀를 내두르게 된다.[19]

❈ **19** 홍순도 등저, 베이징 특파원 중국문화를 말하다, 서교출판사, 2011.

공공장소에서 큰 소리로 마구 떠들기는 거의 세계적 경지에 이른다고 봐야 한다. 떠들기에 관한 한 세계적으로 정평이 있는 한국의 이른바 줌마렐라[20]들도 게임이 도저히 안 된다. 이 분야에서는 지식의 많고 적음, 신분의 높고 낮음, 빈부의 격차 등이 전혀 문제가 되지 않는다. 중국인들 열에 아홉이

질서 잘 안 지키는 중국인, 대체 왜?

자료 : brunch.co.kr

그렇다. 중국을 방문하는 외국인들이 대형 식당 같은 곳에서 식사를 마치고 나올 때마다 너 나 할 것 없이 머리를 절레절레 흔드는 것은 이런 현실에 비춰볼 경우 전혀 이상할 것이 없다. 지하철이나 버스에서 휴대전화를 사용하면서 옆자리를 의식하지 않은 채 큰 소리로 통화하는 것은 아주 일반적인 현상이다.

새치기는 거의 모든 중국인들의 일상생활이다. 슈퍼마켓에서 계산을 할 때나 버스를 탈 때 등 그야말로 어느 상황을 막론하고 다 있다. 새치기를 당하지 않은 날은 왠지 모르게 찜찜하다는 외국인들의 뼈 있는 농담은 괜히 있는 것이 아니다. 이런 상황에서 중국인들이 질서정연하게 줄을 서는 것을 기대하는 것은 좀 심하게 말할 경우 연목구어다. 단 예외는 있다. 세계적으로 주목을 받는 올림픽이나 박람회 등이 열리는 기간이 그렇다. 정부의 적극적인 계도와 시민들의 자각이 어느 정도나마 효과를 거두기도 한다.

윗물이 맑아야 아랫물이 맑다고 아이들 역시 어른들과 크게 다르지 않다. 식당이나 공공장소에서 마구 뛰어다니고 떠들면서 주위 사람들을 당혹스럽게 만든다. 그런데도 나무라거나 제지하는 부모는 눈을 비비고 봐도 찾을 수가 없다.

❋ 20　경제적인 능력을 갖추고 자신을 위해 시간과 돈을 투자하며 적극적으로 사회 활동을 하는 30대 후반에서 40대 후반의 기혼 여성을 이르는 말. 아줌마+Cinderella.

수준 이하의 교통 문화, 집단 노출증 현상, 파자마·속옷 차림

　이런 현실이니 공중도덕의 거울이라 불릴 교통 문화의 수준이 좋을 수가 없다. "교통경찰이 나와 교통정리를 하면 오히려 길이 더 막힌다."라는 농담이 진리처럼 통용된다. 운전 예절은 아예 한 술 더 뜬다. 베이징에서 20년째 살고 있는 주중 한국인회 J 씨의 체험담이다.

　　"처음 중국에 왔을 때는 교통 문화에 적응이 안 돼 힘들었다. 도로에 차선이 제대로 그려져 있지 않은 것은 거의 기본이었다. 운전 규칙 역시 지켜지는 것보다 그렇지 않은 것이 더 많았다. 그러나 더 괴로운 것은 운전할 때 가끔씩 날아드는 담배꽁초나 먹다 남긴 음식물 쓰레기 같은 오물들이었다. 조금만 방심하다가는 차창으로 날아오는 담배꽁초나 가래침의 세례를 받을 수도 있으니 항상 조심해야 한다. 중국에서는 철저한 방어 운전이 필요하다."

　중국인들의 이런 도덕불감증은 자연스럽게 남의 눈을 별로 의식하지 않는 전통적인 기질에까지 더욱 부채질을 하는 악영향을 미친다. 추운 날씨만 아니면 전국 어디에서나 볼 수 있는 집단 노출증 현상을 대표적으로 꼽을 수 있다. 행정 수도인 베이징과 경제 수도로 불리는 상하이도 예외는 아니다. 대로에서조차 윗옷을 훌훌 벗어던지는

신호·차선 무시, '거리의 무법자' 전기 자전거

자료 : m.news.zum.com

과감한 남성이나 속이 다 비치는 잠옷을 걸친 채 장을 보기 위해 거리를 활보하는 여자를 보는 것은 그다지 어려운 일이 아니다. 혹자들은 "유교의 나라 중국에서 설마?"라고 할지 모르나 현장을 목격할 경우 이 말은 쏙 들어간다. 베이징

속옷차림으로 거리 활보

과 상하이를 오가면서 10여 년 동안 잡지 사업을 해온 K 씨의 술회다.

"상하이에 처음 발을 디뎠을 때 멀쩡하고 세련된 모습의 적지 않은 여자들이 속옷을 입은 채 거리를 활보하는 게 도저히 이해가 되지 않았다. 어떤 때는 난징루 南京路 같은 대로가 하얀 파자마의 물결로 뒤덮일 정도였다. 속옷 차림으로 차를 운전하거나 백화점에 쇼핑하러 가는 여자들의 존재에 대해서는 더 놀랐다. 지금은 만성이 됐지만. 그러나 처음에는 도저히 습관이 안 돼 눈을 당최 어디에 둬야 할지 몰랐다. 한때 이런 모습은 잠깐 사라지기는 했다. 2008년 베이징 올림픽과 2010년 상하이 박람회 때였다. 하지만 지금은 다시 옛날로 돌아갔다. 습관이 어디 가겠는가? 앞으로도 이런 모습은 상당 기간 사라지지 않을 것이다. 아마 영원히 그럴지도 모른다."

남의 눈을 의식하지 않는 노출 습관은 예의가 그래도 어느 정도 지켜지는 학교에서도 그대로 드러난다. 매년 여름만 되면 대학가에서 웃통을 드러내놓고 다니는 학생들을 쉽게 볼 수 있다. 교수들조차 반바지에 러닝을 걸친 채 강의를 하는 경우가 없지 않다. 한 여름철 공사장에서는 한술 더 뜬다. 팬티만 걸친 채 일하는 노동자들이 다반사로 눈에 띈다. 바지를 입고 있는 노동자들이 오히려 이상할 정도이다.

문 없는 화장실은 예사

예의를 그다지 중시하지 않거나 노출에 대해 부담을 가지지 않는 생활습관은 그 유명한 화장실 문화와도 밀접한 관계를 가진다. 물론 최근에는 중국에도 철저하게 요새화된 그럴듯한 화장실이 많이 등장하고는 있다. 고급 호텔이나 유명 대형 식당의 화장실은 거의 이 수준에 이르렀다고 단언해도 좋다. 하지만 대도시의 변두리나 뒷골목, 중소 도시에 이르면 폐쇄보다는 개방을 지향하는 재래식 화장실이 아무래도 다수를 차지한다. 어떤 상사 주재원의 부인의 말을 들어보자.

"베이징 외곽에는 문이 안 달린 개방형 화장실이 지천으로 많다. 어느 날 교외의 식당 화장실을 갔다 황당한 일을 당했다. 한 여성이 문을 열어놓고 일을 보고 있었던 것이다. 민망해서 문을 슬쩍 닫아줬더니 화를 내면서 문을 활짝 열어 젖혔다. 아마도 열린 공간에서 일을 보는 것이 버릇이 돼서 그런 것 같았다"

중국의 화장실 시설이 많이 나아지긴 했지만 아직 중국인들의 화장실 문화까지는 바꾸지 못하고 있다는 얘기이다. 중국인들의 도덕불감증과 노출 습성이 도대체 어디에서 연유하는지에 대한 답은 정확하게 내리기 힘들다. 그러나 대략 이유를 유추해볼 수는 있다.

아무래도 남에 대해 신경 쓰지 말라는 의미의 이른바 부관셴스不關閒事나 부리타不理他 등의 단어에서 엿보이는 고질적 국민성을 거론해야 할 것 같다. 너 나 할 것 없이 남의 행동에는 도무지 나 몰라라 하는 것이 타고난 기질이어서 그런지 굳이 자신들의

중국 화장실 문화

자료 : nongak.net

행동에만 엄격한 잣대를 들이댈 필요가 있느냐는 느슨한 생각을 갖게 됐다고 볼 수 있다.

침을 자주 뱉는 것은 흔히 사천바오沙塵暴로 불리는 황사의 존재에서 보듯이 흙먼지가 많이 날리는 환경적 요인을 언급하지 않을 수 없다. 여기에 넓은 땅덩어리에서 각기 환경조건이 다른 사람들이 살아온 역사 때문에 언어 자체가 시끄러운 운명적 결함, 하나씩만 낳는 탓에 초래되는 자녀들에 대한 관대함, 베이징을 비롯한 상당 지역의 날씨가 사람의 인내심으로 극복하기에는 너무 덥다는 사실 역시 거론하지 않으면 안 된다. 아무 데서나 침 뱉기나 공공장소에서의 소란스러움, 남에게 폐를 끼쳐도 아랑곳하지 않는 뻔뻔함, 너무나 당당한 노출 습관 등에 대해 면죄부까지는 몰라도 나름의 정상 참작은 해줄 필요가 있다는 얘기다.

중국몽은 일장춘몽

Chapter 04

중국인의
세계탈취 계획

차이나타운

 개요

차이나타운은 중국_{대만, 홍콩, 마카오 포함} 이외의 나라에서 해외 거주 중국인_{화교}들이 집단적으로 모여서 사는 곳을 일컫는 말이다. 중국어로는 주로 당인가_{唐人街, tángrénjiē}라 부른다. 여기서 당인_{唐人}은 물론 중국 당나라 사람이 아닌 현대 중국인이다. '고려'나 '조선'이 'Korea'의 의미로 현대 남북한과 해외에 있는 교포의 범칭으로 쓰이는 것과 똑같다. 한편 일본에서는 중화가_{中華街}라고 부르는데 중국어권에서 '중화가'라 하면 전 세계의 차이나타운이 아닌 요코하마 등 일본 속의 차이나타운만을 가리켜 쓰는 편이다. 영어권에서는 물론 차이나타운_{Chinatown}이며 한국은 화교의 이주 역사도 짧은 데다 존재감도 없어서 영어인 차이나타운을 그대로 쓴다. 그리고 한자로는 中華街를 쓴다. 세계 어디에든 있다. 아프리카의 남아공이나 모로코에도 작게나마 존재한다.

지금은 유태인 다음으로 세계적인 영향력을 행사하는 중국 상인들을 중심으로 세계 각국에 차이나타운이 형성되어 있다. 동남아시아 지역과 아메리카 지역의 중국인들은 대부분 광둥성을 중심으로 살던 사람들이 많았고 중국의 가장 하층계급인 쿨리[1]라 불리는 사람들이 주를 이루었

차이나타운의 상징인 패루(牌樓), 인천 차이나타운

자료 : namu.wiki

었다. 한국은 산둥성을 중심으로 살던 중국인이 이주하여 베이징어를 쓰는 사람들이 많지만 그 외 세계의 다른 지역은 광둥어를 쓰는 사람들이 주를 이룬다.

 ## 역사

최초의 시작은 북송대 해외무역을 하던 무역상들의 중간 보급소였다고 하며 일반적으로 알려진 것은 청나라 말기에 노동자 계통의 중국인들이 해외에서 거주하는 일종의 수용소적인 장소이다. 해외에선 화교들의 영향력이 강해지고 부를 축적하여 경제적인 실권자가 되자 화교들의 거점이 되었다.

서구권에서 가장 영향력이 강한 차이나타운은 미국의 샌프란시스코 차이나타운이며 아시아에선 일본의 요코하마 차이나타운, 고베 차이나타운, 나가사키

❋ 1　쿨리(苦力, Coolie 또는 Kuli 등)는 19세기에서 20세기 초까지의 중국, 인도 사람을 중심으로 하는 아시아계 외국인, 이민자들을 일컫는 말로 정규적인 일자리가 없는 단순 노동자였다. 주로 대영 제국의 식민지, 옛 식민지인 미국, 캐나다, 오스트레일리아, 뉴질랜드, 페루, 남아프리카 공화국, 스리랑카, 말레이시아, 하와이, 피지, 모리셔스, 레위니옹 섬, 서인도 제도, 홍콩, 싱가포르 등지에서 저임금으로 가혹한 노동을 강요당했다. 중국어에서는 '고된 노동'을 뜻하는 쿨리(苦力, kǔlì)라는 만주어로 음차되었으며, 광둥어에서는 '노예'를 의미하는 '구레이'(咕喱)로 사용되었다.

차이나타운 그리고 싱가포르의 차이나타운이 손꼽힌다. 물론 청결도는 싱가포르 쪽이 압권이다. 애초에 싱가포르는 말레이시아에 정착한 중국계들이 세운 나라다 보니 나라 전체가 차이나타운에 가깝고 싱가포르 내 차이나타운은 일부러 중국풍으로 조성한 먹자골목 취급이다.

싱가포르 차이나타운

자료: kr.hotels.com

2019년 통계를 기준으로 전 세계에 현존하는 화교의 수는 약 5천만 명으로 집계되었으며 동남아시아의 경우 그 나라 경제권을 좌지우지할 정도로 막강한 집단이다. 다만 그만큼 화교에 대한 원주민들의 적대감도 매우 높다. 당장 싱가포르만 보더라도 리콴유를 위시한 말레이시아 정착 중국인들이 말레이시아의 경제권을 모조리 주도하려 하자 공포감을 느낀 원주민인 말레이계에 의해서 강제로 쫓겨나 독립하게 된 나라다. 중국 정부에서는 화교의 현지화 노력을 기울이고 있지만, 정작 전 세계 자원개발 및 인프라 투자사업인 일대일로를 진행하는 과정에서 현지인은 전혀 고용하지 않고 모조리 중국인 노동자를 쓰고 중국산 원자재만을 사용하면서 결국 헛수고한다는 비난을 듣는다. 과거 한국이 아랍의 여러 공사 현장에서 일할 현지인 노동자가 없어 한국인 노동자를 쓴 경우와는 다르다. 아프리카나 다른 자원 개발 국가에는 싼 인건비로 실업자인 현지인들을 얼마든지 써도 되는데 꼭 중국인 노동자를 데려다 쓰니 반중, 반화교 감정을 부채질하고 있다. 실제로 말레이시아와 인도네시아에서는 대규모 반화교 폭동이 여러 차례 일어나기도 했다. 베트남에서는 1975년 공산화 이후 화교들을 해외로 대거 추방하여 1979년 중월전쟁의 빌미가 되기도 했다. 이런 여파로 말레이시아나 인도네시아의 화교는 오로지 경제활동만 할 수 있고 정치계나 사법기관, 권력기관 등으로의 진출은 사실상 불가

마닐라 차이나타운

자료 : blog.daum.net

능하다. 태국이나 필리핀의 경우에도 정체성을 민족이 아닌 거주민으로 하고 현
지식 이름과 언어를 1순위로 사용할 정도로 동화되었다. 그래서 차이나타운이
없거나 규모가 크지 않다.

　한국에서는 조선족 거주지가 주로 차이나타운으로 불린다. 화교의 경우 법적
으로 여러 불이익을 받으면서 대만으로 귀국하거나 북미나 호주, 싱가포르 등
으로 이민을 선택해 나가버리든지 대한민국 국적을 취득해 귀화해 버렸기 때문
에 현재 중화민국 국적 화교는 많이 남아 있지 않다. 본인이 말을 안 하면 화교
인 줄 모르는 경우도 있다. 양친 중 한 명이 화교인 하희라나 이기용 같은 유명

인사들도 많다. 그래서 한국사회에 동화된 화교 대신 중국 국적으로 엄연히 살고 있는 외국인인 조선족들이 타국 화교의 포지션인 셈이다. 물론 조선족은 화교와 달리 자신을 철저히 중화인민공화국 국민으로 인식하며 유달리 마찰도 잦다. 특히 이 한국 화교와 조선족의 마찰도 적지 않다. 그래서 화교들의 경우 조선족을 싫어하는 경향이 많다.

조선족 거주지는 수도권의 일명 조선족 벨트인 서울특별시 구로구 및 금천구와 경기도 안양시, 안산시 등에 대규모로 형성되어 있다. 간체자로 된 한자 간판과 한글 간판이 섞여 있고 연변 사투리와 표준 중국어를 흔히 들을 수 있다.

하지만 관광지로 지정된 인천 차이나타운은 정확히 말하면 한국 사회에 동화된 화교들과 한국인들이 운영하는 중화요리 식당, 상점들이 전부다. 조선족과 중국계 뉴커머들의 집단 거주지가 아니다. 인천 차이나타운 주변은 차이나타운 구역을 벗어나면 바로 일반적인 한국의 주거 구역과 관광지 등으로 이루어져 있다. 조선족들이 많다는 인식은 배편이 있는 국제여객터미널로 향하는 조선족들 때문이고, 인천 차이나타운 인근에는 주거 지역 자체 규모가 작다.

 ## 대한민국의 차이나타운

한국에서는 19세기 말 강화도조약을 시작으로 주요 항구가 개항하며 인천과 부산의 청나라 조계지에 중국인들이 노동자 신분으로 대량으로 유입되어 차이나타운이 최초로 형성되었다. 하지만 정부규모로 화교가 경제적인 실권을 쥐는 안보적인 문제를 지속적으로 견제했다. 특히 1961년 외국인토지소유금지법으로 화교들의 부동산을 압수하고 소유규모를 제한하였으며 1963년 화폐개혁을 강행, 화교들이 모아온 재산을 전부 몰수했다. 그 이후에도 심지어 중국집 쌀

밥 금지령 등 온갖 종류의 화교에 대한 규제
는 계속되었다.

특히 한국에서는 일제강점기부터 1970년
대 중반까지 서울 소공동 화교촌을 중심으
로 탄압에 가까운 정책을 통해 차이나타운
을 와해시키다시피 했는데, 일부러 중국을
크게 무찌른 민족 영웅인 을지문덕에서 이
름을 따와서 을지로라 개명한 것은 유명한
일화이다. 일제강점기 초기에 일제 당국은
하세가와쵸현재의 소공로를 새로 뚫었는데 이것
은 용산으로의 군사이동을 용이하게 하려
는 목적도 있었지만 실제로 화교상권을 둘
로 갈라버리는 효과도 있었다. 또한 서울시
청 앞 플라자호텔 일대는 1970년대 초 재개
발이 되면서 화교회관이 들어오기로 되어
있었지만 이런저런 사정으로 이루어지지 못
했다. 애물단지가 된 부지는 한화그룹이 인

대림동 차이나타운

자료 : brunch.co.kr

부산 차이나타운

자료 : spanish.visitkorea.or.kr

수하여 현재의 한화타운플라자호텔이 되었다. 결과적으로는 서울시의 보상대책을
한국 정부가 부작위를 통해 이행하지 않았고, 나아가 화교 공동체가 박살난 꼴
이 되었다. 이 때문에 당시 국무총리와 서울시 당국자가 동남아 순방 당시 거의
사죄 방문 성격으로 타이페이에 가서 기자회견을 해야 했다고 한다.

제노포비아[2], 6.25 전쟁 후 적대적인 상황 등을 짚고 넘어가지 않을 수 없는

※ 2   이방인(xeno)와 기피하다(phobia)의 합성어로, 모든 사회 범죄나 문제를 외국인의 탓으로 돌리는 외국인 혐
오증을 뜻한다.

대목이지만, 적어도 경제적인 면에 서는 효과를 본 듯하기도 하다. 물론 영주권과 시민권에 차별을 두는 건 주권국가의 고유 권리이기도 하다. 다만 이후 토지 제한을 개선한 걸 보면 당시에 규제를 뒀던 건 사실이다. 한국 정부가 의도적으로 50년 이상 영주권을 주지 않고 장기 거주 외국인으로 화교들을 두

한국으로 귀화한 이연복(대만)

자료 : 21sang.tistory.com

었다가 1997년 외환위기 등을 겪으면서 해외 투자자 문제가 생기자 개선한 것도 사실인 듯하다.

한편 그 반론 겸 옹호론도 있는데, 국부천대[3] 이후 화교들은 자의든 타의든 중화민국대만 국적이었다. 과거의 한국은 제대로 된 영주권이라는 개념이 없었으므로 화교들의 지위는 영주권자도 아니고 그냥 장기 거주 외국인이었던 것이다. 물론 대만으로 귀국할 사람은 1980년대 이후 거의 귀국했고 나머지는 한국 국적으로 귀화했다. 특히 화교중학에는 군복 입은 남자 졸업생들이 입대 후 휴가를 나와 인사 차 방문하는 경우도 흔했고 지금도 그렇다. 군복무까지 한 한국 화교를 한국인으로 인정 안할 이유도 없다.

❋3 국부천대(國府遷臺)는 국공 내전의 결과로 장제스의 중국국민당이 중국 대륙에서 타이완 섬으로 피신하고, 중화민국 정부를 1949년 12월 7일, 난징에서 타이베이로 천도한 사건을 말한다. 대륙에는 마오쩌둥의 중국공산당이 중화인민공화국을 건국하였다. 중화민국 정부가 망하지 않고 타이완으로 피신해 살아남았으나 중화인민공화국에게 사실상 국공 내전에서 패하여 국부천대를 했다. 중화인민공화국과 중화민국은 서로를 국가로 인정하지 않고 있고 중화민국이 국제연합을 탈퇴하여 국제사회에서 입지는 줄어들고 있다.
중국공산당의 입장은 중화민국을 홍콩과 마카오와 같은 특별자치구역으로 간주한다. 2007년에서도 유력 정치 인사가 난징이 공식 수도라는 발언을 했다.

이제는 2003년 영주권자 지방선거 투표권, 2007년 외국인 공무원 임용으로 화교들을 정치에 끌어들인다. 외국인 전형으로 화교가 면접으로만 대학에 진학하거나 영주권 자격을 유지하면서 한국의 군대도 안 가고 한국인 이상의 각종 특혜를 받아간다는 등 한국인이 오히려 역차별 받는

부산 차이나타운 특구 문화 축제

자료 : drcometuruin.tistory.com

다는 주장도 있다. 한국 화교들의 99%는 현재 대만 귀국자를 제외하고는 거의 한국으로 귀화했고, 한국인과 혼인해서 동화되었다. 어쨌든 현재는 엄연한 대한민국 국민이며 특히 남자들은 군복무도 해야 한다.

결과적으로 한국에선 화교를 보기가 힘들게 되었다. 2010년 이후로 신화교들이 대거 들어온 현재의 상황에서는 화교의 기준을 어디에 두느냐에 따라 달라지겠지만 한국 거주 중국인 인구수와 한국 내 중국 커뮤니티 크기를 보면 결코 작다고 할 수 없다.

대한민국의 부산광역시에 있는 차이나타운은 이미 러시아 사람들과 조선족들의 환락가가 된 지 오래다. 한국 정부의 대대적인 화교 탄압에 러시아인이 거주하는 유흥업소와 조선족이 점령한 차이나타운이 겹쳐지는 바람에 찾아가보면 이게 차이나타운인지 환락가인지 불분명하다. 인천의 경우에는 규모가 크고 관광지로 유명한 편이지만, 부산은 규모도 작은 데다 해만 지면 홍등가로 변한다. 그래도 낮에 가면 그나마 평화롭다. 주변에 꽤 커다란 중국 음식점들도 몇 개 생기고 흑인이 야한 문구를 새긴 티셔츠를 파는 등 말만 차이나타운이고 거의 국제 인종 박람회 비슷하게 되어간다. 2010년부터는 차이나타운 축제를 열고 있다.

한국 차이나타운은 한국 화교들이 귀화 후 동화되어 버려 한국 원주민과 섞이는 바람에 조선족이 점령했다는 주장도 있다. 하지만 인천 차이나타운만 가보더라도 알 수 있듯이 가게 주인들은 화교이거나 한국인인 경우가 대다수다. 많은 일반인들은 화교와 조선족의 억양 차이를 잘 인지하지 못하거나 신경 쓰지 않으므로 사실 구분하기도 어렵다.

새로 조성된 지역

제주도의 경우 2010년대로 중국인들 유입이 늘어나면서 차이나타운이 새로 생기기 시작했다. 특히 2014년부터 투자이민제도와 중국인 무비자 정책을 확대 실시 중인데 요즘은 너무 많아서 오히려 문제가 되고 있고, 제노포비아적 시각일 뿐이라는 반론도 있어 복잡하다. 확실한 것은 2014년 들어서 제주도 곳곳에

해발 4~5백고지 한라산자락 차이나타운

자료 : jejusori.net

아예 거대한 빌라촌을 건설할 정도로 중국 자본이 제주 지역에 영향력을 키웠다. 다만 전술한대로 일각에서는 지지부진해진다는 이야기도 있다.

또한 각 지자체에서도 차이나타운을 건설하여 중국인 양성정책을 실시하는 중인데, 평택시의 경우 2018년 7월부터 전 세계에서 가장 큰 차이나타운을 조성하고 있다.

세계의 차이나타운

일본의 차이나타운

아시아 최대 크기이며 중화가中華街라고도 불리는 요코하마 차이나타운을 필두로 고베 차이나타운, 나가사키 차이나타운과 같은 기존 빅3 외에, 최근엔 도쿄에 이케부쿠로 차이나타운이 형성되고 있다.

일본 최대의 요코하마 차이나타운

자료 : match-jp.com

미국과 캐나다의 차이나타운

미국과 캐나다에는 서부 지역에서 골드러시와 철도 공사가 시작되면서 많은 중국인들이 노동자로 들어오기 시작하며 그들의 인구가 늘어났다. 화교들의 이민이 늘면서 샌프란시스코, 로스앤젤레스, 뉴욕, 밴쿠버, 토론토, 몬트리올 등의

세계에서 가장 큰 샌프란시스코의 차이나타운

자료 : ko.wikipedia.org

대도시들에 차이나타운이 생겼다. 또한 1997년 중국에 반환될 예정인 홍콩에서 공산주의 통치에 위협을 느껴, 대다수가 밴쿠버에 정착하였다. 그리하여 '홍쿠버홍콩+밴쿠버'라는 별명이 붙기도 했다. 가장 큰 곳은 샌프란시스코의 차이나타운인데 약 4만 명이 거주하며, 상점·학교 등 외에 절·극장까지 갖추고 있다.

영국의 차이나타운

영국이 홍콩을 지배한 후에 그쪽에서부터 많이 영국으로 이주하였다. 런던, 버밍엄, 맨체스터, 리버풀, 뉴캐슬 등의 대도시에 차이나타운이 생겼으며, 특히 맨체스터의 차이나타운이 영국에서 가장 큰 규모로 알려져 있다.

자료 : ubin.krihs.re.kr

그 밖의 차이나타운

유럽에서는 파리의 차이나타운이 유명하고, 동남아시아에서는 쿠알라룸푸르, 자카르타의 차이나타운이 잘 알려져 있다. 오스트레일리아에도 시드니, 멜번 등의 대도시에 차이나타운이 들어섰다.

시드니 차이나타운

자료 : ko.wikipedia.org

🌀 주의사항

차이나타운에서는 어지간하면 외국인들, 특히 주류를 이루는 중국인들과는 괜한 충돌이나 마찰을 일으키지 않는 게 중요하다.

모두가 다 그런 건 아니지만, 특히나 시비가 걸린 중국인이 중국 마피아라 불리는 삼합회 소속 조직원이거나 혹은 자기가 아는 삼합회 조직원들을 불러낼 수 있는 힘이라도 있다면 말 그대로 목숨이 위험할 수 있다. 게다가 겉으론 상대가 일반인인지 갱단인지 알 수 없다.

특히나 술좌석에선 시비가 붙지 않도록 주의해야 한다. 국내에서도 조선족들과의 괜한 마찰은 피하는 것이 좋다. 아무리 외국인들이라고 해도 그들의 거주지에서는 존중해 주는 것이 원칙인데다 수적으로도 밀리기 때문이다. 더구나 삼합회는 국제적으로도 악명이 높은 범죄조직이라 중국인이 많은 동네에서 중국인과 충돌이 생길 경우, 그 중국인이 마피아 조직원 혹은 지인일 가능성이 상대적으로 높을 수밖에 없으므로 중국인이 많은 동네에선 가능한 충돌을 피하는 것이 좋다.

마피아들은 그 특성상 돈이 되는 일에 뛰어들기 마련인데, 차이나타운도 예외가 아니다. 만약 자신이 차이나타운의 식당이나 상점들 중 한 곳에 들러서 돈을 썼다고 했을 때 어쩌면 해당 가게의 사장이나 직원이 삼합회 조직원이거나 혹은 지인일지도 모를 일이다. 영화에서 일부 중국계 범죄자들이 겉으론 차이나타운의 식당을 운영하거나 혹은 직원이지만 알고 보면 뒷골목의 범죄자로 나오는 게 현실에서도 얼마든지 가능하다는 것이다.

삼합회-중국조폭

자료 : m.post.naver.com

중국공산당의 외국 선거 개입 수법 5가지

대한민국의 운명을 가른 4.15 총선에 중국공산당이 개입했다는 야당 후보의 주장이 이어지고 있다.

미중 무역전쟁에 홍콩 시위, 신종 코로나 사태 등 연이은 충격으로 휘청거리는 중국공산당은 2020년 한국 총선에 개입해 우호적인 세력을 지원하고 돌파구로 삼으려 했다. 그 하나가 중국 본토 인터넷 인력과 중국인 유학생, 조선족 등을 규합한 댓글부대의 여론조작이다.

이들 공산당 댓글 알바들의 활동은 한국만의 일도, 어제 오늘 일도 아니다. 미국 국가방첩·안보센터NCSC 윌리엄 에버니나 국장은 "중국이 이렇게 선거 개입을 한 지는 이미 몇 십 년"이라고 말했다.

그는 지난 2018년 에포크타임스와의 인터뷰에서 "우리는 그들중국 정보기관이 대만에서 선거 개입하는 것을 주시하고 있다. 중국은 수천 가지 자원을 동원한 전략으로 특정 후보를 떨어뜨리고 다른 후보가 당선되도록 조장하고 있다."고 했다.

그러나 중국공산당의 선거개입은 최근 동아시아권에서 그 효력을 잃고 있다. 대만은 2017년 반 공산당 노선의 차이잉원 후보가 젊은 유권자들의 지지에 힘입어 반전 당선됐고, 이후 홍콩 사태가 이어지면서 확고한 민주노선으로 재선에 성공했다.

유학생도 돌아와서 투표, 홍콩 민심은 '압도적 반중'을 택했다. 홍콩 구의회 선거에서 압승을 거둔 범민주 진영 인사들이 환호하고 있다.

자료 : news.joins.com

홍콩에서도 민주화 시위에 대한 유혈진압이라는 비관적 상황 속에서 치른 2019년 구의회 선거에서 민주주의를 수호하기 위해 투표소로 향한 젊은 층의 열기에 힘입어 범민주 진영 후보가 대거 당선됐다.

이처럼 대만과 홍콩에서 선거 개입을 시도했으나 연이어 실패한 중국공산당은 또 다른 주변국이자 동아시아 정세의 핵심 국가인 한국에 대한 선거 개입에 독을 품을 수밖에 없는 상황이다.

외국에 대한 선거 개입은 중국공산당 해외 통일전선공작의 주요 사항이다. 통일전선공작은 변화무쌍하지만 선거에만 한정하면 크게 다섯 가지 정도로 요약된다.

 특정 정당·후보에 은밀한 자금 지원

기업이나 이익단체 등 대리인을 내세워 중국공산당과 정부, 정책에 영합하는 후보나 정당에 자금을 지원한다. 선거는 자금력이 기본이다. 해당 후보는 내부 경선에서 더 큰 세력을 규합하고 더 대대적인 홍보선전을 할 수 있게 된다. 돈

으로 표를 사기도 한다. 해당 정당도 마찬
가지다.

이 때문에 호주 안보정보원ASIO은 지난
2017년 호주 정치인들에게 "중국계 기업인
들로부터 정치 기부금을 받지 말라."며 "중
국공산당이 호주 정치권에 영향력을 행사
하려는 의도로 보인다."고 경고했다.

2019년에는 중국 정보요원들로부터 '선거
에 출마하라'며 100만 호주달러약 8억9천만 원

중국, 호주 선거에 개입한 정황 포착, 호주 총리 "깊이 우려스럽다."
스콧 모리슨 호주 총리가 국회에서 연설하고 있다.(2019년 6월 4일)
자료 : hankookilbo.com

지원 제안을 받은 호주의 자동차 딜러가 이를 ASIO에 신고했다가 숨진 채 발
견됐다.

이 때문에 미국·호주·대만 등지에서 정치 자금에 대한 출처 심사가 엄격해
지자, 중국공산당은 간접적인 방법을 동원하고 있다. 중국에서 사업하는 해당
국가 기업인에게 특정 후보에 정치 기부금을 내도록, 그 기업인에게 중국 내에
서 혜택을 주는 방식이다.

특정 정당·후보에 불리한 자료 수집

중국공산당에 부정적인 후보의 약점을 잡아 비방하거나 폭로한다. 해외에 촘촘
하게 퍼진 첩보원들을 통해 불리한 정보 등을 수집한다. 관계자나 주변인을 매
수해 성 스캔들을 만들기도 한다. 이런 정보를 자신들이 지지하는 후보를 통해
폭로하게 함으로써, 특정 후보를 곤경으로 몰아넣고, 지지 후보를 부각하기도
한다.

상대 후보를 비밀리에 협박해 스스로 사퇴하거나, 실수를 범해 물러나게 하는 등 겉으로는 찾아내기 어려운 수법도 사용한다.

현지 언론 매수, 비자금 후원

각국 주요매체 침투는 중국공산당 통일전선공작의 기본 전략이다. 중국 정권과 직접 관련 없는 기업인, 개인을 통해 상업광고를 특정 언론사에 몰아주거나

대만 국민당 대선후보 경선 중국 개입설 논란, 중국 간섭 확인

자료 : hankyung.com

아예 매체를 인수·소유한다.

대만의 경우 2008년 친중 성향의 대만 기업가 차이옌밍이 대만 최대 미디어 기업의 하나인 왕왕그룹을 인수해, 대만 언론계에서 중국공산당의 영향력을 대폭 확대했다. 왕왕그룹은 중국시보The China Times 외 5개 매체, TV 방송사 3곳, 뉴스 웹사이트를 운영한다.

이들 매체는 중국공산당에 대한 불리한 뉴스를 보도하지 않거나, 중국 정치인, 기업인의 활동을 부풀려 보도하며 선거 때는 특정 후보에 유리한 보도를 쏟아내고 가짜뉴스를 배포해 중국공산당에 반대하는 후보들을 깎아내린다.

지난 2016년 미국 대선도 대표적 사례다. 미국 주류언론은 트럼프에 대해 맹공을 펼치며 친중 성향의 민주당 힐러리 클린턴을 지지했다. 여론 조사는 선거 전날까지도 힐러리의 당선을 나타냈지만 결과는 트럼프의 당선이었다.

❋ 4   '3F 계획'은 미국을 무력화시키고 혼란스럽게 만들어 전복시켜버리는 계획이다.

미국으로 망명해 중국 고위층 비리를 폭로하는 부동산 재벌 궈원구이는 "미국 주류언론은 트럼프에 대해 적개심을 드러냈고, 이는 중국공산당의 표적이 됐다."고 주장했다.

인플루언서 · 댓글부대 동원해 SNS서 공격

선거철이 되면 중국공산당의 댓글부대가 대규모 활동에 들어간다. 온라인 커뮤니티나 SNS에 각종 의견 글과 가짜뉴스, 댓글을 퍼뜨려 사람들이 특정후보를 지지하거나 반대하도록 유도한다.

각 분야 인플루언서들도 우회적이고 교묘한 방식으로 특정 정당이나 후보를

한국 네티즌 '함정수사'에 걸린 중국공산당 댓글부대가 쓴 '나는 개인이요'라는 댓글이 달린 게시물(왼쪽)과 중국인들로 추정되는 이용자들이 천 명 이상 모인 카카오톡 단톡방에 국민청원 참여를 유도하는 글이 게재됐다(오른쪽). 온라인 커뮤니티 화면 캡처

자료 : kr-mb.theepochtimes.com

공격하고 유권자들이 그 정당후보에 대해 반감을 갖도록 만든다. 영화계에서는 특정 후보를 희화화하거나 부정적으로 보이게 하는 영화가 개봉된다. 사회현실을 더욱 어둡게 보도록 하고 극단적인 혁명이 필요하다는 사회적 공감대를 확산시킨다.

특정 입장의 유권자를 가장해 과격한 주장을 펼치고 인터넷 설전을 유도해 의견충돌과 사회분열을 조장한다. 이를 통해 사람들이 특정 후보를 혐오하거나 지지하도록 하고, 어떤 이들에게는 정치혐오를 부추겨 선거를 외면하게 한다.

중국인 유학생, 중국계 현지인, 민간단체 이용

중국공산당은 동포단체나 언론사, 유학생, 교수, 친중 단체 등을 포섭해 선거 개입을 시도한다. 투표권이 있는 중국계 유권자들에게 중국공산당이 선호하는 특정 후보에 투표하도록 한다.

해당 국가 정부나 언론의 감시를 피해 중국계 커뮤니티 등을 통해 특정 후보에 대한 비방정보, 가짜뉴스를 퍼뜨리기도 하고 유학생들의 애국주의를 자극해 행동대원으로 포섭한다.

모든 유학생이 다 그런 것은 아니지만, 이들은 이러한 행위가 중국이라는 국가를 짓밟고 들어선 공산당을 수혈하는 일임을 모른 채 '나라를 위한다'는 허상에 사로잡혀, 자신에게 혜택을 베푼 타국을 해치는 활동을 자행한다. 선거가 끝나면 산업 스파이 역할도 한다.

중국의 해외 부동산 마케팅

 중국인의 부동산 투자 동향

중국에서 부동산 투기 어려워져

중국의 주택 가격이 급상승하는 것을 막고자 2011년 당시 중국 정부의 주택 구매 규제 모기지 자격 기준 강화, 모기지율 상승, 가능한 주택구매 수 제한 등가 더욱 강화됨에 따라 중국 내 부동산 투기가 어려워지고 있다.

2011년 한 달 간 중국의 주택가격 상승은 0.4%에 그치고 주택 판매는 24% 감소한 것으로 나타났다.

중국의 2011년 부동산 주요 긴축 정책

중고주택 구매 시 선납금을 60%로 올리고 모기지율은 표준보다 1.1배로 올렸다. 2011년 6월부터 중앙은행 이자율이 두 배로 상승했다.

6500만 유령 아파트, 중국 주택 공급 과잉, 경제 뒤흔든다.

중국 미분양 아파트 비중 추이
※전체 도시 주택 대비 기준
단위: %

구분	2011년	2017년
1선도시	17.9	16.8
2선도시	17.8	22.2
3선도시	19	21.8

비어있는 주택 수
단위: 만 호

2011년	2013년	2015년	2017년
4200	4750	5600	6500

자료 : asiatoday.co.kr

충칭과 상하이를 대상으로 부동산세를 시범운영했다. 35개 도시를 대상으로 주택 두 채 이상은 구매불가하도록 조치했다.

600개 이상 도시를 대상으로 부동산 가격관리 예정 발표를 실시했다. 부동산 개발사 대상으로 2011년 5월부로 부동산 가격표 공개 의무 부여를 실시했다.

해외로 눈 돌리는 중국 투자가들

중국인들은 '중국에서 부동산을 구입하는 것이 매우 복잡해져서'라며 해외 부동산에 투자관심을 보이기 시작했다.

인근의 홍콩과 마카오의 주택에 관심을 가져온 중국인들은 이제는 홍콩, 마카오는 물론 캐나다, 미국, 멕시코, 영국 등까지 관심 영역을 넓혀가기 시작했다.

Knight Frank 부동산 관계사에 의하면 2011년 초부터 중국인의 해외 부동산 구매가 급증한 것으로 나타났다.

마카오 신축과 홍콩의 투자가치 상승 예상 지역에 관심 집중

2010년에 신축한 마카오의 주택단지One Oasis 의 경우 구매자 중 중국인 비율은 2010년 10% 에서 2011년 20%로 급증했다. 해당단지 가격 은 1200ft² 규모가 580만 홍콩 달러 정도였다.

홍콩의 Kerry Properties는 2011년 5월 7일 주말 Lion Rise월타이신 소재. 5동으로 구성된 아파트 단지의 200채를 판매했는데, 이 중 60채30%를 중국인 이 구매한 것으로 나타났다. 중국인들은 향후

마카오의 주택단지(One Oasis)

자료 : macaulifestyle.com

지역 개발로 부동산 가격 상승이 예상되는 중국-홍콩 국경과 인접한 윈룽지역 등에도 관심이 높다.

미국 부동산 시장 약세를 기회 삼아

미국의 둔화된 주택 시장을 기회삼아 투자하려는 중국인이 증가하기 시작했 다. 미국 부동산 해외 구매자 중 중국인 비율은 2009년에 5% 증가한 데 이어 2010년에는 10% 대폭 증가했다. 특히 100만 달러 이상 주택은 15%나 증가했 음이 밝혀졌다.

미국 대형 부동산 그룹 Oneil 사에 의하면 2011년 상반기 한 달 간 뉴욕의 트 럼프 소호맨해튼 소재 콘도형 주택에 중국에서 두 건의 구매 제안이 들어왔다. 트럼프 소호는 채당 8100만 홍콩 달러에 달하는 고가의 주택이다.

미국에 본사를 둔 미국 부동산회사Intero는 2011년 홍콩에 지사를 오픈하고 활 발한 중개활동을 개시했다. 홍콩에서 중개를 시작한 2010년부터 중국인의 투

자 관심이 점점 높아지고 수요가 증가하자
정식으로 지사를 오픈한 사례로 볼 수 있
다. Intero 홍콩사무실에 의하면 "처음에
관심을 보이던 중국인들이 이제는 행동으
로 옮기는 상황"이 됐다. 해당사의 고객인
중국인들은 맨해튼, 샌프란시스코 등을 방
문해 주택을 구경한 것으로 나타났다.

뉴욕의 트럼프 소호 이미지

자료 : newstown.co.kr

캐나다 밴쿠버 현지인보다 중국인 구매가 우세

중국 및 홍콩인이 많이 사는 것으로 유명한 캐나다 밴쿠버는 2011년 주택 구
매자 대부분이 현지인보다는 중국인 및 이주민으로 나타났다.

영국 주요 지역 투자 인기

영국 부동산 개발사인 Fresh Start Living의 경우 중국 유명 부동산 중개업체
인 SouFun과 협력해 중국인 구매자를 적극적으로 유입하고 있다.

홍콩에서는 2010년부터 한 주에 1~2회 열리던 런던 부동산 홍보 로드쇼가 1
년 후는 한 주에 3~4회로 증가했다. 로드쇼는 대부분 런던의 주요 지역을 취급
하며 참가자의 20~30%는 중국인으로 구성됐다.

추가참고 사항 및 시사점

해외 부동산 투자에 눈을 뜬 중국인, 투자 급증

중국인의 해외 부동산 투자는 매우 초기단계라고 할 수 있으나 그 증가세가

매우 빠르다. 2011년 현재까지 전체 해외 부동산 시장 구매자 중 중국인 구매자의 비중은 적지만 그 수는 급속히 증가 일로에 있다. 영국의 조사에 의하면 2010년 런던 주요 부동산 구매자 중 중국인 비중은 2009년 0.2% 보다 3배 증가한 0.6%를 기록했다.

중국의 해외 부동산 투자국

자료 : news.joins.com

실제 투자 목적보다는 시민권 확보 의도도 많아

중국인의 해외 부동산 구매 목적은 순수 투자 목적도 있지만 대부분 시민권 자격을 얻기 위해 구매하는 경우가 많다. 또한 구매지역은 자녀가 유학하는 지역을 선호한다.

전문화되는 해외 부동산 마케팅, 홍콩 통해 중국인 유입

홍콩에는 대형 국제 부동산 개발/연구사 외에도 특정국 부동산을 전문으로 하는 부동산 업체가 증가하고 있다. 이들은 홍콩에 사무실을 위치함으로써 홍콩구매자 외에도 중국 구매자 유입을 기대한다.

해외 기업·부동산 쓸어 담는 중국

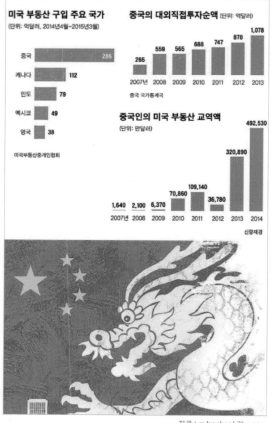

자료 : m.hankookilbo.com

- 호주 : Aussie Property.com www.aussieproperty.com, 홍콩 센트럴에 사무실 위치
- 런던 : Benham & Reeves Residential Lettings www.brlets-international.com 런던에 8개 사무실. 홍콩에 대표사무실 진출

홍콩 전경

자료 : hoteltrend.tistory.com

홍콩의 부동산 개발회사들

자료 : hotelrestaurant.co.kr

아프리카, 중국의 두 번째 대륙

　지난 10여년 동안 아프리카로 이주한 중국인은 100만 명 가량으로 추정된다. 오랜 세월 뉴욕타임스 해외 특파원으로 중국과 아프리카를 관찰한 하워드 프렌치Howard W. French[5]는 아프리카 사하라 이남 15개 나라를 발로 뛰며 그곳에 스며든 중국인 이주자들과 현지인들의 힘겨운 동거를 가감 없이 들춰냈다.[6]

❀ 5　「뉴욕타임스」 해외 특파원으로 23년간 전 세계 100개 이상의 나라에서 일했다. 특히 아프리카와 동아시아 지역에 오래 머무르며 여러 차례 외신기자상을 받았고 퓰리처상 후보로 두 차례 지명된 바 있다. 중국어, 일본어, 프랑스어, 스페인어 등 다양한 언어에 능통하며, 기자가 되기 전에는 7년간 아프리카 코트디부아르의 대학에서 영문학을 가르치면서 프리랜스 번역가 및 작가로 「워싱턴포스트」에 기고하였다. 2008년부터 컬럼비아대학교 언론대학원 교수로 일하고 있다. 지은 책으로 『A Continent for the Taking』(2004), 『Disappearing Shanghai』(기록사진집, 2012) 등이 있으며, 본 책과 전작 모두 여러 유력지에서 주목할 만한 도서로 선정되었다.

❀ 6　하워드 프렌치 저, 박홍경 역, 아프리카, 중국의 두 번째 대륙 - 100만 이주자의 아프리카 새 왕국 건설기 -(China's Second Continent: How a Million Migrants Are Building a New Empire in Africa, 2014), 지식의날개(방송대출판문화원), 2015.

저자의 이야기 속 중국인들은 하나 같이 아프리카에서의 삶이 얼마나 고통스러운지, 그럼에도 고국을 떠날 수밖에 없게 만든 현대 중국의 빠른 변화 속도와 극심한 경쟁, 사회 전반에 만연한 부패 등에 대해 불만을 쏟아 낸다. 그러나 아프리카 현지인들 역시 이들 새로운 이주자들로 인해 깊은 상처를 떠안고 있다. 지금까지의 결과만 놓고 보면 중국의 아프리카 진출은 과거 일본이나 서양의 제국주의와 별반 다를 바 없어 보인다.

하워드 프렌치

자료 : globalcenters.columbia.edu

거대한 변화에 대한 아프리카인들의 두려움과 기대, 어떤 고난도 마다하지 않는 중국인들의 치열한 삶. 세계에서 가장 역동적인 두 지역의 만남이 어떤 결론에 이를지, 그 결론이 미래 세계를 어떻게 재편할지 귀중한 단서를 제공하고 있다.

21세기 가장 역동적인 두 지역의 만남

1996년 장쩌민 전 국가주석이 아프리카 6개국을 순방한 직후 천명한 '저우추취走出去, 밖으로 나가라는 뜻' 전략은 중국과 아프리카의 거리를 순식간에 좁혀 놓았다. 중국의 기업들은 앞 다투어 아프리카로 뛰어들었고 중국 정부는 기회가 있을 때마다 아프리카에 대한 통 큰 투자로 세계를 놀라게 하였다. 지난 10여 년간 아프리카로 이주한 중국인은 100만 명을 넘어섰고, 양 지역 간 무역은 20

중국의 '기회의 땅' 아프리카

자료 : asiatoday.co.kr

배 이상 증가하였다. 세계에서 가장 빠르게 성장하고 있는 경제대국 중국과, 가장 빠르게 성장할 예정인 대부분의 국가가 모여있는 아프리카의 만남은 그 자체로도 세계의 이목을 집중시키기에 충분하다.

양측의 관계가 심화되자 바깥에서는 '윈윈win-win인가 제국주의인가'를 놓고 많은 논란이 일고 있다. 중국의 통 큰 지원의 이면에 다른 의도가 있는 것은 아닌지, 이런 투자가 아프리카의 번영에 실질적인 보탬이 될지에 대해 많은 이들이 기대보다는 우려의 시선을 보내기 시작한 것이다.

 고통을 먹으며 아프리카에 정착한 100만 중국인

1980년대부터 30년 넘게 언론인이자 연구자로 중국과 아프리카를 경험한 하워드 프렌치는, 아프리카에 정착하여 살고 있는 100만 중국인 개개인의 삶에 초점을 맞춘다. 두 지역의 관계를 두고 바깥의 대부분이 주목하고 있는 양측 간 공식적인 교류나 프로젝트보다, 그 관계 속에서 나름의 방식으로 살아가는 국민 개개인의 실제 경험이야말로 두 지역의 관계 형성에 결정적인 역할을 할 것이라는 관점에서다.

중국어를 능숙하게 구사하는 장점을 살려 저자는 아프리카 곳곳을 파고든 중국인들을 찾아내 밀착 취재한다. 식민지 시대 포르투갈인들이 경영하다 버리고 간 모잠비크의 황무지를 억척스럽게 일구며 후손들을 데려와 정착시킬 계획을 세우는 하오성리, 청소년 시절 문화혁명을 겪으며 잃어버린 세월을 잠비아에서 건설한 동銅제련소로 승승장구하며 벌충하고 있는 양보허, 인신매매로 세네갈에 흘러들어 왔지만 결국엔 스스로 사업을 일구며 남동생의 세네갈 이민을 돕고 있는 천루이, 아프리카에 다녀온 친구들의 말을 듣고 혈혈단신으로 라이베리아에 들어와 중국인들을 위한 호텔을 운영하는 기러기 아빠 리지웅, 중국의 국영 토목회사의 중역으로 말리에 머물고 있지만 여생은 떠나온 중국보다 프랑스에서 보내고 싶다는 류중화 등 다양한 중국인들의 모습과 생각을 있는 그대로 담아낸다.

아프리카에서 일하고 있는 중국인들
자료 : postshare.co.kr

　저자의 이야기 속 중국인들은 하나 같이 아프리카에서의 삶이 얼마나 고통스러운지, 그럼에도 고국을 떠날 수밖에 없게 만든 현대 중국의 빠른 변화 속도와 극심한 경쟁, 사회 전반에 만연한 부패 등에 대해 불만을 쏟아 낸다. 쫓기듯 떠나왔지만 가족과 후손의 더 나은 삶을 위해 고생을 마다하지 않고 어려움을 인내하는 그들의 '츠쿠吃苦, 고통을 먹는다는 뜻 정신'은 읽는 이에게 놀라움과 연민을 자아낸다.

아프리카에 또다시 새겨지는 깊은 상처

　그러나 중국인들이 자신들의 가족과 후손을 위해 고통을 먹는 동안 아프리카 현지인들 역시 새로운 이주자들로 인해 깊은 상처를 떠안게 되었다. 미국이나 유럽과 달리 어떤 정치적 조건도 내걸지 않고 호방하게 다가오는 중국인들을 반겼던 아프리카인들은 어느새 중국인들의 끔찍한 인종적 편견, 노동력 착취, 토지 수탈, 지역경제 침범, 현지법 위반 등을 겪으며 불안을 표출하기 시작했다. 아프리카에서 유행하는 디자인 패턴을 그대로 베껴 중국에서 옷을 생산한 후 아프리카로 다시 들여오는 등 중국 상인들의 부도덕한 행태에 아프리카의 많은 국가에서 주요 선거 때마다 중국인 이주자들에 대한 통제 문제가 주요 이슈로 떠오르고 있다. 저자 하워드 프렌치가 만난 아프리카의 수많은 시민 단체 관계자와 현지 부족 대표들이 지적하듯, 중국 정부는 아프리카의 풍부한 자원을 헐값에 매입하는 것에만 혈안이 되어 있을 뿐 그 대가로 아프리카가 기대하는 인프라 구축은 조악한 모양내기 식에 그치고 있다. 뿐만 아니라 그나마도 중국의 노동자와 기업을 투입하여 현지 경제에는 어떤 이득도 남겨주지 않는다는 것이다. 특히 악랄한 정권에 힘을 보탬으로써 부패를 부추겨 이제 막 싹트기 시작한 민주주의를 퇴보시키는 행태에 대해 아프리카 시민들의 분노가 커져가고 있다.

 윈윈win-win으로 가는 길

취재가 힘든 아프리카 사하라 이남 지역 곳곳을 발로 뛰며 저자가 직접 목격한 중국의 아프리카 진출은 지금까지의 결과만 놓고 보면 과거 일본이나 서양의 제국주의와 별반 다를 바 없어 보인다. 비록 중국의 행보에 무력이 없었고 대부분 현지 정부의 환영을 받기까지 했지만 말이다.

비좁고 인색하며 상상을 초월하는 경쟁에 시달려야 했던 고국을 벗어나 더 넓고 자유로운 땅에서 새로운 삶을 시작하고자 하는 중국인들과, 최근 10년

아프리카 노동자에게 가혹한 중국인 관리자

자료 : sokhm.khan.kr

중국·아프리카 무역 규모

중국-아프리카
무역 규모 추이
단위:달러

총 무역액

■ 중국의 아프리카 수출액
□ 중국의 아프리카 수입액

910억
6000만

1663억
2000만

2102억
5000만

1787억
9000만

1700억

730억
8000만

932억
3000만

927억
9000만

1174억
5000만

1085억
4000만

702억
5000만

947억
9000만

752억
5000만

477억
3000만

433억
3000만

2009년　　2011년　　2013년　　2015년　　2017년

숫자로 보는
중국-아프리카
협력
(2017년 말 현재)

3200개 이상
아프리카에 진출한
중국 기업 수

1000억 달러 이상
중국의 대아프리카
누적 투자액

24
전략적(포괄적 협력)
동반자 관계 맺은 국가 수

자료:중국 국가통계국, 글로벌타임스

자료 : khanarchive.khan.kr

간 아시아에 맞먹는 성장률을 보이며 오랜 빈곤과 저개발의 고리를 끊을 수 있는 기회를 맞이한 아프리카. 이들이 지금의 상황을 어떻게 활용하느냐에 따라 두 지역의 발전은 물론 세계경제에도 큰 영향을 끼칠 것이다. 저자 하워드 프렌치는 책 전반에 걸쳐 중국 정부의 아프리카에 대한 탐욕과 더불어, 이주자 개개인의 아프리카인들에 대한 심각한 몰이해와 태도를 비판한다. 어떤 면에서는 중국정부 차원의 접근방식보다 이들 이주자 개개인의 역할이 아프리카와의 관계 형성에 중요하다고 보기 때문이다. 동시에 지금의 기회를 아프리카가 살리지 못하고 또다시 누군가의 들러리로 전락한다면 이는 중국만의 잘못이라고 볼 수는 없다고도 지적한다. 거대한 동반자의 투자에 힘입어 새롭게 창출된 수익이 국민의 주머니에까지 제대로 들어가는지 살피고, 전시성 사업보다 후대를 위해 합리적으로 투자하는 것은 어디까지나 아프리카 지도자들의 양심과 역량에 달려 있기 때문이다.

"이 대가리가 빈 놈아You, cabeza no bom!" 그 짧은 문장에 3개 국어를 섞어가면서 불만을 터뜨리던 반백의 중국인 농장주는 이내 중국말로 욕설을 이어 나갔다. 나는 존과 대화를 해볼까 싶어 스페인어로 몇 마디 물었는데 이를 엿듣던 하오는 내가 포르투갈어를 구사한다고 착각을 했는지 통역을 해 줄 수 없겠냐고 물었다. "이 멍청이한테 우리가 가야 할 곳을 설명 좀 해 주겠소? 여기서 나가서 도로를 타야 한다고!"

앙골라와 기니, 잠비아는 풍부한 천연자원 개발을 통한 경제 발전을 노리고 있다. 사진은 잠비아의 한 구리광산

자료 : etoday.co.kr

한두 세대 전만 해도 세계무대에서 '어글리 아메리칸'만큼 조롱받던 이들은 없었다. 자기가 어느 나라에 가 있는지는 아랑곳하지 않고 상대방이 말귀를 못 알아들으면 악을 써대는 고집불통들이었다. 잠깐이나마 하오를 겪어 보니 중국판 어글리 아메리칸을 만났구나 하는 생각이 들었다.[7]

사타가 당선된 며칠 후 중국기업인 참비시 구리광산 노동자들의 임금이 갑자기 두 배로 뛰는 일이 벌어졌다. 헤지스 음와바라는 한 노동자는 「크리스천 사이언스 모니터」와의 인터뷰에서 사실상 임금이 85퍼센트 인상되었다고 말했다.

"기이한 것은 급여명세서가 두 장이었다는 사실입니다." 음와바는 말했다. "중국인들이 대선 결과에 대비하여 9월 급여명세서를 두 종류로 만든 것 같았습니다. 여당인 MMD가 대선에서 승리하면 예전에 받던 쥐꼬리 월급을 그대로

※7   같은 책, p.20.

받았을 겁니다. 그런데 야당인 애국전선Patriotic Front의 마이클 사타가 승리하면서 거의 두 배로 월급이 뛰었습니다."[8]

장과 같은 고용인들을 이전에도 여러 번 만나 보았는데 중국인 엔지니어와 기술자에게 의지하는 경우가 많았다. 또 먼 곳에서 한 번 보거나 아예 면식도 없는 중국인 투자자를 유치하기도 했다. 현지에서 맺는 동반자 관계란 줄을 잘 선 고위 공무원을 돈으로 매수해서 영향력을 이용하는 것 외에는 찾아보기 어려웠다. 이런 환경에서는 아프리카인들에게 직접적인 혜택을 줄 지식이나 기술의 이전을 당분간 기대하기 어려울 것이다. 장을 비롯한 중국인 경영자들은 아직 구축 중에 있는 새로운 중국이라는 세계에 살았다.[9]

많은 비평가들은 중국의 아프리카 토지 매입에 경고음을 내고 있다. 현재까지는 말리를 비롯한 여러 나라에서 중국이 토지 매입에 가장 앞장서는 상황은 아니다. 하지만 이는 중국이 아프리카의 농지를 필요로 하지 않는다는 의미가 아니며 향후에도 매입 가능한 토지를 최대한 사들이지 말란 법도 없다. 중국의 인구는 전 세계 인구의 20퍼센트에 달하지만 농지비율은 9퍼센트에 불과하다. 개발도상국 가운데 1인당 경작지 면적이 중국보다 작은 나라는 오직 이집트와 방글라데시 두 나라뿐이다. 게다가 중국에서 진행되는 거대한 건설 사업과 오염, 침식 때문에 경작지 규모는 더욱 줄어들고 있는 실정이다.

라이베리아의 광활한 미경작 농경지

자료 : blog.daum.net

※ 8 　　같은 책, p.97.
※ 9 　　같은 책, p.120.

세계의 미경작 농경지 가운데 60퍼센트가 아프리카에 있다. 중국 정부가 어떤 입장을 천명하든지 중국의 식량안보는 이 미경작 농경지에서 생산성을 끌어올리는 방안과 점점 더 긴밀하게 연결될 수밖에 없을 것이다.[10]

아프리카에서 대화를 나누어 본 많은 사람들은 실망스러운 행태를 보이는 서양의 전형으로 미국을 지목했다. 유럽인들은 세속적이며 아는 체하는 식민자였지만 대륙을 완전히 장악하지 못했다. 미국인들의 이상주의적인 수사에는 유럽인들을 넘어서는 현란함이 있었지만 이는 오히려 미국에 대한 실망을 더욱 키울 뿐이었다. 미국은 유려한 언변을 자랑하며 원칙을 들이대고 사사건건 끝도 없는 제약을 걸었다. 그러다 정작 마지막에는 선뜻 결단력을 보여주지도 않았다. 미국은 아프리카를 기회의 땅으로 보지 않았고 인류에 대한 도덕적인 도전으로도 여기지 않았다. 그저 짐 같은 존재로만 여기면서 최대한 논의 자체를 피하고자 했다. 1993년 모가디슈 전투와 뒤이은 블랙호크다운 헬기 격추 사태,

미국·중국 아프리카 공략 비교

중국의 아프리카 공략 사례들	미·중 아프리카 공략	미국의 아프리카 전략 (외교관계협의회 권고안)
· 짐바브웨 독재자 무가베 정권 지지 · 수단 다르푸르 유혈사태에 대한 유엔안보리 제재 반대 · 콩고, 나이지리아, 수단에서 원유 대량 수입 · 앙골라에 원유 담보 20억달러 차관 제공 · 외교부 주최 '아프리카에 다가가다' 행사 개최	Africa	· 다르푸르 사태: 중국을 압박해 수단 정부에 제재 강화 · 에너지 문제: '미국·아프리카 에너지 포럼' 설립 · 테러 방지: 위협 내용 파악 위해 정보능력 재건 · 아프리카 지원: 2010년까지 지원액 2배 증액

자료: m.chosun.com

✻ 10   같은 책, p.207.

이듬해 르완다 학살이 벌어진 이후 아프리카에 대한 미국 정부의 우려는 불식되지 않았다. 혹시라도 책임을 혼자 덮어쓰게 될까 봐 전전긍긍하는 태도를 보였다. 아프리카보다 훨씬 더 중요한 일들이 산적해 있다는 의기양양한 메시지를 던지기도 했다. 미국 정부가 뒤늦게 사태를 깨달았다는 사실은 존 앤더슨의 우려 섞인 질문에서도 드러난다. 아프리카에서

중국인 양계업자가 잠비아 Lusaka에서 고객들과 흥정하고 있다. 아프리카의 많은 외국인 소유 식량회사처럼, 그의 회사도 닭들을 고국으로 운송하지 않고 지역에서 판매한다. 이 나라에는 2만 명의 중국인이 있고, 아프리카 전역에는 약 200만 명의 중국인이 있다.

자료 : blog.daum.net

여태껏 찾아볼 수 없었던 자기 회의적인 징조를 미국이 보이기 시작한 것이다.[11]

볼리는 많은 사람들이 친중인지 반중 성향인지를 직접 밝히라는 요구를 숱하게 받는다고 말했다. "나는 중국인들을 좋아하지도, 싫어하지도 않습니다. 다만 한 가지, 중국인들이 자기 색깔을 유지하는 방법을 안다는 점은 정말 존경할 만합니다. 모든 아프리카인들이 알고 있고 존중해야 할 덕목이에요." 볼리는 또한 중국인들의 인내심을 높이 평가했다. 중국이 말리에 진출한 지 오래 되었지만 언제나 신속하게 성과를 내거나 단기에 수익을 거두었던 것은 아니다. 그는 섬유, 설탕, 담배와 같이 중국인들이 오래전에 투자한 분야를 열거하면서 대부분 뜻대로 일이 풀리지 않거나 심지어 완전히 투자금액을 손해 보기도 했다고 전했다. "중국은 일을 하는 방식이 서양과는 완전히 다릅니다. 보아뱀 같다고나 할까요. 먹잇감을 조용히 관찰하고 시간을 들입니다. 마찬가지로 중국인들은 장기적으로 수익을 내기 위해 기다리고 있어요. 최상의 결과를 낼 때까지 기

❋ 11   같은 책, pp.216~217.

다리는 겁니다."[12]

중국의 높은 성장률이나 저지가 불가능해 보이는 부상은 이제 모두가 아는 이야기가 되었다. 하지만 이런 성장의 어두운 그림자 때문에 많은 사람들이 해외 이주를 선택하고 있다는 사실은 상대적으로 덜 알려져 있다. 허우와 같은 인물들을 만날 때마다 중국이 빠른 속도로 올라가는 에스컬레이터와 같지만 수많은 국민들이 올라타지 못했거나, 오르지 못했다는 사실을 스스로 느끼고 좌절감에 빠져 있음을 깨

나미비아 중부 다오다비스농장에서 중국 원조식량을 든 아이들이 줄을 서 있는 사람들 곁을 지나고 있다.

자료 : xinsegaenews.com

닫게 된다. 그렇게 중국을 벗어난 허우는 낯설고 새로운 환경 속에서 불확실하고 불안정한 삶을 살아가고 있다. 그의 집은 가게 바로 옆에 있는 누추하고 협소한 차이나타운에 있다. 나미비아에는 세계적 명소로 손꼽히는 해안가가 있지만 허우는 한 번도 가보지 않았다고 했다. 이 나라에 있는 세계 최고 수준의 동물보호구역 역시 그는 가보지 않았다. 자동차와 돈을 얻었는지는 몰라도 참으로 기묘한 모습의 성공을 이룬 것이다. 허우는 자기 아이들은 중국에 있는 학교를 보낼 것이라고 말했다. 아이들은 아프리카를 어떻게 기억할까? 자신들을 돌보아 주던 가정부를 제외하면 나미비아에 대해 어떤 기억을 가지고 있을까?[13]

나는 호기심에 가게 한 곳에 들어가 보았다. 20대로 보이는 젊은 아기 엄마가 아이를 데리고 QQ로 중국에 있는 친구들과 대화를 나누고 있었다. 계산대는

❊ 12   같은 책, p.249.
❊ 13   같은 책, p.339.

두 명의 남자 형제들이 지키고 있었다. 내가 가게 주인이랑 대화를 나누고 있는데 제이미가 나를 찾으러 들어왔다. 주인이 제이미를 보더니 짧은 영어로 이곳에서 외국인이 중국어로 말을 건 것은 처음이라고 했다. "외국인이라니! 처음이야!" 그는 신이 나서 크게 외쳤다.

외국인이라는 말이 얼마나 아이러니한지 잠시 할 말을 잃었다. 그리고 세상이 얼마나 완벽하게 뒤바뀔 수 있는 시대에 살고 있는지를 새삼 돌아보았다.[14]

아프리카에 학교 세워놓고 '어린 아이'가 중국말 안 쓴다고 학대한 중국인들. 아프리카를 발전시켜 주겠다고 학교를 지은 중국인들의 비인간적인 태도가 비판을 받는다.

자료 : m.insight.co.kr

※ 14　같은 책, p.365.

'차이나 머니' 앞세워
남태평양에서 유럽까지 진군

 파죽지세의 중국 일대일로

미·중 경제전쟁의 충격이 갈수록 전 세계로 퍼지고 있다. 고래 싸움에 새우 등 터지는 신세는 한국만의 얘기가 아니다. 중국과 수천~수만㎞ 떨어져 있어도 그 영향에서 벗어날 수 없다. 거대 강대국 두 나라가 전 세계를 대상으로 서로 '내 편에 서라'는 압박을 강화하면서다.[15]

그 충격은 '다운 언더Down Under'[16]로 불리는 호주·뉴질랜드에서 남태평양 작은 섬들에 이르고, 위로는 유럽 내륙 깊숙한 곳까지 미치고 있다. 중국과 전혀

❋ 15   김동호, [김동호의 세계경제 전망] '차이나 머니' 앞세워 남태평양에서 유럽까지 진군했다, 중앙일보, 2019.11.25.

❋ 16   저기 밑에 있는 호주 대륙을 가리킨다. 호주 대륙이 보통 지도 아래쪽에 위치한 남극 가까이에 있기 때문이다.

관계없을 것 같고, 중국의 영향력이 미칠 것 같지 않은 호주·뉴질랜드도 우리와 같은 고민에 빠졌다. 왜 그럴까. 이들 국가에 중국이 어떤 나라인지 살펴보면 의문이 바로 풀린다. 중국은 뉴질랜드의 수출 1위 국가다. 중국에 대한 무역 의존도가 높아 한국과 똑같은 고민에 빠질 수밖에 없다.

중국 '일대일로' 가속화, 미국 우방 뉴질랜드까지 포섭

자료 : mn.kbs.co.kr

호주·뉴질랜드는 외교에서는 미국과 긴밀하다. 미국을 중심으로 영국·캐나다·호주·뉴질랜드는 소위 '파이브 아이스 Five Eyes'의 핵심 동맹국이다. 경제는 중국과 교류가 많고 외교는 미국과 동맹을 맺고 있는 한국과 비슷한 구조다. 당장 군사적으로는 미국과 협력하지만, 중국과의 교역 비중이 높아 중국의 목소리를 무시할 수 없는 처지가 되고 있다. 뉴질랜드의 중국 전문가 프랜 오설리번은 "오세아니아 국가들도 고래 싸움에 새우 등 터질까 전전긍긍하고 있다."고 말했다.

중국의 파워는 더 나아가 유럽대륙 북부와 남태평양에 작은 점처럼 떠 있는 섬나라까지 뻗친다. 중국이 2013년 위대한 중화민족을 부흥시킨다는 '중국몽中國夢'을 선언하고 그 수단으로 내세운 일대일로一帶一路가 본격화하면서부터다. 일대일로는 육로와 해상로로 세계를 연결한다는 시진핑習近平 주석의 중국 굴기 프로젝트다. 참여국은 80개국이 넘어 사실상 전 세계를 연결한다.

🪷 독일 폐광촌 화려하게 부활시켜

그 효과는 유럽에서도 가시화하고 있다. 독일 서북부 뒤스부르크 Duisburg는 서독시대 독일의 대표적 산업 지역이었다. 독일의 유일한 천연자원이라고도 할 수 있는 석탄이 대규모로 매장돼 있어 일찍이 광산이 발달했다. 그러나 1990년대 이후 본격화된 글로벌화의 바람을 피하지 못했다. 산업 고도화에 따라 광산이 쇠락하면서 뒤스부르크는 순식간에 '러스트 벨트'[17]로 쇠락했다. 한때 60만이 넘던 인구도 반 토막 이하로 줄어들었다. 이랬던 뒤스부르크가 화려하게 부활했다.

몰락하던 독일 러스트 벨트, '중국바람' 불자 기사회생

죽어 있던 도시를 살린 '미다스의 손'은 시진핑이었다. 시 주석이 주도한 일대일로 정책이 중국에서 1만 1,179㎞ 떨어진 뒤스부르크를 되살렸다는 얘기다. 시 주석은 2014년 중국에서 화물을 싣고 뒤스부르크로 들어오는 열차를 맞이했다. 최근 파이낸셜타임스FT는 "이 도시가 유럽의 가장 외진 도시에서 가장 활발한 도시로 변모하고 있다."고 현장을 중개했다. 하루에 10여 차례씩 연간 6,300편의 화물차가 들어오면서 사람과 투자가 몰려들어 도시가 활기를 띤다는 소식이다.

독일의 북서부에 위치한 뒤스부르크는 엣센·보쿰·도르트문트를 잇는 거대한 루르 공업 지역에 속해 있다. 지금은 중공업 산업의 활력이 식으면서 러스트 벨트가 된 지역이다. 전통적 중후장대 제조업의 몰락을 상징적으로 보여주는

❋ 17 러스트 벨트(Rust Belt)는 미국의 중서부 지역과 북동부 지역의 일부 영역을 표현하는 호칭이다. 자동차 산업의 중심지인 디트로이트를 비롯해 미국 철강 산업의 메카인 피츠버그, 그 외 필라델피아, 볼티모어, 멤피스 등이 이에 속한다. 이 지역은 미국 경제의 중공업과 제조업의 중요한 부분을 형성하고 있다. 이곳은 1870년대 미국 제조업의 호황을 구가했던 중심지였으나 제조업의 사양 등으로 인해 불황을 맞은 지역이다. 이 지역의 많은 도시에서 생산이 진행되자, 역으로 심한 불경기가 오게 되었다. 특히 자동차 산업의 회복이 급선무가 되고 있다. 2016년 미국 대통령 선거에서 도널드 트럼프의 승리를 결정지은 지역이다.

도시가 뒤스부르크다. 이런 러스트 벨트
도시를 중국의 경제수도 상하이가 눈독
을 들이는 이유는 뭘까. 뒤스부르크의 물
류 경쟁력에 답이 있다. 뒤스부르크의 양
면이다. 제조업과 내륙수운을 통한 물류
가 이 도시의 양 날개였던 것이다.[18]

마인-도나우 운하

자료 : ko.wikipedia.org

유럽 최대 마인-도나우 운하의 핵심 중
핵심이 뒤스부르크다. 전장 171㎞ 구간
가운데 가장 큰 내항inland port이다. 거대한 루르공업지대의 중소 도시들이 뒤스부
르크와 수로로 연결돼 있다. 라인강과 루르강이 합류하는 지점에 위치한 이 도
시는 유럽 최대의 하항河港이 개발돼 200개 이상의 글로벌 물류회사들이 입주
하는 등 서유럽 물류의 허브인 곳이다.

이 운하가 건설될 당시만 해도 소요 비용에 비해 화물운송 기대효과가 낮다
는 경제성 비판이 높았다. 환경파괴 우려까지 제기되며 1992년 완전 개통까지
30년이 걸렸다. 게다가 개통 후 상당한 시간이 흘렀는데도 물동량이 최대 예상
치의 1/3에 불과했기 때문에 반대론자의 목소리가 거셌다. 반전의 기운은 동쪽
에서 밀려들어왔다.

2011년 7월 중국 서부 충칭重慶에서 뒤스부르크로 향하는 '위신어우渝新歐' 국
제 화물운송 컨테이너 화물열차가 개통됐다. 실크로드와 초원길을 잇는 유라
시아 대륙교가 중국과 유럽 간 물류 통로로 화려하게 등장한 것이다. 위신어우
는 충칭을 부르는 지역 명칭인 위와 경유지인 신장위구르 자치구, 그리고 중국
어로 유럽歐洲의 첫 글자를 땄다. 해외 수출을 위해 동남부 항구 외엔 출구가 없

※ 18   정용환, 몰락하던 獨러스트벨트, '중국바람' 불자 벌떡 일어난 사연, 중앙일보, 2019.4.17.

었던 내륙기업들은 이 국제화물열차를
이용해 유럽으로 물건을 팔 수 있게 됐
다. 열차는 중국-독일 1만 1,179㎞ 거리
를 13일 만에 주파한다.

중국 충칭-독일 뒤스부르크 1만 1179㎞ '新실크로드' 열렸다.

위신어우 국제철로
(전장 1만 1179km)

컨테이너 화물을 실은 위신어우 열
차는 충칭, 고원지대인 시안, 란저우, 신
장자치구, 카자흐스탄, 러시아, 벨라루
스, 폴란드를 거쳐 유럽의 종착역인 독
일 뒤스부르크로 향한다.

'위신어우(渝新歐)' 국제 화물운송 컨테이너 화물열차

대량 수송이 가능한 해운에 비해 화
물운임이 높지만 운송기간을 절반 가
까이 단축한다. 항공 운송에 비해 시간
적으로 여유가 있고 대량 수송에 적합
한 화물일 경우 경쟁력이 있다고 한다.
상하이 푸동공항이 뒤스부르크를 주
목하는 이유도 여기에 있다.

이 국제화물열차에 실어보내기 위해 상하이로 들어온 크고 작은 화물들이
컨테이너에 재포장돼 충칭으로 이동하는 물류 흐름이 생기면서 상하이의 국제
물류허브 기능을 촉진하고 있기 때문이다.

요즘 뒤스부르크 경제는 차이나를 빼고 생각하기 어려운 정도로 일대일로를
타고 차이나 머니와 상품이 밀려들고 있다. 2019년 4월 11일, 파이낸셜타임스FT
보도다. "매일 충칭과 우한에서 출발한 화물열차가 뒤스부르크에 짐을 부려놓
는다. 이 컨테이너들은 다시 트럭과 수운선水運船을 통해 이탈리아·스위스·프
랑스 등 서유럽 각지로 퍼져나간다. 도처에서 중국 브랜드, 이를테면 중국원

양운수Cosco · 중국해운집단China Shipping
의 로고가 찍힌 컨테이너를 만날 수
있다."

중국해운집단(China Shipping)의 로고가 찍힌 컨테이너
자료 : isplus.live.joins.com

뒤스부르크 복합운송 터미널의 국
제개발 본부 책임자 아멜리에 에르스
레벤은 "2014년 시진핑 중국 주석이
충칭에서 온 화물열차를 환영하는 행
사를 가진 뒤 중국으로부터의 교통량
이 기하급수적으로 늘었다"고 FT에 전했다.

매주 90편 가량 내항에 도착하는 열차 가운데 1/3이 중국발 화물열차라는
것이다. 이 회사는 폭증하는 중국 비즈니스를 처리하기 위해 2018년 추가로 20
만 스퀘어의 부지를 빌렸다. 이제 뒤스부르크 내항에 남는 용지는 더 이상 없을
정도로 최대 한도까지 부지를 확보한 것이다.

중국-독일 철도는 지구촌 물류 혁명을 일으켰다. 중국 대도시 충칭重慶 · 우한
武漢에서 출발한 화물을 배로 실어 유럽으로 운송하면 45일 걸린다. 하지만 철도
로는 13일 만에 주파한다. 중국은 앞으로 운송 기간을 10일로 단축하기로 했다.
현대 물류는 속도전이라는 점에서 시간과 공간의 벽을 돌파한 물류 혁명이다.
중국은 '유럽의 남대문'이라는 아테네 인근 피레우스Piraeus항에도 일대일로의
교두보를 마련했다. 시 주석이 지난 2019년 11월 11일, 그리스를 방문해 8,000
억 원을 투자, 피레우스를 유럽 최대 상업항으로 키우겠다는 양해각서를 체결
한 이유다.

다시 남쪽으로 가보자. 이번에는 뉴질랜드 · 호주에서 다시 수천㎞ 떨어진 남
태평양 섬들이다. 이 지역은 제2차 세계대전에서 미국 · 일본 충돌 이후 70년 만
에 다시 거대 강대국의 격전지로 떠오르고 있다. 미국이 서태평양의 군사 거

점인 괌을 중심으로 남태평양까지 장악
해왔지만, 이제는 중국이 경제력을 앞세
워 미국 중심의 지정학을 흔들어 놓으면
서다.

중국 솔로몬제도 툴라기섬 75년 임대, 군항 건설?

중국의 무기는 '차이나 머니'다. 최근
뉴욕타임스NYT가 현지 상황을 소개한
툴라기Tulagi가 대표적이다. 솔로몬제도
남동쪽에 자리 잡은 툴라기는 열강이 그
간 헤게모니 쟁탈전을 벌일 때마다 등장
했던 곳이다. 한때 해가 지지 않는 대국을 건설했던 영국은 남태평양 사령부를
설치했고, 일본은 태평양전쟁을 일으키면서 이 섬부터 장악해 미국 진주만 공
격의 전진기지로 썼다. '군사기지의 보석'이라고 불릴 정도로 강대국이라면 항상
침을 흘렸던 요충지다.

중국은 이곳에 베이징을 기반에 둔 국영기업을 진출시키는 데 성공했다.
NYT가 입수한 '75년 독점 개발권'에 따르면 중국기업이 개발한 인프라는 민간
은 물론 군사적 사용이 가능하게 돼 있는 것으로 나타났다. 자원 개발을 명분으
로 기업을 앞세웠지만, 항만·공항에 대한 독점권을 확보했다는 얘기다. 중국은
2017년 스리랑카 항구를 99년간 조차하는 데도 성공했다. 20세기 초 제국주의
시절 영국·프랑스·스페인이 힘을 내세워 써먹었던 수순 그대로다. 중국은 '인
류운명공동체'라는 슬로건을 내걸고 도로·항만·공항부터 체육관·운동장 같
은 생활 인프라를 건설해주는 투자 패키지를 앞세워 미국의 문턱까지 진격하고
있다. 남태평양 국가들과의 밀접한 관계는 일석이조의 효과를 거둔다. 대만을
고립시킴으로써 미국의 힘도 빼기 때문이다. 역시 수단은 경제 교류다. 그 대가
로 대만과의 국교 단절을 강하게 압박한다.

🐦 미국 속수무책으로 전전긍긍

이 여파로 인구 63만 명의 솔로몬 제도에도 격랑이 몰아치고 있다. 관광 외에는 이렇다 할 산업이 없어 개발 사각지대로 남아 있는 솔로몬에는 최근 중국인들이 돈을 싸 들고 몰려들고 있다. FT에 따르면 중국인 이주자는 최근 수년 만에 5,000명으로 불어나 솔로몬 경제를 장악하고 있다. 그 뒤에는 현대판 왕 서방의 돈으로 불리는 '차이나 머니'가

미국, 대만 버리고 중국 택한 솔로몬제도 맹비난

자료 : news.chosun.com

있다. 전주錢主는 중국 정부다. 중국기업들은 어떤 형태로든 정부가 지분을 투자하고 있기 때문이다.

이들 기업은 솔로몬을 통째로 개발하고 있다. 항구와 공항을 신설하거나 정비한다는 명목으로 차이나 머니를 '융단 폭격'하고 있다. 건설 사업에 동원되는 인력도 철저히 중국 본토에서 공수된다. 경제개발을 내세우지만, 자본과 기술을 중국이 독점하겠다는 의도다. 이런 식으로 중국은 필리핀 근처 팔라우부터 미크로네시아에서 마셜군도·솔로몬제도를 거쳐 피지·통가까지 남태평양을 휩쓸고 있다. 이런 분위기에 따라 남태평양 국가 지도자들의 중국 방문도 줄을 잇고 있다. 이는 중국의 극진한 환대를 받으면서 급속도로 친중국 정책을 펴게 되는 배경이다.

미국에도 비상이 걸렸다. 하지만 마땅한 대응책을 내놓지 못하고 있다. 급한 대로 마이크 펜스 미국 부통령은 인프라 투자를 제시하면서 남태평양 섬들에

대만과의 단교를 중지해달라고 요구했지만, 효과는 미지수다. 여기에는 무엇보다 도널드 트럼프 대통령의 '아메리카 퍼스트' 정책 여파가 크다. 미국 스스로 세계의 경찰 역할을 포기하자 중국의 공간이 커지게 됐다.

남태평양 국가들은 표면적으로는 어느 편에서도 서지 않겠다는 입장이다. 등거리 외교 전략을 펴기도 하지만, 이들 국가는 시간이 지날수록 중국과 밀접해질 수밖에 없다고 보고 있다. 이들 국가가 생산하는 목재·광물·수산물·팜유를 중국이 빨아들이고, 이들 국가가 소비하는 장난감에서 공산품에 이르기까지 모든 수입 물량의 중국 의존도가 높아지고 있기 때문이다.

이에 맞서 미국은 중국 봉쇄를 가속하고 있다. 국제 사회에 중국의 투자는 불투명하다는 점을 내세워 투명하고 시장경제가 보장되지 않으면 국제 기업들이 투자해서는 안 된다는 주장을 펴고 있다. 미국 주도로 투자 안전 도시라는 인증을 해주는 사업도 추진하고 있다. 미·중 헤게모니 싸움이 앞으로 전 세계를 어떻게 갈라놓을지 현재로선 가늠하기 어렵다.

남태평양 지역까지 영향력 확장 노리는 중국

자료 : asiatimeskorea.com

중국의 '경제적 식민지'로 전락한 캄보디아

　중국이 캄보디아를 '경제적 속국'으로 만들고 있다. 캄보디아 정부가 중국에 해군기지를 제공하겠다고 비밀 협약을 맺은 데다 중국 자본을 끌어들여 경제 성장을 이끌고 대규모 리조트 프로젝트를 추진하는 등 중국에 대한 경제적 의존도가 높아지고 있는 것이다. 친중 성향의 국가로 분류되는 캄보디아는 중국의 일대일로_带一路 프로젝트의 주요 대상국이다. 중국과 동남아 국가들 간에 치열하게 벌어지는 남중국해 영유권 분쟁에 있어서도 같은 아세안 회원국인 베트남과 필리핀, 말레이시아, 인도네시아의 입장보다는 중국 쪽을 적극 옹호하고 있다.[19]

　미국 월스트리트저널wsJ, 영국 파이낸셜타임스FT 등은 중국 정부가 캄보디아 남서쪽 해안에 있는 해군기지를 독점적으로 사용하는 비밀 협약을 캄보디아 정

※ 19 　김규환, [김규환 기자의 차이나 스코프] 중국의 '경제적 식민지'로 전락한 캄보디아, 서울신문, 2019.7.27.

부와 체결했다고 복수의 미국 관리들을 인용해 지난 2019년 7월 21일 보도했다. WSJ에 따르면 중국과 캄보디아는 지난 2019년 봄, 중국 인민해방군PLA이 타이 만에 접해 있는 캄보디아 쁘레아 시아누크주의 림Ream 해군기지를 이용할 수 있는 비밀 합의에 서명했다. 로이터통신도 앞서 미국 국방부가 2019년 6월 24일, 캄보디아

자료 : nuriwiki.net

국방부 장관에게 서신을 보내 PLA가 림 해군기지에 주둔할 가능성에 대해 큰 우려를 표시했다고 보도했다.

캄보디아 수도 프놈펜에서 남서쪽으로 168㎞ 떨어진 시아누크항 인근에 위치한 림 해군기지는 현재 76만 8,902㎡약 23만 2,593평 규모의 부지에 1개의 부두를 갖춘 것으로 알려졌다. WSJ은 중국과 캄보디아의 초기 협상안에는 2개의 부두를 추가로 건설해 하나는 중국이, 하나는 캄보디아가 각각 사용하는 것으로 계약돼 있다며 림 해군기지 내 PLA의 주둔과 중국 군함 정박 및 무기 저장, PLA의 무기 소지를 각각 인정하고 있다고 설명했다. 그러면서 캄보디아 측이 림 해군기지 내 중국 측 영역25만 905㎡ 규모에 진입하려면 중국 측의 승인을 받도록 돼 있다고 덧붙였다. 중국은 먼저 30년간 기지를 사용하고 이후 10년마다 사용허가를 자동 갱신할 수 있는 것으로 전해졌다. WSJ은 PLA가 캄보디아 해군기지에 주둔하면 중국이 주변국과 분쟁을 벌이고 있는 남중국해와 말라카해협 등에 군사력 투사 능력을 강화해 미 동맹국들을 위협할 수 있다고 지적했다.

캄보디아에 중국의 해군기지가 들어선다면 남중국해에서 중국의 전략적 입지는 그만큼 강화되고 확장될 수밖에 없다. 호주 시드니대의 한 연구원은 "캄보

디아에 해군기지가 있다면 중국은 동
남아시아 주변 해역에서 유리한 작전
환경을 가지게 될 것이고 동남아시아
본토는 잠재적으로 중국의 군사경계선
안에 놓이는 결과를 초래할 것"이라고
주장했다.

중국의 캄보디아 구애
자료 : economyinsight.co.kr

이에 대해 캄보디아 정부는 '가짜 뉴
스'라고 강력히 부인하며 펄쩍 뛰었다.
훈 센 캄보디아 총리는 "외국의 군사기지를 유치하는 것은 캄보디아의 헌법에
위배되는 것이기 때문에 그와 같은 일은 일어날 수 없다."고 주장했다. 파이 시
판 캄보디아 정부 대변인도 "그런 것과 같은 것은 일어나지 않고 있다."면서 '가
짜뉴스'라고 강하게 반박했다. 중국 역시 "캄보디아에 군대를 주둔시키는 일은
있을 수 없다."는 게 공식 입장이다.

미국 정부는 림 해군기지와 관련해 중국과 캄보디아 측 간의 협상 낌새를 1년
전에 처음 접했으며 이후 마이크 펜스 부통령이 캄보디아 측에 서한까지 보내
저지를 시도했던 것으로 알려졌다. 이후 캄보디아 국방부는 림 해군기지 내의
시설 개선을 위해 당초 요청했던 미국의 자금 지원을 거부했다. 이 때문에 중국
과 캄보디아 간 림 해군기지 밀약 의혹은 더욱 증폭된 것으로 알려졌다.

중국이 2019년 초부터 캄보디아에서 본격 공사를 진행하고 있는 대규모 리
조트 프로젝트도 주목된다. 코끼리들이 유유자적하는 캄보디아 최대 국립공원
의 청정 해변을 따라 조성된 리조트여서가 아니라 이 리조트 프로젝트가 언제
든 중국의 해군기지로 탈바꿈할 수 있다는 의혹이 제기되는 까닭이다. 블룸버
그통신에 따르면 캄보디아 코콩주의 보틈사코 국립공원 일대를 개발하는 '다
라사코 리조트 프로젝트'는 캄보디아 해안선의 20%를 차지하고 싱가포르 면적

의 절반에 버금갈 정도로 거대한 규모다. 중국 연창설계聯創設計, UDG 그룹은 2008년부터 해당 부지를 99년간 임대 받아 사업비 38억 달러약 4조 5000억 원에 추가로 12억 달러를 들여 사업을 추진하겠다는 의사를 밝혔다. 고급 리조트를 내세운 이 사업 프로젝트는 ▲카지노와 골프장, 5성급 호텔과 현대적

캄보디아 코콩주의 다라사코 리조트 조감도. 세계 최대 규모가 될 것이라고 홍보하고 있다.

자료 : blog.naver.com

인 콘도, 상업빌딩 등 휴양 시설은 기본이고 ▲국제공항 ▲심해 항만deep-sea port ▲발전소 ▲의료 시설까지 완비하는 대규모 개발사업이다.

　이런 만큼 미국은 다라사코 리조트 프로젝트가 캄보디아에 군사력을 배치하려는 중국의 더 큰 계획이 감춰져 있다고 의혹의 눈초리를 거두지 않고 있는 것이다. 특히 림 해군기지에서 64㎞쯤 떨어진 국제공항과 심해 항만 건설 계획에서 중국의 붉은 깃발이 아른거린다고 군사 전문가들은 주장한다. 다라사코에 짓겠다는 국제공항은 연간 1,000만 명의 승객을 수용하는 규모이다. 수도 프놈펜 공항의 두 배에 해당한다. 다라사코 프로젝트가 속한 코콩주의 연간 해외 방문객은 15만 명에 불과하다. 심지어 서너 시간 거리에 시아누크빌 공항도 있기 때문에 굳이 새 공항이 필요하지 않다. 그런데도 2020년에 문을 열 예정인 이 공항은 대형 민간 여객기는 물론 중국의 장거리 폭격기와 군 수송기가 이·착륙하기에 충분한 활주로를 갖춘 것으로 알려졌다. WSJ가 위성사진 분석결과 공항 부지에는 이미 길이 3.2㎞의 대형 활주로가 갖춰진 것으로 드러났다고 지적했다. 위성사진 분석가인 인도의 한 육군 대령도 "수심이 깊은 심해 항만도 관광에는 어울리지 않는다."라며 "이는 하루아침에 해군기지가 될 수 있다."고 말했다.

지난 2019년 7월 캄보디아 프레아 시아누크빌 지방의 림 해군기지가 중국의 군사 전초기지로 제공됐다는 '밀약 체결'설이 나돌자 캄보디아 정부가 공개한 림 해군기지의 모습. 캄보디아 정부는 "림 해군기지나 캄보디아의 다른 기지들은 헌법에 위배되기 때문에 외국 군사기지로 사용될 수 없다."고 말했다. 그러나 2020년 완공될 예정인 다라사코 국제공항과 심해 항만이 중국군의 군사기지로 쓰일 수 있다는 우려가 다시 일고 있다.

자료 : asiatoday.co.kr

  이에 따라 미국 등은 중국 PLA가 이 공항을 이용하지 못하도록 캄보디아를 설득 중인 것으로 전해졌다. 에밀리 지버그 캄보디아주재 미국대사관 대변인은 "미국은 외국군의 주둔을 허용하는 캄보디아 정부의 어떤 조치도 지역 평화와 안정을 불안하게 만들 것이라는 우려를 하고 있다."고 밝혔다. 트럼프 행정부의 한 관리는 중국군이 림 해군기지에 주둔하거나 건설 중인 캄보디아 공항을 이용하게 되면 "중국이 대만을 공격할 경우 미국의 대만지원 능력을 상당히 복잡하게 만들 것"이라고 말했다.

  중국이 막대한 자본을 앞세워 암암리에 정치권에 영향력을 행사하는 기미도 엿보인다. 2018년 7월, 총선을 치른 캄보디아에서 극명히 드러난다. 34년째 장기 집권하고 있는 훈 센 총리는 당시 캄보디아 정부에 비판적인 언론의 폐간을 유도하고 제1야당을 해산시키는 등 노골적인 권위주의 야욕을 드러내왔지만 국민들의 폭발적인 지지를 받으며 총선에서 전체 의석 125석을 싹쓸이하는 압승을 거뒀다. 국민들이 독재자 훈 센 총리에게 지지를 보낸 것은 중국의 투자 지원에 힘입어 2010년 이후 꾸준히 10% 안팎의 성장률을 이어온 경제적 성과 덕분이다. 2000년대 초반까지도 미국과 일본의 공적개발원조_{ODA}를 받으며 성장했던 캄보디아는 2008년 글로벌 금융위기 후 서방 국가들이 ODA를 줄이기 시작하자 중국 자본에 손을 벌렸다. 2016년 기준 외국인직접투자_{FDI} 총액 11억 달러_{1조} _{3000억 원} 중 절반이 넘는 7억 5100만 달러가 중국계 자본이었다. 중국의 도움 없이는 지금의 경제성장도 없었다고 믿는 캄보디아 국민들은 친중국 성향 정부의 권위주의 정치에도 관대한 편이다. 지역 통합과 경제발전을 앞세우며 '일대일로' 프로젝트를 따라 각국에 도로·철도·발전소를 짓는 중국이 '독재라도 잘 먹고 잘 살면 된다'는 중국식 개발 모델까지 함께 수출하고 있는 셈이다.

훈 센(오른쪽) 캄보디아 총리와 리커창 중국 총리가 지난 2019년 1월 22일 베이징 인민대회당에서 정상회담을 갖기에 앞서 회담장으로 향하고 있다. 훈 센 총리는 이날 정상회담을 마친 뒤 중국 정부가 캄보디아에 6억 달러(약 7100억 원) 규모의 무상원조를 약속했다고 밝혔다.

자료 : seoul.co.kr

중국몽은 일장춘몽

Chapter 05

중국인을
전 세계가
싫어하는 이유

공자학원의 허상

    미국 신보수주의를 대표하는 학자 프랜시스 후쿠야마[1]는 1989년에 '역사의 종언'이라는 논문을 통해 자유주의와 공산주의가 대결하는 이데올로기의 역사는 자유주의의 승리로 끝날 것이라고 단언했다. 인류 역사에서 이상주의는 사라지고, 시장경제 체제에서 경제적 이익, 소비자의 욕구 충족, 기술과 환경 문제 등 현실적인 문제만을 고민하는 시대가 계속될 것이라는 것이다. 그 논문

※ 1   프랜시스 요시히로 후쿠야마(Francis Yoshihiro Fukuyama, 1952년 10월 27일 ~)는 미국 스탠퍼드 대학교의 교수이며 철학자, 정치경제학자이다. 일본계 미국인(3세)이며 공산주의와 대결하는 자유주의라는 프레임을 설정하고 자본주의와 공산주의라는 이데올로기 대결의 역사를 자유주의와 공산주의라고 하면서 "자유주의의 승리로 끝났다."고 주장한 『역사의 종말』로 유명하다.

    후쿠야마는 1989년 냉전이 종식되는 순간을 역사의 종말이라고 하였다. 그 근거로 이념적으로 헤겔이 말한 인간의 욕구에 대해서 타인으로부터 인정받고자 하는 인간의 욕구는 일방적이 아니라 상호성이 보장될 때 충족할 수 있게 되는 것으로, 이를 가능케 하는 정치제도가 바로 민주주의 정치제도라고 보았고 이를 궁극적이고도 역사적으로 최종적인 정치 체제로 보았기 때문이다. 또한 역사적인 관점에서 냉전이라는 기간 동안 민주주의 체제는 파시즘과 공산주의 체제로부터 많은 투쟁을 거치면서 승리를 거머쥔 만큼 더 이상 민주주의 체제에 도전할 수 있는 이념과 철학 체계가 없다고 보았기 때문에 역사가 종말에 도달했다고 보았다.

이 발표된 해에 베를린 장벽이 무너졌고, 2년 후에는 구소련이 해체됐으며 중국은 이미 개방의 길에 있었기 때문에 그의 예견은 현실이 되는 것처럼 보였다.[2]

프랜시스 후쿠야마

자료 : m.huffingtonpost.kr

세계경제는 시장의 규칙에 따라 통합되었고, 세계 유일의 초강대국 미국은 규칙을 수호하는 세계의 경찰을 자처했다. 그러나 스스로 경제 행위자이기도 한 미국이 규칙을 공정하게 적용할 것인가에 대한 의문과 함께 그들이 보유한 막강한 군사력에 대한 국제 사회의 우려가 나타나고 있다. 위협이 사라진 후에 남아있는 보호자가 달가울리 없기 때문이다.

한때 미국의 민주당 대선 후보 힐러리의 외교 자문 조지프 나이 Joseph S. Nye[3] 하버드 대학교 교수는 '소프트 파워'라는 개념을 창안하여 미국의 군사 대국 이미지를 완화할 것을 권고했었다. 소프트 파워란 매력적인 문화, 보편적 가치, 외교 정책의 이상 등을 선전하여 타국의 호감과 지지를 얻는 것이다. 군사력이나 정치, 경제적 능력 같은 하드 파워 hard power 를 이용하여 상대국에게 강압적인 방식으로 영향력을 행사하면 오히려 원하는 목적을 달성하기 힘들 것이라는 경고의 메시지가 담겨 있다.

조지프 나이

자료 : ko.wikipedia.org

1990년, 조지프 나이가 자신의 논문에서 처음 소

❋ 2   최성흠, 사람들은 왜 중국을 싫어하나?, 프레시안, 2016. 8. 26.

❋ 3   조지프 사무엘 나이 주니어(Joseph Samuel Nye, Jr., 1937년 1월 19일~)는 미국의 정치학자이자, 하버드 대학교의 전 하버드 케네디 스쿨 학장이다. 최근에 소프트 파워 이론을 선도했다. 이 문구를 사용함과 더불어 그의 '스마트 파워' 개념은 클린턴 정부와 더 최근에는 오바마 정부의 의원들에 의해 더 유명해졌다.

프트 파워의 개념을 제시했던 때는 미국이 절대강국의 위상을 정립하던 시기였다. 그리고 2004년 『소프트 파워』라는 제목으로 단행본을 출간하여 세계적인 주목을 받았을 때는 미국이 테러와의 전쟁을 선언하며 이라크를 침공한 다음 해였다.

애초에 대량살상무기 제거라는 명분으로 미국이 이라크를 침공했을 때 미국에 대한 우려가 현실화되는 것이 아니냐는 경계심이 국제 사회에 확산됐었다. 그러자 미국은 2004년부터 전쟁의 구호를 '이라크 국민의 해방'이라는 보편적 이상으로 바꾸었다. 그러나 미국에 대한 인식은 '역사의 종언' 이전 시기와는 확연히 달라졌다. 소프트 파워란 개념이 등장한 이유는 그렇게 미국의 소프트 파워가 약해졌기 때문이다.

전 세계 500여 곳에 세워진 공자학원

공자학원孔子學院이 세계에서 최초로 '공자 아카데미'라는 이름으로 서울에 세워진 때가 2004년 11월이다. 미국에 대한 국제 사회의 인식이 달라지기 시작한 그때, 중국은 소프트 파워 강화에 적극 나서기 시작한 것이다. 공자학원은 세계 각국의 학생과 일반인에게 중국어를 보급하고 중국 문화를 홍보하는 소프트 파워 전파의 첨병이다. 이후 그 첨병의 수가 급격하게 늘어서 지금은 전 세계에 공자학원이 500여 개로 늘었으며 규모가 작은 공자학당 1,000여 개를 포함하면 세계 곳곳에 없는 곳이 없을 정도이다. 우리나라에도 22개의 공자학원과 4개의 공자학당이 있다.

공자학원Confucius Institute 같은 기관이 중국만 있는 것은 아니다. 우리가 흔히 독일문화원이라고 부르는 곳의 원래 명칭을 공자학원처럼 부른다면 괴테학원

Goethe Institut이고, 스페인문화원은 세르반
테스학원 Instituto Cervantes이다. 프랑스문화원
Alliance Francaise, 영국문화원 British Council 등도
같은 역할을 하는 곳이라고 할 수 있다.

괴테나 세르반테스 같이 세계적으로
알려진 공자라는 인물을 내세워 자신들
의 문화를 홍보하는 것은 훌륭한 전략이
다. 공자는 도덕의 상징이고, 찬란했던 황
하 문명의 정신적 지주 아니던가. 각국의

대중들에게, 중국은 공산당이 지배하는 독재 국가라는 거부감을 불식시키기에
공자보다 더 좋은 이미지는 없을 것 같다. 중국 내에서도 공자학원의 설립을 소
프트 파워 강화의 대표적인 성공 사례로 손꼽고 있다.

중국의 소프트 파워가 가장 막강했던 시절은 공자의 사상을 진리라고 믿었을
때였다. 그때 중국인들은 유교 문명을 그들이 알고 있는 세계에서 유일한 그리
고 진정한 문명이라고 생각했다. 유교 문화를 지키는 것이 국가의 권력을 지키
는 것보다 더 중요했다는 의미로 워싱턴 대학의 교수였던 제임스 타운젠드 James

세계 각지에 설립된 공자학원·공자학당(2018년 2월 기준)

각국에 설립된 공자학원·공자학당		
	공자학원	공자학당
미주	21개국 161곳	9개국 574곳
아시아	33개국 118곳	21개국 101곳
유럽	41개국 173곳	30개국 307곳
아프리카	39개국 54곳	15개국 30곳
오세아니아	4개국 19곳	30개국 307곳
합계	138개국 525곳	79개국 1113곳

자료 : hankyung.com

Townsend는 이를 중국의 문화주의culturalism라고 개념화하기도 했다.

한漢나라 이후로 내려온 유교적 제도와 문화를 따르기만 하면 몽골족도 만주족도 중국을 통치하는 데 문제가 없었다는 것이다. 조공, 책봉 관계도 그래서 가능했고, 사대주의도 당연하게 여겼다. 공자의 가르침이 행해지는 곳과 그렇지 않은 곳이 경계선이 되었으며 조선朝鮮이 스스로 그 경계선 안으로 들어가게 할 정도로 소프트 파워의 위력은 대단한 것이었다. 공자학원이라는 명칭에는 그 시절의 향수가 담겨있는 것 같기도 하다.

공자학원을 운영하는 본부를 '국가한판國家漢辦'이라고 하는데 정식 명칭은 '국가한어국제추광영도소조판공실國家漢語國際推廣領導小組辦公室'로서 교육부 직속으로 되어 있다. 명칭을 좀 풀어서 얘기하면 '중국어의 국제적 확산을 위한 태스크포스TF 사무실'쯤 된다. 이 기관이 각국의 학교와 공자학원 설립에 대한 협정을 맺고, 교육 과정을 결정하며 중국어 교사를 선발하여 파견한다. 게다가 중국 유학생을 선발하여 장학금을 주기도 하는 등 경제적 지원을 아끼지 않고 있다. 소프트 파워가 군사력, 정치경제적 능력 이외의 호감이라는 관점에서 본다면 중국의 소프트 파워는 그리 소프트하지 않아 보인다.

소프트 파워, 국가가 만들어내는 것인가?

그런데 문제는 공자학원이 상대국의 대학 내에 설립되어 교육 과정의 일부가 되기도 하는데 중국 당국의 직접적 관리를 받는다는 것이다. 공자학원 교사의 선발 규정에는 중국 정부가 금지하고 있는 어떤 조직에 가입되어 있거나 관련이 있는 자는 교원이 될 수 없다는 규정이 있는데, 2013년에 캐나다 대학교수 협의회The Canadian Association of University Teacher에서는 이 규정을 문제 삼아 캐나다의 모든 대학에서 공자학원을 설립하지 않기로 합의했다. 학문의 자유, 투명성, 언론의 자유 등을 침해한다는 이유였다. 2014년에는 시카고 대학교에서 공자학원이 폐쇄됐고, 2015년에는 스톡홀름 대학교에서도 폐쇄됐다. 모두 캐나다와 비슷한 이유에서였다. 국가가 주도하는 소프트 파워 강화의 한계를 볼 수 있는 대목이다.

미국 각 대학 공자학원 폐지

자료 : soundofhope.kr

소프트 파워는 정부에서 나오는 것이 아니라 시민 사회에서 나오는 것이다. 매력적인 문화와 보편적 가치는 시민들이 만드는 것이기 때문이다. 예를 들어, 미국의 이라크 침공에 대한 비판적인 여론과 언론은 아직 미국 사회가 건전하다는 신호를 국제 사회에 보냄으로써 소프트 파워의 영향력을 확보하는 것이다.

국가의 검열로부터 자유롭지 못한 중국에서 고대 문화를 선전의 도구로 사용한다고 해서 소프트 파워가 강화되는 것은 아니다. 만약 국제 사회에 어떤 분쟁이 일어났을 때 중국어가 많이 보급되어 중국의 주장을 이해할 수 있는 사람이 늘었다 해도, 과연 중국의 국영 CCTV에서 하는 보도와 영국의 BBC나 미국의 CNN의 보도 중에서 과연 어떤 것을 더 신뢰할 것인가. 적어도 CCTV가 1순위가 되지는 않을 것이다.

소프트 파워를 강화한다는 것이 선전을 통해 국가의 이미지를 세탁한다는 것은 아니다. 정보가 만연해 있는 지금 시대에 그런 선전에 경도될 사람들은 그리 많아 보이지 않는다. 소프트 파워는 문화와 가치 그리고 이상이 진정성을 갖출 때 발휘될 수 있는 것이다. 그러므로 역사는 아직 끝나지 않은 것이다.

중국어와 중국 문화 보급을 위한다는 명목으로 미국 대학에 설치된 공자학원이 중국 정부의 선전수단 역할을 하고 있다는 미 상원 위원회의 보고서가 나왔다.[4]

미국의 소리VOA 등 다수 언론이 최근 보도한 바에 따르면 미 상원 상설조사소위원회PSI는 보고서에서 중국 정부가 미국 내 공자학원의 자금, 직원, 프로그램을 포함한 거의 모든 측면을 통제하고 있으며, 어떤 강연자에게라도 거부권을 행사할 수 있다고 분석했다.

조사 결과에 따르면 중국 정부는 지난 15년 동안 미국 대학에 100개 이상의 공자학원을 개설했다. 위원회는 운영 방식의 투명성과 중국 내 미국 교육기관에 홍보 기회를 똑같이 주는 상호주의가 보장되지 않으면 미국 내 공자학원을 폐쇄해야 한다고 권고했다.

서방에서는 5~6년 전부터 공자학원에 대한 비판이 나오기 시작했다. 대학에 자금을 지원해 중국어와 중국 문화 강좌 등을 마련해주는 것은 좋은 일이지만, 그 대가로 달라이 라마 초청이나 톈안먼 사태, 대만과 티베트 독립 문제 등을 언급하지 못하도록 하는 등 학문과 사상의 자유를 침해한다는 것이다. 중국 군사력 강화, 공산당 지도부의 당파 싸움, 중국 인권 문제 등도 건드릴 수 없는 금기 주제다.

문 닫고 쫓겨나는 중국 '공자학원', 전 세계서 추방되나

자료 : mb.ntdtv.kr

❋ 4　윤슬이, 문 닫고 쫓겨나고…中 '공자학원', 전 세계서 추방되나, Start Reacting Today, 2019. 3. 11.

이 때문에 미국 등 서방국가는 중국 정부가 공자학원을 통해 학문의 자유를 침해하면서 체제 선전만 하고 있다고 비판한다. 따라서 최근 공자학원은 전 세계적으로 강한 역풍을 맞으며 퇴출당하고 있다.

미국 각지 공자학원 폐쇄 상황

미국 미네소타 대학이 2019년 1학기를 끝으로 이 학교의 공자학원을 폐쇄했다. 2014년 이후 지금까지 미국 '빅 텐 대학교Big Ten universities' 14곳 중 5곳이 공자학원을 폐쇄했다.

미국 전국학자협회 2019년 1월의 데이터에 따르면, 미국은 현재 공자학원 105곳 가운데 13곳의 대학이 문을 닫았거나 폐쇄를 결정했으며 미네소타 대학은 14번째다.

협회가 2017년 발간한 공자학원에 대한 보고서는 "공자학원이 투명도, 학술의 자유와 화제의 심사대만과 티베트를 포함 측면에서 우려된다."고 강조하며 모든 대학에 공자학원 폐쇄를 권고했다.

2014년 9월, 시카고 대학이 미국에서는 처음으로 공자학원 폐쇄를 결정했다. 이 대학교수 100명은 "공자학원이 중국공산당의 선전 수단으로 활용되면서 학문적 자유를 짓밟고 있다."는 성명을 냈다. 펜실베이니아 대학도 같은 해 10월 "공자학원이 정치적이며 순수한 학문 발전을 저해한다."는 이유를 들어 공자학원을 퇴출했다.

미국 내에서 학생 수가 두 번째로 많은 텍사스 A&M 대학은 2018년 4월 공자학원과의 협력을 중단한다고 공식 발표했고, 노스플로리다 대학도 2019년 2월 공자학원의 문을 닫겠다고 예고한 바 있다.

미국의 경우 미시간 대학, 노스캐롤라이나 대학, 조지워싱턴 대학 등 대학 캠퍼스에서부터 유치원, 중고등학교와 대학까지 공자학원 110개가 설립됐다. 이는 단일 국가로는 최대 규모다. 최근 미국 내에서 공자학원에 대한 비판은 더 거세지는 양상을 보인다.

미국 보고서 "미국에 있는 모든 '공자학원' 폐쇄해야"

자료 : kr-mb.theepochtimes.com

캐나다 뉴브런즈윅주, 지역 내 공자학원 폐쇄 결정

캐나다 뉴브런즈윅주 교육청이 이 주의 공자학원을 폐쇄하기로 했다고 최근 CBC가 보도했다. 보도에 따르면 도미니크 카디 뉴브런즈윅주 교육감은 "공자학원의 진정한 목적은 중국공산당의 관점을 주입해 학생들이 중국공산당의 시각으로 중국을 바라보게 하는 것"이라고 말했다. 그는 최근 공자학원에 참가한 학생 5명이 "수업 시간에 대만 문제에 대한 토론이 금지됐다."는 신고를 했다고 밝혔다.

카디는 공자학원이 중국공산당이 인정하는 내용만 가르치고 그들에게 불리한 이슈를 블랙리스트에 올리는 등 역사적으로 저지른 잘못은 학생들에게 알리려 하지 않는다는 점을 들어 6월 안으로 공자학원을 폐쇄하겠다는 문서를 공자학원에 보냈다고 밝혔다.

2013년에는 캐나다 맥마스터 대학이 서방에서는 처음으로 공자학원을 폐쇄했다. 이 대학 공자학원이 중국어 강사를 임용하면서 '파룬궁 수련을 하지 않겠다.'는 각서를 받았다는 민원이 제기되자 신앙의 자유를 침해한 것으로 본 것이다.

공자학원의 교사 채용이나 교육과
정은 보통 중국 당국이 선정하고 출
자하는데, 캐나다 정보기관은 중국
이 공자학원을 통해 해외에 영향력을
행사하는 것으로 보고 있다. 2010년
당시 캐나다 보안정보국_{CSIS}의 리차
드 패든 국장은 "공자학원이 중국 공

공자학원 실체 폭로한 영화 스크리닝 시사회, '자유라는 가치와 어긋나'

자료 : kr-mb.theepochtimes.com

관 통제 아래 캐나다의 대對중국 정책에 영향을 미치려 했다."고 밝혔다.

퀘벡주 셔브룩 대학도 공자학원 문을 닫기로 했고, 브리티시컬럼비아 대학과
매니토바대는 공자학원 개설을 거부했다.

영국 집권당 보고서 '공자학원을 통한 중국의 침투와 위협'

영국 보수당 인권위원회는 2019년 2월 18일 발표한 보고서에서 세계 곳곳에
침투한 공자학원이 공산당을 대변해 전 세계 학술, 언론자유, 국가안보를 위협
하고 있다며, 영국 대학들은 공자학원과의 협력을 잠정 중단하라고 권고했다.

보수당 인권위원회는 "영국은 미국을 제외하고 공자학원을 가장 많이 보유한
나라"라며 "중국 정부가 공자학원을 이용해 대외적으로 이데올로기를 전파하
고 영향력을 확대하는 상황이 우려되고 있다."고 밝혔다.

학자, 전 외교관, 인권활동가와 연구자들의 증언을 바탕으로 한 이 보고서는
"공자학원이 중국 해외 선전기구의 중요한 구성 부분"이라는 리창춘李長春 전 상
무위원의 말을 인용했다.

보수당 인권위원회 베네딕트 로저스 부의장은 "중국은 공자학원이 그들의 '소프트 파워'의 중요한 일환임을 공식 인정했다."며 "각국 대학에 입주한 공자학원은 학술의 자유에 관한 투명성이 부족하고 많은 교직원은 중국 정부에 고용돼 있다. 또 많은 논문, 서적, 행사가 티베트, 톈안먼, 대만 등 민감한 이슈를 다루다가 삭제되거나 취소되는 것을 봤다."고 지적했다.

인권 청문회-보수당 의원과 피오나 브루스의원(오른쪽)

자료 : kr-mb.theepochtimes.com

위원회는 영국이 공자학원과의 모든 합의를 재검토할 것을 촉구하며 공자학원에 대한 심사를 건의했으며 심사 결과가 나올 때까지 공자학원과의 모든 추가적인 합의를 중지해야 한다고 호소했다.

현재 영국에는 주요 대학에 최소 29개소의 공자학원이 설치돼 있으며, 공자교실도 전역의 고교에 148개소 설치된 것으로 알려졌다.

이 보고서는 그 외에도 코펜하겐 경영대학, 호른하임 대학, 리옹 대학 등 세계 각지의 27개 대학과 학원이 공자학원과의 계약을 중지한 사례도 열거했다.

네덜란드 명문 레이던 대학, 공자학원 폐쇄 예정

네덜란드 명문 레이던 대학도 공자학원을 폐쇄할 예정이다. 이 학교 홈페이지에 따르면 레이던 대학은 2019년 8월 말 계약이 만료되면 공자학원과의 협력을 끝내고 계약을 연장하지 않기로 했다고 일찍이 발표했다.

1575년에 설립한 레이던 대학은 현재 네덜란드에서 가장 오래된 대학이다. 공자학원은 2007년 레이던 대학에 지부를 설립했다.

레이던 대학은 성명에서 "이 기관의 활동은 이 학교의 중국 전략이나 최근 몇 년간의 방향에 맞지 않기 때문에 더는 공자학원과 협력하지 않는다."고 밝혔다.

한편, 2013년 9월 프랑스의 리옹 제2대학교와 제3대학교가 중산대학

네덜란드에서 가장 오래된 고등 교육 기관인 레이던 대학은 공자학원을 폐쇄 할 예정이다. 사진은 2009년 8월 31일에 학교를 방문한 네덜란드 여왕.

자료 : kr-mb.theepochtimes.com

교와 합작 설립한 공자학원을 폐쇄했다. 독일 슈투트가르트미디어 대학 등도 공자학원의 문을 닫았다.

지난 2005년 유럽에선 처음으로 문을 열었던 스웨덴 스톡홀름 대학도 "공자학원이 중국 문화 전파보다 중국 정부와 공산당의 선전도구로 활용돼 왔다."며 2015년에 폐쇄했다.

공자학원은 중국 정부 선전 수단

공자학원은 쉽게 말해 중국형 문화원이다. 공자학원을 통해 중국어를 배우고 있는 전 세계 수강생은 약 1억 명에 달하는 것으로 추정된다. 중국은 2020년까지 1,000개소의 공자학원 개설을 계획하고 있는 것으로 알려졌다.

그러나 다른 문화원과 달리 공자학원은 중국 교육부 산하 정사국正司局급 국가한어국제보급영도소조사무실漢辦, 한반이 관리하고 있다. 베이징에 본부를 두고 있으며 교육방침, 강사, 자금 및 조직구조까지 한반의 철저한 통제를 받고 있

다. 중국 국외의 공자학원은 모두 그 지부다.

중국 정부는 그동안 미국, 캐나다 등 북미와 유럽지역에서 공자학원을 설립하는 데 공을 들여왔다. 한국에도 2004년 11월 서울에서 최초로 문을 열었고 현재까지 138개국, 525곳에

스파이 의혹, 세계에서 역풍 맞는 공자학원

자료 : news.chosun.com

설립돼 있다. 중국 정부가 역점을 두고 추진하는 일대일로—帶—路, 육상과 해상 실크로드 프로젝트와 관련된 51개국에도 공자학원 135개가 설립됐다.

중국 정부는 공자학원 설립 목적을 중국어와 중국 문화 보급으로 다양한 문화 발전과 화목한 세계를 만드는 데 기여하기 위함이라고 밝혔지만, 실제로는 체제 선전을 위한 것이라고 볼 수 있다.

미국 정부는 중국 정보기관이 공자학원을 통해 스파이 활동을 벌이고 있다고 의심한다. 크리스토퍼 레이 미국 연방수사국FBI 국장은 2018년 2월 상원 정보위원회 청문회에서 "공자학원이 미국 내 중국 유학생은 물론, 중국 민주화운동 또는 인권 활동과 관련된 재미 중국인의 동향을 감시하는 거점으로 악용되고 있다."고 지적한 바 있다.

중국의 한쪽 얼굴만 볼 것

미국 사회가 보는 공자학원의 가장 큰 위험은 자라나는 젊은 세대가 중국에 대한 왜곡된 인식을 가질 수 있다는 점인 것으로 보인다. 중국 정부가 선전하고

싶은 중국의 한쪽 얼굴만 보게 될 가능성이 높다는 것이다. 2017년 '공자학원과 미국 고등교육' 보고서를 쓴 전미학자협회NAS의 레이셜 피터슨 연구원은 "천안문사태에 대해 언급하지 않고, 대만과 티베트는 논쟁의 여지가 없는 중국 영토라고 하고, 위구르족과 파룬궁 신봉자에 대한 박해 문제도 전혀 거론하지 않는다면, 결국 학생들은 중국에 대한 일방적인 인상만 갖게 될 것"이라고 했다.

서울에 있는 괴테 인스티튜트 전경

자료 : kofice.or.kr

공자학원이 괴테 인스티튜트[5]나 브리티시 카운슬과 달리 대부분 대학 내에 자리를 잡고 있는 점도 문제로 본다. 중국 정부의 자금 지원을 받아 선전활동을 하는 기관이 학문과 사상의 자유가 보장되는 대학 내에 있으면서 학문의 자유와 대학의 독립성을 해치고 있다는 것이다. 미국 대학의 공자학원은 중국인 원장 외에 미국인 원장을 둬 학문적 자유를 지킬 수 있도록 돼 있지만, 실제로는 이렇게 두 명의 원장을 두는 대학은 얼마 되지 않는 것으로 전해졌다. 포린폴리시의 알렌-에브라히미안 기자는 "재정 형편이 좋지 않은 대학들은 중국 정부가 제공하는 수십만 달러의 지원금과 중국 여행 기회 등을 뿌리치기가 쉽지 않다."며 "이런 사정 때문에 공자학원의 검열행위에 대해 강한 반격 조치를 취하지 못하는 것"이라고 했다. 미국 대학에 있는 한 중국 학자는 "미국 대학은 상당수가 교수 중심으로 운영되고 있고, 학문적 자유에 대해서는 결벽증을 갖고 있다."며 "미국 정치인이나 고위 관리층의 간섭도 허용하지 않는데, 공자학원 같은 이질적인 외국 기구는 더 말할 필요도 없다."고 했다.

✻ 5 　　세계 최고의 독일어 교육 기관

중국은 부패 공화국

부패 공무원 장치張琦

중국의 부패한 한 공무원의 집에서 약 7,700억 원이 넘는 가치를 가진 13.5톤의 금과 44조 8,000억 원에 달하는 뇌물로 추정되는 돈이 발견돼 충격을 주고 있다.

2019년 10월 2일현지시각, 영국 일간 데일리메일은 부패조사관이 중국 전 공산당 관리의 집을 급습한 결과, 수천 개의 금괴와 돈이 발견됐다고 전했다.

사건의 장본인은 약 인구 900만 명을 가진 중

부패 공무원 장치

자료 : kofice.or.kr

국 하이난성海南省의 공산당위원회의 비서관과 상임위원회 위원 등을 역임한 당시 58세의 남성 장치張琦다. 중국공산당 관리들의 순위에 따르면 그는 시장과

동등한 권한을 지닐 정도로 하이
난 지역에서는 최고 권력자로 군림
해 왔다.

중국 부패 공무원의 자택에서 13.5톤 금괴가 발견됐다.

자료 : insight.co.kr

부패조사관은 성명을 통해 그가
법을 심각하게 위반한 것으로 의심
된다고 말했다. 현재 당국은 그에
대해 조사 중이라고 밝혔다.

조사관들이 압수 수색 과정에서
촬영한 것으로 알려진 한 영상이 트위터 등에 공개되자 현지 대다수 네티즌은
믿을 수 없다며 의문을 제기했지만, 일부 네티즌은 "빈곤이 항상 우리의 상상력
을 제한한다."고 지적했다.

국제 거래 가격에 따르면 금의 가치는 대략 5억 5,000만 파운드약 7,700억 원에
해당한다. 뇌물로 의심되는 돈은 2,670억 위안약 44조 8,000억 원이다. 이 외에도 뇌물
로 여러 채의 고급빌라를 받은 것으로 알려졌다.

그의 부패 혐의가 사실로 밝혀진다면, 그는 중국에서 가장 부유한 사람인 마
윈馬雲보다 더 많은 부를 가진 사람이 된다.

그는 안후이성安徽省에서 태어나 1983년 공산당에 가입했다. 하이난성 북안에
있는 하이커우海口에서 권력을 얻기 전에 산야三亜시의 부시장과 단저우儋州의 시
장을 역임했다.

한편 지난 2012년 출범 직후부터 부패 척결을 강조하고 있는 시진핑 국가 주
석은 뇌물과 관련한 범죄에 강한 처벌을 내려왔다.

통계에 따르면 지난 7년 동안 최소 53명의 공무원이 뇌물로 1억 위안약 168억 원
이상을 받은 것으로 나타났다. 중국 언론에 따르면 장치는 2019년 초부터 중국
에서 부패 조사를 받은 17번째 고위 관리이다.

중국 역사상 가장 유명한 탐관 화신

개요

'뉴호록 화신' 또는 '니오후루 허션'이라 표기한다. 자는 치제致齊, 본명은 선보善保, 성은 니오후루씨鈕祜祿氏이며, 만주 정홍기 이갑라 사람으로 대대로 관료를 지낸 집안이다. 흔히 역사상 탐관오리이자 간신으로만 알려졌지만 능력도 뛰어났던 인물이다.

화신의 초상화

자료 : ko.wikipedia.org

승승장구 하던 시기

귀족집안에서 태어났으나 조실부모하여 갖은 고생을 겪었다. 머리가 영민하며 외모가 준수하고 아부를 잘했다. 10여 세에 만주족 관리 자제들의 학습 장소인 함안궁관학에 합격했다. 화신和珅은 만주어, 한어, 몽골어, 티베트어 등 4종의 언어에 능통했을 뿐만이 아니라 유가 경전에도 통달하여 오성흠1729~1803, 오성란?~1810 등 스승의 총애를 받았다. 건륭 34년 화신은 진사에 급제하지 못했지만 절세의 미남으로 건륭제乾隆帝의 총애를 받아 문생원의 자격으로 삼등경기도위의 작위를 물려받았다가 1771년에 3등 시위가 된 때부터 두각을 나타냈으며, 1776년에는 군기대신을 거쳐 호부 상서, 의정 대신의 자리까지 올랐다.

건륭제가 순행에 나갔을 때 일이다. 관리가 상주문을 올렸는데 어떤 지방의 부고에 비축해 놓은 전곡을 몽땅 털렸다는 얘기였다. 진노한 견륭제는 시위들에게 이런 글을 내렸다. "호랑이와 들소가 우리에서 뛰쳐나오고 귀갑과 보옥이 궤안에서 망가졌다면 누구의 잘못이겠느냐?" 평소에 황제를 몸으로 보위하는 일

만 했던 시위들은 황제가 내린 문장에 어떻게 대응
해야 할지 무척 당황했다. 하지만 화신은 황제의 속
마음을 꿰뚫어보고 이렇게 대답했다. "만세께 아뢰
옵니다. 호랑이와 들소가 우리에서 뛰쳐나오고 귀갑
과 보옥이 망가졌다면 그것들을 관리하는 자는 자
신의 과오를 변명할 수 없사옵니다." 건륭제가 내린
글은 원래 『논어』, 「계씨」에 나오는 한 구절이다. 계
강자가 전유를 정벌하려고 하자 공자는 계강자의 가
신 염유와 자로가 주군을 잘못 보필한 과오가 있음
을 지적한 글이다.

송나라 때의 학자 형병932~1010이 이 구절에 주소를
달았다. "이는 국가의 재물을 맡아서 지키는 자의 잘못을 지적한 글이다. 군주
에게 부족한 점이 있으면 그를 보필하는 신하의 과오임을 비유한다." 화신은 논
어 주소의 내용도 완벽하게 암기하고 있었던 까닭에 건륭제의 느닷없는 질문에
정곡을 찌르는 대답을 할 수 있었다. 시위들은 모두 무식한 줄만 알았던 건륭제
는 당장 그를 불러 칭찬을 아끼지 않았다. 더구나 만주족 제일의 미남이라는 찬
사를 듣는 그에게 호감을 느끼지 않을 수가 없었다. 또 건륭제가 『맹자』를 읽고
있을 때 일이다. 날이 어두워지자 주소가 잘 보이지 않자 건륭제는 화신에게 등
불을 밝히게 했다. 화신은 그에게 어느 부분을 읽고 계시냐고 물었다. 그의 대
답이 끝나자마자 화신은 그가 읽다만 나머지 부분을 한 글자도 빼놓지 않고 줄
줄이 암기하여 그를 기쁘게 했다.

건륭 45년, 화신은 어명을 받고 운남성으로 가서 운귀총독 이시요?~1788의 독
직 사건과 하급 관리들의 부패를 두 달여 만에 말끔하게 일소하여 황제의 신임
을 더욱 받았다. 또 지방 관아의 적폐를 청산하는 시책을 올려 호부상서를 제수

받았다. 호부상서는 국가의 재정을 총괄하는 막중한 직책이다. 이때부터 화신은 재부를 움켜쥐기 시작했다.

화신은 무관직으로 상남기 만주 도통, 정백기 만주 도통, 상황기 만주 도통, 보군통령, 문관 직으로 내무부대신, 어전 대신, 의정 대신, 정백기 영시위 내대신, 정황기 영시위 내대신, 군기 대신, 영반 군기 대신, 협판 대학사, 문화전 대학사, 호부 상서, 이부 상서, 이번원 상서, 학직으로 전시독권관, 일강기기주관, 사고 전서관 정총재, 석경관 정총재, 국사관 정총재, 한림원 장원 학사, 재정직으로 숭문문 세무 감독, 궁중 내직으로 태의원, 어약방 사무 등 수많은 관직을 맡았고 작위는 태자태보, 백작, 공작에 이르렀다.

이때 화신은 탐관오리가 아니라, 건륭제 치세를 이끌어 나간 3대 명신 중 한 명으로 꼽혔다. 참고로 1780년, 31살의 나이로 권력의 최정점에 있던 화신을 박지원이 열하에서 우연히 목격했다고 열하일기에 기록하였다. 이 기록에 따르면, 맑고 날카로우나 경망스럽고 덕이 없게 생겼다고 전한다.

권력의 정점에 오르자 흑화하다

건륭제는 늙을수록 젊었을 때와 다르게 신하들의 간언을 멀리하고 자신을 십전노인이라 칭하며 자만에 빠졌다. 화신은 물불을 가리지 않고 건륭제에게 아부했다. 건륭제가 강희제와 옹정제보다도 더 위대한 황제라고 끊임없이 부추겼다. 건륭제의 생모 숭경황태후1692~1777가 붕어했을 때 화신은 여러 날 동안 침식을 끊고 통곡해 마지 않았다.

건륭제는 재위기간 중 여섯 차례 순행했다. 백성의 삶을 보살피기 위하여 남방을 순행한다는 목적이었지만 사실은 남방의 절경을 마음껏 즐기고 가는 곳마다 호화로운 연회를 베풀어 황제의 위세를 과시할 의도였다. 그런데 순행할 때마다 막대한 자금과 인력이 필요했다. 건륭제가 국고를 비축한 재화를 쓰면 황제가 국고를 탕진한다는 비난을 들을 수 있었다.

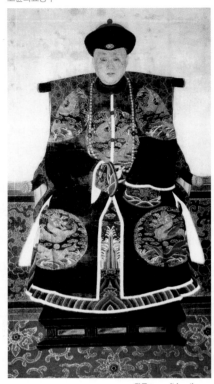
고륜화효공주

화신은 조정 대신들의 비난을 받지 않고 황제의 사치 욕구를 마음껏 충족시켜 줄 방법을 모색한 끝에 건륭 45년에 의죄은이라는 희한한 제도를 만들었다. 이는 관리가 뇌물을 받거나 잘못을 저질렀을 때 내무부에 은자를 상납하면 금액에 따라 죄를 경감해 주는 제도이다. 이것이 시행되자 부패한 관리들은 쌍수를 들고 환영했다. 내무부에 들어온 은자는 조정의 조세수입이 아니었기 때문에 언제든지 황제를 위해 쓸 수 있었다. 화신의 수완에 감탄한 건륭제는 별도의 수입에 대만족했다. 하지만 부패한 관리들이 상납한 은자는 결국 백성의 고혈을 짜내 마련한 것이었다. 결국 이 제도는 건륭 후반기에 이르러 관리들의 부패가 독버섯처럼 퍼지기 시작한 계기가 되었다.

자료 : en.wikipedia.org

화신에게는 풍신은덕豊紳殷德, 1775~1810이라는 유일한 아들이 있었다. 아들의 이름은 건륭제가 하사했다. 건륭제는 열 번째 공주이자 막내딸인 고륜화효공주 1775~1823를 가장 총애했다. 사실 고륜은 황제의 정실부인인 황후가 낳은 공주에게만 하사하는 칭호이다. 화효공주의 생모는 비빈에 책봉되었으므로 화효공주에게는 화석이라는 호칭을 내려야 황실의 법도에 맞았다. 하지만 건륭제는 대신들의 반대를 무릅쓰고 고륜을 하사했다.

건륭제는 65세 때 얻은 딸이라 그녀를 눈에 넣어도 아프지 않을 정도로 예뻐했다. 더구나 그녀는 자신을 빼어 닮고 영특했을 뿐만 아니라 무예도 뛰어났다. 하루는 그녀가 남장을 하고 부친과 함께 사냥을 나가 달리는 사슴을 단 한 발의 화살로 명중시켰다. 건륭제는 그 모습을 보고 기뻐하며 말했다. "네가 황자였다면 짐은 너를 황태자로 책봉했을 것이다." 고륜화효공주는 부친의 사랑을 독차지하며 성장했다. 그녀가 3세 때 건륭제는 마음속으

매카트니 시절단의 열하 방문

자료 : atlasnews.co.kr

로 화신의 아들 풍신은덕을 그녀의 배필로 결정했다. 자기가 가장 사랑하는 딸을 화신의 집안에 시집보냄으로써 그에 대한 변함없는 총애를 보여주고 싶었다.

건륭 54년, 풍신은덕과 고륜화효공주는 15세의 나이에 성대한 혼인 예식을 치르고 부부가 되었다. 이로써 건륭제와 화신은 39세의 나이 차이에도 불구하고 사돈 관계를 맺었다. 시위에서 출발하여 조정의 중추기관을 장악하고 마침내 황제의 사돈이 된 화신은 천하에 무서울 것이 없었다. 청나라에서 그를 건들 사람은 황제뿐이었다. 황제의 총애뿐만 아니라 공주를 며느리로 두게 된 화신 입장에서는 더는 무서울 게 없었다.

건륭 58년, 청나라를 방문한 영국 사절단장 매카트니 George Macartney 는 "많은 중국인들은 화신을 두 번째 황제라고 몰래 칭한다."고 토로했을 정도로 화신은 실제로 황제에 버금가는 권력을 행사했다. 절대 권력은 반드시 부패하기 마련이다. 화신은 매관매직, 뇌물수수, 이권개입, 금품갈취 등 온갖 수단과 방법을 가리지 않고 재물을 닥치는 대로 긁어모았다. 자신을 고발하거나 치부가 적힌 상소문은 건륭제가 못 보도록 빼돌리고 대신들을 포섭하여 자신을 탄핵하지 못하도록 술수도 썼다. 숭문문 세무 감독 등 자신의 지위를 이용해 뇌물을 모으는 등의 엄청난 횡포를 부리며 탐관오리의 끝을 달리는 만행을 보여줬다. 또 영국

의 동인도회사와의 밀무역을 통해 엄청난 은화를 벌어들였다. 광동 지방에서 무역을 하는 서양 상인들은 그에게 뇌물을 바치지 않으면 되는 일이 없었기 때문에 그의 저택 앞은 언제나 그를 배알하러 온 사람들로 장사진을 이루었다. 젊었을 때 부패를 그처럼 엄단했던 건륭제는 화신의 전횡에 대해서는 알아도 모르는

척했다. 화신이 건륭제가 원하는 일이면 모든 것을 해결해 주었기 때문이다.

건륭제 사후에야 비로소 화신의 상상을 초월하는 부정축재와 비리가 낱낱이 밝혀지기 시작했다.

몰락

그러나 화신의 권력도 오래가지 못했다. 1799년 건륭제가 사망하고 가경제가 실권을 잡게 됐을 때, 황제는 눈엣가시였던 화신을 건륭제의 장의도감황제의 국상을 책임지는 직위으로 두었다 파직시켰고 곧 20개의 죄목을 들어 그의 가산을 모두 몰수했다. 가경제는 그를 능지처참 하려 했으나 이복누이인 고륜화효공주의 간청을 받아들여 스스로 목을 매 자결하는 형을 내렸다.

화신의 몰수된 재산은 어마어마했는데 그 재산은 청나라의 15년간 재정 수입의 총액과 맞먹을 정도로 많았다고 한다. 현재의 은값을 기준으로 환산하면 화신의 재산은 225억 달러 정도에 이른다. 다만 과거의 물가를 비교하는 수단에 따라 크게 달라질 수 있다. 특히, 금도 아니고 은의 가치는 변동성이 크다. 「포보스」 기사에서는 화신의 재산을 1,320억 달러로 추산했다.

가경제는 화신에게서 몰수한 재산을 자신의 내탕금으로 만들어 써 버렸다. 이 때문에 민간에서 화신이 넘어지니 가경이 배부른다和珅跌倒, 嘉慶吃飽는 말까지 나왔다. 현대에서는 화신이 황제의 금고 관리인이라고 추정한다.

여담

오늘날엔 화신과 건륭제와의 관계를 동성애로 보고 있는 듯하다. 엄밀히 말하면 양성애지만 중국 역사에서 제왕의 남색 대상으로 권력에 오른 이는 비단 화신뿐만이 아니다.

공왕부. 청 건륭제에게 총애를 받던 대신 화신(和珅)의 저택이었으나, 부정부패로 황족 공친왕(恭親王)의 저택이 된 곳.

자료 : info.hanatour.com

중국·중국인은 거짓말쟁이

지금 세계는 신종 코로나바이러스로 뒤흔들리고 있다. 각 나라가 공항을 폐쇄하고 입국하는 외국인을 철저히 단속하고 있다. 신종 코로나바이러스일명 우한 폐렴이 확산되는 가운데 진원지인 중국 정부가 사망자 수를 고의로 은폐하고 있다는 주장이 제기됐다.

신종 코로나바이러스

자료 : msn.com

2020년 2월 4일, 북경대학 출신의 인권운동가 제니퍼 정Jennifer Zeng은 자신의 트위터 계정에 "우한 의사들의 대화 녹취록이 공개됐다."라고 하면서 2분 6초짜리 영상을 게재했다. 해당 영상에는 기자로 추정되는 남성과 우한의 한 병원 여성 관계자로 추정되는 인물이 이야기를 나누는 내용이 담겼다.[6]

※6   오진영, 中 정부는 거짓말쟁이?⋯"신종코로나 사망자 수 은폐" 주장 제기, 머니투데이, 2020. 2. 6.

남성의 "얼마나 많은 신종 코로나 환자가 있느냐?"는 질문에 여성은 "하루에 우리 병원에서만 6~7명이 죽어나간다. 장례식도 금지돼 그들의 시신은 우리 병원에 그대로 남아 있는 상태다."라고 하면서 "우리 병원은 거대한 공동묘지가 됐다."라고 대답했다.

이 여성은 "중국 정부가 모든 것을 망치고 있다."라고 하면서 "시체가 방치되면 부패되는 속도도 빨라질 것이고, 신종 코로나도 빠르게 확산될 텐데 아무 조치도 하지 않는 이유를 모르겠다."며 답답함을 토로했다.

여성은 중국 정부의 '사망자 통계' 발표에 대해서도 맹비난을 쏟아냈다. 남성의 "하루에 40명이 신종 코로나로 사망한다는데 어떻게 생각하느냐?"라는 질문에 여성은 "우리 병원 같은 작은 병원에서도 매일 1, 2명의 사망자가 나오는데 말이 되느냐?"라고 지적했다.

여성은 "신종 코로나 진단을 위한 시약도 2,000개밖에 없다. 병원에 입원하지 않은 의심자들에게는 진단의 기회조차 없다."라고 하면서 "정부 조치가 엉망이다. 의심되는 환자들에게 '미안하지만 진단을 해 줄 수 없다'고 말할 수밖에 없는 것이 현실이다."라고 지적했다.

중국 정부의 '신종 코로나 사망자 수' 통계와 실제 사망자 수가 일치하지 않는다는 '왜곡 의혹'은 이미 여러 차례 제기돼 왔다. 대만 매체 「타이완뉴스」의 보도에 따르면 지난 2020년 3월 1일 오후 11시 30분쯤 중국 최대의 인터넷 회사 텐센트腾讯, Tencent에는 사망자 수가 2만 4,000여 명으로 표기됐다.

텐센트 측은 '단순 표기 오류'라는 해명을 내놓았지만, 비슷한 오류가 세

텐센트(腾讯, Tencent)

자료 : chinainternetwatch.com

차례나 더 발생한데다 사망자·감염자·의심자·완치자 등 4개 항목에서 한꺼 번에 다르게 표기됐다는 점에서 의혹은 끊이지 않고 있다. 이날 표기된 사망자 수는 중국 정부 발표의 80배가 넘는 수치다.

「텔레그래프」, 「뉴욕타임스」 등 외신 매체들도 "중국 정부가 발표한 사망자 수가 너무 적다."는 보도를 내놨으며, 트위터 등 SNS를 통해 "발표된 것보다 실 제 사망자 수가 훨씬 더 많다."는 주장이 확산되고 있다.

중국이 우한 폐렴 확산 책임을 다른 나라에 돌리려고 공작工作을 벌이는 정황 이 포착됐다. 중국 매체의 논조로 볼 때 한국과 미국에 덤터기를 씌울 가능성이 적지 않다. 공작[7]이 아니라 수작酬酌, 개수작이다.

🌀 중국 매체 "우리가 왜 우한 폐렴 확산에 사과해야 하나"

국내 언론은 2020년 3월 4일, "중국은 우한 폐렴 확산과 관련해 사과할 필요가 없 다는 주장이 한 중국 매체에서 나왔다."고 전했다. 확인 결과 이 같은 주장은 2020년 2월 말부터 수십 매체에서 계속 쏟아냈다.[8]

진르터우탸오(今日頭條)

자료 : articles.zkiz.com

중국 뉴스포털 「진르터우탸오今日頭條, 오늘의 헤드라인, 속칭 터우탸오」에서 "중국이 왜 세상에 사과해야 하느냐中国, 凭什么要向全世界道歉."

✳️ 7   중국어로 일, 업무를 의미한다.

✳️ 8   전경웅, "우리가 왜 우한 폐렴 확산, 사과해야 하나"… 뻔뻔한 중국, NewDaily, 2020. 3. 4 .

는 문장으로 검색한 결과, 같은 주장을 담은 수십 개의 칼럼과 기사를 찾을 수 있었다. 내용은 대동소이했다.

중국 매체들은 "우한 폐렴은 자연발생한 바이러스가 원인이며, 이는 중국만이 아닌 인류가 겪는 질병"이라며 "이 바이러스가 처음 나타났을 때 중국은 이를 심각하게 생각하고 다른 나라는 상상할 수 없을 정도의 인력과 자원을 동원해 외부 확산을 막으려했다."고 주장했다. "중국은 인류를 위해 엄청난 희생을 감수하면서 바이러스 확산을 막았다."는 주장도 있었다.

"유엔과 세계보건기구WHO는 중국의 전염병 확산 방지 노력을 치하하고 감사함에도 인터넷 일각에서는 '중국 사죄론'을 퍼뜨린다."면서 "우한 폐렴이 다른 나라로 확산된 것에 중국이 사과하거나 보상할 필요는 없다."고 매체들은 주장했다.

우한 폐렴이 사회감염으로 퍼지고, 이후 중국인과 중국여행자들을 통해 세계로 퍼져 나간 것도 중국 책임이 아니라고 주장했다. 매체들은 중국이 우한 폐렴 확진자와 사망자, 의심증상자 수, 국내 대응책 등을 국제사회에 투명하게 밝혔다고 주장했다. 그러면서 과거 세계적으로 퍼졌던 전염병들을 언급하며 "전염병 진원지라는 이유로 사과한 나라가 있느냐?"고 반문했다.

"미국이 전염병 때문에 사과한 적 없었다" "한국에서는 신천지가 문제"

"미국에서 독감으로 매년 수만 명이 죽어도 그들은 사과하지 않는다. 과거 미국에서 발생한 '스페인독감'으로 수천만 명이 사망했을 때도 미국은 사과하지 않았다. 2009년 H1N1 신종 플루가 전 세계에 퍼졌을 때도 아무도 사과하지 않았다."면서 "세계적 재난·재해에 중국의 사과를 받으려 하면 안 된다."는 것이 중국 매체들의 일관된 주장이었다.

한 매체는 "한국에서는 사교邪敎집단에 의해 우한 폐렴이 확산했음에도 그들은 중국을 비난한다."면서 우한 폐렴 을 제대로 통제하지 못한 한국 측이 모든 책임을 중국에 떠넘기려 한다고 주장했다.

중난산(鐘南山)

중국 매체들이 동시다발적으로 이 같이 주장하기 시작한 것은 2020년 2월 27일 전후다. 중국의 호흡기질환 권위자라는 중난산鐘南山 중국공정원 원사는 이날 "우한 폐렴 바이러스의 근원지가 중국이라는 근거는 없다."고 주 장했다.

우리 측이 중국을 대한 것에 비하여 참으로 배은망덕하기 짝이 없다. 문재인 대통령은 2020년 2월 20일, 시진핑 중국 국가주석과의 전화 통화에서 신종 코 로나바이러스 감염증코로나19과 관련하여, "중국의 어려움이 우리의 어려움이기 때문에 우리 정부는 코로나19 대응에 있어 가장 가까운 이웃인 중국 측의 노력 에 조금이나마 힘을 보태고자 한다."고 말했다고 청와대 대변인이 전했다. 그리 고 이날 오후 5시 28분부터 32분간 이어진 전화 통화에서 문 대통령은 "시 주

석을 중심으로 한 중국 인민의 단결 된 힘으로 이번 사태를 잘 극복해 낼 것으로 믿는다."고 했다고 강 대변인 은 밝혔다.

뿐만 아니라 우리 정부는 중국 우 한에 마스크 200만 개와 방호복·보 호경 각각 10만 개 등 의료 구호 물 품을 전달하지 않았던가. 이태호 외

문재인 정부는 중국에 마스크 200만 개와 의료 구호 물품 지원했다.

교부 2차관은 2020년 1월 28일, 서
울 도렴동 외교부 청사에서 브리핑
을 열고 "이번 전세기편을 통해 민
관이 협력하여 구호물품을 우선 전
달할 계획이다."라며 "우리 정부의
추가적인 지원 방안에 대해 중국 정
부와 협의 중이다."라고 밝히지 않
았던가.

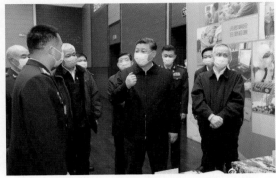

시진핑 "코로나 어디서 왔나 밝혀라." 불붙은 발원지 논쟁

자료 : news.joins.com

　중국 측의 이런 뻔뻔스러움이 어찌 가능하다는 말인가. 이런 배신행위가 있
을 수 있단 말인가.

　지난 2020년 3월 2일에 시진핑이 인민해방군 군사의학연구원과 칭화대 의료
원, 국가위생보건위원회 등을 찾아 "우한 폐렴 바이러스의 근원을 연구하라."고
지시했다. 그 이후 "중국은 세계에 사과할 필요가 없다."는 칼럼과 글들이 전면
에 배치됐다. 사과할 필요가 없다니 이 사람들 제 정신인가?

　중국에는 언론의 자유가 없다. 모든 매체는 당국의 승인을 받은 뒤 기사를 내
보낼 수 있다. 즉, 중국공산당의 주장이 반영됐다는 뜻이다. 이런 칼럼이 쏟아
지는 것은 세계적으로 '신종 코로나 바이러스' 또는 '코비드-19'라는 WHO 권
장용어보다 '우한 바이러스' '우한 코로나' '중국 코로나 바이러스' 등을 더 널
리 사용하고, 각국 의료·보건전문가들이 우한 폐렴의 확산 원인이 중국에 있
다고 지적하자 그 오명汚名을 다른 나라에 떠넘기기 위해 여론을 조성하는 선전
선동으로 풀이된다.

중국인은 혐오식품 식도락가

 네 발 가진 것 중 책상 빼고 다 먹는다는 중국 그리고 북경음식

이 세상에 먹을 수 없는 것으로는 하늘에는 비행기, 땅에는 기차, 물에는 잠수함, 네 발 가진 것으로 안 먹는 것은 책상뿐이라는 것이 중국 사람들이다. 중국은 일반적으로 회전원탁에 한 가지 요리를 한 접시에 모두 담아 탁자를 돌리면서 각자 떠서 먹는다. 아침에는 대개 만두일반적으로 속에 아무것도 없는 찐빵나 죽을 먹고, 점심때는 딴웨이單位, 직장 주변 혹은 구내식당에서 한 끼를 해결하게 되는데, 양철 밥그릇과 숟가락 하나 달랑 들고 길게 줄지어 늘어섰다가 밥 한 그릇씩 받아들고 삼삼오오 길을 걸어가면서 먹는다. 저녁은 대개 각자의 가정에서 요리하여 먹게 되는데, 맞벌이가 대부분인 중국가정에서는 먼저 귀가한 쪽이 식사준비를 한다. 중국인들은 아침, 점심을 간단한 면이나 빵으로 먹는 반면, 저녁은 가족이나 친지들과 어울려 제대로 먹는다. 중국은 그들의 긴 역사만큼이나 다양한 요리를 개발, 발전시켜 오늘날 세계적인 요리로 명성을 쌓고 있다. 특히 재료의 선택이 광범위하고 자유로우며, 맛이 풍부하고 다양하다. 또한, 조리기구가 간단하고 조리법 또한 매우 다양하다. 기름을 많이 사용하지만 음식을 불에 볶을 때에는 센 불로 최단시간에 볶아 영양파괴를 줄이는 등 합리적으로 요리를 한다. 음식의 수분과 기름기가 분리되는 것을 방지하기 위해 녹말을 많이 사용하며 조미료와 향신료의 종류가 많고, 요리 자체가 풍요롭고 모습도 화려하다. 중국은 땅덩어리가 워낙 크고 지역 간의 특색이 아주 다르므로 이들 전체를 하나로 이해하는 것은 불가능하기 때문이다. 북경요리京菜는 북경이 원元·명明·청淸 3대의 수도였기에 중국의 국가요리라 불리고 있다. 현재 북경요리는 수도인 북경을 중심으로 남쪽으로는 산동성, 서쪽으로는 태원까지의 요리를 포함한다. 날씨가 춥기 때문에 추위를 견디기 위해 기름기를 많이 사용한 고칼로리 음식이 발달되어 있다. 강한 화력을 이용한 튀김과 볶음요리가 일품이다. 지리적으로 문화와 역사의 중심지이기 때문에 궁중요리 등 고급요리가 발달했다. 대표적인 요리가 만두와 육류요리다.

 ## 남의 살을 먹는 중국인의 업보

박쥐가 인간과 동물 사이의 감염을 매개하는 숙주로 알려지면서 박쥐를 먹는 중국인들에 대한 비난이 쏟아졌다. 박쥐를 먹다니! 사스, 메르스, 신종 코로나바이러스, 모두 '바이러스의 저장고' 박쥐에게서 시작된 질병이다. 포유류가 박쥐를 잡아먹은 뒤, 그 포유류를 사람이 먹으면서 사람에게 바이러스가 옮는다. 신종 코로나바이러스는 지금까지 파충류인 뱀이나 포유류인 밍크가 박쥐에게 바이러스를 옮겨 다시 사람에게 전한 것으로 알려졌지만 이 가설이 뒤집혔다.

중국 연구진이 천산갑이 신종 코로나 바이러스의 새로운 숙주라는 연구결과가 나오면서 중국의 야생동물 식문화에 대한 관심이 높아지고 있다.

중국인들이 별미로 먹는다는 박쥐탕 요리

천산갑은 몸길이 30~90cm인 포유류로 중국 일반시장에서 흔히 볼 수 있는 야생동물이다. 문제는 중국 '국가 2급 보호동물'이지만 전혀 보호

자료 : dynamide.tistory.com

가 되지 않을 뿐더러 질병 감염의 숙주가 됐다는 것이다.

멸종위기 동물인 천산갑을 요리로 먹었다고 자랑하며 사진을 올린 한 여성이 중국 공안에 붙잡혔다. 2017년 2월 15일, 중국 인민망은 광둥성 선전시에 사는 20대 여성 린 씨가 자신의 SNS에 천산갑 요리 사진을 올렸다가 체포된 소식을 전했다.

린 씨는 호화로운 고급 식당에서 천산갑 요리를 즐기는 모습을 찍어 올렸다. 이 여성이 천산갑 요리 사진을 올린 건 이번이 처음이 아니란다. 2011년부터 수차례에 걸쳐 자신의 SNS에 천산갑 요리를 먹는 사진을 올리며 자신의 부를 과시해왔던 것이다. 사진과 함께 남긴 글에는 '천산갑이 죽은 건 슬프지만 참 맛있더라.' '천산갑 피로 지은 밥은 정말 특별한 음식'이라고 적었다.

국제 동물보호단체 PETA[9]의 관계자는 "멸종 위기로 보호받아야 할 천산갑이 매우 잔인하게 식재료로 쓰이고 있다."며 "모두가 경각심을 가지고 이 문제를 대해야 한다."고 밝혔다.

온 몸이 갑옷 같은 비늘로 덮인 천산갑은 정력에 좋다는 속설 때문에 중국에

※9　PETA(페타, People for the Ethical Treatment of Animals)는 동물 권리를 위한 세계적인 단체로, 동물을 윤리적으로 대우하는 사람들이라는 뜻이다.

서 고급 식재료와 약재로 쓰이며 불
법 수렵되고 있다.

멸종위기 동물 천산갑 요리
자료 : news.sbs.co.kr

　사실 바이러스 때문이 아니더라도
야생동물과 멸종동물을 가리지 않고
먹어대며 개발을 명분으로 숲과 강,
야생동물들의 서식지를 파괴하는 인
간의 행위들은 더 이상 계속되면 안
되는 게 분명하다. 하지만 특정한 지
역을 지목해서 비난하는 사람들의 마음속에는 '나는 떳떳하다'는 생각이 있을
것이다. '야만적인 식문화와 나는 별개'라고 생각하는 것이다.

　야생동물로 인해 새로운 바이러스가 생긴 것은 사스가 시작이다. 박쥐에서
사향고향이, 인간 순으로 바이러스가 전염됐다. 메르스는 박쥐에서 낙타, 낙타
에서 인간으로 바이러스가 감염됐다. 현대에 들어 발병된 신종 바이러스는 모
두 야생동물을 먹는 식문화에서 비롯됐다.

　중국은 예로부터 야생동물을 먹는 식문화를 고급문화로 취급했다. '예웨이野
味'라고 불리는 야생동물 식문화는 오래전 중국의 귀족들만 누리던 식문화였지
만 현대사회에서는 일반 시장에서도 야생동물을 쉽게 구해서 요리를 할 수 있
을 만큼 일반화되어 있다. 힘과 정력을 지닌 야생동물을 먹으면 그 기운을 고스
란히 얻을 수 있다는 믿음에서 비롯됐다고 알려졌다. 특이하고 귀한 재료일수
록 더 귀한대접을 받았다.

　중국에서 먹는 야생동물은 다양하다. 중국 SNS인 웨이보微博[10]에 올라온 중
국 우한의 화난 수산시장의 한 야생동물 가게 메뉴판만 봐도 예웨이 문화의 일

❋ 10　웨이보(微博)는 중국어로 마이크로블로그를 가리키는 단어다.

면을 볼 수 있다. '대중 목축 야생동물'
이란 메뉴판에는 다양한 야생동물을
부위별로 가격을 매겨 놓았다. 녹용,
타조알처럼 우리에게 친숙한 재료도
있지만 사슴생식기, 코알라, 여우, 새
끼늑대, 낙타봉, 낙타발바닥, 전갈, 악
어꼬리, 사향고양이, 사향쥐, 곰 담즙,
고릴라 혀 등 식재료로 보기에 생소한
이름들이 메뉴판에 올라가있다.

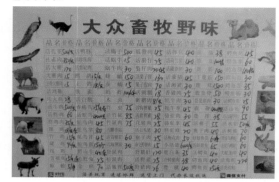

업체의 가격표

자료 : m.post.naver.com

　이 메뉴판에는 쥐, 너구리, 여우, 공작새, 기러기, 뱀 등 42종의 동물과 가격
이 적혀 있다. 뿐만 아니라 현장 도축, 급속 냉동, 문앞 배송까지 가능하다고 나
온다.

　2020년 1월 21일, 중국의 매체 「신
징바오_{新京報}」는 해당 업체가 화난수산
시장[11] 동쪽 상가에 위치하며, 주변 상
인들도 상품을 구입한 적이 있다고 보
도했다. 또한 수산시장에 대해 폐쇄 조
치가 내려진 2020년 1월 1일 하루 전
까지도 정상 영업을 하고 있었다고 전
했다. 또 다른 중국 매체 「훙싱신원_{红星}
_{新闻}」은 "원인 불명의 폐렴이 처음 발생

지금은 폐쇄된 신종 코로나바이러스의 발원지로 지목된 우한 화난수산시
장의 야생동물 점포.

자료 : news.joins.com

한 지난해 12월 31일에 수산시장을 찾았을 때, 버려진 토끼머리와 동물 내장들

❋ 11　'우한 폐렴'의 진원지로 알려진 화난(華南)수산시장

이 시장 서쪽 사거리에 널려 있었다."고 보도하기도 했다. 해당 업체는 2020년 1월 1일, 화난수산시장이 폐쇄됐을 때 함께 운영이 중단된 상태다.

사스의 중간숙주였던 사향고양이는 중국에서 고급식자재로 쓰인다. 특히, 광둥에서는 사향고향이, 뱀, 닭을 넣은 '룽후펑다후이 龍虎鳳大會'를 최고의 연회 요리로 취급한다. 메르스의 중간숙주였던 낙타는 낙타봉, 발바닥 등 다양한 부위를 식재료로 즐기고 있다. 문제는 이런 식문화가 인류에게 변종 바이러스를 전파했다는 것이다. 이런 식문화로 인해 변종 바이러스가 생겼고, 중국에만 벌써 수백 명이 넘는 사망자가 발생

룽후펑다후이

자료 : news.joins.co

했다. 그리고 주변국가 역시 바이러스와 전쟁을 벌이고 있다.

신종 코로나바이러스 사태가 발생하고 한 중국 네티즌이 박쥐를 요리하는 영상을 올렸다가 전 세계 여론의 뭇매를 맞았다. 사스, 메르스에 이어 신종 코로나바이러스 감염증까지 피해가 상당했음에도 중국의 인식이 달라지지 않았다는 반증이기 때문이다.

신종 코로나바이러스 감염증으로 인해 어느 때보다 큰 위기에 봉착한 중국이 오랜 관습을 버리고 새로운 문화를 정착하기 위한 노력을 펼칠지 전 세계의 시선이 모아지고 있다.

성관계 후 다큐멘터리로 공개까지

일반적으로 사람들은 사회주의 국가는 성문제에 있어서는 꽤 보수적일 것이라는 선입관을 가진다. 하지만 현실은 전혀 그렇지 않다. 특히, 중국인들은 프리섹스에 있어서만큼은 그 어느 국가들에 지고 싶지 않을 유럽 사람들을 완전히 찜 쪄 먹을 정도다. 콘돔 제조업체인 듀렉스가 수년 전 공개한 세계인의 성생활 조사 결과 중국 남녀의 1인당 평균 성적 파트너 수는 무려 19.3명으로 세계 1위를 차지했다. 이는 누가 보더라도 놀라운 기록인 미국인의 14.3명, 일본인의 10.2명을 가볍게 압도한다. 전 세계 평균치인 10.5명보다 두 배 가까이 많은 수치다. 중국인들은 무엇 때문에 성에 대해 개방적일까? 본래 중국인들은 자연을 음양의 조화로 이뤄진 것으로 생각했다. 때문에 음과 양이 서로를 보충하지 않으면 안 되는 것으로 봤다.

남녀의 경우 적당한 성생활을 통해 음이 양, 양이 음을 보충해줘야만 비로소 이상적인 건강 상태에 도달할 수 있다고 생각한 것이다. 그래서 중국에서는 성생활이 전혀 터부시되지 않았다. 중국에서는 일반적으로 남녀 간의 성생활을 고상한 말로 '쭈어아이做爱'라고 한다. 다른 말로 '팡스房事'다. 또 이 방사와 관련한 내용을 기록한 책을 『방중서房中書』라고 했다. 놀랍게도 이 방중서의 기원은 저 멀리 춘추전국시대까지 거슬러 올라간다. 대강만 추려 봐도 『십문十問』, 『합음양合陰陽』,『천하지도설天下至道說』,『천일음도天一陰道』,『해성음도海成陰道』,『요순음도堯舜陰道』,『황제삼오양양방黃帝三五養陽方』,『소녀방素女方』,『현녀경玄女經』,『옥방비결玉房秘訣』,『천금요방千金要方』,『방내보익房內補益』,『장생비결長生秘訣』 등 헤아리기조차 어렵다. 중국인들은 이처럼 2,500여 년 전부터 방중술을 연구하고 기록으로 남겨왔다.[12]

🌸 역사적으로 남녀불문하고 성생활에 개방적

황제들에게 성생활은 아주 중요한 일과였다. 이런 사실은 황제가 됐을 때 거느리는 공식적인 성적 파트너의 수를 보면 더욱 확연해진다. 대체로 춘추전국시대 때부터 확립된 제도에 따르면 군주는 기본적으로 왕비 1명, 부인 3명, 빈 9명, 세부世婦, 첩여妾女, 미인美人, 재인才人 9명으로 다시 나눠짐 27명, 어처御妻, 보림寶林, 어녀御女, 채녀采女 27명으로 다시 나눠짐 81명을 둘 수 있었다. 가장 아래 계급인 첩은 말 그대로 무제한이었다. 진시황이 1만 궁녀를 거느렸다는 말은 결코 과언이 아니었던 것이다. 오죽했으면 한 고조 유방이 진시황의 함양궁咸陽宮을 함락시킨 다음 사흘 밤낮을 밖으로 나오지도 않은 채 코피 흘리면서 황음에만 탐닉했다는 말이 있을까. 파트너의 숫자는 왕, 제후, 대부大夫 등으로 내려 갈수록 줄어들었다. 그러

※ 12　홍순도, 베이징 특파원 중국문화를 말하다, 서교출판사, 2018.

나 그래도 수십 명의 여인을 두고 정
욕을 채울 수 있도록 규정까지 만들
어놓았다.

병마용(兵馬俑) 1만 궁녀의 주지육림을 지키다.

자료 : shindonga.donga.com

한번 만들어진 전통은 아무리 노력
해도 잘 없어지지 않는 경우가 많다.
심지어는 현대의 시류와 잘 어우러져
더욱 발전하기도 한다. 중국의 성 전
통 역시 그렇다. 안 그래도 개방적인
성에 대한 마인드가 개혁, 개방 정책으로 더욱 진보적으로 바뀌게 된 것이다. 물
론 각론으로 들어가면 중국의 성개방 풍조에는 여러 가지 이유가 있다. 우선 지
난 1949년 건국 이후 거의 60여 년 동안 마치 종교처럼 굳어진 유물론을 꼽아
야 한다. 물질에 불과한 육체를 굳이 애지중지 아낄 필요가 있느냐, 내 몸은 내
마음대로 한다는 생각이 보편화됐고 때문에 마음만 맞는다면 성적 유희의 상
대가 누가 되든 크게 문제가 되지 않는 풍조가 생겨난 것이다. 여기에 간통죄가
없어서 공권력이 개인의 성생활에 대해 법적인 잣대를 들이대지 않으니 누구나
마음만 먹으면 물 만난 물고기가 된다.

속도위반, 원 나이트 스탠드 일상화

중국인들이 듀렉스의 조사처럼 실제 성을 자유롭게 즐기는지는 여러 사례들
을 통해 어렵지 않게 확인할 수 있다. 아무래도 속도위반이 대표적으로 꼽힌다.
신혼부부 중 아이를 출산하는 경우 혼전 임신이 34%라는 중국판 '킨제이 보고
서'의 최근 내용을 보면 확실히 그런 것 같다. 이른바 원 나이트 스탠드로 불리

는 '이예칭—夜情'의 일상화도 화제로
꼽을 수 있다. 한국말로 하면 하룻
밤 풋사랑인 이 케이스는 기성세대
보다는 진보적이기는 해도 같은 또
래에 비해서는 덜 개방적일 것 같
은 대학생들에게도 현실로 다가가
고 있다. 최근 베이징시가 관내 10

바이두 사진으로 이예칭 검색 시

자료 : m.blog.naver.com

개 대학에 다니는 학생 5,000명을 대상으로 조사한 결과 무려 80%가 반대하
지 않는다는 입장을 밝힌 것이다. 명문 런민人民대학에 다니는 차오■ 양의 설명
을 들어보자.

　　"내 주위의 친구들은 '이예칭'을 나쁘게 보는 경우가 드물다. '상대가 마음에 들고 무슨 특
　별한 조건이 오고가지 않는다면 하룻밤을 즐기는 것이 뭐가 나쁜가?' 이렇게 생각하는 친구
　들이 열에 일곱 여덟은 된다. 아마 남학생들은 열이면 열 모두 그럴 것이다. 세상에 특별한 경
　우가 아닌 한 100여자 싫다고 할 남자 있겠는가? 내 친구들 중에는 이예칭을 하다가 돈 많은
　중년 남자들의 정부가 된 케이스도 있다. 일부는 성을 팔기도 하지만 등록금 해결이 되니 크
　게 나쁘다고 생각하지 않는다. 이런 풍조가 더욱 널리 확산되지 않을까 생각한다."

　전국 곳곳에 널려 있는 성인용품 판매점, 콘돔 자판기, 별로 어색하지 않은 성
관련 토론회 등 역시 중국의 성개방 정도가 한국은 완전히 저리 가라 수준이라
는 사실을 말해준다. 심지어 일본에 못지않다는 주장까지 나오고 있다. 최근에
는 일본이 원조인 호스트바도 전국적으로 퍼지고 있다.

현실이 이러니 국제결혼을 백안시하는 눈길이 있을 까닭이 없다. 이상하게 보는 사람이 오히려 이상하다고 해야 한다. 자유분방한 것으로 유명한 연예인들의 경우 국제결혼이 굉장히 많다. 시대별로 한 번 살펴보자. 지난 세기 80년대의 인기 배우 천단핑沈丹萍은 한참 인기몰이를 하다 미국인과 결혼, 당시만 해도 다소 보수적이던 팬들을 경악시켰다. 90년대에는 가수 리링위李玲玉가 뒤를 이었다. 캐나다 국적의 남자와 결혼, 국제결혼이 희귀한 경우가 아니라는 사실을 증명했다. 또 홍콩 출신으로 주로 중국에서 활동 중인 장만위張曼

장쯔이와 새 남친

자료 : news.joins.com

玉 역시 프랑스 감독과 결혼과 이혼을 거친 다음 지금도 역시 외국인 애인을 두고 있다. 이외에 배우 닝징寧靜은 미국인, 스커史可는 일본의 미남 스타 아베 쓰요시阿部力와 결혼해 중국 남성 팬들을 울렸다.

국제결혼은 여자 연예인의 전유물만은 아니다. 감독으로도 활동 중인 국민배우 장원이 대표적이다. 프랑스 부인과 지난 1991년 결혼에 골인, 적지 않은 화제를 뿌렸다. 이외에 지금 중국에는 적지 않은 유·무명의 남녀 연예인들이 외국인과 결혼을 전제로 교제를 하거나 결혼식을 올릴 예정으로 있다.

중국 남녀들의 성개방은 시간이 갈수록 거침이 없을 것으로 보인다. 어쩌면 옥스퍼드 대학 출신으로 한꺼번에 무려 251명의 남자와 성 관계를 가진 다음 그 모습을 다큐멘터리로 만든 애나벨 청 같은 기인이 다시 나올 가능성도 배제하기 어렵다. 아니 2003년에 비슷한 여성 기인이 탄생한 바도 있다. 주인공은 남성 65명과의 성 경험을 일기 형식으로 인터넷에 올린 무쯔메이木子美라는 필명의 여성이었다. 그녀는 얼마 후에는 자신의 섹스 일기를 아예 단행본으로 묶어 출간하기도 했다. 그러나 이 책은 건전한 풍속과 도덕을 해친다는 이유로 안타깝게도 당국에 의해 하루 만에 판금이 됐다. 그녀는 이에 굴복하지 않았다. 2011년 상반기 중국판 트위터인 웨이보微博에 이를 다시 올린 것이다.

애나벨 청

자료 : news.joins.com

　무쯔메이의 사례에서 보듯이 앞으로는 이런 현상에 대한 통제가 갈수록 쉽지 않을 것이다. 이미 사회 자체가 정통 사회주의와는 거리가 다소 먼 상황에서 프리섹스 분위기에 제동을 걸거나 성적인 도덕성을 강조하기 어렵게 된 탓이다. 게다가 성개방 풍조와 관련해서는 현 당정 지도부의 멘토 격인 역대 지도자들 역시 큰 소리를 치기 어려운 상황이다. 여섯 번 결혼했거나 여섯 명의 부인 및 연인이 있었던 류사오치劉少奇와 주더朱德, 펑더화이彭德懷, 린뱌오林彪, 천이陳毅 등과 역시 여섯 번 결혼과 세 번의 연애를 한 예젠잉葉劍英이 모두 이런 범주에 속한다. 또 마오쩌둥과 덩샤오핑은 고작 세 번이기는 해도 뻑적지근하게 결혼하는 기염을 토한 바 있다. 이런 전설적 지도자들의 전례에서 볼 때 이미 세계적인 수준에 올라있는 중국의 성개방 풍조는 앞으로도 제어가 불가능한 마이바흐[13]처럼 쏜살같이 굴러갈 가능성이 짙다.

✼ 13　마이바흐(Maybach)는 옛 다임러 크라이슬러가 지난 2002년, 60년 만에 부활시킨 초호화 수제 자동차 브랜드로, 세계 3대 명차 중 하나로 꼽힌다. 마이바흐는 연간 1,000대 이상 판매를 목표로 내세웠지만, 연간 판매 대수는 150여대에 그쳐 수익을 거두지 못하자, 메르세데스-벤츠 S 클래스의 새로운 모델이 2013년 출시되면 마이바흐 생산을 중단할 것이라고 밝혔다. 그렇게 판매를 중지하며 2016년에 S클래스 W222를 기반으로 한 마이바흐가 재출시 된다.

중국 삼합회

 개요

삼합회三合會, Triad는 홍콩과 타이완을 거점으로 한 중국의 범죄조직 중 하나이다. 청나라 말 유명한 반청복명反淸復明 조직인 천지회天地會에서 변질하였다.

그들의 활동은 사주죄, 성매매, 마약밀매, 청부 살인, 돈세탁, 도박, 차량 절도, 강탈 등을 포함하고 있다. 현재 삼합회 수입의 주된 근원은 컴퓨터 소프트웨어, 음악 CD 그리고 영화 VCD/DVD 같은 지적 재산을 불법복제하고 판매한 것에서 나오고 있으며, 또한 밀수한 담배나 술도 거래하고 있다.

세계 10대 조직의 하나인 삼합회

자료 : brunch.co.kr

삼합회의 역사

삼합회의 선구자들

삼합회는 청 제국의 만주족 황제에 대한 저항으로써 시작되었다. 1760년 천지회天地會라고 불리는 단체가 중국에서 결성되었는데 이 단체의 목적은 만주족이 이끄는 청 제국을 전복하고 한족의 지배를 부흥하는 것이었다. 천지회가 중국의 각지로 퍼져나갈 때 많은 단체로 파생되었고 여러 개의 다른 이름으로 알려지게 되는데 그 중 한 단체가 삼합회

중국계 폭력조직 진단, 삼합회

자료 : sisajournal.com

三合會였으며 문자 그대로 천·지·인의 조화를 의미한다. 이러한 단체들은 자신들의 형상으로 삼각형 안에 칼 또는 중국 삼국시대 촉한의 무장인 관우關羽를 사용했다. 영문이름인 'Triad'는 홍콩에 있는 영국 정부 당국으로부터 삼합회 단체들이 삼각형 문양을 사용하는 것 때문에 만들어졌다.

영국 경찰은 홍콩에서 활동하는 방파幇派 중 '홍문洪門' 또는 '천지회天地會'라고 불리는 조직의 깃발에 천·지·인天·地·人 상징물이 결합되어 있는 것을 보고 영어로 '트라이어드Triad'라고 이름 지었다. 이것이 '삼합회三合會'로 다시 번역되면서, 삼합회는 중국계 폭력조직의 대명사가 되었다.

제국시대 말기

오늘날에 삼합회라고 알려진 단체는 수 세기 동안 애국단체에서 범죄조직으로 발전하였다. 1911년 청나라의 전복과 함께 홍문洪門은 갑작스럽게 자신들 스스로 목적을 잃었음을 알게 되었다. 설상가상으로 그들은 실제 폭동에 참여할 기회를 잃게 되고 그들 중 많은 수는 분노와 우울한 상태로 남았다.

중화민국

1915년에 발발한 호국전쟁의 여파로 중국에 각 군벌이 난립하자, 각 지역에 있던 삼합회 조직들은 해당 군벌 및 관리들과 긴밀한 관계를 유지하면서 세력을 확장하기 시작했다. 대표적으로, 상하이에서 활동했던 청방은 중국국민당과 상하이 자본가들의 비호를 받고 도박·매춘·사채·유흥·인신매매·청부살인 등 수많은 분야에 진출하여 강력한 세를 떨쳤다. 이들은 국민당 정부의 정적을 제거하는 데에도 쓰였으며, 정치깡패의 성격을 지니기도 하였다. 장제스가 북벌에 성공한 시기인 1920년대 말에 와서 이들의 세력권은 웬만한 정부 조직을 뛰어넘는 규모로 성장하게 되었으며, 1930년대 때 중국 대륙 내에서 제일 큰 세력을 형성하게 되었다.

홍콩으로의 이주

중국공산당이 1949년에 중국국민당을 몰아내고 중화인민공화국을 수립하면서 중국 본토는 공산당의 엄격한 통제 하에 놓이게 된다. 이로 인해 중국 내 존재하던 수많은 삼합회 조직들이 와해되기 시작했으며, 조직범죄는 급감하였다. 또한, 삼합회 조직원들은 1927년에서 1930년대 중반까지 자본가들과 중국국민당의 요구에 따라 공산주의자들을 박해하는 데에도 쓰였는데, 그들은 공산당이 중국에서 집권한 후 보복이 두려워, 자신들의 사업을 지속하기 위해 영국의 조차지인 홍콩1931년에 이미 홍콩에는 여덟 개의 주요 삼합회 단체들이 있었으며 그들은 홍콩을 지리적인 구역으로 나누었다과 중국국민당의 거점지인 타이완으로 이주했다. 그 당시에 있었던 주요단체로는 Wo, Rung, Tung, Chuen, Shing, Fuk Yee Hing, Yee On 그리고 Luen이었다. 각각의 단체는 자신들만의 근거지가 있으며 자신들의 하위 단체 그리고 자신들만의 공개 표지public cover를 가지고 있었다. 1956년 홍콩에서의 폭동 이후 홍콩 정부는 활발하게 법률을 집행하였고 홍콩에서 삼합회의 활동은 감소하였다.

그러나, 홍콩의 삼합회 문제는 1960년대와 1970년대에 들어서 더욱 악화하였다. 과거에는 경찰이 삼합회를 통제하였고 삼합회는 사회적 질서에 대해서는 책임을 졌었다고 소문이 있었다. 만일 납치사건이 일어난다면 경찰은 그 지역 조직의 리더와 연락을 함으로써 사건을 해결

홍콩 삼합회 두목 '상하이 보이', 143억 돈세탁 혐의 체포(2017.11.2)

자료 : news.chosun.com

했다. 반면에 경찰은 해당 지역의 사업을 지배하는 지역 조직 리더와 협력을 하였다. 그 후 1974년 Independent Commission Against Corruption ICAC의 설립과 함께 경찰부패는 효과적으로 감소하였다. 1980년대와 1990년대에 삼합회가 발전해 가면서 삼합회의 특정 조직들은 홍콩경제의 몇 가지 부분을 독점하기 시작했다. 예를 들어, Sun Yee On 선예온, 新義安 조직은 영화산업 부분에서 대부분의 지배력을 가졌었다.

개혁개방 이후

1978년 이후부터 시작된 중국 본토 내 개혁개방이 1990년에 들어서 전면적으로 진행되기 시작하자 일부 삼합회 조직은 다시 본토에서 세력을 꾸리기도 했는데, 대권방 大圈幫 이 그 대표적인 예이다. 그러나 중국공산당의 탄압에 의해 그 세력은 미미하며, 그 미미한 세력조차도 도시가 아닌 낙후된 저개발 지역을 중심으로 활동하고 있다. 그리하여 대부분의 삼합회는 여전히 홍콩과 타이완에 머물게 된다. 그러나 1997년 홍콩이 중화인민공화국에 반환되면서 홍콩 내 삼합회가 행했던 수많은 불법적 영업들이 제한되기에 이른다. 결국 대부분의 홍콩 삼합회 조직은 기존의 사업을 모조리 포기할 수밖에 없었으며, 현재는 합

법적인 모습을 가장한 소규모 벤쳐기업 형태의 사업체를 운영하며 연명하고 있다. 이들은 2014년 홍콩 시위 때 시위대에 합류하여 재기를 노리기도 했으나, 해당 시위가 중국공산당의 탄압에 의해 실패로 끝나면서 좌절되었다. 시간이 지남에 따라 홍콩 내 삼합회 세력의 지배력은 감소하고 있으며, 삼합회 권력의 경계 또한 사라져 가고 있다.

대권방(大圈幇)

자료 : kknews.cc

에이브리오와의 교류

이집트 카이로에서 비밀 회담을 가진 것으로 추정되는데, 에이브리오의 대표로 현지인 권순모가 참여했다. 그 여파는 상당할 것으로 예상된다.

현재

현재 중국 본토에서는 시진핑 주석에 의한 폭력배 추방 등을 이유로 대대적인 소탕에 나서고 있다. 2019년 홍콩 시위 기간 동안 삼합회는 백색테러에 동원되기도 했다.

입회식

삼합회 일원은 마피아 또는 야쿠자처럼 입회의식을 받아야 한다. 전통적인 의식은 닭이나 염소를 제물로 바치고 향연을 피운 재단에서 이루어진다. 동물의 피 또는 입회 후보자의 피와 포도주를 혼합한 마실 것을 마시면서 입회자는 칼이 걸려 있는 홍예문을 지나며 삼합회 서약을 낭송해야 한다. 그리고 서약이 쓰여 있는 종이는 신들에 대한 입회자의 의무를 확인시키기 위해 재단에 태워야 한다.

삼합회 이미 국내에 깊숙한 뿌리

자료 : g-enews.com

 해외활동

현재 삼합회 활동은 샌프란시스코, 뉴욕, 시애틀, 시카고, 새크라멘토, 보스턴, 로스앤젤레스, 라스베이거스, 브리즈번, 멜버른, 시드니, 오클랜드, 휴스턴, 댈러스, 버몬트, 텍사스, 마이애미, 애틀랜타, 밴쿠버, 토론토, 케이프타운 그리고 상파울루 같은 특기할 만한 해외 중국인 인구가 있는 도시에서 활발하다. 그 외에 런던, 벨파스트, 더블린, 맨체스터 그리고 암스테르담이 삼합회 활동의 새로운 본거지로서 알려졌다. 그들은 중동에서 미국, 캐나다 그리고 영국으로의 불법이민에 연관되기도 한다. 또한, 삼합회는 중국인 밀집지역에서 활동하는 Jackson Street Boys[14] 그리고 Wah Ching San Francisco[15]과 같은 해당 지역 중국계 범죄조직과 협력관계에 있다.

❋ 14   Jackson Boyz(JBZ) 또는 Jackson Street Boys(JSB)는 캘리포니아 주 샌프란시스코에 기반을 둔 아시아계 미국인 거리 갱 및 트라이어드 사회다. 광동인과 베트남인으로 구성된 이 갱은 샌프란시스코의 차이나타운을 중심으로 했으며 잭슨 스트리트(Jackson Street)로 지명되었다. Jackson Street Boys는 다른 미국 도시에도 존재한다.

❋ 15   Wah Ching(華青, Huá Qīng)은 중국계 미국인, 일본계 미국인 트라이어드, 비밀 사회 및 혈액 관련 거리 조직으로 'Dub C' 또는 'Insane Dragons'라고도 한다. 1960년대 초 캘리포니아 샌프란시스코 에서 설립되었다. Wah Ching은 거리 수준의 마약 판매에서 대만 대통령을 암살하는 음모에 이르기까지 범죄에 관여했다.

통

통은 삼합회와 유사하지만, 현대 삼합회 조직의 확장이라기보다는 초기 차이나타운 이민자들로부터 독립적으로 생겨났다는 것이 다르다. 초기 통 조직들은 주류사회에 속하지 못한 중국계 미국인 이민자들 사이에서 재정적인 지원과 이민 배척주의자들로부터의 보호를 위해 19세기 중반에 결성되었다. 이들 초기의 통 조직들은 삼합회를 모델로 삼았다. 그렇지만, 삼합회와는 다르게 통 조직은 명확한 정치적 모티브 없이 결성되었으며 곧 자신들 스스로 강탈, 도박, 살인 그리고 매춘과 같은 범죄활동에 연관되었음을 깨닫게 되었다. 최근 몇 년간, 몇몇 통 조직들은 자신들의 범죄적인 요소들을 없애고자 조직을 재구성하였으며 공공심이 있는 조직으로 변화하였다.

Jackson Street San Francisco

자료 : commons.wikimedia.org

푸칭시(Fuqing City)

자료 : commons.wikimedia.org

미국 차이나타운에 있는 많은 전통적인 통 조직들은 최근의 중국으로부터의 이민자들로 대체되었으며 특히 푸젠 성의 푸칭시Fuqing City의 이민자들로 대체되었다.

프랑스

프랑스의 중국인 사회에서는 "중국인 거주 지역에서는 사망 신고가 들어오지 않는다."라는 말이 있다고 하며 삼합회 같은 범죄조직들이 외국인 등록증을 판다고 한다.

중국몽은 일장춘몽

Chapter 06

중국인의
정체

개 요

중국인은 대체로 중화인민공화국 국적자를 말한다.

대부분 사람들이 떠올리는 중국인은 중국 내에서 압도적인 주류를 차지하고 있는 민족인 한족漢族이다. 대만인의 경우는 논란의 여지가 있으나 현대 대만인 대부분은 스스로를 중화인민공화국의 국민이라고 생각하지 않는다.

중국 56개 민족

자료 : dspdaily.com

일본인과 함께 아시아인, 또는 황인의 대명사다. 다만 중국이 다민족 국가이다 보니 백인도 극히 일부 있다. 이들은 대부분 페르시아 혈통의 타지크인이나 귀화한 러시아인들로 다 합해도 2백만 명밖에 안 될 정도라 큰 존재감은 없지만 아시아의 타 국가에 비해선 비교적 많은 편이다. 중국 국적의 비한족은 생각보다 많은데 한족 다음으로는 좡족과 만주족, 회족이 많고 그 밖에 몽골족과 티베트족, 위구르족, 카자흐족이나 키르기스족, 우즈베크족, 투르크족 황인계 소수민족이 많다.

단일 조직으로 최대 인구를 자랑하며 중화인민공화국 밖의 한족들보다 인구수가 더 많다. 여기 견줄 수 있는 세력은 인도지만 워낙 민족이 다양해서, 한 가지 민족만 치자면 한족한테 한참 밀린다. 심지어 중국인 외에도 화교를 포함하면 전 세계에서 영어를 모국어로 삼는 사람 수의 1.5배를 넘긴다고 한다. 다만 중국어가 워낙 중국 특유의 언어여서 중국어를 쓰는 사람들 중 아시아권이 아닌 타 문명권의 외국인은 영어와 달리 매우 적은 편인데, 중국 바깥에서는 대만, 중국계가 많은 싱가포르, 말레이시아, 태국 그리고 특별행정구인 홍콩 및 마카오 정도가 있다. 그래서 중국은 자연히 외국 기업들이 중국 특유의 규제까지 맞춰주면서 들어오려 할 정도로 세계 최대인 미국 다음 가는 규모의 내수시장을 가지게 되었다.

그렇다 보니 비록 비중이 한참 적을지언정 전 세계에 중국인이 존재하지 않는 나라가 없을 정도로 국제적으로 곳곳에 분포되어 있다. 특히 2010년대 들어 해외여행을 가는 중국인 관광객 수가 매년 급증하면서 더욱 늘어나고 있다. 물론 새로 늘어나는 중국인들 대다수가 외국으로 가는 이유가 놀러가거나 휴식을 취하기 위해서이기 때문에 실제 해외로 이민을 가는 비율은 그리 높지는 않다. 중국의 인구가 워낙 많다보니 해외로 이민 가는 중국인의 수도 절대적으로 보면 적지는 않다. 덕택에 2008년 금융위기 이후 거품붕괴로 하향세를 탔던 캐나다와 호주, 미국 등의 부동산 시장이 다시 활황세를 타고 경제난을 겪고 있는 나라에서도 중국인의 돈줄에 기대는 경우가 많다. 물론 이건 해외로 가서 사업하는 사람이나 잘 먹고 잘 산다는 상류층에게나 한정된 일이기에 일반인들과는 별로 관련이 없기는 하다. 하지만 그렇다 해도 그 잘 산다거나 해외로 가서 사업한다는 이들의 수를 합치면 결코 무시할 수 없는 수라 그만큼 영향이 크다. 정확히는 대륙 중국인들의 경우, 이민을 대거 나가는 반면 싱가포르와 홍콩은 이민이 오히려 들어오는 쪽이다. 특히, 홍콩에는 베트남인들도 대거 이민이 들어오고 있고, 싱가포르는 본토 중국인들이 노동 이주지로 많이 고른다.

인구수가 가장 적은 뤄바족(珞巴族, 낙파족)

자료 : blog.naver.com

행동양식

    중국인은 인구가 너무 많고 드넓은 대륙 국가이다 보니 지역적으로도 기질이 다양해서 단 하나의 스테레오타입_{고정관념}으로는 묶기가 힘들다. 이건 어느 나라라도 마찬가지지만 이들은 14억 인구의 거대한 나라이니, 다른 주요국들과 같은 기준을 쓰면 거의 20~30배가 나온다. 더구나 같은 중국인도 북중국, 남중국이 또 다르며 각각이 지역별로 천차만별이다.

    또한 중국인에 대한 인상은 전 세계적으로 본토 중국인이냐 홍콩, 마카오 등이냐에 따라 많이 다르다. 일단 그들끼리 언어도 다르지만 그만큼 문화도 다르고, 특히 홍콩의 경우 자유롭고 개인을 중시하는 영국문화와 민주주의의 영향을 강하게 받았기 때문이다. 그래서 홍콩 사람과 광둥 사람은 뿌리도 같고 말도 같지만 가치관은 많이 다르다. 포르투갈의 영향권이었던 마카오 역시 말할 것도 없다.

중국인 목소리가 시끄러운 이유

먼저 첫번째의 이유는 혁명의 시대가 남은 부산물이라는 말이 있어요.
옛날 숙청에서 살아 남기 위해 남보다 더 큰 목소리로 결백을
밝혀야 했던 시대적 문화가 이어진 것이라는 설이 있다고 하네요.
그래서 목소리가 커야 자신의 주장이
바르고 정확하게 여겨진다 생각한다고 해요.

두번째의 이유는 바로 성조라는 언어학적 특성 !
성조는 음절 안에서 나타나는 소리의 높낮이인데요 ~
중국어는 이 성조에 따라서 단어의 뜻이 크게 차이가 난다고 해요.
게다가 같은 발음의 한자가 너무 많다보니 소리를 최대한 크게하여
정확하게 상대가 이해할 수 있도록 하는 것이 중국에서는 매너라고 하네요^^

자료 : vingle.net

- 본토 중국인들의 경우 대부분 매우 외향적이며 남의 눈치를 보지 않는다. 이는 다양한 각도로 해석할 수 있는데 중국 문화에서는 '러나오'라 하여 떠들썩한 것을 숭상하는 문화적 분위기도 있고 정치와 무관한 분야에서는 자기주장이 매우 강한 편이기 때문이다. 또한, 목소리가 높아야 이기는 시대의 영향, 그리고 사회주의 국가라는 특성상 격앙되고 힘찬 목소리를 좋아한다는 것도 있다. 이를 악센트 탓으로 돌리는 경우가 많지만 홍콩인이나 싱가포르인이나 대만인들은 비교적 조용한 것을 보면 중국 대륙에 한정된 것 같다. 아래 비판 항목에서도 알 수 있다시피 현재 국제사회에서 중국인 관광객들이 공공장소에서 큰 목소리로 종종 소음을 일으키는 문제가 여기서 비롯된 것이라 할 수 있다. 일본인과 정반대라고 보면 될 듯하다.
- 자존심이 강하며 보통 같은 민족끼리 커뮤니티를 형성하는 경우는 흔하지만, 중국인들은 그런 커뮤니티 의존도가 다른 문화권의 사람들보다 특히 높다. 웬만한 곳에서 차이나타운을 쉽게 볼 수 있는 것은 그만큼 다른

나라 문화권 안에서 중국인들만의 집단을 잘 형성하려 한다고 볼 수 있는 증거다. 그래도 이민 2세부터는 꼭 그렇지도 않다. 외국에서는 1세대_{부모}와 2세대_{자식} 간의 문화충돌 및 세대충돌이 심하다. 물론 다 그렇진 않다. 사실 어느 민족이나 2세부터는 거의 현지에 동화되는 경우가 대부분이며 이는 비슷하다.

2월13일, 노르웨이 북부 도시 키르케네스에서 사람들이 중국식 패방 앞을 지나가고 있다. 13일, '세계 최고 북단의 차이나타운'을 주제로 한 2019년 바렌츠(Barents) 축제가 키르케네스에서 개막했다. 5일간 열리는 바렌츠(Barents) 축제는 키르케네스에서 2004년부터 개최해 온 연례 경축 행사로 올해는 중국을 주제로 열린다.

자료: kr.xinhuanet.com

• 한국과 비슷하게 유교 문화의 영향을 많이 받아서 체면을 중시하는 요소가 많이 남아 있다. 다만, 공산주의의 영향으로 한국에 비해 전통적인 예의를 갖추는 경향이 약화된 상황이다. 이러한 상황은 일부 중국인들에게서 가끔씩 보이는 과격한 행동 또는 갑질의 원인 중 하나가 되기도 한다. 한국과 일본 등의 경우 체면 중시 문화와 함께 복잡한 경어 체계, 유교적 예의범절 등이 아직 남아 있어서 누군가의 체면을 손상시킬 때 깍듯하게 높임말을 사용하면서 매우 공손하게 허리를 굽혀가며 사과의 표현을 하는 것이 일반적이다. 또, 이것이 상대방의 손상당한 기분을 어느 정도 중화시켜주는 역할을 한다. 그렇지만 중국의 경우 매우 강한 유교식 체면 중시 문화가 여전히 유지되고 있는 반면에 중국어의 경어 체계는 매우 단순하여 큰 의미가 있다고 할 수 없고 유교적 예의범절 등은 공산당 집권 이후, 특히 문화대혁명을 거치며 거의 완전히 사라지게 되었다. 이러한 상황에서 급속도의 경제발전으로 적지 않은 중국인들이 갑자기 중산층 이상의 지위를 갖게 되었고, 이들은 자신의 사회적 지위가 상승하였으며 그에 따라 자신의 체면 역시 더 존중받아야 한다고 생

각하게 되었다. 그러나 위와 같은 원인들로 그들의 요구나 부탁이 거절되어 체면이 손상당했다고 느낄 때 이를 중화시켜줄 브레이크 요인들이 사라지면서 결국 그들 중 판단력이 부족한 사람들은 자신의 체면이 매우 심각하게 손상되어 사실상 모욕을 당했다고 느낀다. 이러한 요소가 우리가 보기에는 도가 지나칠 정도의 과격하고 격앙된 행동으로 이어지고는 한다.

젓가락 문화 한국·중국·일본 3개국. 젓가락 모양부터 차이가 난다. 일본은 끝이 뾰족한 나무젓가락을 사용하고, 중국은 길고 두꺼운 나무젓가락을 사용하는 반면, 한국만 유독 쇠젓가락을 사용한다. 이렇게 같은 듯 다른 삼국의 젓가락 문화, 어디에서부터 유래됐을까? 먼저 젓가락은 중국에서 발명됐다. 여기엔 학자들 모두 이견이 없다. 중국 사람들은 뜨거운 음식을 쉽게 요리하거나 집기 위해 과거 대나무로 만든 집게 형태의 도구를 사용했다.

자료 : heftykr.com

- 탕 등의 그릇에 담아 먹는 음식을 들고 섭취하고, 밥 등의 음식을 긴 젓가락으로 음식을 퍼먹는다. 일본과 다른 것은 입을 가려서 보이지 않을 정도로 먹는다.

- 자신을 가리킬 때 코에 손가락 닿을 정도로 아주 가까이 '코'를 가리킨다. '스스로 自' 자가 코의 모습을 본떠 만든 글자임을 고려하면 이 습관은 상당히 오래 전부터 전해져 내려왔던 것으로 보인다.

- 식사 대접을 받을 때 자신 앞으로 나온 음식을 조금 남긴다. 음식을 모조리 먹어버리면 "당신의 대접이 너무 적어서 아직 배가 더 고프다. 당신은 쩨쩨한 사람이다."라는 불만의 뜻으로 여긴다고 한다. 그래도 보통의 한국인이라면 중국 식당이나 중국인의 초대를 받았을 때 웬만하면 음식을 남기게 될 것이다. 1인분의 양이 어마어마하기 때문이다. 2010년대 이후로는 잔반 포장문화가 정착되어 신세대 위주로 이러한 경향이 많이 줄어들었다. 대략 넉넉하게 차려주면 된다는 정도로 남기든 남기지 않든 그것은 개인 의지에

달렸다. 기준은 인원수대로 요리를 시킨 후 1탕_湯을 추가, 식사류_{밥/면}는 손님 의지에 따라 후주문을 하는 식이다.

- 밥과 음식을 함께 먹지 않고, 음식_{요리}을 먼저 먹은 다음에 밥을 나중에 먹는다. 쉽게 말하면 중국집에서 요리 먼저 시키고 밥을 나중에 시켜 먹는 것과 일맥상통한다. 특히, 북중국에서는 주식을 만두나 면으로 하는 경우가 많기 때문에 이러한 풍습이 정착한 것이다. 그리고 회전판에 돌려서 음식을 나눠 먹는다. 단, 점심식사로 먹을 때 그리고 남중국 문화권에서는 밥과 요리를 같이 먹는다. 북중국에서 면_麵

중국식당 회전판. 중국 8대 요리(八大菜系)

과 요리를 같이 먹는 것과 동일하다. 여기서 언급하는 '나중에 먹는 밥류'는 차오판_{볶음밥} 등의 밥류를 말하지, 흔히 말하는 미판_{쌀밥, 밥}은 당연하지만 따로 먹는 것이 아니다. 또한, 하나 아이러니한 것은, 일본인들도 중국식이라 생각하는 그 '회전판'이 사실은 일본 도쿄의 모 화교식당 출신이라는 점이다.

자료 : kr.people.com.cn

- 입식생활에 익숙하다 보니 장판을 깔지 않는다. 그래서 방에 들어갈 때 신발을 신은 채로 들어간다. 신발을 벗는 것은 잠을 잘 때 침대 위로 올라가면서 벗는다. 이는 서구권 사람들과 비슷한 라이프 스타일이다.

- 시대를 불문하고 남녀노소 돈을 중시하는 문화가 있다. 실제로 중국 속담에는 "돈은 귀신도 맷돌을 돌리게 만들 수 있다."를 넘어서 이제는 "돈이면 맷돌도 귀신을 돌리게 만들 수 있다."라는 말이 있고, 이연걸 주연의 영화 「명장」에서는 태평천국군을 물리치기 위한 특공대를 모집하는데, '돈'을 걸고 특공대를 모은다. 마찬가지로 아편전쟁 시절에 임칙서도 영국인 머리에

현상금을 걸어서 의용군을 모았다. 더 나아가 자신의 이익에 조금이라도 이익 혹은 침해가 된다면 적극적으로 행동하는 경향을 보인다. 이는 위에 언급된 본인의 체면이나 자존심이 훼손당했다고 생각하는 것과 비슷한 부분이라 볼 수 있다.

- 물이 부족한 헤이룽장성을 비롯한 둥베이 출신, 서부 내륙 출신의 중국인들은 물을 상당히 아껴 쓴다. 한국인이 이 지역으로 여행이나 출장을 가서 한국에서같이 물을 '물 쓰듯' 하면 현지인에게 잔소리를 듣기 십상이다. 물이 부족한 지역의 특성

중국 동북 3성 극심한 봄 가뭄
자료 : busan.com

상 잘 씻지 않는 특징이 드러나는데, 미국의 샴푸 회사인 P&G에서는 이 지역의 머리감기 습관을 조사하러 갔을 때 3컵 분량의 물로 머리를 감는 중국 농가의 여성을 보고 물을 덜 쓰는 샴푸를 개발해 중국 시장에서 큰 성과를 거둔 바 있다. 다만 상하이, 칭다오, 광저우 등 동부, 남부 해안 지역은 물이 부족하지 않고 위생 상태도 꽤나 좋은 축에 속하니 모든 중국인들을 안 씻는다고 일반화해서는 안 될 일이다.

- 흔히 중국 요리를 이야기할 때 중국에선 두발 달린 건 사람을 포함해서, 네 발 달린 건 책상과 의자 빼고 모두 먹는다는 식으로 세상의 모든 것들을, 별의 별 것까지 식재료로 사용한다는 식으로 잘 알려져 있는데 그만큼 중국 요리가 다채롭다는 이야기로 볼 수 있다. 식재료의 다양성은 차치하더라도 조리법에 한해서는 의외로 따지는 것이 있다. 식재료는 반드시 어떤 방식으로든 열을 가해서 조리해서 먹는 게 정상이고 날 것으로 먹는 문화는 그다지 발달하지 않은 편이다. 송나라 시대까지는 중국인들도 회를 즐겨

먹었으나 잦은 전란 등으로 위생문제가 대두되고, 한의학의 영향으로 인해 중국인들은 음식을 익혀먹지 않는 것은 야만적이라는 인식이 있다. 심지어 나이가 지긋하게 든 중국인들은 모든 음식을 익혀먹기 때문에 채소를 날로 먹는 샐러드조차 혐오하는 경우도 있다. 임진왜란 당시 명나라 군인들이 육회를 먹는 조선인을 보고 야만스럽다고 침을 뱉었다는 기록이 남아있을 정도다. 또한 수질이 나쁘기 때문에 차가운 생수보다는 뜨거운 차를 선호했다. 심지어 지금도 몇몇 가게에선 맥주나 콜라 같은 냉음료를 실온상태로 대접하는 경우가 종종 있다. 물론 지금은 스시 등 외국 음식문화의 영향을 많이 받고 해서 예전처럼 절대적인 금기는 아니지만 여전히 산낙지나 육회 같은 극단적인 날것 요리를 권하면 뭐든지 잘 먹던 중국인도 기겁하는 경우가 많다. 어쨌든 열을 가하는 방법 쪽으로는 무척 다양한 편이다. 다만 이것도 지역에 따라 달라서 푸젠성_{복건 요리}이나 광둥성_{광동 요리} 일부 등 일부 지역에서는 아직도 회를 먹기도 한다.

훠궈(火鍋)

자료 : m.funshop.co.kr

중국인 비판

중국인은 그 인구수만 14억에 달해서 다른 나라에서도 흔한 일부 몰상식한 행동이, 그 규모면에서는 일부처럼 느껴지지 않을 수도 있다. 1퍼센트만 해도 1,400만 명이다.

일부 중국인의 지저분하고 몰상식한 행태 탓에 한국에서는 중국인들을 기피하는 경향이 심해지는 추세지만 이는 비단 한국만이 특별히 예민한 것은 아니다. 이미 세계, 특히 중국과 직접 맞닿아 있는 동아시아, 동남아시아 국민들과의 트러블이 적지 않은 편이다. 같은 중국 안에서도 정체성이 좀 다른 홍콩인들의 경우에는 본토인들이 몰려와서 질서, 치안을 망가뜨리거나, 유원지를 아수라장으로 만들거나, 본토산보다 양질인 생필품을 쓸어가는 문제 때문에 평판이 좋지 않다. 오죽하면 싱가포르나 일본에서는 아예 중국인을 받지 않는 가게가 있을 정도로 심각하다.

한국을 방문하는 중국인은 2018년 한 해만 900만 명이 넘는다. 어마어마한 숫자로 느껴질 수 있지만, 이는 중국 인구의 단 0.6%에 불과하다. 그리고 이중에서 사고를 치는 몰상식한 중국인은 그 중에서도 극소수에 불과하므로, 일부 중국인의 행태를 보고 중국인 전부가 그렇다고 생각하는 일반화를 하는 것은 지양해야 한다. 단, 절대적인 인구수가 워낙 큰 스케일을

제주공항 셔틀버스, 구내에 쓰레기 한무더기 버리고 간 중국 관광객들

자료 : insight.co.kr

자랑하다 보니 실질적으로 외국인이 받는 피해나 트러블은 결코 쉽사리 무시할 수준은 못 된다. 2018년 상반기에만 전 세계 중국인 관광객은 7,130만 명으로 여행객만 따져도 대한민국 전체 인구수를 능가했다. 당장 위에서 언급한 편견이나 인종차별적인 시선은 당연히 거둬야 하지만 지나칠 정도로 거대한 인구 크기 탓에 받는 시선은 일부 감내할 수밖에 없는 운명이다.

이런 인구적인 측면 외에도, 중국의 발전은 비교적으로 근래 일어난 만큼 기성세대의 경우 신세대에 비해서 의식적인 측면의 차이가 매우 크게 느껴질 수 있다. 중국이 경제대국으로 대우받기 시작한 건 아무리 일러도 2008년에 미국·중국 관계를 이르는 G2라는 단어가 등장하고, 베이징 올림픽을 열어 대외적으로 중국을 크게 알리게 된 2000년대 중후반 이후의 일이다. 주변국과 비교하자면, 일본은 이미 19세기 말이나 20세기 초반 무렵에 국제적으로 패권국가로 인정받을 만큼 아시아에서 가장 빠른 산업화로 강대국 대열에 들어섰다. 그 외에 홍콩, 대만, 싱가포르, 한국의 경우 아시아의 네 마리 용이라 불리며 1980년대 초반을 기점으로 신흥공업국, 1990년대부터 부분적으로 선진국으로 인정받았다.

이처럼 국제 사회에서 인정받고 정상궤도에 오른 시점이 주변국들에 비해 상

당히 늦다 보니 타국에 나가서 지내거나 할 경우에 다른 문화권의 국민들에 대한 태도나 매너, 질서 의식이 상대적으로 부족한 경우가 많다. 즉, 외국 또는 외국인들을 상대할 때의 노하우가 매우 부족하다. 이는 중국인들의 문화적인 기질_{외향}

중국인 유학생은 뭘 믿고 '대자보 테러'에 나서나

자료 : weekly.donga.com

성, 강한 자존심, 체면 중시, 호전성, 중화사상과 맞물려 더 큰 문제를 야기하는 경우도 적잖다. 인터넷 문화와 글로벌 사회에 익숙한 신세대의 경우는 이런 경우가 상대적으로 적고 아직도 전근대적인 마인드를 가진 기성세대 상당수의 경우만 심한 것 아니냐고 볼 수 있다. 하지만 그 젊은 신세대라는 중국인 유학생들조차도 해외에 나가서 하라는 공부는 안 하고 기술을 중국으로 빼돌리는 산업스파이 행위를 한다든지 유학생 가면을 쓴 산업스파이·위장취업 활개, 목표는 첨단기술 중국에 비판적인 사람들에게 때로 몰려가 폭력을 행사하고 살해협박을 하는 깡패 짓이나 하고 돌아다니는 사람들이 많다. 자기들 스스로 '중국인 유학생 = 잠재적 산업스파이 혹은 깡패'라고 하는 낙인을 찍으며 나라 망신을 시키고 있는 게 현실이다.

- 아무래도 인구수가 많다 보니, 외국의 관광지에서 추태를 보이거나 갑질을 저지르는 중국인을 볼 확률이 다른 나라 사람에 비해 상당히 높은 편이다. 이 때문에 중국의 바로 옆 나라라서 더욱 많은 중국인들을 보게 되는 한국의 경우, 중국인의 세 가지 특성, 즉 시끄럽고, 무례하고, 안 씻는다는 선입견이 생기기도 했다. 실제로 공공장소에서 시끄럽게 떠들거나, 행패를 부리거나, 길거리를 더럽게 만드는 몇몇 중국인들이 전 세계 온라인으로 퍼져나간 지 오래다. 이를 중국 안에서도 '따마_{여성}'와 '따보_{남성}'로 칭하고 국가 망신으로 보고 있다.

- 중국인들은 중화사상으로 인한 자문화 중심주의 사상을 드러내는 경우가 흔하기 때문에, 민족 특성상 비교적 강한 자국 우월주의와 더불어 타국 비하적 사고가 강하다. 예를 들어, 설날과 추석이 중국의 명절인데 한국과 일본이 따라하며 자기네들 문화인 척 한다고 주장

세계 최악의 관광객 1위로 선정된 중국인

자료 : smartincome.co.kr

하면서 정색하는 몰상식한 중국인들이 있다. 그 밖에도 한국의 고유한 역사, 문화에 대해 중국 원조설, 소유권을 주장하는 게 한두 가지가 아니다. 그냥 별로 악의 없이 당연하다는 듯이 그렇게 생각하고 있는 황당한 경우도 많다. 이러한 중화사상으로 인한 자문화 중심주의 문제의 연장선상으로 기적의 논리[1]를 펼쳐대며 웃어넘길 수도 있는 일을 가지고 끝까지 문제제기를 하는 경우가 많다.

- 중국인의 기질에 대해 설명한 단락 중 큰 목소리, 자존심 중시, 체면 중시 같은 면이 시너지 효과를 안 좋은 쪽으로 발휘하는 경우가 많다. 그래서 국제사회에서 본토 중국인들의 시민의식이 매우 안 좋다고 보는 경향이 많아졌다. 냉전이 끝나고 전반적으로 경제적 여유가

무례한 중국 관광객들, 베트남서 '중국땅' 티셔츠 차림 논란

자료 : hankookilbo.com

생긴 것이 극히 최근이며 전 국민적으로 해외여행을 자유롭게 다니기 시작한 시점도 1997년으로 불과 20여년 정도 밖에 안 된다. 그리 오래되지 않

※ 1   자신의 주장을 관철하기 위해 전혀 상관없는 두 요소를 억지로 원인과 결과로 연계하여 근거로 사용하는 행위 혹은 그러한 억지 논리를 조롱하는 속어이다.

다 보니 타 문화권의 사람들과 엮였을 때 지켜줘야 할 기본 매너나 존중심이 부족한 경우가 아직 많다. 이 때문에 지적을 받은 경우 사과를 하고 반성하는 자세를 갖기 보다는 중국인 특유의 높은 자존심, 강한 성격, 본인 체면 중시 경향에 의해 역으로 화내거나 무시하는 태도를 보인다. 이에 데인 적이 많은 해외 현지에서는 여러모로 중국인 여행객들을 기피 대상 취급할 때가 적지 않다.

- 중국공산당이 독재하는 일당제 국가이다 보니, 자국에 대한 비판적 사고가 부족하다. 여러 세대에 걸친 반강제적인 공산화 교육에 의해 전 세계적인 기준에서 봤을 때 객관적으로 심각한 문제미세먼지, 영토 분쟁, 동북공정, 심각한 빈부격차 등가 있음에도 이를 애써 부정하거나 미화시키고 억지로 쉴드치려는 경우가 대부분이다. 그 때문에 중국에 대해 조금이라도 부정적인 말을 하면 본인에 대한 공격발언으로 받아들이고 화내는 중국인도 많다. 물론 민족주의가 강한 한국이나 일본의 경우에도 "한국인은 잘 안 씻는다.", "일본인은 원숭이를 닮았다." 등과 같은 편견이 섞인 비난을 들으면 반발하기도 하지만, 중국인의 경우는 아예 궤가 다른 편이다. 공산당의 입장과 어긋나는 순전히 정치, 사회적인 문제예를 들어, '홍콩은 중국이 아니다'라든가 '대만과 중국은 다른 나라다' 등과 같은 말들을 지적하는 경우에도 감정적으로 격하게 반발한다. 다른 문화권의 사람들이라면 비판으로 겸허히 받아들일 객관적인 문제들조차도 피드백이 안 되는 경우가 많다. 이 때문에 서양권에서 타이완 넘버원 같은 밈meme[2]이 유행하기도 했다.

- '중국어가 세계에서 가장 많은 사람들이 모국어로 삼는 언어'라고 생각하는데, 이 말 자체는 사실이다. 하지만 정작 중국 본토 이외에서 쓰이는 곳이

❋ 2 모방을 통한 문화 요소 또는 트렌드, 유행

거의 없다. 이 말은 한마디로 그
냥 중국인의 수가 천문학적으로
많다 보니 사용 인구도 많은 것
이다. 공용어로 세계 여러 나라
에서 널리 쓰이는 정도를 따져보
면 영어, 스페인어권 국가가 많
다. 물론 그 수 덕분에 UN 공용
어에 속해 있긴 하다. 같은 자국

중국인에게 중국어로 신종 코로나 예방·검사 안내하는 전주시

자료 : news.joins.com

중심적 사고를 하는 경우가 많아서 외국에 나가도 당연하다는 듯이 중국
어로 말을 거는데, 이 때문에 당황하는 사람들이 대부분이다.

• 세계 각국의 유명 관광지들도 늘어나는 중국인 해외관광객에 맞춰서, 현지
직원들에게 중국어를 배우게 하는 경우가 많아졌다. 하지만 이건 중국인
관광객들이 많이 올 만한 곳에서 일하는 직원들의 얘기고, 중국 본토와 대
만을 제외한 대부분 국가의 일반인들은 중국어를 아예 못하는 경우가 대
부분이다. 중국과 지리적으로 가까운 베트남, 한국조차도 생활 속에서 한
자를 전혀 안 쓰는데다 일반인들 중 중국어를 할 줄 아는 일반인이 거의
없다시피 하다. 그나마 홍콩, 일본은 한자를 쓰기 때문에 사정이 그나마 낫
다지만 역시나 표준 중국어홍콩의 경우 북중국계 보통화를 아는 사람은 마찬가지로
거의 없다. 이런 사람들 앞에 가서 중국인이 '가까운 이웃 국가들이니까 중
국어로 말해도 알아듣겠지?' 하고 대뜸 말을 걸어봐야, 현지인은 당황할 것
이다. 보통화를 쓰는 본토 중국인이 마음 편하게 소통할 수 있는 외국은 의
외로 대만이다. 대만과는 말이 완전히 통한다. 남북한의 언어 차이보다도
본토 중국어와 대만식 중국어의 차이가 훨씬 적게 난다. 이외에는 화교 인
구가 매우 많은 싱가포르 정도이다.

• 워낙 다사다난했던 근현대사를 보냈기 때문에 세대차가 세계적인 기준으로도 매우 극심한 편이다. 이해하기 쉽게 설명하자면 중국의 노년층은 중일전쟁, 국공내전을 직접 목격했거나 그 시기에 태어나서 대약진운동, 문화대혁명을 온몸으로 겪은 전근대적인 세대이다. 중장년층의 경우는 덩샤오핑 집권 이후 산업화와 고도성장을 목격하고 청년기를 보낸 과도기적인 세대이다. 현재 중국의 신세대인 경우는 21세기 전후의 글로벌리즘 사회와 고도로 발달한 인터넷을 태어나면서 누려온 세대이다. 세대 간의 격차가 거의 다른 시대 사람이라고 봐도 좋을 정도로 판이하게 다르다. 물론 한국의 경우와도 비슷한 궤도이지만 중국은 한국보다 더 최근에, 더 빠른 속도로 국가 경제, 사회체제가 뒤바뀌어서 그 격차가 더욱 심한 편이다. 실상 위에 언급된 비판 항목의 대다수가 청소년, 청년층에서는 사례가 드물지만 그 윗세대는 아무런 자각 없이 저지르는 경우가 많다. 의식수준의 차이가 매우 큰 편이다. 중국인의 지역감정 또한 상당한데 워낙 넓은 영토에 무지막지하게 많은 인구수와 더불어 보통화, 광둥어 항목을 각각 보면 지역별 언어 차이가 아예 외국어 수준으로 높다. 후술하겠지만 지역별 문화 차이도 상당하고 경제소득의 지역차이 역시 커서 1인당 평균소득 기준 최대 5천만 원 가까이 벌어지는 등 여러 부분에서 격차가 매우 극심하기 때문이다.

중국의 세대별 특징

	60년대생	70년대생	80년대생 (바링허우)	90년대생 (주링허우)
시대 배경	건국 직후 빈곤, 중소(中蘇) 갈등, 문혁(文革) 시작	문혁 일단락, 개혁 개방 시작	**개혁 개방, 경제성장, 가족계획**	고속 성장, 유학과 해외여행 증가
직업관	직업에 광적으로 충실	직업에 충실	**초과근무 사양**	출근도 사양?
주요 화제	아이, 퇴직, 국제정세와 주요 인물 임면(任免)	업무. 주식	**영국의 프리미어 리그 등 다양**	메신저 잡담
상사에 대한 태도	자리 양보하고 깔개 깔아주기	자리 양보	**'평등' 강조**	유아독존
회식 때 선호하는 자리	사장의 맞은 편	사장의 옆	**어디든 관계없다.**	"내가 사장이다"
결혼관	배우자뿐 아니라 애인도 처녀 고집	배우자만 처녀이면 됨	**사랑만 있으면 됨**	결혼해야 해?

자료: 인터넷 포털 바이두닷컴

중국에 한족은 없다

14억 중국인 가운데 92%를 차지하고 있다는 한족漢族이 실제 조사 결과 '유전학적으론 현존하지 않는 제3의 혈통'으로 나타났다. '한족은 혈통 개념이 아니라 문화적인 개념'이라는 통설이 학술연구로 밝혀졌다는 점에서 이목을 끈다.[3]

중국 간쑤甘肅성 란저우蘭州대학 생명과학학원 셰샤오둥謝小東 교수는 "순수한 혈통의 한족은 현재 없다."는 연구 결과를 2007년에 발표했다고 중국 언론들이 보도했다. 그의 연구 결과는 중국 서북지역의 소수민족 DNA 연구 등을 통해 나온 것이다. 셰

한족의 분포

자료 : brunch.co.kr

※3 유광종, "중국에 한족은 없다", 국제 중앙일보, 2007. 2. 16.

교수는 "DNA 조사 결과 현대 중국인은 다양한 민족의 특질이 고루 합쳐진 것으로 어떤 특정 민족의 특질이 도드라지게 나타나지 않았다."고 설명했다.

그는 "오래전부터 '한족은 중원中原에 살고 있다'고 생각돼 왔으나 이는 특정 시기의 한족을 주변의 다른 종족과 구별하기 위해 만든 지역적 구분일 뿐"이라면서 "이젠 한족을 그렇게 지역적으로 따져 정의할 수는 없다."고 지적했다. 예를 들어, BC 11세기 현재의 산시陝西성 시안西安에 수도를 정한 서주西周는 한족 정권에 속하지만, 그 이후인 춘추전국시대에 같은 지역에 세워진 진秦은 소수민족인 '서융西戎, 서쪽 오랑캐'이 주류였다는 것이다.

또 중국 역사에 나타나는 중원의 범위는 주로 현재의 산시山西 남부와 장쑤江蘇 서부 및 안후이安徽 서북부 등의 소수 지방을 포함한 허난河南성 일대였으나, 이곳에 거주한 사람들을 한족이라고 규정하는 것도 역사적 사실과 부합하지 않는다는 주장이다.

중국인들은 또 자신들이 '염제炎帝와 황제黃帝의 자손炎黃子孫'이라고 주장하지만 연구 결과 황제와 염제의 발원지도 중국인들이 오랑캐로 치부해 왔던 '북적北狄' 지역이었던 것으로 연구 결과 드러났다. 황제와 염제의 발원지는 모두 현재의 간쑤성과 산시陝西성에 걸쳐 있는 황토 고원지역으로 이 두 곳 모두 한족의 본거지가 아닌 것은 물론 주요 거주지역도 아니라는 얘기다.

셰 교수는 "연구 결과 오히려 중국 북부에서 남부로 이주한 객가족客家族[4]이 고대 중원인의 문화 전통을 계승한 것으로 밝혀졌다."면서 "이들의 고어古語, 풍속 및 습관에서 나타나는 역사의 흔적을 보면 그들이야말로 진정한 중원인"이라고 강조했다.

❋4　하카 또는 객가(客家)는 한족의 여러 민계(民系, Han Chinese subgroup) 중의 하나이다. 원래 화북의 황하 유역, 중원이라 부르는 지역에 살고 있던 후한 시대 한족 '명문 귀족'의 자손이라 한다. 이들이 사용하는 언어인 하카어(객가어)는 일찍이 중원에서 쓰였을 것이라 생각되는 고대 북방 중국어의 일종으로, 그 때문에 숫자의 발음 등이 현재의 일본어 독음에 가깝다는 말도 있다.

중국 객가족의 전통주택 토루(土樓)

중국은 모조품 천국

흔히 모조품이라고 불리는 중국의 '모조상품'에 관해 알아보자. 모조품은 포괄적인 범위에서 '지하경제'의 산물이다. 지하경제의 사전적 의미는 과세의 대상이나 정부의 규제로부터 피하기 위하여 합법적·비합법적 수단이 동원되어 이루어지는 숨은 경제다. 우리나라는 OECD 국가 중에서 지하경제의 규모가 네 번째로 큰 나라다. 다시 말하면 아직도 세금을 피하기 위한 돈세탁이나, 모조품, 매춘, 온라인 불법머니가 성행하고 있다는 것이다. 하지만 이러한 구조는 중국이 더 큰 규모로 가지고 있을 것이다. 특히, 지방정부와 기업가들 사이에 행정적인 투명성에 문제를 보이고 있고, 많은 농민공들이 도시에 올라와서 힘들게 생계를 유지하고 있는 점, 세계 모조품 생산의 부동의 1위를 점하고 있는 점 등을 고려할 때 중국의 GDP 규모 대비 지하경제 점유율은 훨씬 클 것이다. 한마디로 지하경제는 통상적으로 재화와 서비스를 생산하는 합법, 불법적인 행위 가운데 GDP의 공식적인 계정상에 나타나지 않는 경제활동들을 통틀어 지칭한다. 이러한 지하경제의 여러 종류 가운데서 중국이 생산해 내는 모조품은 우리나라를 비롯한 이웃 국가에도 직간접적인 영향을 끼치고 있다.[5]

짝퉁 시계

자료 : tpreport.kr

기실, 중국이 가짜 상품과 저질 상품만을 생산한다는 편견이 우리들 머릿속에 자리잡힐 정도로 중국산 가짜 상품은 수량이 엄청나다. 글로벌 기업 스타벅스의 중국에서의 상표권 침해부터 일반 음식, 대학 졸업장까지 중국에서는 '어머니만 빼고 전부 가짜를 만들 수 있다.'라고 할 만큼 모조품이 만연해 있다. 중국이 개혁개방 이후에 순항하고 있는 경제발전 밑그림에 먹칠을 할 수 있는 요인 중의 하나가 이 가짜 상품이다. 중국은 수많은 가짜 상품으로 인하여 세계의 조롱거리가 되는 한편 국가 이미지에 치명타를 입었다. 하지만 그 내면을 들여다보면 가짜 상품을 완벽하게 제거하기란 쉽지 않은 일이다.

다양한 형태의 중국 모조품

이제는 외국인들에게 공식적인 관광코스가 되버린 유명 모조품시장은 상하이 홍차오红桥 시장이다. 이곳에는 의류·가방·신발·시계 공예품 등 전 세계 유명메이커 상품과 똑같은 것들을 팔고 있다. 이제는 외국인들이 꼭 들르는 관광코스가 되어버렸다.

❀ 5   고재희, 중국에 모조품 많은 이유 알아보니, 기획재정부 공식 블로그, 몬이의 블루마블, 2009. 12. 2.

역시 홍차오 시장 내부의 시계들은 모조품 시계들이다. 하지만 놀라운 것은 품질이나 성능이 진품과 진배없는 것들이 많다. 한 가지 팁이라면 저기에 진열되어 있는 것들 말고 A급 상품을 따로 달라고 하면 상인들이 정말 좋은 것을 내보여준다. 그리고 가격도 처음에 상인이 부르는 값의 10분의 1 정도가 적정가라고 생각하고 끝까지 흥정해야 한다.

아래의 제품들이 진품 메이커들이고 위의 것들이 가짜 상품들이다. 이러한 가짜 상품들은 빈부격차가 심한 중국에서 서민들에게 많은 환영을 받고 있다. 또한 삼성을 'SAMMENG'으로 표기하고 모조품으로 파는 업체들도 있는데 이 때문에 우리의 글로벌기업의 이미지도 손상을 입고 있다.

중국의 짝퉁 휴대폰

자료 : murmur.tistory.com

다음은 술이다. 가운데가 중국이 자랑하는 명주 마오타이^{茅台} 진품이다. 이 술은 마오쩌둥이 즐겨 마시고 저우언라이가 외국의 영빈들을 접대할 때마다 내놓아서 유명해진 술이다. 원산지가 귀주인데 그 지방에서는 아직도 전통적인 방식으로 생산하기 때문에 시장에 내놓을만한 여유분은 없다고 한다. 한국인들이 중국여행 갔을 때 가장 많이 사오는 술이기도 한 이 술은 시중에 나와 있는 것 중에 90%가 가짜라고 보면 된다. 백화점 면세점에서 파는 것조차 그렇기에 애주가 분들은 중·저가의 중

중국의 유명한 바이주들. 왼쪽으로부터 우량예, 구이저우마오타이, 샤오후투시엔이다. 이들 모두 향이 대단히 뛰어나다.

자료 : news2day.co.kr

카트라이더 진품과 가짜(오른쪽)

국 전통술을 사는 게 나아 보인다.

또 하나 술에 관한 이야기를 하자면, 현지에서 근무하는 주재원들이나 비즈니스맨들이 공통적으로 하는 이야기는 현지 술집에서 맥주나 양주 모두 100% 가짜이기 때문에 중요한 날 중요한 손님을 접대하기 위해서 진짜 술을 따로 부탁해야 하는 상황이라고 한다.

IT, 소프트웨어의 불법 복제도 극성을 부리고 있다. 위의 그림 좌측은 우리나라의 게임 카트라이더이고 오른쪽은 중국의 복제 게임이다. 이것은 모방한 것이 아니라 게임의 그래픽과 시스템 매뉴얼을 조금도 틀림없이 베껴버린 불법 복제품이다. 이 게임이 중국 전역에서 버젓이 상용화되고 있다. 우리나라 게임 개발사 넥슨이 정식 절차를 밟아서 수출을 했다면 수십 억의 이익을 낼 수 있었다. 지금까지 전자제품과 자동차, 조선 사업 등이 우리나라 경제를 이끌고 왔다면 앞으로의 온라인게임 산업도 우리나라의 경제성장 동력으로서 가능성이 있다고 본다.

다음 사진은 2009년 10월에 KOTRA에서 개최한 중국 모조품 박람회다. 국내기업들과 소비자들의 피해를 줄이는 차원에서 개최했다고 한다. 이처럼 중국에서는 생활의 모든 것에 모조품이 있다. 그 중에서 특히 심각한 문제는 먹을 것에 관한 것이다. 모조품 주스를 먹고 초등학생들이 사망하는 사건, 가짜 계란을 먹고 실명한 사건들이 중국 내에서 충격을 주고 있다. 실제로 모조품이 워낙 생활 깊숙하게 침투해 있다 보니, 생활습관에도

KOTRA 중국 짝퉁 제품 박람회

자료 : donga.com

영향을 주는 경우가 있다. 비공식적인 통계로는 중국 시중에 유통되는 현금 중에서 약 2~4% 정도가 위조지폐라고 한다. 그래서 중국에서는 현금거래를 할 경우에는 개인거래에서도 반드시 위조지폐인지를 꼼꼼히 확인한다.

또한, 중국에서 유학하거나 직장생활을 하는 사람들은 워낙 모조품이 많다 보니 모조품인 줄 알고도 사용하는 경우가 있다. 실제로 모조품 중에는 진품 수준과 비슷한 것들도 간혹 있기 때문이라고 한다. 이 때문에 중국 서민들 중에는 모조품을 쓰는 것이 흔히 경제학에서 말하는 효용성을 높여준다고 생각하는 사람들도 적지 않아 보인다.

 ## 중국은 왜 이렇게 모조품이 많이 나올까

모조품에 대한 중국인들의 인식

중국은 시장경제 도입으로 인해 놀라운 경제발전을 이루었지만 그러한 제도와 함께 발전되어야 할 '공정한 시장경제' 정신의 발전이 일치되지 않았다. 시장경제가 원활하게 돌아가고 더욱 발전되기 위해서는 그것을 보호해줘야 할 국민

들의 의식과, 정부의 제도가 필요하다.
하지만 중국인들은 돈 버는 일에 정도
가 있다는 것을 간과한 측면이 있다. 이
로 인하여 중국 사회는 상거래에 있어
서 각종 편법이 난무하고 비리가 들끓

자료 : chaovietnam.co.kr

고 있다. 그렇기에 국민 대다수가 '지적재산권'이라는 개념에 대해서 인지하고 있는 정도가 상대적으로 미미하다. 이는 결국 시장경제를 크게 위협하는 장애적인 요소가 될 것이다. 이것은 우생학적인 논리로 민족의식을 자극하려는 것이 아닌 한 사회가 제도적인 발전과 정신적인 발전이 일치하지 않는다는 인류문화적인 논리로 접근하는 것이 맞다고 본다.

또한, 중국인들은 체면을 중히 여기는 민족이다. 특히, 소득수준이 낮은 대다수 사람들에게 이러한 성향이 나타나는데 진품은 비싸서 살 수 없으므로 모조품으로 대리만족하는 소비자 행동을 관찰할 수 있다.

중앙 정부의 소극적 태도와 지방정부의 이기주의

중국 정부는 모조품 단속 캠페인을 종종 실시하는 등의 힘을 쏟고 있다. 전국 각지에서 가짜 DVD를 산처럼 쌓아놓고, 지방의 지도자가 지켜보는 가운데 불도저가 그 위에 올라 분쇄해, 정부의 모조품 박멸 의지를 보여주는 집회가 크게 보도되곤 한다. 그러나 보는 이에게는 하나의 쇼로 비춰질 뿐, 모조품이 조금도 사라지지 않는 현실을 개탄하게 된다. 모조품 산업의 규모가 워낙 거대하다 보니 한꺼번에 소탕을 하게 되면 지방경제에 큰 타격을 주게 된다. 이는 곧 지방정부들의 반발을 불러 올 수 있다. 또한, 중국의 지방정부는 자신들의 권역 내의 경제적 발전을 앞다투어 경쟁하기 때문에 중앙 정부 입장에서는 어느 지역을 우선적으로 단속하기가 애매한 입장이다.

또한, 지역사회에 모조품 생산이 미치는 긍정적인 영향도 무시할 수 없다. 실례로 온주에서만 가짜 스위치 기어 생산에 20만 명이 종사하고 있다고 하니 엄청난 고용창출 효과를 일으키고 있다고 할 수 있다. 그렇기 때문에 중앙 정부 차원에서도 실업 해결에 도움을 받고 있다. 실제로 실업 문제가 커져가고 있던 시기에 모조품 산업으로 일부에서만 300~500만 개의 일자리가 창출되었고 400억~800억 달러의 소득증가가 있었다는 통계도 있다.

중국에 진출한 기업들에 의한 첨단 기술의 이전

세계적으로 첨단의 기술을 갖고 있는 많은 기업들이 중국에 공장을 두고 제품을 생산하고 있다. 중국에서 제품을 생산하면서 그들이 가진 기술의 일부를

삼성, 중국서 스마트폰 줄일 때 반도체는 증설

삼성SDI 시안 중대형 배터리 공장

삼성전자 계열사의 中 생산공장 현황

삼성전자		삼성SDI	삼성전기
스마트폰	톈진공장 가동 중단(12월 말)	배터리 -톈진 소형 배터리 공장 증설(2019년 완공)	MLCC(전자부품) 톈진 자동차용 MLCC 공장 신축 (2019년 완공)
TV	톈진공장 생산량 단계별 감축	-시안 중대형 배터리 2공장 신축 추진	
반도체	시안 낸드반도체 2공장 신축 (2019년 완공)		

자료 : biz.chosun.co

중국에 이전해주고 있고 이러한 기술을 이전받아 중국 업체들의 기술력은 더욱 향상되고 있다. 최근에는 이런 기술이전뿐만 아니라 한국이나 일본을 통해서 극비리에 기술유출을 해가는 국제범죄 형태로서 진화되고 있다. 이때문에 모조품의 기술력은 놀라울 정도로 진일보하고 있으며 이런 기술력을 통해 꾸준한 수요를 확보하고 있다. 아무리 값이 싸도 쓸모가 없으면 사지 않을 것이지만 중국 모조품은 그만한 경쟁력을 갖추고 있다는 것이 중론이다.

 ## 우리나라 경제에 미치는 영향

국내 제품의 시장 점유율 하락으로 인한 매출 감소

최근에는 중국산 모조품이 국내 제품보다 앞서 해외 수출까지 이루어지는 일이 발생하여 시장 선점 효과까지 잃게 되는 경우가 나타났다. 예를 들어, 미국 애플사의 '아이팟'과 중국 모조품 MP3 플레이어들 때문에 한국의 세계시장 점유율이 2007년 41%에서 2008년에 32%대로 떨어진 데 이어 2009년에는 20%에 그쳤다고 한다. 또한, 특정 산업의 매출 피해로 인해 그 산업의 붕괴 위험도 커지고 있다. MP3 업계를 예로 들자면 모조품 MP3들이 저가 시장을 장악함으로써 중저가 위주로 힘써온 국내의 많은 중소 MP3 업체들이 실제로 도산 위기에 몰려있다.

한국기업의 브랜드 가치 하락

국내를 대표하는 기업이라고도 할 수 있는 삼성전자의 경우도 이미 로고 자체를 모방한 업체예를 들면, SAMMENG가 버젓이 생산 활동을 하고 있으며 각종 전자제품에서도 삼성의 모조품들이 범람하고 있다. 코카콜라의 브랜드 가치가 가치평가 결과, 시가 총액의 절반이 넘는다고 하는데, 모조품에 의한 우리 제품의 브랜드 가치 하락은 참 안타까운 대목이 아닐 수 없다.

중국의 온갖 가짜 브랜드

자료 : bada.tv

국내 수지의 악화

모조품을 막기 위한 정부나 기업 차원의 비용 증대도 무시할 수 없는 상황에 이르렀고 모조품 수입으로 인해 국내 수지까지 악화되고 있다. 산업자원부 산업기술국장은 베이징 지적재산권 보호센터 개소식에 참석해 "외국산 모조품이 국내 수출에 미치는 영향이 연간 171억 달러에 달하고 이 중 35%가 중국에서 발생한다."고 소개하며 중국 진출 국내 기업들의 적극적인 대응을 주문했다고 한다. 많은 기업들이 모조품을 막기 위해서 막대한 비용을 쓰고 있고, 법적인 조치를 취하고 있지만 그래도 역부족이라고 한다.

중국 내 한류 확산에는 기여, 그러나 장기적으로는 손해

반면, 경제에 직접적으로 미친 영향은 아니지만 단기적으로 한국에 긍정적 효과를 가져온 것이 있다면 모조품의 범람이 의외로 중국 내 한류의 확산에 일부 기여를 했다는 것이다. 이는 한국 문화 상품의 95% 이상이 모조품이라는 점 때문인데, 예를 들어 2000년 이후로 봇물처럼 쏟아지기 시작한 DVD 타이틀이

베이징의 짝퉁 DVD매장
자료 : news.joins.com

한국 영화의 일대 붐을 일으키게 했다는 점이 바로 그것이다. 특히 「엽기적인 그녀」는 2002년 한 해 동안 해적판을 포함하여 400만 장 이상 팔린 것으로 추산된다. 과거에 중국 서민 대부분은 정당한 돈을 내고 문화산업을 향유할 수 있을 만큼의 여력이 되지 않았는데, DVD 해적판이 유통됨으로써 한국문화를 알게 되었다는 것이다. 그러나 이는 아주 단편적인 이야기일 뿐이고 장기적으로 봤을 때, 중국 내수시장에 눈을 돌리고 있는 현재 우리나라 기업에게 있어서 중국의 모조품은 커다란 걸림돌이 아닐 수 없다. 모조품 컨텐츠를 선호하는 문화가 한류 확산에 기여했지만 이러한 문화가 모조품 공산품을 선호하는 문화와 연계된다면 수출 경제에 큰 장애가 될 수 있다는 것이다.

중국에서 유통되는 영화 DVD의 93% 정도가 불법 복제판이다. 해적판 DVD는 지하철역에서 쉽게 구할 수 있다. 심지어 가정까지 배달해주는 불법 판매업자도 있다. 가격은 정품의 절반도 안 돼 소비자가 혹할 수밖에 없다.

자료 : chinacafe.tistory.com

부패 공무원 보시라이의 경우

 개요

보시라이薄熙來는 중화인민공화국의 정치가이자 전 다롄 시장, 전 충칭시위원회 서기, 범죄자다.

혁명원로의 자제들로 구성된 태자당⁶ 파벌의 일원으로, 중국공산당 원로이자 정부의 재정부장을 역임한 보이보薄─波의 아들이다. 아버지 보이보는 이른바 8대 원로의 한 사람이라 태자당 중에서도 성골 중의 성골이었다. 보시라이는 키가 186cm나 되는 장신의 훈남이다. 한마디로 말해서 집안 좋고, 머리도 좋은 공산당의 엄친아인데다가 행정능력도 뛰어나고 빈부격차 해소와 복지정책 확충이라는 괜찮은 비전도 제시했으며 범죄와의 전쟁을 선포하여 시민들에게 많은

❊6

인기를 끌어 유력한 차기 대권주자에 올랐다. 하지만 막상 본인이 몸 처신을 제대로 안하면서 무리수를 둔 대가로 몰락한 예로 알려져 있다.

보시라이

문화대혁명 때문에 제대로 된 대입시험은 1976년까지 이루어지지 않았고, 1977년에 대입시험이 부활했을 때 이걸 패스한 최초의 엘리트 학번이다. 순식간에 베이징대학 역사학 학사와 중국사회과학원 석사를 취득해서 학벌까지 갖췄다. 심지어 언변까지 굉장히 탁월해서 인터뷰, 연설을 했다 하면 허구한 날 신문에 기사가 실렸다. 실제로 기자들이 가장 많이 달려들었던 정치인 중 하나이기도 했다.

자료 : namu.wiki

 일생

문화대혁명

고급 중학교에 다녔을 때 문화대혁명이 터졌고 보시라이도 당대의 여느 중국 청소년들처럼 홍위병으로 활동했다. 이 당시에는 연동

보이보(1946년, 38세)

連動의 멤버였는데, 연동에서는 "뿌리가 붉으면 곧은 싹이 나온다.", "아버지가 영웅이라면 아들은 호걸, 아버지가 반동이면 아들은 바보" 등의 혈통론을 선전했었다. 하지만 당시 아버지가 반동으로 몰려 자신의 '반동혈통'으로 출셋길이 막힐 뻔하자 홍위병들이 보는 앞에서 아버지를 두들겨 패 갈비뼈 두 개를 부러뜨렸다는 이야기가 있다. 그런데 그 와중에 아버지는 아들에게 두들

자료 : en.wikipedia.org

겨 맞으면서도 속으로는 '제대로 정치인의 자질이 있구나.'라고 하며 기뻐하였
다고 한다.

"강청이 나를 반동분자로 선포하자, 나의 아들인 어린 시라이까지도 나에게 철권을 날렸
다. 나는 눈앞이 시커멓게 되면서 땅바닥에 쓰러졌다. 이 독한 어린 아들은 다시 앞으로 나와
서 발로 가슴을 몇 번 밟았다. 당시에 늑골 세 개가 부러졌다. 이 육친불인, 손속이 독하고 마
음이 악독하고 부친마저도 죽이려 할 정도인 것을 보면, 이 어린 아들은 우리 당의 미래 후계
자로서 좋은 재목이다. 나중에 분명히 잘될 것이다."

당시 38세의 보이보1908~2007, 장수하여 아들 보시라이가 그 덕을 볼 수 있었
다. 참고로 보시라이 본인도 아버지의 후처 사이에서 얻은 아들인데, 뒤에서 이
사람의 결혼 생활이 포함된 사건을 보면 이런 것도 유전인가 할 정도로 닮았다.
문혁 시절에는 교육기관도 정상적인 기능을 하지 못하였으므로, 보시라이는
이 시기에 대학도 안 가고 노동자로 일하고 있었다.

결혼과 이혼, 재혼

이때 같은 혁명공신 리쉐펑의 딸 리단위와 중매로 결혼한다. 이후 문화대혁
명이 끝나자 보시라이는 뒤늦게 베이징대
학에 입학했다. 이 결혼은 6년 만에 이혼
으로 끝났는데, 이유는 보시라이가 대학
을 다니면서 리단위 오빠의 부인의 동생
그러니까 큰 처남댁의 동생 구카이라이谷開來와 눈이
맞았기 때문이었다. 이때 이미 보시라이와
리단위는 아들이 있었으나 이들은 이혼했
다. 아들 왕즈는 다른 여자에게 간 아버지

젊은 시절 보시라이 전 중국 충칭시 서기와 그의 첫 부인 리단위 씨
의 다정한 모습. 이들은 문화대혁명 막바지인 1975년 처음 만났다.

자료 : donga.com

를 증오한 나머지 성을 어머니를 따라 리씨로 바꿨다고 한다.

출세

어쨌든 구카이라이는 법학을 공부해 변호사가 되었고, 보시라이는 태자당으로 공산당에 들어가 출셋길에 올랐다. 보시라이를 출세로 올린 것은 다롄 시장직이었다. 이때 보시라이는 범죄와의 전쟁을 벌여 많은 깡패들을 잡아 소탕했고, 반부패운동도 벌여 부패 공무원을 추방했다. 게다가 시의 미관에도 많은 힘을 기울여 다롄은 중국에서도 손꼽히는 미항으로 꼽힌다. 때문에 보시라이는 퇴임할 때 다롄 시민들의 열렬한 환송을 받았으며, 이때의 공적으로 차세대 주자로 떠오르게 되었다. 이때 한국도 자주 방문하는 등, 지한파

보시라이 부인 구카이라이는 '중국의 재키 케네디'

자료 : hani.co.kr

중국 정치인으로 꼽혔다. 이 당시 다롄 시민들은 축구, 패션, 그리고 보시라이를 다롄의 세 가지 보물로 일컫기도 했다.

이때 다롄 공안국장이었던 왕리쥔王立軍을 심복으로 두게 되는데, 왕리쥔은 지나치게 저돌적인 성격이었고, 그 덕분에 보시라이는 많은 성과를 거두었으나, 무리수 때문에 많은 적을 두게 되었다. 이런 관계는 후에 악연으로 끝난다.

충칭시위원회 서기/상무부장

이런 공적으로 랴오닝성 성장을 역임했고, 이후 충칭시위원회 서기로 승승장구했다. 이와 함께 로펌을 설립한 부인도 남편이 공산당의 고관이라는 배경에 힘입어 사업에 큰 성공을 거두었고, 외동아들을 12세부터 영국의 해로 스쿨 Harrow School에 유학 보낼 정도였다.

2004년에는 중앙 정부의 상무부장에 임명되어 2007년까지 중앙 정부에서 일하기도 했다. 이 시기 중국은 고속성장을 거듭하여 독일과 일본을 제치고 세계 2위의 경제대국으로 발돋움한다.

2006년 뭄바이에서 인도 총리 만모한 싱이 "미래는 아시아의 시대가 아닌 자유의 시대"라고 중국을 에둘러 까자 다음날 "데모할 자유는 민주주의가 아니다."라고 하는 말로 인도를 공격하며 '민주주의 논쟁'을 일으켰다. 또 같은 해 중국산에 대한 우려가 높아지자 "중국 제품과 식품은 안전하다."라고 말하기도 했다.

2007년에 충칭시위원회 서기로 부임하게 되었는데 이때 보시라이는 충칭이 소득재분배 정책 시범 추진지역으로 선정되면서 임대 아파트 보급 등 복지제도의 대대적인 도입 및 인프라 건설사업을 주도하게 되었다. 이러한 정책이 큰 성과를 거두면서 충칭시 주민들의 열렬한 지지를 얻게 되었다. 그 이전까지 마오주의 노선과는 철저하게 거리가 멀었던 보시라이는 당 중앙상무위원회 진출을 염두에 두고 자신의 정책에 좌파적인 색채를 씌우기 시작했다.

창홍타흑

보시라이는 차기 대권주자로서 자신의 입지를 굳히기 위해서 창홍타흑唱紅打黑이라는 구호를 내세우며, 중국의 개방화와 함께 무너져가고 있던 공산당 문화의 부흥을 외쳤다. 이에 앞장선 것이 몽골계 심복 왕리쥔王立軍이었다.

'타흑'이란 부패한 자를 몰아낸다는 뜻으로 1,500명이나 되는 부패·폭력 범죄자를 체포하였는데, 이 과정에서 탈법이나 편법이 판쳤다는 잡음이 심하게 일었다. 가령 재력가를 고문하여 재산을 상납하게 하고 중죄인으로 처리해버리는 식으로 축재를 했다고

왕리쥔

자료 : magazine.hankyung.com

전해지며 전임자의 측근도 비슷하게 처리했다고 전해진다. 어쨌든 당시 최고의 부패경찰로 악명 높았던 충칭시의 사법국장인 문강을 본격적으로 탈탈 털면서 부정축재, 성폭행 혐의를 캤

충칭 제후 보시라이

자료 : m.blog.naver.com

다. 이때 연못 바닥에 방수처리를 하고 그 밑에 돈을 깔아놓는 수법을 쓴 문강을 까발리는 것을 전국적으로 방영하며 중국인들에게 엄청난 환호를 받았다. 이 과정에서 문강을 공개재판 1심 사형, 2심 사형으로 바로 처형해버리면서 이 인기에 불을 붙였다.

'창홍'은 이른바 「唱红歌, 读经典, 讲故事, 传箴言」라고 하여, 옛 경전을 읽히고 공산당 문화를 부흥시키겠다는 것이다. 공산당의 선전가를 부르는 운동이 일어난 것은 물론 문자 메시지, 마이크로 블로그 등을 통해 옛 경전의 글귀나 명언 등이 널리 퍼졌다. 공산당 선전과 관련된 문구가 있었던 건 말할 것도 없다.

이 과정에서 자본주의의 상징인 광고가 충칭 지역 방송에서 금지되었는데, 이에 대한 일화가 있다. 2011년부터 지역 방송국에서 광고를 빼고 공산주의와 사회주의의 사상과 관련된 프로를 틀도록 지시했는데, 관계자들이 "광고가 다 팔렸다."라며 반발했지만 보시라이는 이를 무릅쓰고 밀어붙였다고 한다.

또, 보시라이는 사회주의적 가치인 분배를 강조하는 발언을 여러 차례 해서 가난한 중국 서민들에게 호응을 얻었고 이를 위해서 저가 임대주택을 널리 보급하기도 했다. 이것을 '충칭 모델' 나아가 '차이나 컨센서스'라 부르기도 했다. 그러나 이것은 일종의 포퓰리즘적인 정책, 즉 민중의 인기를 얻고 공산당의 지도 체계를 무너뜨리려는 시도로 보여서 정적들의 경계를 샀다.

그가 정치적 스승 저우융캉의 뒤를 이어 중앙정치국 상무위원과 중앙정치법률위원회 서기를 노린다는 얘기가 많았다. 상무위원은 우리나라로 보면 대통령

과 5부 요인국회의장, 국무총리, 대법원장, 선관위장, 헌재소장급이고, 정법위 서기는 우리나라로 치면 민정수석비서관+국회 법사위원회 위원장+당 중앙법사위원장으로 당 서열 9위이지만 사법부의 수장이라 할 만큼 권력이 엄청나다. 한국에선 장관급인 법사위와는 달리 수상이나 부통령급으로 검찰부장과 최고재판소장, 공안부장, 법무부장, 그리고 정규군에 버금가는 무력인 중국 인민무장경찰 사령관을 통솔할 정도로 사법계에서 막강한 자리이다.

왕리쥔 사건

그런데 갑자기 2012년 3월 초, 보시라이는 그동안 창훙타흑을 지휘하던 측근인 왕리쥔을 공안부장에서 해임하고 문화담당 부시장으로 발령을 냈다. 이는 표면상 승진이었으나 실제로는 실권 없는 자리로의 좌천이었다. 이 직후 왕리쥔은 청두시 미국 영사관을 통해 망명을 시도하는 초유의 사건이 일어났다. 이 사건의 원인을 두고 말이 많은데, 중앙 정부에서 보시라이에 의심을 품고 조사하기 시작하자, 보시라이는 이를 왕리쥔에게 떠넘기려고 했고, 이를 위해 좌천시켰다가 결국 불안을 느낀 왕리쥔이 망명을 시도한 것이라고 알려져 있다. 왕리쥔은 중국의 기밀정보를 대량으로 가지고 있다는 의혹이 있었으며, 보시라이가 자신을 떨쳐버리려고 한 것에 분통을 터트려 망명하려했다는 의혹이 널리 퍼졌다.

그렇지만 백악관의 지시로 왕리쥔의 망명은 거부되었고, 보시라이는 왕리쥔의 신병을 확보하지 않으면 자신의 모든 치부가 낱낱이 밝혀져서 목숨이 달아날 판이었다. 얼마나 급했던지 보시라이는 자신의 관할 지역을 넘는 것은 물론 외교적 무례조차 신경 쓰지 않고 충칭 공안차량 70대를 보내 청두 미국 영사관을 포위해버렸다.

당연히 미국 측은 미쳤냐며 노발대발했고, 놀란 중앙당에서도 급히 쓰촨성

공안병력을 출동시켜서 충칭시의 공안병력과 대치하게 된다. 내전civil war 일촉즉발의 상황에서 결국 보시라이의 충칭 공안병력들은 철수했고, 이 시점에서 보시라이의 운명은 결정난 것이었다. 왕리쥔은 국가안전부에 연행되어 베이징으로 압송

압송되는 왕뤼진

자료 : newsfc.co.kr

된 후에 보시라이의 치부를 까발리기 시작했다.

몰락

보시라이는 이러한 의혹들이나 자신이 부패 혐의의 조사 대상이라는 의혹을 부정했다. 하지만 결국 2012년 3월 8일, 원자바오 총리가 직접 담화에서 보시라이의 이름을 거론하며 실명 비판했다, 게다가 "문화대혁명이 다시 벌어질 수도 있다."라는 발언을 함으로써 보시라이는 치명타를 입었다.

중국 정계에서 문화대혁명은 하나의 금기인데, 비록 현재 주류 세력인 덩샤오핑 계열이 반反문혁을 모토로 하고 있기는 하나 문혁을 지나치게 까고 부정하기만 하면 기존의 극좌 세력들이 반발할 가능성을 배제할 수 없기 때문이다. 그래서 공식적으로 문혁을 마오쩌둥의 극좌적 오류라고 규정하여 그의 과오 중 하나에 포함시키긴 했지만 그 이상의 과격한 평가나 파고들기는 하지 않은 채 적당히 거리를 둔 것이다.

그런데 원자바오의 발언은 보시라이의 창홍타흑이 곧 '인민을 선동하여 중국 공산당의 체계를 망가뜨리는' 문화대혁명과 같은 행위라고 매우 극단적으로 비난한 것이다. 중국 정치권이 문혁에 대해 애매한 태도를 보이는 게 문혁을 좋게

평가해서가 아니라 까고 싶지만 까기에
는 부담이 너무 커서일 뿐임을 고려한다
면 답이 나오는 문제다. 보시라이는 촉망
받던 차세대 대권주자에서 문혁급의 대
형 사고를 친 범죄자로 찍혀 거의 모든
직책과 권력을 잃고 몰락하게 되었다.

보시라이 재판

자료 : news.chosun.com

 몰락의 분석

외부의 관측에 따르면 중국공산당의 지도부가 대중운동으로 권력을 강화하
려 하는 보시라이의 행태에 불안감을 느끼고 있었던 것이 몰락의 원인이라고
한다. 게다가 보시라이는 앞에서는 반反부패를 부르짖으면서도 뒤로는 엄청난
재산을 빼돌리고 100명이 넘는 정부妾를 두는 등의 엽색행각을 벌였음이 들통
나서 더욱 위기로 몰렸다. 빼돌린 재산의 규모로 볼 때는 사형에 해당하여 보시
라이는 차세대 권력 바로 앞에서 사형대의 이슬로 사라질 뻔했다.

게다가 보시라이와 구카이라이의 아들인 보과과薄瓜瓜는 영국 명문 해로우 스
쿨을 거쳐 옥스퍼드 대학, 후에 하버드 대학에서 공부한 인재인데, 파티나 여
자에 탐닉하는 등의 행각을 벌여 안 그래도 위태로운 아버지의 위신을 더욱 땅
에 떨어뜨렸다. 후에 하버드 교지인 「더 크림슨」에 "남들이 내가 돈이나 배경으
로 여기 입학했다고 하는데, 나는 공부 잘했음"이라는 글을 기고하는 허세를
부리기도 했다. 그러나 옥스퍼드 시절 보과과는 정학을 당하기도 하였으며, 하
버드 진학을 꿈꾸던 보과과가 담당 교수에게 추천서를 부탁하였지만 거절당하
였음에도 불구하고 하버드에 합격을 하였다. 분명 고등학교 시절 A-Level에서

올 A를 받은 수재임은 분명하나, 이후 대학 생활에서 삐뚤어진 생활을 하였음에도 하버드 케네디 스쿨에 붙은 건 여러모로 다른 요인이 보과과의 하버드 합격에 영향을 주었다는 뜻이 된다. 보과과는 2019년 현재 컬럼비아 대학교 로스쿨에서 공부한다고 한다.

파티광 보과과 초호화 생활, 아버지 몰락 재촉

자료 : news.joins.com

보시라이는 2012년 4월, 결국 정치국에서 축출되었다. 천안문 6.4 항쟁_{천안문 사}태 이후로 별다른 변동이 없던 중국 정치계에서 불어닥친 폭풍이었다. 이젠 같은 태자당으로 꼽히던 시진핑마저도 보시라이를 보호하지 않고 쳐내게 되었다. 다만 시진핑과 보시라이는 태자당 내에서는 정적 같은 관계로 평가되기도 한다.

보시라이의 위험한 수준의 권력

중앙 정부라도 군구_{軍區}[7]는 무시할 수 없다. 게다가 선양군벌은 90년대에 '양가군'이라 불릴 정도로 양씨 가문에 충성을 다하는 군대며 아들 사위에게 지휘권이 물려진다. 개별 가문이 중국 군구 중 하나를 장악하고 있다.

청두 군구의 14군은 보시라이의 아버지가 만든 군이었고 때문에 보시라이의 사병에 가까웠다. 왕리쥔 사건 이후 보시라이는 14군을 방문했다. 장갑차량을 앞세워 무리하게 미국 대사관을 봉쇄한 것과 이후의 몰락을 생각하면 방문의 의도가 아무래도 의심스러워진다.

시진핑이 정권을 잡기 전까지 중국은 군대만이 아니라 정치도 나누어져 있었

❋ 7   군구(軍區. Military district)는 특정 지역에 따라 군의 권한을 독립적으로 배치하는 것을 말한다. 일반적으로는 군령권보다는 군정권을 뜻할 때가 많다. 군구는 사실 육군의 작전과 관련이 깊고 해군은 비슷한 해구(海區, Naval District)를 나누기도 하는데 미 해군이 그렇다. 전구(戰區, theater)와는 다르다.

다. 집단지도체제는 중국 정치의 특징이었고 중앙정치국 상무위원 9명의 협의로 나라를 운영했다. 이들 9명은 중국 권력의 실세였고 체제의 특성상 서로 간섭할 수 없었다. 그런 권력의 핵심 중의 핵심이었던 상무위원 저우융캉周永康은 보시라이를 후계자라 생각했다. 저우융캉의 무장경찰은 150만에 달했고 사병으로 움직일 수 있었으며 저우융캉의 뒤에는 3대 파벌인 상하이방이 있었다.

"사설 도청조직을 운용하여 주석인 후진타오를 도청하려 했다."는 간이 배 밖으로 나와 보이는 짓이 후에 밝혀졌는데, 이러한 배경을 생각하면 무리가 아니다. 보시라이는 한국의 도지사 수준이 아니라 중국의 핵심 권력자이며 차기 대선주자였다.

이후 2012년 4월 20일 쯤에 "베이징에서 군사작전이 벌어졌다."는 괴소문이 돌았다. 증거 하나 없는 괴소문이었고 만약 보시라이 측의 쿠데타나 정부의 진압이었다면 숨기지 못할 정도로 사태가 커졌을 테니 사실이 아니라고 추측된다.

공청단 vs 태자당·상하이방 권력 암투

자료 : preturns.tistory.com

하지만 그 시기에 보시라이는 행방불명되고 이후 법적 처분을 받았다. 이게 그저 헛소문이라고 해도 당시 보시라이의 위험성을 알려주는 일이다.

여담으로 사태 2년 뒤, 저우융캉은 다른 이유로 체포, 당적 박탈되었다. 상하이방은 시진핑에게 탈탈 털리며 몰락했다.

구카이라이의 살인 및 도덕적 타락

또 보시라이의 아내 구카이라이谷開来가 체포되었다. 구카이라이는 영국인 사업가 닐 헤이우드를 청산가리로 독살하고, 보시라이는 그것을 은폐하는 데 주도한 혐의를 받고 있다. 닐 헤이우드는 보시라이 부부와 가까운 사업가였으나 당시 이권으로 다투고 있었다.

보도에 의하면 충칭의 한 호텔에서 구카이라이의 부하들이 헤이우드에게 강제로 청산가리를 먹였다고 한다. 헤이우드를 죽인 이유는 헤이우드가 보시라이일가의 재산을 빼돌리는 데 일익을 담당했는데, 중앙 정부가 헤이우드를 조사하면 자신들의 치부가 모두 나올 것을 우려했기 때문이라고 한다. 보시라이가 지배하는 충칭의 공안국은 헤이우드의 시신을 검시도 하지 않고 자살로 결론을 내서 서둘러 화장했다고 한다. 헤이우드는 전직 MI-6 요원이었으며, 이 때문에 영국 정부에서는 헤이우드의 죽음에 대해 철저히 조사하도록 중국 정부에 요청했다고 한다. 일설에 의하면 이 사건을 조사하다가 보시라이의 비리 혐의가 포착되어 일련의 사건이 벌어졌다고 한다.

게다가 헤이우드와 구카이라이가 불륜 관계였다는 소문까지 돌고 있다. 보과과가 영국에 유학 갔을 무렵 아이를 뒷바라지한다고 영국을 장기방문해서 헤이우드와 호텔에서 동거했다고 한다. 남편은 100여 명이 넘는 정부를 두고, 아내도 맞바람에, 엄청난 부패혐의까지, 참으로 막장 드라마가 아닐 수 없다.

우리나라에서도 국회의원이나 장관급 정치인이 이런 의혹의 1/10 정도 일어나면 정치생명이 끝장인데 보시라이는 겁도 없이 그것도 장관급보다 높은 부총리급 차기 대선주자급 핵심 정치인임에도 더 엽기적인 짓을 저지른 셈이다. 사실 중국의 고위직 공무원도 엽기적인 추행을 서슴없이 하는 일이 많이 발생하여 별로 놀랄 일도 아니다.

구카이라이 사형유예, 후진타오, 보시라이 면죄부 주나

자료 : news.joins.com

장웨이제 실종 사건 연루설

구카이라이는 보시라이와 내연관계였다고 알려져 있는 다롄 방송국 여자 아나운서 장웨이제를 남편 보시라이의 묵인 하에 납치 살해했다는 의혹도 사고 있다.

현재 장웨이제는 2000년대 초 이후 장기간 실종 상태로 행방이 전혀 알려져 있지 않은 상황이다. 이외 인체의 신비전에 나온 임산부 시신 중 하나가 장웨이제와 비슷해 보인다는 주장도 제기되고 있다. 다만 해당 전시회에 나온 임산부 시신이 장웨이제의 것이라는 증거는 현재로서는 없고 관련자들의 여러 증언은 있어도 물증이 전혀 드러난 게 없는 상황이라 이 사건으로는 기소되지 않았다.

 결과

2012년 8월, 결국 판결이 나서 구카이라이는 사형에 집행유예 2년형을 선고받고 복역하다가, 수형태도가 우수하다고 하여 2014년 9월, 무기징역으로 감형

되었다. 충칭시 서기 자리를 빼앗긴 보시라이는 재판을 앞두고 있었다. 그가 받은 돈의 액수가 워낙 커서 당적 박탈과 함께 20년에서 무기징역은 감수해야 한다는 평가가 있을 정도로 보시라이의

보시라이 몰락의 원인, 아내 구카이라이와 아들 보과과

인생은 사실상 끝난 상태였다. 부패사건만 드러나지 않았어도 5세대 지도 체제에서 서열 7위, 실질적으로는 3~4위 정도는 떼어 놓은 당상이었고 더 출세할 수 있었지만 부패 때문에 몰락한 것이다.

자료 : m.blog.naver.com

이 형량에 대해서는 상당한 논란이 많았다. 살인범은 사형에 처하는 게 원칙인 중국에서 살인을 저지르고 사형을 면하려면 정말 누가 봐도 우발적인 살인이거나 정상참작의 여지가 극히 커야 하는데 구카이라이는 거꾸로 명백한 계획살인에다가 선처의 여지도 없었는데 사형을 면했기 때문이다. 당연히 정치적인 배려가 들어간 것이다.

2013년, 구카이라이 재판이 일단락 된 이후 보시라이에 대한 재판도 열렸는데, 부부가 법정에서 자신의 형량을 낮추기 위해 서로 불리한 증언을 하는 추태를 보였다고 한다. 특히, 보시라이는 구카이라이가 문제가 된 왕리쥔과도 내연관계였다고 폭로하고, 구카이라이는 보시라이의 부패행위를 증언하는 등 법정에서 콩가루 부부 모습을 보였다고 한다. 다만 위에 언급한 장웨이제 사건에 대해서는 나란히 입을 다물었고 별도의 증거도 없었기 때문에 이번에도 이 사건으로는 기소되지 않았다.

2013년 9월, 결국 보시라이는 부패 혐의로 무기징역이 선고되었다. 이후 항소도 기각되어 무기징역이 확정되었다. 물론 부정 축재로 모은 재산도 모두 몰수되었다. 보시라이 사건이 터지기 전까지는 보시라이는 시진핑과 리커창에 버금

가는 위치였으나, 이제는 여생을 감옥에서 보내야 한다. 다만 앞으로 수감생활을 할 고위층 전용 감옥은 호텔 못지않은 시설을 갖추었다는 점을 위안으로 삼아야 할 듯하다.

한편 보시라이의 몰락의 계기가 된 왕리쥔은 15년형을 받았다.

중국에서는 어지간히 죄질이 나쁘면 거의 무조건 사형이고 대신 나머지는 형량을 가볍게 하는 구조라 무기수도 15~20년이면 출소가 가능한 관계로 훗날 어떻게 나올 수 있을지는 모르겠지만 보시라이의 나이도 2019년 기준으로 70세로 이제 적은 편이 아니라 사실상 정치적 활동은 끝이 났다. 그의 형량은 이후 고위급 인물의 정치범죄에 대한 처벌 수위의 상한으로 자리잡은 것 같다. 저우융캉도 역시 무기징역 선고를 받았다. 놀랍게도 2017년 6월 28일, 간암으로 가석방됐다. 다만 류샤오보처럼 간암 말기에 석방된 것이 아니라 초기에 석방되었고, 장쩌민과 후진타오 등 최고위 지도자들이 머물렀던 휴양처에서 최고 수준의 의료진들에게 극진한 간호를 받고 있다고 한다.

중국 부정부패의 화신 저우융캉은 장성택과 같은 혐의

자료 : premium.chosun.com

Chapter 07

중국의 광기는
어디에서
오는가

개 요

비교문화학자 김문학金文學은 중국 조선족으로 일본에 귀화하여 현재는 히로시마에 살고 있다. 한·중·일 3개 국어에 의한 집필, 강연활동을 왕성하게 전개하고 있다. 그는 그의 저서 『'중국의 광기'는 어디에서 오는가あの「中國の狂氣」はどこから来るのか』일본 ワック株式會社, 2014에서 중국인의 대일 '광기'의 심층에는, 중국의 문화적 '문법'이 숨겨져 있다고 한다. 중국이 아무리 경제대국이 되더라도 중국인의 사고방식·행동원리는 고래古来로부터 조금도 변하지 않고 있다고 말한다.

지난 40년 사이 중국의 발전은 세계를 놀라게 하는데 충분하다. 중국인 스스로도 이 발전을 '중국의 굴기崛起'라고 하는 말로

『'중국의 광기'는 어디에서 오는가』의 표지

자료 : web-wac.co.jp

표현한다. 이것은 경제대국이 된 중국이 예전에 없던 자신감과 자부심을 극명하게 나타내고 있다고 말할 수 있을 것이다.

그리하여 중국에 있어서의 이 자신감과 자부심은 옛날부터의 전통적 대국의식을 현저하게 부풀려서 '굴기'는 일종의 '광기'로 변한 것은 아닐까 의심하고 있다.[1]

공자 무덤의 대성문 현판을 떼내어 부수는 홍위병들의 광기

자료 : web.humoruniv.com

❈ 1   金文學, あの「中國の狂氣」はどこから来るのか, ワック株式會社, 2014, 新版 머리말에서.

탁류의 중국인

🌀 모란을 좋아하는 중국인

꽃은 그 나라 사람들의 심정과 염원을 대변하는 시詩이며, 마음의 표정이라고 한다. 일본인은 운하雲霞, 구름과 놀와 같은 벚꽃의 아름다움을 사랑한다고도 할 수 있는데, 뭐니 뭐니 해도 피고 바로 져버리는 그 순간에 벚꽃의 아름다움을 느낀다.[2]

중국에서는 지는 꽃을 즐기는 일은 없다. 중국인이 사랑하는 꽃은 꽃잎이 크고 화려하며, 바로 꽃 중의 왕이라 여겨지는 모란牧丹이다. 이 아름답고 큰 모란이 중국인의 기질에는 딱 맞을 것이다. 부귀와 영화, 대길大吉과 장수, 중국인은 평소의 소원을 그대로 모란에 맡기고 있는 것이다.

❋ 2   같은 책, pp.18~19.

모란은 중국에서는 '국생천향國色天香'[3], '화용월모花容月貌'[4]의 미인, 귀부인의 대명사이기도 하다. 이 꽃은 부귀와 영화를 최고의 목표로 하는 중국인의 세속적, 현세적인 인생관의 상징으로서, 오늘날에도 생활 속에서 사랑받고 있다.

모란
자료 : ko.wikipedia.org

벚꽃과 모란은 그대로 일본과 중국의 미의식, 생활관, 생명관을 상징적으로 나타내는 꽃이다.

유장悠長한 중국인

강의 길이와 흐름은 그 나라의 국민성을 반영하고 있다고 일컬어진다. 일본의 강은 중국의 강에 비해서 상당히 짧다. 일본의 강은 산에서 눈 깜짝할 사이에 바다로 흘러 가버리는 급류로, 마치 일본인의 성미 급한 성격을 대변하고 있는 것처럼 보인다. 일본의 강은 짧기 때문에 치수 등의 공사는 단기에 끝내는 것이 가능했으나 대륙 중국과 같이 거대한 수리토목공사는

간쑤성 란저우시의 황하강
자료 : blog.naver.com

필요하지 않았다. 치수의 역사가 곧 중국 문명사였던 것이다.[5]

유구한 치수와 괘를 하나로 하는 것이 대륙적이고 급하지 않은 성격이다. 아

❄ 3   모란(牡丹)의 아름다움을 형용하는 말. 후에는 여성의 아름다움을 형용.
❄ 4   꽃다운 얼굴과 달 같은 자태.
❄ 5   같은 책, pp.20~21.

무리 급해도 초조하게 굴어서 될 일이 아니라는 것을 중국인은 풍토적, 역사적 경험으로 숙지하고 있었다.

시간에 쫓겨서 성마른 일본인과 시간에 여유가 있고 유장한 중국인, 그 대조적인 성격은 자연풍토와 역사체험의 산물이다.

🌊 탁류의 중국인

하천의 장단과 마찬가지로 하천의 청탁淸濁 그 자체도 국민성을 암시한다. 대개 일본의 하천은 맑아서 청류가 많다. 일본인의 성격도 청류와 같이 깨끗하고 맑아서 바로 속을 꿰뚫어 볼 수 있듯이 단순함이 있다.

중국 하천의 전형은 탁류다. 황하는 그 이름과 같이 황색의 탁류, 흙탕물이고, 양자강도 우롱차색을 띄고 있다. 상류는 청류이지만 중·하류는 탁류다. 하천의 밑이 보이지 않는다. 중국의 속담에 "물이 맑으면 고기가 살지 않는다."라고 하는 말이 있다.

너무 맑으면 생활하기 어렵다, 만사 지나치게 빈틈이 없으면 거꾸로 좋지 않다고 하는 사고방식이다. 이것이 중국인의 생활양식 그 자체이며, 행동원리의 하나이다.

중국인은 지나치게 청결하지 않고, 지나치게 빈틈이 없지 않은 데 안심하는 경향이 있다. 일본인처럼 꼼꼼하고, 정확, 정밀함을 요구하는 데서 능력을 발휘하기 어려운 것이 중국인이다. 그런 의미에서 중국인은 본심을 숨기는 데 뛰어남과 동시에 상대방의 마음을 읽는 독심술도 우수하다.

『삼국지』의 세계는 바로 이와 같은 중국인의 사정을 반영하고 있는 것이 아니겠는가.

✿ '거침'의 중국인

일본인은 자세한 '세심함'을 좋아하는 민족이고, 중국인은 큰 것을 좋아하는 '거침'의 민족이라고 할 수 있다.[6]

같은 자연에서도 중국인은 대하대산을 사랑하는 데 비해서, 일본인은 화조초 목花鳥草木에 눈이 간다. 중국인은 비전이나 계획, 목표는 대단히 장대하고, 위대 하지만, 실행의 세부에는 별로 구애되지 않는다. 반대로 일본인은 장대하고 원 대한 비전도 좋지만, 눈앞의 자세한 것에 구애된다.

중국인은 일본인의 세부에 지나치게 구애되는 사고방식에 불쾌감을 느끼는 경향이 많다. 중국인은 인간이 하는 일이니까 '어떻게든 된다.'고 생각하고 개략 적인 변통으로 충분하다고 생각한다.

✿ 중국인은 '메추라기'

주요국의 국민성을 동물에 비유한 표현이 있다.

메추라기

그 중에서 중국인은 메추라기에 비유되고 있다. 한 무리의 메추라기를 새장 안에 집어넣자 마자 격투가 시작된다. 마지막은 언제나 한 마리의 메추라기만이 권위있게 선택되어 새장 안을 활보하고 다른 메추라 기들은 전전긍긍해서 새장의 한쪽 구석에 모여있을 따름이다.

자료 : ko.wikipedia.org

※ 6   같은 책, pp.24~25.

일본인은 어떤 동물일까. 일본인은 오리라고 일컬어진다. 한 무리의 오리 중에서 한 마리가 선두에 서서 "꽥 꽥 꽤"하고 울면 다음 오리들도 모두 "꽥 꽥 꽤"하고 울면서 얌전히 따라온다. 이것은 일본인의 집단주의를 말해주고 있다.

오리떼

자료 : news.joins.com

또한 흥미로운 것은 선두의 한 마리가 행렬에서 벗어나면, 다른 오리들은 어떻게 하면 좋을지 몰라 공황상태에 빠진다고 한다.

전 세계에서 일본인에게는 고도로 발달한 집단의식과 협조하는 국민성이 있다. 따라서 조직 안에 자신이나 개인을 매몰하는 경향이 강하다. 그러나 중국인은 대조적으로 자신을 집단 속에 두면서도 자신이나 개인을 강조한다.

중국인의 음양양면성

일본인은 자신의 성격을 '애매'라고 한다든가 '표면상의 방침과 본심'이라고 말하고 있다. 이것과 서로 비슷한 것이 중국인의 처세술에도 있다. 그러나 일본인의 차원과는 다르다.[7]

중국인은 일상에서도 두 가지의 수완을 갖는다. 하나는 음陰, 다른 하나는 양陽이다. 이 두 가지의 수완이 없으면 중국 사회에서 생존하는 것은 어렵다. 맹자의 "道도 道이고 盜도 道이다."라고 하는 말은, 겉의 삶의 방식과 속의 삶의 방식 모두 인간의 사는 길로서 긍정한 것이다. "도둑질에도 길道이 있다."는 장자에도 나오는 말이다.

❋ 7   같은 책, pp. 34~35.

이 두 가지의 수완을 능숙하게 구사하는 것이 중국인의 삶의 방식 그 자체이며, 그것 자체가 중국인의 양면적 국민성을 나타내고 있다. 이것은 일본인의 '애매曖昧'라고 하는 단순한 차원을 넘어서 복잡한 것이다.

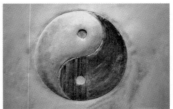

음양의 양면성

자료 : wonderfulmind.co.kr

음이며 양이다, 때로는 음이 보이고 양이 사라진다. 때로는 양만 보이고 음은 숨겨져 있는 것이다. 중국에서는 일본인과 같이 안이하게 사람을 신뢰한다면 곧 속아서 피해를 입을 위험성이 있기 때문이다.

중국식 세계에 적응하기 위해서 태어난 중국인의 복잡한 다면성이 밖에서 간파하기 어려운 것은 당연할 것이다.

 ## '정치적 동물' 중국인

중국인을 '뿔뿔이 흩어진 모래'라고 말한 것은 중국 근대혁명의 아버지, 쑨원孫文이다. 뿔뿔이 흩어진 모래를 한데 모으기 위한 촉매는 확고한 이념이나 이데올로기가 아니면 안 되었다.

중국은 예로부터 중앙집권제 하에 있어, 특히 근대에 들어서 이념, 애국이나 정치적 이데올로기로 사람들을 한데 모을 필요가 있었다. 중국 교육의 큰 아이템이 곧 애국적 정치교육으로 되어 있었다. 반대로 일본이 명쾌한 국가적 이데올로기가 부족하여 무력하게 되어있는 것은 이 이데올로기가 희박하기 때문이다.

이념·이데올로기 사회인 중국은 모든 것에 있어서 정치를 우선하는 세계이다. 대조적으로 일본인은 정치보다도 자연이나 문화와 친한 경향이 강하다. 극단적으로 말하면, 중국인_{북한 사람도 포함}은 '정치적 동물'이고, 일본인은 '문화적 동물'이다.

TV에서 자주 방영되는 중국의 데모나 정치 슬로건을 외치는 민중의 모습을 보라. 이러한 정치에 대한 정열에 일본인은 위화감을 느낀다.

중국에서는 정치적인 관념·판단력이 부족하면 제대로 살아남을 수 없는 세계인 것이다. 정치가 항상 인생을 결정하는 요인이 되기 때문이다.

☁ '매우 열심히 함―所懸命'의 일본인, '교토삼굴狡兎三窟'의 중국인

정착성이 강한 섬나라 일본과 유동성이 강한 대륙 중국은 대조적이다. 일본의 정착성을 가장 잘 반영하는 말에 '매우 열심히 함―所懸命'이라고 하는 일본 특유의 사자숙어四字熟語가 있다.[8]

원래 '一所懸命', 다시 말하면 자신이 소유하는 토지를 목숨 바쳐 지킨다, 토지로부터 죽을 때까지 떨어지지 않는 것이다. 한 곳에서 필사적으로 노력하기 때문에 평생 걸린다. '一所'가 '一生'이 되어도 내용은 변하지 않는다.

'一所懸命'와 대극對極에 있는 것이 중국의 '교토삼굴狡兎三窟'이다. 고전 『전국책戰國策』에 나오는 격언이다. 그 내용은 다음과 같다.

교토삼굴狡兎三窟은 꾀 많은 토끼는

교토삼굴(狡兎三窟)

교토삼굴(狡兎三窟): 사기 맹상군열전

◆ 꾀 많은 토끼는 숨을 곳을 세 개나 만든다. 유비무환(有備無患)의 지혜
◆ 현대사회야말로 교토삼굴의 지혜가 필요

자료 : youtube.com

❈ 8   같은 책, pp.46~47.

세 개의 굴을 준비한다는 의미이다. 『사기』 「맹상군열전_{孟嘗君列傳}」과 『전국책_{戰國策}』 「제책_{齊策}」에 배경이 되는 고사_{故事}가 실려있다.

제나라의 재상이었던 맹상군은 3천여 명에 달하는 많은 식객을 거느리고 있었는데, 그 중에 괴짜처럼 보이는 풍환_{馮驩}이라는 인물이 있었다. 당시 맹상군은 많은 식객을 부양하기 위한 돈을 벌기 위해 옆 마을의 주민 1만 가구를 대상으로 돈놀이를 하고 있었는데, 이들이 돈을 제때 갚지 않아 근심에 빠져 있었다. 이에 풍환이 나서며 그 문제는 자신이 해결할 것이니, 받은 돈으로 무엇을 할까 물었다. 맹상군은 풍환에게 "집에 없는 것을 사 오라."며 풍환을 떠나보낸다.

그런데 옆 마을에서 돌아온 풍환을 보니 이자만 받고 원금은 없었다. 맹상군이 어찌된 일이냐고 묻자 풍환은 "차용증을 불태우고 집에 없는 의리와 인정을 사 왔다."고 답한다. 맹상군은 풍환의 뜻을 이해하지 못하고 이를 대단히 마뜩잖게 여긴다.

그 일이 있은 지 1년 뒤, 맹상군이 제나라 민왕에게 미움을 사 재상 자리에서 물러나고 식객이 뿔뿔이 흩어지게 되어 풍환만이 곁에 남는다.

그러자 풍환은 일전에 돈을 빌려주었던 옆 마을에서 살 것을 권유한다. 실의에 빠진 맹상군이 옆 마을에 당도하자 주민들이 그를 열렬히 환영했다. 그제서야 풍환의 뜻을 깨달은 맹상군에게 풍환은 "꾀 많은 토끼는 세 개의 굴을 뚫는다."며 이제 겨우 한 개의 굴을 뚫었을 뿐이라고 답한다.

이후 풍환은 위_魏의 혜왕에게 맹상군을 등용하면 제나라를 견제할 수 있다고 꼬드겨 혜왕으로 하여금 세 차례나 맹상군을 찾아와 중용을 권유하게 한다. 그러나 풍환은 자신이 혜왕을 꼬드겼음에도 맹상군에게 혜왕의 제안에 응하지 말라고 한다. 이후 혜왕이 몇 차례나 맹상군을 찾아왔다는 사실이 알려지며 민왕이 맹상군의 가치를 다시 깨닫고 맹상군을 다시 중용하게 된다. 이것이 두 번째의 굴이다.

풍환은 종묘가 맹상군의 영지에 있다면 민왕이 다시 변심한다 하더라도 맹상군을 어찌하지 못할 것이라는 치밀한 계산 하에, 민왕을 설득하여 맹상군이 살고 있는 옆 마을에 제나라의 종묘를 만들게 한다.

근현대 중국화가 서비홍(徐悲鴻)의 「맹상객풍환(孟嘗客馮驩)」(1924년 작)

자료 : m.blog.daum.net

세 개의 굴을 완성한 풍환은 "이제 세 개의 굴이 모두 완성되었으니 이제부터 주인께서는 베개를 높이 하고 편안히 주무셔도高枕安眠 될 것"이라 말한다.

이 고사의 의미는 미래에 대비하여 준비를 철저히 해 두면 화가 없다는 뜻이다. 유비무환有備無患과도 일맥상통한다고 할 수 있다.

이것은 중국인의 처세적 지혜이며, 이동성 문화 속에서 태어난 사고이다. 이민족의 침입, 내란, 천재 등 항상 불안정한 대륙 안에서 길러진 인생술人生術이다. 예를 들면, 중국인은 하나의 회사에서 계속 일할 수 있는 사람은 극히 소수이며 직장을 전전하는 것이 일상다반사日常茶飯事이다.

안정했을 때에도 다음의 도망갈 길을 생각하는 것이 중국인의 발상이다.

싸움이 예사인 중국인

일본을 방문하는 중국인 관광객이나 유학생은 일본의 거리가 정연하게 질서가 지켜지고 있는 점과 함께 싸움하는 사람의 광경이 좀처럼 보이지 않는다는 사실에 놀란다.

확실히 일본에서는 사소한 일로 말다툼을 한다거나 쓸데없는 일에 관계하여

싸움을 한다거나 하는 경우는 거의 눈에 띄지 않는다.[9]

일본인은 '싸움을 잊은 민족'인지도 모른다.

대립이나 충돌을 극력 피하는 일본인의 국민성에 의한 것이 아닐까, 라고 생각한다. 그런데 중국의 거리는 사정이 다르다. 좌우간 거리에서 싸움하는 광경을 자주 접하게 된다. 극히 사소한 일로도 서로 양보하지 않고, 사과하지 않고, 상대방을 비난하고 싶어 하는 것이 중국인이다.

프라이드가 높고, 자신의 잘못을 인정하지 않는 중국인은 한마디로 사과하면 끝날 일을 싸움으로 비약시키는 것이다. 중국인에게 있어서 그와 같은 길목 싸움은, 일대 '거리 극'으로서 즐길 재료이기도 하다. 구경꾼들도 때로는 싸움에 말려들거나 한다.

싸움할 수 있을 정도로 중국 국민이 활력에 넘쳐 투쟁심에 불타고 있는 것은 활기도 없고 기력도 없는 일본인에게는 일종의 부러운 대상일 것이기도 하다.

비행기 내에서 치고 박고 주먹다짐 싸우는 중국 승객들

자료 : pokute.com

❋ 9　　같은 책, pp.48~49.

절대로 사과하지 않는 중국인

 '일본인은 인정미가 없다'고 말하는 중국인

중국인이나 한국인은 '인정'을 특히 중요시한다. 인정은 바꾸어 말하면, 일종의 밀착도 강한 스킨십이다. 게다가 인정을 서로 나누어 가지는 공동체 내에서만이 스킨십이 강하게 작동하고, 그 안에 있는 개인은 모두 '친중무별親中無別'이다.[10]

피부를 비롯한 신체적인 접촉은 일종의 인정의 표현이며, 부모자식끼리도 형제자매끼리도 혹은 동급생, 동료끼리도 손을 잡는다거나 어깨동무한다거나 하는 것이 보통이다. 한국이나 중국에서도 동성의 친구가 어깨동무한다거나 손을 잡는다거나 하는 광경은 자주 눈에 띈다.

게다가 중국이나 한국에서도 친한 동료가 되면 서로 폐를 끼치는 것이 당연

※ 10   같은 책, pp.60~61.

하게 된다. 친구의 방에 사전연락 없이 맘대로 방문한다거나 방에 들어가서 냉장고 음료수를 꺼내 마신다거나 한다. 서로 당연하게 받아들인다.

일본인은 '친한 사이에도 지켜야 할 예의가 있다親しき仲にも礼儀あり.'고 해서 '친중유별親中有別'을 중시한다. 그래서 안에서나 밖에서나 폐를 끼치지 않도록 신경을 쓴다. 일본은 상대에 대해서 폐를 끼치지 않더라도 친해질 수 있는 횡적橫的 경향이, 중국과 한국은 폐를 끼침으로써 친해질 수 있는 종적縱的 경향이 강하다.

중국인이나 한국인이 이구동성으로 "일본인은 인정미가 없다."라고 비판하는 것은, 친중무별親中無別의 뻔뻔스러움이 결여되어 있기 때문이다.

물에 흘리는 문화와 원념문화怨念文化

중국이나 한국은 원념문화怨念文化를 갖는 사회다. 당연히 일본인은 대륙, 반도적인 살풍경한, 맹렬한 국민성을 이해할 수 없다.[11]

왜냐하면 일본은 원념문화를 갖고 있지 않기 때문이다. 중국이나 조선반도의 원념, 보복문화는 형태를 달리 하고 있더라도 상대에 대해서 당했다면 원수를 갚고, 한을 푸는 집념의 깊이는 공통적이다.

이것은 과거에 대한 깊은 기억을 갖고 상대를 용서하지 않는다고 하는 '집념+과거기억형'의 문화이다.

한편 일본은 원념문화를 갖지 않기 때문에, 가령 상대에게 당해서 생긴 깊은 아픔이라도 다른 방향으로 전환시켜서 풀고 위로받는다. 그러므로 과거를 용인하고 집념을 불사르지 않는, 산뜻한 '용인+과거망각형'의 문화이다.

※ 11 같은 책, pp.70~71.

분노한 중국, 들고 일어서다.

자료 : kknews.cc

난징대학살의 피해자를 어찌 쉽게 잊을 수 있는가!

자료 : m.blog.naver.com

이와 같은 말끔히 '물에 흘리는 문화'를 갖는 일본인은 중국이나 한국의 반일 감정이나 과거의 역사문제에 집착하는 것을 이해하기 어려울지도 모른다. 중국이나 한국이 과거지향인데 반해 일본은 현재미래지향이다.

동아시아 근대역사문제의 다툼은 정치차원보다 이와 같은 사고양식, 문화의 차이를 감안할 필요가 있는 것이다.

🌀 중국인이 이해할 수 없는 일본의 '적·아군 영혼평등' 관념

일본을 방문하는 중국인, 한국인은 일본에 소, 돼지, 젓가락, 식칼 등을 위한 위령비나 공양무덤이 있는 것을 알고 대단히 놀라 기겁을 한다.

일본에서는 전쟁에서 아무리 심하게 대립하여 싸웠다고 하더라도 전사 후의 적은 이미 적이 아니고, 같은 영혼을 공유하는 인간으로 간주하는 습속이 있다.[12]

❋ **12** 같은 책, pp.72~73.

예를 들면, 청일전쟁에서 청나라의 수군제독이었던 정여창丁汝昌[13]이 항복을 거절하고 자결했다. 그의 미련 없는 깨끗함에 감복한 일본은 중국 산둥성 웨이하이에 정여창을 위한 '장사壯士의 비'를 세웠다. 중일전쟁 사이에도 전면 항전 8년간, 아사히신문에 게재된 중국군 희생자에 대한 위령비나 그 죽음을 애도하는 기사는 16건에 이르고 있다.

정여창

자료 : (좌)ah.ifeng.com (우)fujimizaka.wordpress)

이토 히로부미伊藤博文를 암살한 안중근도 한국인에게는 영웅이더라도, 일본인에게는 테러리스트인 적에 지나지 않는다. 그러나 여순형무소의 간수였던 치바 도시치千葉十七 씨는 안중근을 경애하고 있었고, 죽을 때까지 안중근의 유영遺影[14]과 유묵遺墨을 불단에 바치며 명복을 빌었던 일은 유명하다.

이러한 일본의 습속은 불교의 '원친평등怨親平等' 사고에서 유래하는데, 오랜 기간 일본인의 무사도 행동원리로서 정착하여, 일본문화의 덕목으로서 널리 인정돼왔다.

 ## 일본인이 이해할 수 없는 중국의 '적·아군 불구대천' 관념

일본인과 대조적으로 중국인이나 한국인에게는 '적·아군 불구대천'이라고 하는 관념이 있다. '불구대천'은 『예기禮記』「곡례편曲禮篇」, 『맹자孟子』「진심편盡心篇」

※ 13   정여창(중丁汝昌, 1836년 11월 18일 ~ 1895년 2월 12일)은 청나라 말기의 군인이다. 원래의 이름은 선달(先達), 자는 우정(禹廷), 호는 차장(次章)이다. 태평천국의 난이 발발하자 처음에는 반란군 편에 참가했지만, 청나라에 전향하여 이홍장 밑에서 일했다. 이후 북양 함대의 제독이 되었고, 청일전쟁 중에 함대전 패전의 책임을 지고 자결했다.
※ 14   고인의 진영(眞影).

● 272   **중국몽은** 일장춘몽

에 있는 말이다. '함께 하늘을 이고 살 수 없는 원수'란 뜻으로, 반드시 죽여야 할 원수를 일컫는 말이다.[15]

『예기禮記』「곡례편曲禮篇」에는 '불구대천지수'에 대해 다음과 같은 글이 실려 있다.

> 아버지의 원수와는 함께 하늘을 이고 살 수 없고 父之讎弗與共戴天
>
> 형제의 원수를 보고 무기를 가지러 가면 늦으며 兄弟之讎不反兵
>
> 친구의 원수와는 나라를 같이해서는 안된다 交遊之讎不同國.

즉, 아버지의 원수와는 함께 한 하늘을 이고 살 수 없으므로 반드시 죽여야 한다. 형제의 원수를 만났을 때 집으로 무기를 가지러 갔다가 놓쳐서는 안 되므로 항상 무기를 휴대하고 다니다가 그 자리에서 죽여야 한다. 친구의 원수와는 한 나라에서 같이 살 수 없으므로 나라 밖으로 쫓아내든가 아니면 역시 죽여야 한다.

오늘날 이 말은 아버지의 원수에 한하지 않고 '더불어 살 수 없을 정도로 미운 놈'이란 뜻으로 쓰이기도 한다.

또, 이 말은 『맹자孟子』「진심편盡心篇」에 나오는 다음과 같은 맹자의 말과 비교가 되어 다시 생각하게 된다.

> "내 이제야 남의 아비를 죽이는 것이 중한 줄을 알겠노라. 남의 아비를 죽이면 남이 또한 그 아비를 죽이고 남의 형을 죽이면 남이 또한 그 형을 죽일 것이다. 그러면 스스로 제 아비나 형을 죽이지는 않겠지만 결과는 마찬가지이니라."

❈ 15   같은 책, pp.74~75.

중국식 유교이념에서는, 인간은 '중용사고中庸思考'를 가져야 한다고 주창하고 있는데, 이것은 이익관계가 일치하는 인간끼리의 사이에만 통한다.

그러나 자신의 불이익에 직결하는 일에서는 유혈까지 불사할 정도로 적대시하고 또, 용서 없이 싸운다.

하물며 이질적인 타자, 자신의 생활에 해

중국을 침략하는 열강군대의 일원으로 청나라 의화단을 처형시킨 일본군(1900년)

자료 : bemil.chosun.com

를 끼치려고 하는 적을 관용하고 그 영혼을 용인하며 절하는 것, 위령하는 것은 도저히 있을 수 없는 것이다.

그 때문에 적이 죽으면 쾌재를 부르고, 그 사체를 향해서 또 한 발 발포하든가 채찍질한다. 그럼으로써 적에 대한 증오를 심리적으로 풀 수가 있는 것이다.

반대로 일본인의 관용은 종교심이라고 하기보다, 보편적으로 인간끼리는 물론 자연현상, 동물, 생물에 대한 애착심에 미친다. 그러므로 일본의 신이나 부처는 공격적이지 않다.

중국이나 한국은 신이나 부처도 인격화된다. 적의 영혼을 위해서 무엇인가를 할 기분은 생기기 어렵다. 일본인은 적의 영혼을 위로함으로써 마음이 달래지지만, 중국인은 적의 영혼까지 철저하게 공격함으로써 마음이 달래진다.

 ## '대륙성격'이란 무엇인가

'대륙근성'이라고 하기보다 '대륙성격'이라고 하는 표현이 자주 쓰이고 있다. 대륙성격에 대해서 사전에서는 '작은 일에 구애받지 않고 도량, 기백이 웅대한

상태'라고 해석되어 있다.[16]

중국 장가계의 위용

광대한 대지에서 자란 성격, 대자연에 어울리는 도량의 크기, 태평한 성격, 유연한 태도 등등을 말한다.

실은, '대륙성'에 대해서도 일본에서는 지평선이 보이는 웅대한 대륙의 대지에 로망이나 동경憧憬이 겹친 이미지다. 태산, 만리장성, 고

자료 : sebang.ca

산준령, 천리평야, 선경, 『삼국지』, 『논어』, 천안문, 자금성, 인구 14억 등등이다.

대륙성격은 도대체 어떠한 것인가. 김문학은 다음과 같이 정리하고 있다.

① 대大를 존중한다. 무엇이든 큰 것을 좋은 것으로 한다.

② 대국의식 및 중심의식, 자존자대自尊自大, 야랑자대夜郞自大[17]

③ 보수적이고 변화를 좋아하지 않는다.

④ 인내력이 강하고, 둔중하며 끈덕지다.

⑤ 이기적이고 협조성이 약하다.

⑥ 만사 적당히 접하고, 정확, 치밀성이 부족하다.

⑦ 자기방위로서 거짓말을 자주 한다. 상대를 우선 경계한다.

⑧ 체면體面과 실리를 능숙하게 구사한다. 실리를 위해서 체면을 버리는 일이 자주 있다.

⑨ 본심을 읽기 어렵다. 남과의 싸움에 뛰어나다.

⑩ 먹기 위해서 산다. 먹을 것만 보장해 주면 지배자에게 잘 따른다.

❀ 16   같은 책, pp.80~81.

❀ 17   제 역량과 세상도 모르면서 동료들 사이에서 으스대는 자.

🍃 공사公私의 감각이 부족한 중국인

중국의 '범죄행위' 중에서 가장 높은 비율을 차지하는 것이 절도죄라고 일컬어진다. 중국인의 '도둑'과 '범죄행위'가 많은 것은 세계에서도 널리 알려진 사실이다.[18]

중국의 '도둑질'을 설명하는 비유담이 있다. "만일 어린 남자애가 죽었다고 하면, 조선인은 '아이고, 장가도 못 가보고 죽어버렸다'고 슬퍼하지만, 중국인은 '아이야, 한 번도 도둑질을 못하고 죽다니'라고 부르짖는다."

같은 '도둑질'이더라도 일본에서는 '범죄행위'가 되는 것이지만, 중국인의

비행기 승객들이 각자 도난당한 금액은 적게는 24달러에서 많게는 5,000달러에 이른다. 긴급 수색을 한 결과, 한 40세의 중국인 자리 밑에서 지폐 더미 발견되었다. 좌석 배게 밑에서도 달러 뭉치가 쑤셔진 채 있었다고 한다.

자료 : travelview.co.kr

감각으로는 '범죄행위'가 되지 않는 경우가 많다. '공간의식'이 다르기 때문에, 중국과 일본의 '도둑질'에 대한 해석도 다르다.

일본인은 바로 눈앞에 아무리 귀중한 것이 놓여있더라도 자기의 것이 아닌 한, 손을 대지 않는다. 공과 사의 경계가 매우 확실하다.

그러나 중국인은 공사公私의 감각이 부족하고, 공사, 자타의 공간경계가 매우 불명료하다.

어릴 때부터 배설의 호된 지도나 교육을 받지 않은 탓으로, 자기 자신의 배

설물을 공적 공간에 버리는 것과 마찬가지로, 자기 자신의 것이 아닌 것에도 감시가 없는 상황에서는 자신의 것으로 해서 '줍는' 것이 관습으로 되어 있는 것이다.

베이징 자금성에서 아들을 노상 방뇨시킨 중국 관광객

자료 : travelview.co.kr

그러므로 회사에서도 태연히 사용私用의 전화질을 하고, 전철 안에서도 신경 쓰지 않고 휴대전화의 통화를 마음껏 하며, 적신호를 무시하고, 공공장소에서도 소음을 내고, 민가의 뜰에 익은 감에도 손을 뻗치는 것이다.

절대 사과하지 않는 중국인

레스토랑에서 식사 중에 접시를 그만 깨버렸다. 이런 경우, 일본인과 중국인은 어떻게 반응할 것인가. 물론 우스개 소리지만, 일본인은 바로 머리를 숙이면서 "정말로 죄송합니다. 모두 제 탓입니다."라고 사과한다.

한편, 중국인은 "말하자면, 이 접시의 운이 나빠. 마귀의 탓이잖아!"라고 변명한다.

이 우스개는 어떤 의미에서 현실에 가까운 리얼리티를 반영하고 있다. 세상의 여러 민족 중에는 사과하는 것을 매우 싫어하는 국민성을 갖고 있는 사람들도 많다. 자신의 책임이 항상 따라다닌다.[19]

❋ 19 같은 책, pp.92~93.

이 때문에 마음속에서는 알고 있으면서, 잘못을 가능한 한 인정하지 않는 것이 중국인의 일반적인 경향이다.

일본에서는 사과하면 일단 용서되는 것이 일반적이기 때문에, 바로 가볍게 잘못을 인정해버린다. 그러나 세계적 상식으로는 조금 다르다. 유럽이나 미국, 인도도 사과하는 말은 존재해도 그 말의 사용에는 상당히 인색하다.

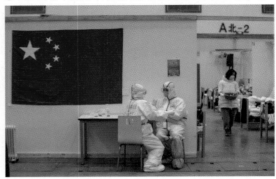

중국 우한에서 시작된 신종 코로나바이러스 감염증(코로나19) 확산 사태와 관련해 중국 언론이 "중국은 사과할 필요가 없다."는 보도를 내놨다. 후베이성 우한시의 임시 병원에서 의료진이 잠시 의자에 앉아 있다(2020.2.21.).

자료 : news.mt.co.kr

일본인은 상황에 곧 대응하는 유연한 성격으로 바로 사과함으로써 사태를 최소한으로 수습하고자 한다. 이것은 일본인의 미덕이고, 상식이지만, 세계에 통용되지 않는다. 일본과 같이 '바로 사과하는 문화권'은 소수파다. 대다수는 '사과하지 않는 문화권'에 속한다. 중국인이 그 문화권의 전형적인 인간이다.

 ## 과거지향의 중국인

인류문화의 시간적 가치지향을 논할 때, 다음의 세 가지 패턴으로 분류할 수 있다고 한다.

① 과거지향 - 보수적
② 현재지향 - 자기경험적
③ 미래지향 – 개척변혁적

미국인은 ③에 속하고, 라틴아메리카인은 ②에 속하는데, 중국인은 ①에 속한다.[20]

난징대학살 상기, 중국인 30여만 명 죽인 일본군 만행규탄. 세계인권선언일 행사관련 중국대사관 앞 시위장면.

자료 : m.aubreaknews.com

같은 동아시아권에서도 중국과 한국이 ①에 속해있는데 비해서, 일본은 이질적으로 ①도 ②도 아니고, ③에 속하고 있다고 간주된다. 역사적 문제의 과거에 집착하는 지금의 중국, 한국과 미래지향으로 제언하는 일본의 자세에도 이 차이는 분명히 나타나고 있다.

중국의 문호 임어당은 이렇게 말했다. "구미인은 새로운 것을 좋아하고 융성하지만, 중국인은 옛 것을 탐내서 망한다."『吾國吾民』1937. 중국인의 보수성은 자각적 신앙이라고 하기보다 민족적 본능이라고 임어당은 지적한다.

일본은 동아시아 중에서도 중국과 달리 과거에 집착하기보다 미래를 향해서 생각하는 지향성이 강하다. 따라서 양자의 '역사문제'는 방법을 새로운 것으로 하지 않는 한 해결은 어려울 것이다.

❀ 20   같은 책, pp.96~97.

역사를 교훈으로서 읽는 중국인

중국의 자살률 감소

지금까지 일본은 세계적으로 보아 자살률이 높은 나라로 알려져 왔다. 그런데 2000년대 초에 중국에서 자살률이 급증하여 일본을 상회하고 있었다.

2004년 유엔의 조사에 의하면 사인死因에서 차지하는 자살률은 중국이 3.6%로 일본의 2.9%보다도 높다. 세계의 자살자 수 중 중국인이 30%를 차지한다고 일컬어지고 있다.[21]

이와 관련하여 동아시아에서는 한국의 자살률이 톱으로 4.7%에 이른다.

"자살은 전혀 좋지 않다."라고 생각하고 있는 사람은, 일본은 46%이고, 중국은 63%이다.

❄ 21　같은 책, pp.186~187.

그런데 최근 몇 십년 동안 중국의 자살률은 다른 나라들보다 더 빠른 속도로 감소했다. 1990년대 자살률이 제일 높은 국가군群에서 가장 낮은 국가군群으로 떨어져 이제는 미국보다도 낮으며 영국보다는 약간 높을 뿐이다.[22]

중국의 도시 이주와 자살률 감수 경향

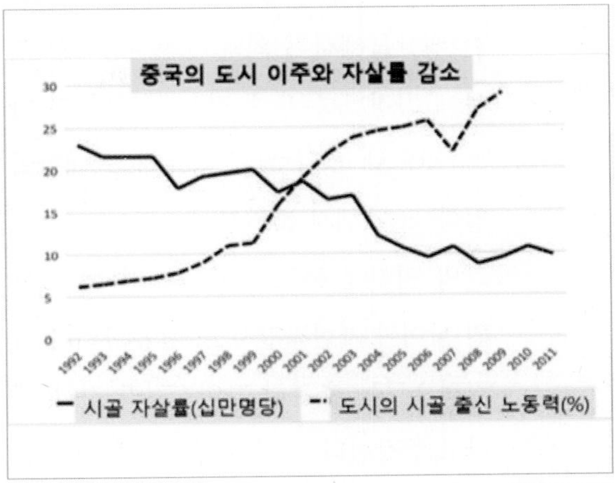

자료 : capx.co

중국의 자살률 감소분減少分은 시골 여성들의 몫이 크다. 중국은 대부분의 나라들과 달리 남성보다 여성의 자살률이 높고, 시골 여성은 도시 여성보다 자살 가능성이 2배에서 5배까지 높다.

무엇이 달라졌을까? 한 마디로 세계화와 노동시장의 기회다. 이코노미스트 The Economist 지紙는 도시의 일자리를 구하러 시골을 떠나는 중국인들의 증가 추세와 자살률의 급격한 감소 추세가 어떻게 일치하는지 보여주는 그래프를 게재했다.

더 많은 중국인들이 도시 공장에서 일하려고 시골 농장을 떠날수록 자살률은 급감했다. 선진국의 많은 사람들에게는 충격일 수도 있는 사실이다. 왜냐하면 산업화 이후 번영을 누리는 많은 사람들은 공장의 '노동력 착취' 환경과 부당한 대우를 심각하게 우려하기 때문이다. 또한, 시골의 전원생활에 대해서는 환상을 가질 수 있다. 반면, 칼 마르크스가 널리 퍼뜨린 공장 생활의 비관론이 놀랍게도 여전히 인기몰이 중이다.

22 Chelsea Follet, 전현주 역, 주목할 만한 중국의 자살률 감소, 경제지식 네트워크, 2018. 6. 7.

마르크스는 노동자가 자신들이 노동한 생산물에서 소외되고 착취당하기 때문에 공장 노동을 농장 노동보다 더 나쁜 것으로 생각했다. 러트거즈 대학의 철학 교수 낸시 홈스트롬Nancy Holmstrom은 그의 의견에 동조한다. "자급하는 농부의 삶이란 제한적일지 모른다. 그러나 실질적으로는 충분하고 안정적일 것이다."라고 주장한다. 그녀는 공장 노동이 노동자들의 삶을 더 악화시켰다고 생각한다.

중국 선전에 있는 휴대폰 외주생산 업체 HIT의 공장 풍경. 생산직 근로자들이 마이크로맥스, 라바 등 주요 고객사에 보낼 제품을 만들고 있다.

자료 : biz.chosun.com

중국 시골 사람들의 자살률이 도시인들보다 더 높다는 사실은 그렇지 않다는 것을 시사한다. 더 많은 시골 사람들이 도시에서 일하기로 선택하면 할수록 중국의 자살률이 급격히 줄어든 사실 역시 그렇다.

사실, 시골의 빈궁한 삶과 비교해 보면 공장에서 일하는 것이 훨씬 낫다. 공장 환경이 혹독할 수 있고 아무도 노동환경개선을 말하지 않는다. 그러나 시골 생활이란 대개 허리가 부러지게 노동을 해도 벗어날 수 없는 가난의 늪이다. 공장의 일자리를 얻으려고 도시로 이주하는 선택은 자살을 생각하는 이들에게 구명 밧줄이 될 수 있다. 도시의 공장에서 일을 하고자 시골 농장을 떠나는 것은 보통 더 높은 임금과 더 나은 생활수준을 의미한다.

또한, 그것은 시골의 구속적인, 특히 여성들에게는 더 가혹한 사회 규범에서 자유로워지는 것을 의미할 수 있다. 여성들은 전통적인 시골보다는 도시에서 성역할이 덜 제한적이기 때문에 "삶의 변화 가능성을 위해 남성들보다 훨씬 더 도시 이주를 소중하게 여기는 것 같다." 이는 전 월 스트리트 저널Wall Street Journal 리

포터 레슬리 챙Leslie Chang[23]이 자신의 책『공장 소녀들 : 변화하는 중국의 시골에서 도시로 Factory Girls: From Village to City in a Changing China』에서 말한 것이다.

레슬리 챙

자료 : thescriptroad.org

세계보건기구World Health Organization도 자살률이 낮아지는 이유 중에 하나는 여성들이 도시 공장에서 일하기 위해 시골을 떠날 수 있는 선택이 생겼기 때문이라고 말한다. 이러한 선택은 일반적으로 그들의 사회적 및 경제적 환경을 향상시킨다. "더욱더 많은 여성들이 도시로 이주해서 일을 하거나 스스로 돈을 벌고 있다."라고 지닝의과대학濟寧醫學院, Jining Medical School 수종화Su Jhonghua 박사가 세계보건기구에 보고했다. 또한, 사회규범이 바뀌면서 이제는 주부들도 제약을 덜 받게 되었다고 지적했다.

이와 유사하게 「텔레그라프The Telegraph」 지紙의 유안 렌Yuan Ren도 시골의 높은 자살률은 가혹한 성역할 규범 때문이라고 비난했다. "오늘날에도 시골의 많은 여성들은 가족들에게 열등한 존재로 취급받고 있다. 아버지, 남자 형제들, 결혼하고 나면 남편과 시어머니에게 종속되어 있다." 2010년 연구에 따르면, 많은 나라에서 결혼은 자살을 방지하는 '보호막' 효과가 있는 반면, 중국의 시골 처녀들에게는 결혼이 자살의 위험성을 높일 수 있다.

그 연구 보고서는 "중국 시골 문화에서 결혼을 하면 대개 여성의 자유가 더 제한된다."는 사실로 높은 자살률을 설명할 수 있다고 말한다. 많은 여성들이 이주를 선택하는 이유 중에는 바로 그런 성역할에서 탈출하고자 하는 것도 있다. 초기에 중국 사회는 공장 노동이 여성의 평판에 수치이며 위험한 것으로 여

❋ 23　레슬리 챙(Leslie T. Chang)은 중국계 미국인 기자이자 변화하는 중국의 마을에서 도시까지 『Factory Girls』의 저자다.

겼다. 사회의 낙인에도 아랑곳없이 많은 여성들이 공장 노동을 하려고 했고 시간이 지나면서 사실상, 도시 이주가 중국 시골이 피해 갈 수 없는 관문이 되었다.

중국 농촌의 심각한 가난
자료 : m.blog.naver.com

오늘날, 도시 생활은 공장 노동자들에게 특히, 여성들에게 기회의 약속, 경제적 유동성, 자유를 제공한다. 「이코노미스트 The Economist」지紙가 말한 대로 "일하려고 도시로 이주하는 것은 많은 시골 처녀들에게 구원이 되었고 그들을 자유롭게 했다." 세계화는, 말 그대로, 많은 사람들의 생명을 구하고 있다.

🌀 성교 횟수, 중국인 남성은 일본인 남성보다 1.5배

"역사는 밤에 이루어진다."라는 조크가 있다. 유럽을 향하는 점보기 내에 한국인, 일본인, 중국인 세 명의 남자가 나란히 자리에 앉아 있었다. 세 사람의 화제는 자기 나라를 자랑하는 이야기에서 섹스 이야기로 바뀌었다.[24]

일본인 남성 왈 "나는 밤에 세 번 했다." 그러자 한국인은 "나는 여섯 번 했지.", 그리고 옆자리의 중국인에게 "당신은?" 하고 물었다.

그러자 중국인은 "나는 하루 밤에 한 번밖에 못 하지만, 여자는 밤새도록 울었다."라고 말했다.

대륙적인 파워일까? 2009년 「Pfizer inc」의 커플 성교 횟수를 보면, 매월 일

❈ **24** 같은 책, pp.194~195.

본인 남성은 3.4회, 여성은 2.9회, 중국은 남성이 5.2회, 여성이 3.9회, 한국은 남성이 5.6회, 여성이 5회로 나와 있다.

세 나라를 비교해서 일본인은 섹스리스 경향이 강하다고 일컬어진다. 개인차는 있지만, 전체적으로 최근의 일본인은 성욕이 저하하고, 참아서 횟수를 줄이고 있다고 한다. 그러나 유교적 성도덕이 엄격한 한국은 의외로 섹스에 적극적이다.

중국인도 겉으로만 성도덕을 말하지 남녀관계의 섹스에는 오히려 왕성한 파워를 보이는 사람이 더 많아지고 있다.

미국계 다국적 제약회사인 화이자의 후원으로 2000~2001년 조사가 실시돼 2년간의 분석 끝에 나온 세계 각국 40~80세 남녀의 성에 대한 태도와 행동에 관한「화이자 글로벌 보고서」에 따른 것이다.

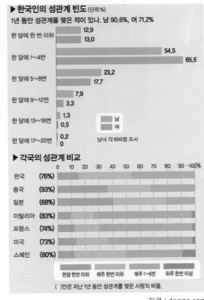

자료 : donga.com

성인용품을 공공연히 파는 중국

'성인용품' 혹은 '성인 장난감'이라고 하는 것은 기묘한 형용이다. 성인의 섹스나 성적 쾌락을 구하는 대용품으로서, 일본의 성인용품은 아시아에서 가장 발달해 있다고 한다.

일본에는 이 '성인 장난감'을 판매하는 전문점이 있어, 대개 '비보관秘宝館'이라든가 '무슨무슨 관'이라고 칭하는 간판이 걸려 있다. 가게의 설립은 공안위원회나 풍속영업법의 허가가 필요하게

일본 성인용품 가게

자료 : medduki.tistory.com

중국 성인용품점 스타벅스보다 많아

자료 : m.ajunews.com   자료 : m.dailychina.co.kr

되어 있다.[25]

판매점 이외에 일본에서는 AV_{Adult Video} 비디오점을 병설한다거나 주로 통신판매나 인터넷상에서 판매하고 있다. 사는 사람도 일반적으로 통신판매나 인터넷을 이용하는 사람이 압도적으로 많다. 왜냐하면 공개적으로 파는 것도, 보는 것도, 사는 것도 역시 창피하기 때문이다.

그러나 중국은 다르다. 거리 도처에 '성보건품점性保健品店'의 간판이 있고, 가게 안에서는 일본에서 말하는 '성인 장난감'을 양판하고 있다.

가장 흥미진진한 것은 역의 매점에서도 식품이나 기념품과 함께 공개적으로 '성인 장난감'을 늘어놓고 당당하게 팔고 있다. 거기에는 여성용품과 남성용품 모두 갖추어져 있다. 중국에서는 일본과 달리 이와 같은 성인 장난감을 '성인용품'으로서가 아니라 위생보건용품으로서 보고 있기 때문에, 그다지 '창피하다'고 하는 인식은 없는 것이다.

❀ 25   같은 책, pp.196~197.

🌥 정부를 믿지 않는 중국 인민

일본의 정부는 법치주의이며 기본적으로 국민을 위해서 일한다. 또한, 공무원도 국민을 위해서 봉사한다는 의식이 대단히 높다. 일반 절차도 관공서에서 서류만 갖추어져 있으면 규칙에 따라 완료한다.[26]

그러나 중국은 다르다. 전통적인 중국사회에서는 예전부터 정부는 인민을 거의 보호하고 있지 않고, 관료는 극히 고압적이며, 인민의 구름 위 지배자였다.

그 때문에 사람들은 전통적으로 정부를 신뢰하지 않고, 의지도 하고 있지 않았다. 혈연이나 지연으로 연결된 '상부상조'의 그룹을 형성해서, 생활과 재산을 지켜왔다.

현재도 중국 인민은 정부를 절대 신뢰해서는 안 된다. 왜냐하면 중국은 현재도 이와 같이 인간 네트워크의 사회이며, 연고주의적 사회이기 때문이다. 그러므로 중앙에서 정책이 있더라도, 지방에서는 항상 대책을 고안하는 등 중앙 정부를 마음으로부터 신용하지 않는다.

중국 인민은 '뿔뿔이 흩어진 모래'라고 한 쑨원의 말은, 이와 같은 상황을 반영하고 있다.

🌥 격차대국의 중국

근년 일본의 매스컴에서는 '일본의 격차사회'를 과장되게 선전하고 있다. 마치 일본이야말로 세계 최대의 격차사회인 것처럼 말이다. 그러나 중국과 비교

❄ **26** 같은 책, pp.204~205.

해 보면, 얼마나 넌센스인지 분명히 이해할 것이다. 국민의 사이에서 어느 정도의 격차가 있는지, 소득층의 산포를 나타내는 지니계수로 확인해 보자.[27]

중국의 지니계수 추이(1978~2010)

자료 : donga.com

숫자가 0에 가까울수록 격차는 적다는 것을 나타내는데, 세계의 선진국은 대체로 0.2~0.3이고, 아프리카 최빈국에서 0.5~0.7이다.

유엔개발계획의 2005년 조사에 의하면 일본의 지니계수는 0.249, 중국은 0.469이다. 중국의 지니계수는 아프리카의 0.5대에 한없이 가깝다. 게다가 이 격차는 매년 넓어진다.

중국에서 구매력이 있는 부유층은 3,300만 명 정도, 빈곤층은 약 1억 명에 이른다. 도시부·농촌부의 소득차는 3.3~4배가 된다. 더욱이 주의해야 할 것은 같은 도시부에서도 빈곤층에 가까운 인구의 비율이 대다수를 차지한다.

이와 같은 중국과 비교하면 일본은 아직 선진국 수준의 지니계수이며, '격차사회'라고는 할 수 없을 것이다.

이주, 이동을 금지하는 중국의 호적제도

1958년, 중국에서는 '중화인민공화국 호구등록조례'를 제정하고, 실시하기 시작했다.

이 제도에 의해 도시의 주민에게는 성시호구城市戶口, 호적, 농촌주민에게는 농

※ 27   같은 책, pp.208~209.

촌호구로 호적을 이분하여 부여했다. 이것에 의해 농촌인구의 이동을 금지하고, 엄하게 관리통제했다.[28]

중국의 농민공

자료 : blog.besunny.com

그러나 이것에 의해서 도시 · 농촌의 분단과 호적의 차별에 따른 '신분제'가 만들어진 것이다. 한국이나 일본과 같은 자유로운 이동은 생각할 수 없게 된 것이다. 중국의 식자들은 이동의 자유를 금지함으로써 농촌주민이 '이등공민으로 영락했다.'고 하는 인식도 있다.

따라서 농촌호적자는 신분의 차별에 의해 연금, 보험, 교육 등에서 도시호적의 주민에 비해 현저한 차별을 감수하지 않으면 안 된다. 현재도 대학수험 때, 호적소재지에서밖에 수험할 수 없는 등, 여러 가지 단점이 발생하고 있다.

아직까지도 농민의 정식 이동은 엄하게 제한되고 있다. 출가 농민공의 도시 진출은 어디까지나 잠정적 이동에 지나지 않는다.

개혁개방 하에서 중국의 일부 성에서는 도시와 농촌의 호적을 이분하는 제도를 철폐하고, '주민호구'로서 통일하고 있으나, 실제로 도시로의 자유이동, 정식적인 이주는 상당히 제한하고 있다.

🌀 중·일 어느 쪽이 동아시아 문명의 중심인가

일본인은 예로부터 중국이라고 하는 거대한 문화중심국과 비교해서, 일본은

---

 28 같은 책, pp.212~213.

보잘것없는 변경의 소국이라는 이미지를 갖고 왔다. 그러나 근대 이후의 세계사적 구도에서 내려다본 경우, 오히려 중국이야말로 세계문명 속의 '변경'이라고 생각하는 편이 적확하다.[29]

메이지유신의 성공을 통해서 일본은 세계열강에 합류하고, 중국을 대신해 동아시아 문명의 중심이 되었다고 하는 엄연한 사실史實[30]을 잊어버렸다. 중국보다 늦게 서구문명에 접촉한 일본은 서양문명을 탐욕적으로 도입하여, 동아시아의 문명중심이 되었다.

한편, 중국은 보수적 대국성격에 의해, 중화질서적 자기중심의 전통에 고집하여, 문명의 '변경'으로 전락해 버렸다. 중국에서도 최근 자인하듯이 중국의 근대화는 주로 일본문명을 모델로 했다고 하는 것은 사실이다.

현재도 일본은 대중문화나 과학기술의 최첨단으로 동아시아 문화의 발신지이며, 실질상 동아시아의 모델을 제시하고 있다. 유감스럽지만 일본은 이것에 대해서 자각이 극히 희박하며 또한 자기문화의 어필이 매우 서투르다.

흔들리는 일대일로

자료 : donga.com

❋ 29 같은 책, pp.222~223.

❋ 30 역사에 실제로 있는 사실(事實).

중국은 자기 어필이 극히 능숙한 나라이며, 동아시아의 맹주, 문명의 중심인 과거의 영화를 회복하기 위해서 적극적으로 외교를 전개하고 있다.

그러나 전술한 바와 같이 중국이 추진하고 있는 일대일로 정책이 여러 가지 요인으로 흔들리고 있다.

🌀 역사를 '교양'으로서 읽는 일본인, '교훈'으로서 읽는 중국인

'역사'나 과거에 대한 일본과 중국의 관념, 태도는 현저히 다르다. 일본인은 과거라고 하는 것은 가능한 한 물에 흘리는 태도를 취하여 역사에 대한 집착도 그다지 강하지 않다.[31]

역사도 일반적으로 '교양'으로서 학습하고, 역사지식도 '교양'과 같은 부류에 들어가는 경향이 많다.

그러나 중국에서의 역사는 '교훈' 모양의 재료로서 읽혀왔고, 현재도 아무런 변함없다. 중국인은 종래 '역사'를 일종의 거울로서 중요시해 온 전통이 있다. 역사는 단순한 교양이나 지식이 아니라, 살아있는 현재의 일부로서 읽힌다. 여러 가지 사상에 직면할 때, 모두 과거 역사의 사상에 비추어서 판단, 결의를 하는 것이 중국인의 관습이다.

정치가나 문화인은 지금을 산다고 하더라도 장래, 청사靑史에 어떠한 미명美名을 남기느냐 하는 것까지 생각하는 것이 보통이다.

중국이 역사에 구애되는 것은, 역사는 살아있는 현재나 장래의 구성부분이라고 하는 생각이 있기 때문이다. 그러므로 일본인과 같이 깨끗이 물에 흘리는 것

❋ 31　같은 책, pp.224~225.

은 대단히 어려운 발상이다.

교훈으로서, 거울로서, 역사는 과거가 아니라 현재를 사는 인간을 위해서 다루어진다. 역사에 집착하는 소이所以는 이와 같은 역사관에 유래하는 것이다.

사마천의 『사기』

자료 : chedulife.com.au

일본의 정사인 『일본서기』

자료 : chedulife.com.au

중국몽은 일장춘몽

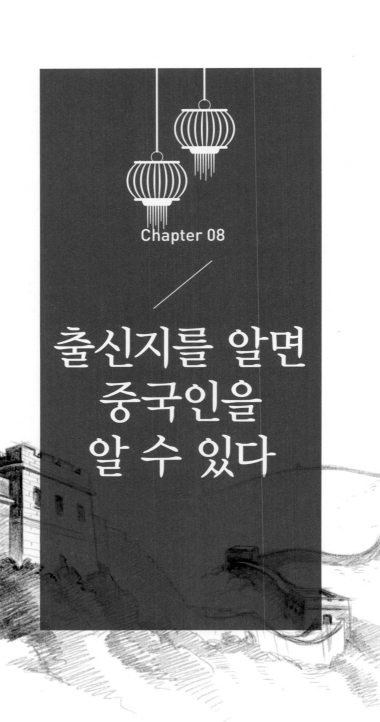

Chapter 08

출신지를 알면
중국인을
알 수 있다

개 요

　세계에서 면적이 네 번째로 큰 나라의 14억 국민들은 같은 중국인이지만 성격은 모두 다르다. 한족을 포함한 56개 민족이 살고 있는 그 넓은 대륙이 단순할 것이라고 생각할 수는 없을 것이다. "한 지방의 물과 흙이 그 지방의 사람을 기른다―方水土養育―方人."라는 말이 있다. 같은 나라에 속해 있다 하더라도 지역에 따라 사람들의 성격은 제각기 다른 것이다.

　중국은 전 세계 수백 개 국가 중 가장 영향력이 큰 나라로 급부상하고 있다. 그로 인해 우리는 앞으로 중국과의 교류가 더욱 활발해지게 될 것이며, 중국과의 사업과 중국으로의 유학 또는 이민 등을 미리 준비할 수 있다. 중국인을 알면 더 넓은 시장이 보인다. 그 넓은 땅의 사람들을 파악할 수 있을 때 우리는 중국과 좀 더 가까워지게 될 것이다.

　중국의 30여 개 행정구역별로 그곳 사람들의 전체적인 성격을 전면적으로 해부하고 분석하여, 하나의 새로운 중국 지도를 만들 수 있다. 이른바 '성격 지

중국지도

도'에 관한 지침서다.[1] 전 세계 수많은 국가 중 가장 영향력이 큰 나라 중 하나로 우리 앞에 다가오는 중국은 그 넓은 땅덩어리만큼이나 지역별 사람들의 성격도 가지각색이다. 중국과의 교류가 더욱 활발해지는 요즘, 중국인들을 이해하면 그 비즈니스 판로는 더욱 넓어질 수 있으며 중국과 좀 더 가까운 관계를 유지할 수 있다.

『넓은 땅 중국인 성격지도』는 새롭게 시작되는 각 장마다 지도와 그 지역을

※ 1 　 왕하이팅 저, 차혜정 역, 송철규 감수, 넓은 땅 중국인 성격지도, 새빛에듀넷, 2010.

표기함으로써 위치와 성격을 매치하기 쉽게 하였다. 또한, 지도로 나타냈기 때문에 책에서 전달하려는 민족이 또 다른 성격의 어느 민족과 이웃하고 있는지와, 각 지역 사람들의 특정 성격이 형성하게 된 지리적·역사적 원인들을 소개할 때도 빠르게 이해할 수 있을 것이다.

또, 많지는 않지만 신장위구르 지역이나 티베트 지역 등 특정 지역 사람들에 대한 금기사항이 비교적 자세히 설명되어 있으며, 독자들의 시야를 넓히고 이해를 돕기 위해 명승고적과 풍속을 소개한 사진을 비롯한 관련 사진을 곁들여 중국 각지의 풍습과 인정을 구체적으로 알 수 있게 했다.

『넓은 땅 중국인 성격 지도』의 표지

자료: ashestime.tistory.com

사람과 사람 간의 교류에는 정해진 모델이 있을 수 없지만 상대의 성격과 사고방식, 생활 습관, 문화적 특징을 파악한다면 우리의 삶과 일, 대인관계를 풀어가는 데 뜻하지 않은 도움을 얻게 될 것이다. 다양한 지역 사람들의 특징을 자세히 알고 이에 대처해야 글로벌 시대를 살아가는 올바른 자세라고 할 수 있을 것이다.

출신지를 알면 중국인을 알 수 있다

 중국 화베이 지방

베이징 - 황제의 도시 콤플렉스

베이징은 역사적으로 금나라, 원나라, 명나라, 청나라, 중화민국, 중화인민공화국의 수도다. 인구는 2018년 기준 약 2,154만 명이다.

중국에서 상하이 다음으로 인구가 많은 도시이자, 상주인구가 무려 2,000만 명이 넘는, 그야말로 초거대도시다. 한국 수도권에는 못 미치는 인구이긴 하지만, 단일 도시인구로

베이징 지도

자료 : jamsisi3.tistory.com

는 많다. 면적은 16,801km²로, 휴전
선 이남의 강원도와 크기가 거의 같
다. 인구 975만의 서울특별시 면적은
605km²다. 서울보다 큰 면적에 2배
의 인구가 상주한다.

베이징 지하철에 탄 시민들

자료 : jamsisi3.tistory.com

　그러나 도심지가 연속적으로 이어
진 실질적인 유기적 생활권을 기준
으로 보았을 때 좁은 뜻의 시_市 개념
보다는 베이징시 자체가 대도심권, 즉 광역권에 대응하는 것으로 볼 수 있고,
한국의 경우 수도권, 일본의 경우 도쿄권과 비교할 수 있다. 이 경우, 베이징
의 면적이 더 크긴 하지만 한국의 수도권 면적 약 11,704km², 도쿄권 면적 약
13,500km²로 차이는 줄어든다. 실제로 미국의 브루킹스 연구소와 같은 세계
유수의 싱크탱크 기관에서도 베이징시를 협의의 시_{city proper} 개념으로 보지 않고
그 자체를 대도심권_{metropolitan area}으로 간주하여 비교하고 있다.

　주변의 텐진시, 허베이성과 합쳐 징진지_{京津冀}로 묶인다. 2시 1도를 묶는 한국
의 수도권과 의미는 유사하지만 범위는 훨씬 크다.

　서울에서 베이징까지의 거리는 직선거리로 약 950km, 통일 후 육로 이동이
가능하게 되면 1,300km 정도 될 것이라 예상하고 있다.

　먼저 베이징 남자들을 소개하는 대목이 재미있다. 그들은 어떤 모습으로 우
리에게 떠오를까.

　베이징 남자들은 입담 좋기로 유명하다. 나이 지긋한 베이징 남성들과 이야기
를 나누다 보면 이들이 얼마나 위트가 넘치고 화제가 풍부한지 금방 알 수 있다.
베이징 남자들은 말을 잘하기도 하거니와 말이 너무 많기도 하다. 그래서 사귀
기는 부담스럽고 친구로 삼기는 열정이 지나치며 상사로 모시기는 너무 어려운

상대다. 이들은 독설에도 일가견이 있어서 웬만한 사람들은 당해내지 못한다. 하지만 당신의 면전에서 독설을 한다면 기죽을 필요는 없다. 그 사실 하나만으로 이미 당신을 독설의 대상에서 제외한다는 의미다. 그러므로 그들과 이야기를 나눌 때는 너무 진지하게 받아들일 필요가 없다.

인터넷 세상에도 예외 없이 베이징 남자들의 독설이 넘친다. 얼음처럼 차가운 독설에 상처 입은 사람들이 반격에 나서지만 실컷 욕 해놓고 어느샌가 사라져버리는 통에 억울함을 하소연할 데도 없이 냉가슴만 앓고 만다. 베이징에 있는 축구장에 가보라. 관중들이 얼마나 욕을 해대는지, 거짓말 하나 안 보태고 장내에 돌아다니는 생수병의 수만큼 욕설의 종류도 다양하다. … 비가 오는데 우산이 하나밖에 없다면 베이징 남자들은 자기는 흠뻑 젖더라도 부인이나 여자친구에게만 우산을 받쳐준다. 그리고 여자가 부드러운 목소리로 "자기가 비에 젖어 병이라도 나면 난 어떻게 해?"라고 한 마디만 해주면 흐뭇해서 어쩔 줄 모른다.[2]

중국의 결혼정보업체인 영점지표수치零點指標數據와 세기가연世紀佳緣 및 백합망百合網이 조사해 발표한 최근 지역별 배우자 인기도에서 중국 여성이 꼽은 최고의 배우자로 첫 번째는 열정적이면서 유머도 있고, 체면을 중시하면서도 의리가 있는 베이징 남자였다고 한다.

그렇다면 베이징 여성은 어떠한가. 베이징 남자들과 마찬가지로 베이징 여성도 중국 남성이 꼽은 최고의 배우자일까.

베이징 여성은 전국 각지의 여성과 남성의 장·단점을 모두 가지고 있다. 그러나 다른 지역에 비해 두드러지게 나타나는 특징은 뭐니 뭐니 해도 '격조를 따진

※ 2   같은 책, pp.21~25.

다'는 것이다. 그들의 장점도, 단점도 격조를 따지는 것과 관련이 있다. …… 베이징 여성과의 데이트에서 범해서는 안 되는 중요한 금기 한 가지는 사전 약속 없이 그녀의 집에 찾아가 그녀를 난처하게 만들어서는 절대로 안 되는 것이다. 베이징 여성들이 사는 동네나 살림살이는 대부분 그녀들이 강조하는 것처럼 그렇게 좋지 않다. 격조 있는 소품들과 가구를 가지고 있는 경우도 있지만 이를 멋지게 디스플레이하기에는 그녀가 지내는 장소가 너무 좁다. …… 베이징 여인은 아름답다. 머리끝에서 발끝까지 내면에서부터 밖으로 풍겨 나오는 아름다움은 어느 한 부분에 그치지 않고 전체적으로 조화를 이룬다. 베이징 여인의 아름다움은 우아함 속의 섬세함이며, 그 속에 독창성 또한 존재한다. 문화 고도에서 태어난 그들은 어릴 적부터 미적 감각을 익혔다. …… 베이징 여인은 현모양처다. 보편적으로 삼대가 함께 모여사는 대가족의 일원이기 때문에 베이징 여인은 누군가의 어머니이면서 동시에 누군가의 부인이기도 하고 며느리이기도 하다. 그들은 가정에서 자신의 일을 완벽하게 해낸다.[3]

앞서 소개한 중국의 결혼정보업체 평가에 의하면, 중국 남성들이 최고 배우자로 꼽은 타지 여성은 쓰촨四川 아가씨였다. 베이징 여인은 아름답고 현모양처라면서, … 그렇다면 '연애 따로 결혼 따로'라는 말인가.

베이징 사람들은 정치·문화의 중심지인 수도시민답게 정치에 관심이 많다. 이들에게 정치를 빼면 음식에 소금이 빠진 듯 생활이 무미건조해지고 만다. 오랫동안 정치와 권력의 중심에 있었던 관계로 베이징에서 상업에 종사하는 사람들도 권력형 상인들이 많다. 황실에서부터 말단 관리에 이르기까지 권력과 손을 잡

❀3   같은 책, pp.26~31.

중국의 명문 베이징대학과 칭화대학

자료 : hyundaihanyu.co.kr

자료 : kr.people.com.cn

고 이를 이용해 돈을 벌었다. 관료들로부터 정보를 빼내고 각종 이권에 개입했다. 상하이 사람들이 문화·예술을 예술적 관점에서 본다면, 베이징 사람들은 정치적 배경과 인사 관계, 간부의 태도 등 여러 각도에서 분석하고 평가한다. "베이징 사람은 이념을 논하고 광둥 사람은 장사를 논하며, 베이징 거리에는 구호가 만연하고 광둥 거리에는 광고가 넘친다."라는 말이 있을 정도로 베이징 사람들의 머릿속은 온통 정치적인 견해로 가득하다. …… 베이징 사람들은 인정을 중시한다. 전통적인 예로서 사람을 대하고 중용의 도를 따라 사람과 사람 사이에 조화를 이루며, 최종적으로는 사회의 화합을 이루고자 한다. 상대를 존중하고 우정을 중시한다. …… 베이징은 거대한 인재의 창고다. 이곳에는 중국에서 가장 영향력이 큰 권위 있는 대학과 과학연구기관이 즐비하며 중국 최고의 인재들이 집중되어 있다. …… 이들은 하이테크 산업이나 IT 산업, 3차 산업에 종사하면서 문화적 소양도 높고 정보에도 민감하다. 그들은 사업 경험은 풍부하지 않으나 시장경제 이론으로 무장하고 도전하여 몇 년의 고전 끝에 성공의 반열에 우뚝 선다.

특히, 관리들과 광범위한 관계를 맺고 있는 베이징의 신세대 상인은 공장 노동자 출신 민영 기업주나 개인 사업자와는 다르다. …… 그들은 외국에 대해 비교적 잘 알고 있고 외국어에 능하며 어떤 문제에나 자신만의 견해가 있다. 일을 중시하되 한가로운 생활을 즐길 줄도 아는 그들은 생활의 질을 무엇보다 중시한다.[4]

네이멍구 - 초원의 독수리

네이멍구 자치구는 중화인민공화국 북부에 위치한 자치구이다. 몽골어로는 '외뷔르 몽골'이라고 표기하는데 '외뷔르'는 몽골어로 '남쪽, 안쪽, 앞쪽'을 뜻한다. 즉, '외뷔르 몽골'은 한국어로 직역하면 '내몽골' 또는 '남몽골'이라는 뜻을 갖게 된다. 동북부 지역은 동사맹이라고 하여 만주_{둥베이}의 일부이다.

북쪽 국경지대에 독립국 몽골_{외몽골}, 러시아와 인접해 있다. 면적은 1,183,000 km². 국경선이 무려 4,220km에 이르는데, 이 가운데 몽골과 접경선이 3,192km, 러시아와 접경선은 약 1,000km이다.

네이멍구 자치구 중 다싱안링 산맥_{大興安嶺山脈}의 동쪽에 위치한 지역은 넓은 의미의 둥베이_{동북} 3성에 포함되기도 한다. 이 일대를 동4맹_{東四盟}이라고 부르는데, 여기에 속하는 행정구역은 치펑시_{赤峰市}, 퉁랴오시_{通遼市}, 후룬베이얼시_{呼倫貝爾市}, 싱안맹_{興安盟}이다. 여기서 '맹'은 내몽골 자치구에만 있는 행정구역 단위인데, 현재 행정구역이 개편되어 본래의 동4맹 중 3개가 시로 승격되었다. 현재도 이 네 곳을 묶을 땐 예전 행정구역을 따서 동4맹이라고 부르는 경우가 많지만, 바뀐 행정구역에 맞춰 3시1맹_{三市一盟}이라고 부르기도 한다.

몽골은 지역적인 관점에서 고비사막 내외부에 따라 내몽골과 외몽골로 나뉜다. 고비사막 내, 북쪽의 독립국인 몽골국_{몽골인민공화국}은 '와이_外멍구'이고, 고비사막 외부 중화인민공화국에 속해 있는 몽골은 '네이_內멍구 자치구'라 명명한

<hr>

❄ 4   같은 책, pp.33~37.

다. 이러한 구분법은 청나라의 몽골지배 시절 때부터 나뉘어진 것으로, 구분된 몽골은 역사적으로 마찰이 심해서 같은 몽골인이라도 서로를 상당히 적대시한다.

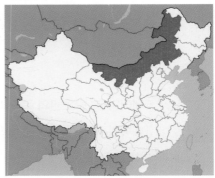

사실, 과거 시절에 이렇게 다른 나라들끼리 인접한 지역들은 상대적으로 다른 민족 출신들도 많이 살았다. 한나라 시절에는 대부분의 나라가 네이멍구 지역에 있기도 했고, 투메드부의 지배 지역에 유입된 한인 정주민을 거주시키는 마을로 건설된 중국식의 성곽도시 바이신大板升이 도시 후허하오터의 기원이다. 명나라 역시 이런 유목민들 근처에 사는 사람들에 대해서 유목민들이나 마찬가지인 사람들도 있다고 기록할 정도였다. 이런 경우 민족이 달라도 자기가 살아온 나라 편을 드는 사람들이 상대적으로 더 많았다.

현재 네이멍구는 전통 몽골 문자를 사용하고 있으나 한족 이주민의 영향으로 한어와 중국어를 더 많이 사용한다. 현재 내몽골 자치구 인구의 80%는 한족 이주민으로 채워져 있고, 또한 내몽골인은 중국 내 소수민족이므로 '몽골인'이 아닌 '몽골족'으로 분류된다. 오늘날 '몽골인'이란 단어는 독립국가인 몽골의 국민을 지칭하며, 내몽골인은 국적상 중국인으로 분류된다.

동북3성의 악명 높은 추위에 묻힌 감이 있는 지역으로, 내몽골 자치구도 한 추위 하는 지역이다. 영하 20도를 찍는 것은 일상이며 영하 40도 이하도 자주 기록된다. 역대 최저기온은 북부 툴리헤Tulihe에서 기록된 영하 58도이다. 이는 중국 내 최저기온이다.

네이멍구 사람들은 사업도 성실하게 한다. 웨이신 그룹維信集團을 예로 들어보자. "현재 초원의 아름다운 아가씨는 모두 용감한 기수에게 시집가기를 원하며, 유목민은 가장 좋은 양털을 웨이신에 팔기 원한다." 이 말은 이미 허타오河套 초원의 유행어가 되었다. 초원에서 유목민은 웨이신 그룹의 양털 구매 담당자를 귀빈으로 대한다. 유목민들은 웨이신 그룹 사람들이 명구 사람들과 같이 신용을 중시하며 넓은 가슴을 지녔다고 생각한다. 10년이라

네이멍구의 양떼

자료 : m.weekly.chosun.com

는 짧은 기간에 웨이신 그룹은 네이멍구 사람들의 성실함과 신뢰, 초원의 경쟁력을 바탕으로 세계 최고의 양털과 양털 제품을 생산할 수 있었다. 웨이신 그룹의 대표는 그의 경영철학을 다음과 같이 소개한다. "사장은 사람을 근본으로 여기고, 금전적으로 손해를 보더라도 신용을 잃어서는 안 된다. 성실한 노동으로 정정당당하게 돈을 벌어야 한다." 이것은 초원 사람들의 생활 철학이기도 하다.

호탕한 네이멍구 사람들은 타지 상인들을 '멀리서 온 친구'라고 부른다. 네이멍구 출신과 거래하려면 솔직하고 성실해야하며 진지해야 한다. 물론 술도 빠지지 않는다. 이때 중요한 것은 주량이 아니라 술을 마시는 예절, 즉 주도酒道다. 술을 따라 버리거나 불평해서는 안 되며, 그들의 순박한 풍속을 있는 그대로 받아들여야 한다. 비록 술을 마시다가 쓰러지는 한이 있더라도 말이다. 그러면 네이멍구의 상인들은 당신을 용기 있고 성의 있는 사업 파트너로 인정해줄 것이며, 그 거래는 틀림없이 성사될 것이다.

네이멍구 사람들은 경제관념이 강하지 않아 그동안 타지 사람들이 그들과의 사업에서 이익을 취할 수 있었다. 후룬베이얼 대초원은 세계적으로도 보기 드문 비옥한 토지다. 소와 양이 한가로이 풀을 뜯고, 말은 살이 올라 튼실하다. 그러나 안타깝게도 이들은 이렇게 훌륭한 자원을 시장가치로 전환시키지 못하고

있다. 네이멍구 최대의 유제품 가공
기업은 베이징 싼위안北京三元에 합병
되어 싼위안의 원료 공급기지로 전
락했다. 또한, 다른 국유 유제품 기
업도 몇 십 년 동안 우수한 제품을
생산해왔지만, 개혁과 개방이라는
절호의 기회를 맞이하고도 상품을
전국 시장에 판매하지 못했다.[5]

네이멍구 사람들

자료 : boomup.chosun.com

톈진 – 타고난 유머의 도시

중국 화베이華北 지구에 있는 중앙 직할시로, 수도 베이징시와 인접해 있다.
중국의 수도권으로, 베이징, 허베이성과 더불어 징진지京津冀로 묶인다. 인구는
2014년 기준으로 1,472만 명이다. 산하에 3현縣 15구區의 행정구역이 있다. 면
적 11,000㎢로 경기도와 같은 넓이다. 베이징의 외항外港 역할을 하는 도시이며,
한국의 인천광역시와 포지션이 비슷하고, 일본의 요코하마시와 포지션이 비슷
하다.

톈진이라는 이름은 명나라 영락제가 건문제를 몰아내기 위해 남경으로 진격
하던 중 이곳에 당도하였다 하여 '천자의 나루'라는 뜻에서 붙은 이름이다.

원나라 때부터 베이징의 위성도시로서 발달한 도시다. 보통 삼국시대中國의
남피가 여기라고 생각하는 경우가 많고, 리다이렉트도 되어있는데, 정확히 말
하면 허베이성 창저우滄州시 난피현은 남서쪽으로 70km 정도 떨어져있다.

전통적인 톈진은 바다에서 약 40km 떨어진 지역에 발달한 내륙도시이다.

※ 5   같은 책, pp.59~60.

40km는 인천항에서 서울특별시 거리와 비슷하다. 중화민국시대에 발행된 지도를 보면 톈진시는 바다에서 한참 떨어져 있다. 탕구塘沽, 당고, 지금은 빈하이 신구濱海新區라 불리는 항구가 톈진의 외항인데, 중공 수립 직후 톈진시의 관할영역을 탕구를 포함한 바다 지역까지 확장해버려서 이제는 톈진이 항구도시라 해도 틀린 건 아니며, 그 이전인 명나라 시절부터 대운하의 종점이 이곳이

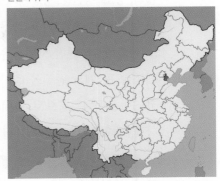

톈진의 위치

자료 : kr.wikipedia.org

었기 때문에 전근대 톈진은 내륙도시이면서도 항구도시였다.

화베이 지구의 보하이 만渤海灣에 인접한다. 금나라와 원나라 때는 '즈구直沽'였다. 원대부터 무역과 상업의 중심지로 발달해 왔다. 청말부터 열강의 조계지가 설치되었으며 대고구 사건 등 열강과의 충돌도 벌어졌다. 만주사변 이후 관동군 특무 도이하라 겐지가 천진사변을 획책하였으며 중일전쟁 중 베이핑-톈진 전투로 일본군에게 점령되었으나 1945년 종전과 함께 해방되었다. 2차 국공내전 이후 인민해방군에게 점령되어 현재까지 중화인민공화국의 영토로 남아있다.

톈진은 풍부한 상업문화가 발달한 대도시다. 톈진 상인들의 장사 철학은 분명하다. 이들은 돈을 벌게 해주는 재물의 신을 섬기면서도 고객을 마치 부모님처럼 대하며 물건을 사든 안 사든 똑같이 친절하게 대한다. 동업을 할 때도 의를 중시하며 집안 친척을 장사에 끌어들이지 않는 철저한 기업 정신을 고수한다. 상도의를 지키는 이들의 철칙은 입에서 입으로 전해져온다.

톈진 상인은 비즈니스를 할 때도 절대 속이는 일이 없다. 이들은 과학을 숭상하고 신의를 지키며 실용적인 경영원칙을 고수한다. 이런 상업문화는 국제관례에도 들어맞아 오늘날 양호한 투자처로 꼽힌다.

명품 브랜드를 만들어 제대로 사업하고 싶다면 톈진 상인을 찾으면 된다. 이

들의 창조 정신은 당신에게 큰 도움
이 될 것이다. 톈진의 제품은 안심하
고 사도 된다. 톈진 사람들은 원료나
제품을 팔 때도 품질을 중시하며 결
코 3등품을 1등품으로 속이지 않는
다. 상업의 발달과 상인계급의 대두
는 톈진 사회에 큰 활력을 가져다주
었다. 상인들은 기회를 장악하고 정

텐진의 야경

보에 민감하며 효율적이다. 따라서 톈진 사람과 사업할 때는 꾸물거리다가 기회
를 놓치지 말고 과감하게 행동에 나서는 것이 중요하다.[6]

허베이 – 수신제가치국평천하

허베이성河北省은 중화인민공화국의 성급 행정구역 중의 하나이다. 성도는 스
자좡시石家庄市다.

약칭은 지Ji, 冀로 한자로는 '기'라고 읽으며 옛 지명 기주에서 유래했다. 그 외
에 과거 연나라가 있던 지역이라 연燕이라고 하기도 한다. 성의 인구는 약 7,100
만 명이다. 북쪽으로 내몽골 자치구, 동쪽으로 랴오닝성, 서쪽으로 산시성山西省,
남쪽으로 허난성, 산둥성과 접한다. 화북 지방의 가장 북쪽에 위치한 성이다. 황
하河의 북쪽에 있어서 허베이성이다.

중국의 수도인 베이징시와 톈진시를 둘러싸고 있는 성으로, 한국으로 따지면
경기도와 비슷한 포지션이라고 할 수 있겠으나, 도시화가 많이 진행된 성은 아
니다. 중국 정치의 핵심부인 베이징에 가까워 남쪽의 상하이 등 경제특구들보

❋ 6   같은 책, pp.77~78.

다 아직 경제적 개방이 덜 되었고, 베이징시와
톈진시의 면적이 거의 강원도만 해서 허베이 성
까지 베이징, 톈진 도시지역이 확대되지 않았다.

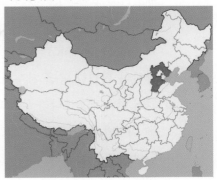

2010년대 들어 허베이성 중부 일대에 위치한
깡촌인 슝셴, 룽청, 안신 일대를 묶어서 슝안신
구를 경제특구로 지정하고 벤처산업 위주로 개
발하겠다고 당국에서 발표하면서 이 지역에서
부동산 투기 열풍이 일고 있다.

북부는 산지를 이루고 남쪽은 광활한 화북평야가 펼쳐져 있다. 때문에 대도시
는 당연히 남쪽에 집중되어 있다. 대표적인 도시는 성도인 스자좡을 비롯해 한
단, 다퉁이 있으며 1976년의 탕산 대지진으로 유명한 탕산도 이곳에 위치한다.

기후는 한랭 건조하여 우리나라의 중부
지방과 비슷하다. 다만 이곳이 좀 더 건조
하며, 북쪽의 내몽골 자치구와 접한 지역
은 아예 건조기후가 나타난다.

청더 피서산장 주변의 사원. 외팔묘(外八廟) 피서산장의 건설과 더불어
동쪽과 북쪽 산기슭에는 피서산장을 방문, 체재 중인 외국 사신들을 위
해 웅대한 규모의 중국식 건축양식을 기초로 하여 몽골, 티벳, 위구르 등
이민족의 건축양식을 흡수하여 8개에 달하는 사원군을 세웠다. 황제의
궁전 밖에 있는 8개의 사원이라는 의미로 외팔묘(外八廟)라고 불린다.

중원에 있는 허베이는 춘추전국시대에
는 연燕나라와 조趙나라 지역이었다. 중국
고대 문명의 발상지라고 전해지며 그 유
구한 역사와 특수한 지리적 환경으로 특
유의 문화적 품격을 형성했다.[7]

허베이는 무협의 중심지로도 유명하여
고대부터 현재까지 많은 무술의 고수를

❋ 7   같은 책, p.81.

배출하고 있다. 이 지역 출신의 권법 고수들은 전국으로 퍼져나가 자신들의 무술을 전수하고 무술 운동을 제창하여 탁월한 공을 세우기도 했다. 과거 연나라와 조나라 무인의 의협심을 이어받아 나라의 위세를 떨친 무림의 호걸도 많았다.[8]

10월 9일(음력 9월 9일) 중국 전통 명절인 중양절(重陽節)을 맞아 허베이성 스자좡(石家莊)에서 중노년 공익 맞선 행사를 개최했다. 약 200명의 솔로 중노년들이 자신의 짝을 찾기 위해 현장을 찾았다.

자료 : hamgo.tistory.com

허베이는 농경문화와 유목문화가 적당히 섞여 있는 지역이다. 찬란한 과거가 있었으나 오늘날에는 경제의 큰 물결을 타지 못한 채 낙후되어, 자신감이 결여되어 있다. 정신문화의 축을 잃어버린 이들이 과거의 영광을 되찾으려 하지만 보수적인 사상이 발목을 잡는 셈이다. 비즈니스도 안정을 추구하여 본전만 사수하면 그만이라는 생각으로 임하는 편이다. 따라서 이들과 비즈니스를 하면 손해는 보지 않겠지만 큰 성과도 기대하기 어렵다.

 중국 시베이 지방

칭하이 - 외지인의 천국

칭하이성靑海省은 중국 서중부에 위치한 성급 행정구역이다. 성 이름은 칭하이성에 위치한 중국 최대 호수인 칭하이호靑海湖에서 유래했다. 성도는 란저우와 가

❈ 8   같은 책, p.85.

까운 동북방의 시닝이다. 티베트에서는 암도[9] 지역이다.

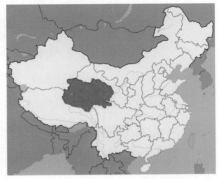
칭하이성 위치

자료 : kr.wikipedia.org

중국에서 자치구를 제외하고 가장 넓은 성으로, 면적이 남한 면적의 7배가 넘는 721,000km²에 달한다.

반면 인구는 562만 명에 불과해 중국의 모든 성을 통틀어 가장 적다. 인구의 54.5%가 한족이나, 티베트족20.7%과 후이족16%, 몽골계인 투족4% 등 소수민족 인구 비중이 거의 한족과 비슷한 수준으로, 실제 행정구역도 2개 시와 6개 소수민족 자치주로 이루어져 있다. 위수 티베트족 자치주와 궈러 티베트족 자치주, 황난 티베트족 자치주, 하이난 티베트족 자치주는 티베트족이 각각 97%와 92%, 66%, 63%로 티베트인이 많이 산다. 칭하이호를 기준으로 남부와 동부는 대체로 티베트인이 많고 북부와 북서부는 한족이 많이 산다. 원래는 티베트인이 대부분이었으나 티베트 지방과는 달리 청나라 시기 칭하이로 분할되었으며 중화민국 시대에 칭하이성이라는 이름으로 중국의 통치 하에 남아 성으로 승격되었다. 역사적으로 보면 한나라 때 정복을 통하여 한족이 들어왔다가, 강족, 토욕혼 등과 섞이게 되어 특이한 정체성을 가지게 되었다.

1929년 1월, 군벌 펑위샹의 주도로 간쑤성에서 떨어져 나와 성립되었다. 군벌 쑨롄중孫連仲이 초대 성정부 주석을 맡았으며 1차 장풍전쟁 중 마씨 군벌 마치馬麒, 1869~1931가 정부주서에 임명되어 칭하이성의 지배자가 되었다. 이후 1931년 마치가 사망할 때까지 마치의 지배 하에 놓여 있었으며 마치가 사망한 후 마씨 군벌들이 돌아가면서 지배했다.

❋9   암도(安多)는 티베트의 동북쪽에 있는 지역이다. 현재의 중화인민공화국 칭하이성 일대가 해당된다.

1938년, 마치의 아들 마부팡馬步芳이 장제스로부터 성정부 주석에 임명되면서 칭하이성의 지배자가 되었으며 1949년, 국공내전에서 중화민국이 무너질 때까지 마부팡의 지배를 받았다. 이후 중화인민공화국의 영토가 되어 현재에 이르고 있다.

칭하이성 행정구역

자료 : kr.wikipedia.org

처음으로 칭하이에 가본 사람이라면 다른 곳보다 발전은 더디지만 푸른 하늘과 함께 광활하고 아름다운 이곳의 풍경에 감탄을 금치 못할 것이다. 특히, 칭하이 사람들은 선량하고 꾸밈이 없어 쉽게 친해질 수 있다. 이곳을 방문한 사람들의 이야기를 들어보면 실망과 기쁨이 교차하는 것을 알 수 있다. 실망은 이 지역이 생각했던 것보다 도시화와 현대화가 진행된 데 대한 것이며, 기쁨은 그동안 살아오면서 그토록 머리를 아프게 했던 복잡한 인간관계가 이곳에서는 갑자기 아무것도 아닌 것처럼 생각되는 데 대한 기쁨이다.[10]

칭하이 사람들은 멀리서 온 손님을 유난히 반겨주고 따뜻하게 맞이한다. 그들은 넓은 마음 씀씀이로 손님을 극진하게 대접하여 그동안 잊고 있었던 자연스러움과 편안함을 느끼게 하고, 그 여행을 오랫동안 잊을 수 없게 한다. 칭하이 사람들의 자유분방

영혼이 맑은 티벳 사람들

자료 : hub.zum.com

❋ 10　같은 책, p.93.

함과 열정은 남방 사람들이 감히 따라 오지 못할 정도이다.[11]

'동충하초의 고장'으로 유명한 칭하이성 위수(玉樹) 장족(藏族) 자치주 짜뒈(雜多)현은 5월 중순에 채집 시즌을 맞는다. 때문에 많은 사람들이 동충하초를 캐기 위해 이곳을 찾는다. 동충하초는 중국 민간에서 통용되는 고급 약재다. 동충하초는 인삼보다 영양가가 높아 약재로 사용하거나 식용도 가능하다. 동충하초는 면역력 강화, 항암 효과 등의 효능이 있으며 장기를 튼튼하게 하는 효과도 있다.

칭하이 사람과 사귀려면 그들의 체면을 세워줘야 한다. 칭하이 사람들, 특히 칭하이 남자들은 체면을 묵숨보다 중요하게 생각한다. 이런 그들의 생각은 칭하이의 생활환경과 깊은 관련이 있다. 칭하이의 지리적 환경이 열악하고 경제적으로 뒤처졌다는 것은 누구나 아는 사실이지만, 칭하이 사람들 앞에서 이를 지적해서는 안 된다.[12]

자료 : kr.people.com.cn

칭하이 사람들은 사업에 소질이 없다. 너무 솔직해서 사기도 많이 당한다. 통계에 따르면, 1998년부터 2005년 사이에 공안국에 접수된 경제 관련 범죄 중 99%가 칭하이 상인이 외지인에게 당한 사기 사건이었다. 이것만 보아도 칭하이 사람들이 사업을 할 때 계산적이지 못하고 속을 그대로 드러내 보인다는 사실을 알 수 있다. 경쟁이 난무하는 사업의 세계에서 칭하이 사람들은 결국 남 좋은 일만 하는 셈이다. 그동안 실패를 거듭하면서 달라진 것은 없다. 물론 칭하이 사람들을 비하해서 하

티벳 남자, 삶이란 그렇고 그렇다.

자료 : pxhere.com

는 말은 아니다. 칭하이 사람들과 비즈니스를 하려면 소박하고 선량한 그들을 속이려 하지 말고 진심으로 대해야 한다. 그들의 유유자적한 생활 태도부터 이

※ 11   같은 책, p.95.
※ 12   같은 책, p.101.

해해야 하며, 이를 탓해서는 안 된다. 칭하이의 사업가들은 점심 때 반드시 낮잠을 자고 한 끼 식사에 오랜 시간을 들인다. 작은 사업은 돈을 벌지 못한다고 생각하여 꺼리는 것도 칭하이 사업가들의 특징이다. 이들은 유유자적한 생활을 버리면서까지 힘들게 돈을 벌 필요는 없다고 생각한다.[13]

신장 – 북방 소수민족의 고향

위구르족이 다수를 점유하고 있기 때문에 이곳은 자치구이다. 중국의 성급 행정구역 중 가장 면적이 크고, 자치구 중에서 가장 인구가 많다.

이름이 길어서 지명이 '신장 위구르-자치구'라고 오해하는 사람도 있으나, '연변 조선족 자치주'처럼 '신장'이 지역 이름이고 '위구르 자치구'가 법적 지위이다. '신장新疆, 신강'이라는 말은 건륭제 때 새로 얻은 땅이라는 것에서 유래했다. 중화민국은 '신장성新疆省'이라는 용어를 썼으나, 중화인민공화국이 건국되고 나서 중화민국에는 없던 자치제도가 실행되어 신장 위구르 자치구가 되었다.

행정구역 약자는 신新, 혹은 강疆이다.

인구는 2010년 기준 21,815,815명이며 면적은 1,664,897km²이다. 이 지역의 주류민족은 위구르족이며, 45%의 인구를 점유하고 있다. 한족은 40%, 카자흐족이 6.5%이고 회족이 4.5%이다. 그 외 기타민족키르기스족, 사리콜인과 와키인, 러시아계 중국인, 몽골인, 우즈베크족, 튀르크멘족, 타타르족, 시버족 등들도 거주하고 있다. 종교에서 이슬람교를 믿는 비중이 높고, 이 중 사리콜인과 와키인은 쉬아 이슬람 이스마일파에 속한다. 소수민족에 따라 불교를 믿는 경우도 있고 신장 위구르 자치구 내의 러시아인들은 러시아 정교회를 믿고 있다.

1933년 인구 조사 통계에서는 위구르인이 290만여 명으로 77.75%, 카자흐인

❋ 13 같은 책, pp.103~104.

이 32만여 명으로 8.55%, 인구 비율 3위인 한족이 20만여 명으로 5.41% 였다. 중화인민공화국에서 이 지역을 인수한 후 대규모로 한족을 이주시키고 문화대혁명과 대약진운동 와중에 카자흐인과 키르기스인, 러시아인이 대거 소련으로 망명하면서 오늘날의 신장 위구르 자치구에서는 한족이

여기 중국 맞아요! 우루무치 그랜드 바자르
자료 : m.post.naver.com

위구르인과 비슷한 규모의 다수 민족이 되었다. 조선족도 극소수 거주 중이다.

다른 이름으로 위구르스탄혹은 위구리스탄, 위구르 독립론자들은 '동투르키스탄'을 쓰기도 한다. 이것이 한자화되어 동돌궐, 중국어로는 둥투东突라고 부르기도 한다. 중심도시는 위륌치, 중국어 발음으로는 우루무치乌鲁木齐다.

이곳의 지형은 톈산 산맥을 기준으로 북부의 준가리아와 남부의 타림 분지로 나뉜다. 하지만 대부분은 사막-초원 지형이다.

자치구 내 최고봉은 서쪽에 위치한 쿤룬 산맥의 최고봉이기도 한 쿤구르 산이다. 현재 중국이 관할하고 있는 샥스갬 지역을 포함하면 신장 위구르 자치구의 최고봉은 초고리 봉K2이다. 하지만 샥스갬 지역은 인도와 영유권 분쟁 중이며 샥스갬 지역을 제외하고는 파미르 고원과 쿤룬 산맥에 위치한 쿤구르 산이 최고봉이다. 그리고 신장 위구르 자치구는 가운데 타클라마칸 사막이 있는 타림 분지를 중심으로 만년설로 덮인 산맥들인 톈산 산맥이 북쪽에, 쿤룬 산맥이 남쪽에 있다. 그리고 서쪽에는 세계의 지붕이라 불리는 파미르 고원이 있다. 톈산 산맥을 경계로 나뉘던 준가리아와 타림 분지가 합류하는 지점에 위치한 동쪽의 투르판 분지는 여름에 무척 더우며 지하 수로와 오아시스 농업을 바탕으로 포도를 비롯한 여러 농산물을 재배하고 있다. 동아시아의 유목민들은 중국

과 교역이 제한되면 주로 투르판 분지에서 농산물과 말린 과일을 수급하였다.

텐산 산맥

자료 : namu.mirror.wiki

전통적으로 중국의 안보 상 매우 중요한 지역이다. 일례로 한나라 때 이 지역은 흉노의 오른팔로 여겨졌으며 한무제가 흉노와 전쟁을 벌이는 와중에 이 지역도 같이 한나라 군의 공격을 받았다. 만리장성 이북의 유목민들은 대게 이 지역으로부터 농산물을 비롯한 생필품을 공급받고 이 지역의 도시들을 거점 삼아서 막대한 무역 소득을 올리고 있었기 때문에 중국 입장에서는 이 지역을 장악하지 못하면 항상 북방 유목민들에게 끌려다녀야 하는 처지였다. 오늘날에도 이 지역은 러시아, 인도, 몽골, 카자흐스탄, 키르기즈스탄, 타지키스탄, 아프가니스탄, 파

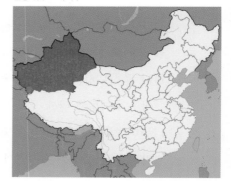

신장 위구르 자치구

자료 : ko.wikipedia.org

키스탄과 접경하고 있다. 역사가들이 괜히 이곳을 유라시아의 교차로라고 부르는 게 아니다. 냉전 시대에는 소련 국경수비대와 중국 국경수비대 간에 잦은 교전이 있었지만 중국-소련 국경분쟁처럼 전면전 수준까지 비화되지는 않았다.

신장의 각 소수민족에게는 각각의 역사와 종교, 경제생활, 전통, 예절의 영향을 받아 여러 종류의 금기 사항들이 있다.

① 뚫어지게 쳐다보지 마라
② 방귀 뀌지 마라

③ 고기를 먹지 마라

④ 음식물을 밟지 마라

⑤ 특히 남의 집에서 더욱 예절을 중시하라

⑥ 아이를 칭찬하지 마라

⑦ 기타 금기 사항

- 무슬림이 기도문이나 경전을 낭독할 때 말을 해서는 안 된다.
- 이슬람 사원이나 묘지에서 떠들거나 종교 행사와 무관한 이야기를 해서는 안 된다.
- 태양이나 달을 향해 대소변을 보는 것을 금지하며 물속에 용변을 보아서는 안 된다.
- 여자들은 가축을 매어놓은 줄이나 오염된 물을 넘어 다닐 수 없다.[14]

산시陝西 – 우월감에 사로잡힌 후예

산시성陝西省, 섬서성은 중화인민공화국 중부에 위치한 성이다. 한국어 한자 발음은 섬서성이 맞다.

영어 등의 외국어로 표기할 때에는 한어병음 방안을 그대로 따라가면서 성조 표기를 생략할 경우 Shanxi로 표기하는 산시성산서성과의 혼동이 생길 수가 있어서 이를 피하기 위해 Shaanxi라고 표기한다. 다만 옛 로마자 표기법인 우정식 병음 표기법을 따를 경우, 산서성은 Shansi로, 섬서성은 Shensi로 두 지명을 구분할 수 있다. 성 내로 황하가 흐르며 아래에는 친링산맥이 있다. 중국 대륙의 거의 중앙에 위치하고 있고 북부는 내몽골 자치구와 접하고 있으며 동부는 산시성山西省, 허난성, 서부는 닝샤 후이족 자치구, 간쑤성, 남부는 쓰촨성, 충칭시,

---

❀ 14   같은 책, pp.114~120.

동남부는 후베이성과 접하고 있다.

산시성과 성도 시안_{장안}은 고대부터 중국 문명
의 요람 중의 하나였다. 주부터 당에 이르기까지
1,100년이 넘는 기간 동안 13개의 왕조들이 이
지역에서 발흥하여 수도를 이곳에 두었다. 산시
성은 유럽, 아라비아, 아프리카로 이어졌던 비단
길의 시점이기도 했다.

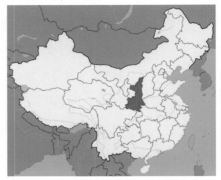

산시성(陝西省, 섬서성) 위치

자료 : ko.wikipedia.org

신석기 시대에 이 지역은 채색토기가 특징적
인 양사오 문화가 발달한 지역이다. 은_殷 말기에 주족_{周族}의 우두머리였던 문왕
이 풍_{豐, 시안 부근}에 도읍을 정하고 나라를 강하게 했으며, 그의 아들 무왕은 호_{鎬,}
_{시안 두문현 일대}에 도읍을 정하고 은_殷을 공격하여 멸망시키고 주나라를 세웠다_{기원전}
_{1122년 또는 기원전 1027년}. 전설에 따르면, 주나라 첫해에 무왕의 형제 주공과 소공 사
이의 알력으로 하남성 서부의 섬현을 경계로 하여 동서를 주공과 소공이 나누
어 가지면서 섬서라는 이름이 유래하였다고 한다.

기원전 10세기에 주 효왕이 목축으로 유명했던 비자_{非子}에게 진 지역_{현재의 간쑤 성}
_{톈수이 서남부}을 하사하면서 진나라가 성립된다. 기원전 771년 견융의 침입으로 호_鎬
가 함락당하고, 유왕이 살해당하는 일이 있었는데 이때 진의 양공이 견융을 치
고 유왕의 아들 평왕을 낙양까지 호송한 공으로 산시성 서부를 하사받게 된다. 기
원전 659년 진 목공은 동쪽의 진_晉나라를 쳐서 관중 전역을 지배하게 된다. 이러
한 이유로 산시성 지역은 진_秦으로도 불린다. 진은 기원전 221년 중국을 통일한다.

단명한 진의 뒤를 이은 한나라는 장안_{長安}에 도읍을 정하고 장안 인근을 군_郡
에 해당하는 경조윤, 좌풍익, 우부풍 세 지역으로 나누어 통치한다. 왕망에 의
해 왕조가 잠시 끊어진 후 한나라는 수도를 낙양으로 옮긴다. 한말에 동탁이 낙
양을 불태우고 장안으로 천도하나 곧 죽고, 혼란이 계속되다가 결국 위에 점령

당한다. 이후 중원으로 진출하려는 촉과 이를 막으려는 위의 격전이 치산을 중심으로 계속되었다. 오호십육국의 혼란기 동안 유목민족의 여러 나라들이 이 지역을 점령한다.

당나라 초기에 섬북은 관내도, 섬남은 산남도에서 다스렸다가 안사의 난 이후 섬서 절도사가 설치되었다. 오대 십국 시대에는 잠시 기岐나라가 세워진다. 송대에는 섬서로가 설치되었으나 그 영역은 지금의 섬서성과 달랐다. 13세기 몽골의 지배기간에 산시성은 섬서행성이 설치되었다. 명대 동안에는 서쪽의 간쑤성과 합병되었으나 청대에 들어와서 다시 분리되었다.

실크로드의 동쪽 종점일 만큼 중요한 교통의 요지였던 장안은 당나라 때에 이미 인구 100만이 넘는 거대도시로 발전하였는데, 당시 장안에는 동아시아뿐만 아니라 중앙아시아, 페르시아 제국, 아라비아 출신 무슬림들도 대거 거주하고 있었다. 북송이 건국되고부터 남송이 망할 때까지960~1279의 기간은 요나라, 금나라, 서하, 몽골 등과 끊임없는 전란이 있었던 시기이다. 그동안 섬서 지역에서는 한족 인구 대신에 무슬림들이 많이 들어와 살게 되었다.

1556년 1월 23일, 산시성 남동부의 화산에서 파멸적인 지진산시 대지진이 일어나 83만 명이 죽는 참사가 있었다.

1876년부터 1928년 사이의 기간 동안 수 차례의 기근이 이 지역을 휩쓸고 지나갔으며, 그동안 800만 명이 사망한 것으로 추정된다. 가난에 지쳐있던 이 지역의 농민들은 마오쩌둥이 이끈 공산혁명기간 동안 강한 지지를 보냈다.

1935년 10월에 강서 소비에트에서 탈출한 마오쩌둥을 비롯한 중국 공산주의자들이 장정 끝에 산시성 북부의 옌안에 도착하였고 여기서 중국 공산화의 기틀을 마련하였다. 이듬해 말 장제스는 산서에서 세력을 키우고 있는 홍군을 박멸하기 위해 시안에 왔다. 이때 만주군벌 장쭤린의 아들 장쉐량이 장제스를 감금한 뒤, 내전을 멈추고 항일전선에 나설것을 요구한다. 장제스는 이를 수용하

여 제2차 국공합작이 성립되는데, 이
사건을 시안사변이라고 한다.

놀라운 중국 역사의 중심지 '산시성(陝西省)'

자료 : boomup.chosun.com

　순박하고 열정적인 산시 사람들은
이익에는 관심이 없고 계산적이지 않
아 이들과 어울리면 마음이 상당히
편안해진다. 물론 모든 사람이 그런
것은 아니지만 이들은 유구한 역사
와 문화를 배경으로 한 향토의 기질
이 있어서 비즈니스 경쟁이 치열한 오늘날에도 여전히 자신만의 고집스러운 색
깔을 유지하고 있다. 따라서 이들과 친하게 지내려면 계산적인 태도부터 버려야
한다. 산시 사람들은 소박하지만 그렇다고 꽉 막히지도 않아 속으로는 당신의
꿍꿍이를 다 알고 있다. 그들은 남방 사람만큼 치밀한 계산하에 사람을 대하지
않는다. 그들의 문화에는 이른바 윈윈 전략이 자리 잡고 있는 것이다. 호혜와 평
들을 중시하는 그들은 한족이 일방적으로 이익을 얻는 것을 감정적으로 받아
들이지 못한다. 그들은 자신이 덕이 부족한 사람이 되는 것을 결코 원치 않고 그
런 일을 하는 것도 원치 않는다. 마찬가지로 상대방이 자기에게 손해를 끼치는
것도 용인하지 못한다. 그들은 돈도 벌어야 하지만 친구도 중요하다고 여긴다.
일을 하는 데 상대의 입장을 살피는 여지가 있어야 한다는 것이다. 그래서 너무
자기 입장만 내세우는 사람은 멀리한다.

　산시 사람들은 직설적이므로 이쪽에서도 우회 전략 대신 정공법으로 대해야
한다. 그들은 할 말이 있으면 기피하지 않고 바로 해버리며, 이야기를 하다가 뜸
을 들이는 것을 절대로 참지 못한다. 주변에 이런 사람이 있으면 조바심이 나서
견디지 못한다. 그뿐 아니라 뜸 들이는 사람은 틀림없이 무슨 꿍꿍이가 있다고
생각해서 멀리한다.

산시山西 – 북방의 남방인, 중국의 유대인

산시성산서성, 중국어: 山西省, 병음: Shānxi Shěng은 중화인민공화국 서북부에 있는 성이다. 성 이름은 타이항 산맥의 서쪽에 있다고 하여 유래된 이름이다.

산시성은 춘추시대 동안 강력한 진나라기원전 349의 판도에 속했다. 진나라는 기원전 403년 한·조·위 세 나라로 분열되는데, 이때를 기점으로 하여 전국시대가 개막된다. 기원전 221년에

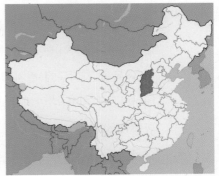

산시성(山西省, 산서성) 위치

자료 : ko.wikipedia.org

진나라가 전국을 통일하게 되면서 산시성 지역은 진나라에 속하게 된다.

한나라기원전 206~220는 산시성 지방에 병주并州를 두어 다스렸다. 오호십육국의 혼란기 동안 산시성은 후조319~351, 전연334~370, 전진351~394, 후연384~407 같은 여러 유목 민족들의 나라들이 차례차례 통치했었다. 이 나라들은 선비족의 북위386~534에 의해 통일되는데, 건국 초기 북위의 수도는 산시성 북부의 다퉁이었다. 북위는 후에 북중국 거의 전부를 지배하게 된다.

당나라618~907 시대 동안 이 지역은 황하의 동쪽이라는 의미에서 하동河東이라고 불렸다.

오대십국907~960 시대 동안 다섯 개 왕조 중 셋과, 십국 중 하나가 산시성에서 발흥하였다. 산시성은 오대의 첫 번째 나라였던 후량907~923을 뒤엎고 후당923~936을 세운, 하동 절도사 이존욱의 근거지였다. 역시 하동 절도사였던 석경당은 후당을 엎고 후진936~947을 세웠으며, 또 역시 하동 절도사였던 유지원은 거란이 후진을 멸망시킨 후 후한947~950을 세웠다. 오대의 마지막 왕조였던 후주가 세워지고 난 뒤 하동 절도사였던 유숭후에 유민이 반란을 일으켜 십국중 하나인 북한951~979을 세웠다. 북한은 지금의 산시성 북중부에 위치했었다. 석경당은 후진을 세운 다음에 북중국의 많은 지역을 자신에게 군사적 지원을 해

준 거란에게 넘기게 되는데 이 지역을 연운16주라고 한다. 연운16주는 산시성 북부와 허베이 성 북부, 인접한 내몽골 자치구에 걸쳐 있었던 지역이다. 이 지역은 만리장성 이남에 있었기 때문에 향후 100여 년간 송나라960~1279는 거란의 공격을 방어하는 데 어려움을 겪어야 했다.

가장 오래된 중국, 산시성(山西省)

북송은 연운16주를 둘러싸고 거란의 요나라907~1125와 뜨거운 공방을 펼쳤으나 만주에서 선 금나라1115~1234가 거란의 요나라를 멸하고 아예 화북을 점령하면서 산시성은 금나라의 판도에 들어가게 된다.

몽골족의 원나라1271~1368는 중국을 몇 개의 행정구역으로 나누어 통치했으나, 산시성을 독립된 행정구역으로 다루지는 않았다. 현재 경계가 거의 확정된 것은 명나라1368~1644 때이다. 청1636~1912대에는 산시성의 관할 구역이 만리장성 이북으로 확장되어 지금의 후허하오터 일대의 네이멍구 지방을 관할하던 구이화 튀메드 기와 관할 구역이 겹치기도 했다.

중화민국이 아직 본토를 지배하던 기간에 중국의 다른 많은 지역이 전란과 반란에 시달렸던 것과는 달리 산시성은 군벌 옌시산옌석산이 장악하고 있었다. 중일 전쟁 기간에는 일본군이 타이위안 전투에서 승리를 거둔 이후 성의 대부분이 일본군의 점령하에 있었다. 산시성은 일본군에 대한 중국 팔로군의 게릴라 공격의 주 무대이기도 했다.

일본의 패망 이후 국공내전 동안 산시성은 인민해방군의 중요한 군사기지가 되었다. 옌시산은 수천 명의 일본군 패잔병까지 모아 타이위안에서 인민해방군과 교전하지만 방어에 실패하고 만다. 이때가 1949년 초였다.

산시성은 수 세기 동안 교역과 금융의 중
심지였다. 한때 진상晉商은 부와 동의어이기
도 하였다. 산시성의 핑야오에서는 예전 금
융 중심지로 번성했던 모습을 엿볼 수 있다.
현대에 들어서 산시성의 주요 산업은 석탄
채굴이다.

평형관 대첩, 일본군의 무기를 노획하고 즐거워하는 팔로군 병사들

자료 : namu.wiki

의를 저버리지 않는 산시 사람들은 장사를 할 때도 신용을 가장 중시한다. 그
들의 이러한 장사 철학은 근래에 들어서 직업 도덕과 공정한 경쟁을 위한 시장
규칙을 준수하는 행동으로 나타나, 탁월한 성과와 함께 사회적으로도 호평을
받고 있다. 따라서 산시 사람과 거래를 할 때는 마음을 놓아도 좋다. 그들은 결
코 눈앞의 이익에 눈이 어두워 당신을 실망시키지 않을 것이다. 산시에는 맨손
으로 사업을 일으켜 근검절약으로 거부가 된 사람들이 많다. 그래서 이들과 비
즈니스를 할 때는 공연히 허풍을 떨지 말고 있는 그대로 보여줘야 더욱 신뢰를
얻을 수 있다. …… 산시 사람들의 사업에서 또 하나 중요한 특징은 박리다매,
생산과 판매의 결합이다. 이는 진상晉商의 전통이기도 한다. 산시 사람들과 사업
할 때는 이런 그들의 생각에 귀기울이고 그들의 방법을 배워 자신의 경쟁력을
높일 수 있다. …… 이들은 전통적인 경영 방식을 계승하고 그 범위를 확대하여
자금뿐 아니라 원료·상품·기술에도 광범위하게 운용한다. 따라서 산시인과 경
제활동을 할 때는 전체 기업이나 업종을 마치 하나의 바둑판처럼 보고 각 부문
간의 긴밀한 연관성을 고려하여 통일적인 관점에서 배치하고 계획해야 한다. 그
리고 자금을 활성화하고 시장 정보를 제때에 파악하여 신속하게 반응해야 한
다. 그렇지 않으면 산시 상인에게 선수를 빼앗겨 버린다.[15]

❋ 15 같은 책, pp.160~162.

충칭 - 전통 공업기지

충칭重慶, 중경은 중화인민공화국 서부의 직할시
이다. 중화인민공화국의 네 개 직할시 중 하나
로 유일하게 서부에 위치한다. 다른 직할시인 베
이징시, 톈진시, 상하이시에 비해 시 면적이 넓
어 총 면적은 80,000km²가 넘는다. 총 인구는
3,000여만 명이 넘고 그 중 도심 지역 인구가
500여만 명이 넘는다. 1997년 3월 14일까지는
쓰촨성에 속한 부성급시였다.

충칭시 위치

자료 : ko.wikipedia.org

충칭은 기원전 11세기에 세워졌다고 하는, 반 정도는 전설적인, 파巴나라가 있
었던 자리이다. 파나라는 중원과는 다른 문화를 가지고 있는 노예제 부족연맹
국가였다고 여겨지고 있다. 기원전 316년에 진나라의 장의張儀가 파나라를 정복
하고, 파군巴郡을 설치한다.

한나라 때에는 익주益州에 속하다가, 삼국시대에는 유비가 세운 촉나라에 속
하게 되었다. 유비는 오나라를 치러 갔다가 실패하고, 펑제 근처의 백제관에서
죽는다. 위진남북조시대에는 형주, 익주, 파주, 초주 등으로 불렀다.

수나라는 581년에 자링강嘉陵江의 당시 이름인 유수渝水의 이름을 따서 초주를
유주渝州로 바꾼다. 송나라 때인 1102년에는 이름이 다시 공주恭州로 바뀐다. 전
설에 따르면 이곳에서 반란의 낌새가 있었는데, 대천황이 이 지역의 이름을 공
손하다는 뜻으로 바꾸자 반란 계획이 탄로났음을 알고 중단했다고 한다. 1189
년 남송 시대의 황태자였던 조돈이 황태녀의 대국왕에 봉해진 후 한 달 만에
광종으로 즉위하게 되었기 때문에, '경사가 두 번 겹쳤다雙重嘉慶, 쌍중희경'는 뜻에서

충칭의 마천루

충칭重慶이라는 이름이 붙었다.

원나라 말기인 1362년에 명옥진을 중심으로 하는 농민 반란이 일어나 하夏나라를 세우고 잠시 이 지역을 지배하기도 한다. 명옥진의 아들 명승明昇 때인 1371년에 주원장의 부하 탕화湯和의 군대가 쳐들어오자 투항하였다. 명승은 이듬해 고려로 유배당하여 서촉 명씨의 시조가 되었다. 충칭은 명·청대에 물류의 집산지로 변성하였다. 청나라 말기인 1895년에 청일전쟁에서 진 청나라는 일본과 시모노세키 조약을 맺고, 쑤저우, 항저우, 사스와 함께 충칭을 통상항으로 개항한다.

1929년부터 충칭은 중화민국의 직할시가 된다. 중일전쟁 기간에는 1938년부터 1945년까지 중국국민당 정부의 임시 수도가 되었기 때문에, 한때 중국국민당 정부의 수도인 난징시와 비슷하게 발전해나가기 시작한다. 충칭은 일본군의 공습을 많이 받았기 때문에 어수선했다. 전쟁 동안 많은 공장과 대학이 충칭으로 이동해 오면서 충칭은 내륙 개항장에서 중공업 도시로 탈바꿈해 갔다. 대한민국 임시정부와 광복군이 1940년 8월부터 충칭에 머물렀었다.

1954년, 충칭은 마오쩌둥毛澤東에 의해서 직할시에서 쓰촨성의 현급 시로 강등

되는 모욕을 겪었다.

하지만 1997년에 중국의 주석인 덩샤오핑鄧小平이 자신의 고향인 충칭을 발전시키기 위해서 근처의 푸링시, 완셴시, 첸장 지구를 편입하여 충칭직할시로 다시 승격시킨다. 뤄양시와 시안시와 청두시와 충칭을 서부 개발의 교두보로 삼고, 싼샤 댐 수몰민을 다시 정착시키기 위해서였다.

충칭 사람들은 대범하고 솔직하며 구속받기를 싫어한다. 낙천적이고 명랑하면서도 체면을 심하게 따진다. 심지어 체면 때문에 원칙을 포기하는 경우도 많다. …… 충칭 사람들은 욕설을 잘한다. 친한 친구 앞에서는 아무렇지도 않게 거친 욕설을 내뱉는다. 청두成都를 비롯한 쓰촨 사람들이 대체로 욕을 잘하지만 충칭 사람들이 더 두드러진다. 심한 욕을 들었다고 기분 나빠할 필요는 없다. 부모 앞에서도 똑같은 행동을 할 텐데 남 앞에서야 말할 나위도 없지 않겠는가! …… 충칭의 훠궈火鍋는 색과 향, 맛이 어우러져 혀가 마비될 정도로 매우면서도 포기할 수 없는 매력적인 음식이다.[16]

덩샤오핑 동상

자료 : ohmynews.com

충칭의 '라오훠궈(老火锅)', 아홉 칸으로 나누어 각각의 식재료를 데쳐 먹는다.

자료 : news2day.co.kr

✼ 16   같은 책, pp.189~191.

주량에 자신이 없는 남성이라면 충칭 여인과 술을 마시지 말아야 한다. 남자보다 술을 잘 마시는 여자를 보면 기분이 썩 유쾌하지 않을 테니 말이다. 충칭 여인들은 남편의 체면을 중요하게 생각한다. 아내 앞에서 남편을 무시했다가는 봉변당하기 십상이다. 충칭 여성과 데이트할 때는 말을 많이 하지 말아야 한다. 그녀의 기관총처럼 쏘아대는 말솜씨를 이길 재간이 있다면 모를까 잘못했다가는 그녀의 마음을 상하게 하고, 토라져 가버린 그녀를 다시는 만나지 못할지도 모른다. 미모가 출중한 충칭 여성들은 칭찬에 익숙하지만 근거 없는 칭찬은 그녀들을 자칫 불쾌하게 만들 수 있으므로 주의해야 한다. 또, 그녀는 끊임없이 당신의 마음을 확인하려 하므로 처음 만나자마자 얼마나 보고 싶었는지 모른다는 둥 눈치 없는 찬사를 늘어놓았다가는 멋없는 남자로 낙인찍히기 십상이다.

효율과 이익을 따지는 시장경제에서 강직하고 솔직한 충칭 사람들은 사업에 부적격하다. 지나친 강직함은 유치함과도 통하므로 조금은 계산적일 필요가 있다. 비즈니스를 할 때는 충칭 사람들의 이런 특징을 적당히 역이용할 수도 있다.[17]

윈난 - 땅이 넓어 사람이 귀한 곳

윈난성雲南省은 중화인민공화국 남부의 성이다. 윈모인元謀人이라는 호모 에렉투스 화석이 1960년대에 철도 기술자들에 의하여 발굴되었는데, 이는 중국에서 가장 오래된 인류 화석이다. 신석기시대에 뎬츠滇池호 주변에 사람이 살았었다. 이 사람들은 석기를 사용하고 간단한 나무 구조물을 지었다.

윈난성은 중국 남서부에 위치하며 남쪽으로 북회귀선이 통과한다. 면적은 394,100km²로 중국 전체의 4.1%를 차지한다. 성의 북쪽은 윈구이 고원의 일부

를 이룬다. 북서부는 티베트 자치구, 북부는 쓰
촨성, 북동부는 구이저우성, 동부는 광시 좡족
자치구와 접한다. 서쪽으로 미얀마, 남쪽으로 라
오스, 남동쪽으로 베트남과 총 길이 4,060km
의 국경을 공유한다.

원난성 위치

자료 : ko.wikipedia.org

중국 내에서 초록의 삼림이 우거진 지역으로,
전체에 걸쳐 황량한 바위산이 눈에 두드러진다.
게다가 지형이 복잡하고, 남부의 저지대에는 아
열대성 기후도 있으며, 북부의 고산지대에서는 아한대성 기후도 있어, 다양한
기후대를 가진다. 이 때문에, 동식물 상이 풍부하고, 특히, 원예 분야에서는 신
종 화훼의 산지로서 알려져 있다. 1월 평균기온은 8~17 ℃이고 7월 평균기온은
21~27 ℃이다. 연평균 강수량은 600~2,300 mm이고 이 중 절반이 7월과 8월
에 집중된다.

지형은 주로 산지로 특히 북부와 서부가 높
다. 서쪽으로는 협곡이 있고 동쪽은 고원 지역
이다. 원난의 주요 강들은 산들 사이의 깊은 협
곡을 통해 흐른다. 평균고도는 1,980m이다. 북
쪽의 산들이 가장 높아 고도가 5,000m가 높
은 반면 남쪽의 산들은 3,000m가 넘지 않는
다. 가장 높은 지점은 북쪽 디친고원의 더친 현
에 있는 카와거보 봉으로 해발고도는 6,740m

원난 샹그릴라, '속세의 정토' 신비로운 설산

자료 : kr.people.com.cn

이다. 가장 낮은 지점은 허커우현 홍허 계곡으로 76.4m이다. 성의 동쪽은 카르
스트 지형과 깊은 협곡을 통해 흐르는 항해할 수 없는 강이 있는 석회암 고원
지대이다. 서쪽은 산맥에 의해 강이 남북으로 흐르는 특징이 있다. 이러한 강들

로 누강살윈강, 란창강메콩강 등이 있다.

윈난 사람들은 오래전부터 윈난 고원지대의 가혹한 환경 속에서 살아오면서 부지런하며 순박하고 검약한 품성을 길렀으며 조용한 생활을 했다. 윈난 사람들의 이러한 성품은 그들이 본래부터 가지고 있던 가치관과 많은 연관이 있다. 이들은 근

차마고도
자료 : knou1.tistory.com

검절약을 미덕으로 높이 평가하여 의식주에 욕심을 부리지 않았다. 단정한 행동과 직분에 충실하고 청렴결백한 정신을 자손 대대로 이어왔다.

윈난에서는 남을 속이거나 교활한 언행을 하는 자는 입에 올릴 가치도 없는 사람으로 쳤으며, 일하지 않고 이곳저곳 돌아다니는 사람은 남의 비웃음거리가 되었다.[18]

성실한 윈난 사람들과는 비즈니스도 쉬운 편이다. 밀고 당기는 흥정을 하지 않아도 되니 거래가 부담이 없으며 마치 그들 집에 손님으로 초대되어 간 것처럼 유쾌하다.

윈난 사람들은 성실한 거래로 정당한 돈만 벌기 때문에 잔머리를 굴리지 않고 솔직하다. 그들은 생각하는 바를 그대로 말하며, 정찰제를 실시하므로 고객의 마음도 편하다. 윈난의 리리족傈僳族 상인은 '동심주同心酒'를 마시는 풍습이 있다. 성별과 연령을 따지지 않고 두 사람이 함께 마시면 서로 친해지고 의지할 수 있다고 믿는 것이다. 이족彝族은 술을 잔 하나에 가득 따라 한 사람씩 번갈아 마시는 잔 돌리기를 하는 데 서로의 정을 주고받는다는 의미가 있다. 하니족哈尼族은 적게는 10여 개에서 많게는 100여 개가 넘는 탁자를 몇 십 미터가 되게 이

❀ 18   같은 책, p.201.

어놓고 수십 명, 또는 수백 명의
사람이 술을 마시며 노래하고 술
을 반주 삼아 춤을 춘다. 서로 권
커니 잣거니 하다보면 지난 피로
와 맺힌 원망도 술과 함께 날아
가고 우정이 싹튼다. 시솽반나西
雙版納의 케무족克木族[19]은 통 안에
든 술에 각자가 볏짚으로 된 빨
대를 꽂아 함께 마시면서 즐거움
을 나눈다.

전통춤을 추고 있는 나시족

자료 : ohmynews.com

먹고 싶을 때 먹고 자고 싶으면 자며 놀고 싶으면 노는 윈난 사람들은 구속받
기를 싫어하며 성격도 산만한 편이다. 그들은 남이 시켜서 하는 일을 싫어한다.
윈난 사람들과 비즈니스를 할 때는 예의로서 대하고 그들의 풍속을 존중해 주
며 그들이 원치 않는 일을 강요하지 말아야 한다. 또한, 그들의 산만한 성격을
지적해서도 안 된다. 진실한 협력을 하고 서로 윈윈을 추구해야 한다. 어려운 프
로젝트일수록 윈난 사람과 협력하면 성공할 확률이 높다. 그들 자신이 고생을
감수하고 열심히 하는 것도 있지만 기꺼이 수고해줄 윈난 사람들을 일꾼으로
모집할 수 있기 때문이다.[20]

쓰촨 – 훠궈와 매운 맛 사람

※ 19　케무 민족 집단은 동남아시아와 윈난성에 있는 민족 집단으로 미얀마, 라오스, 태국, 베트남, 시솽반나에 분
포하며 중국의 미확인 민족 집단(또는 브라운 민족 집단)에 속한다. 그들은 일반적으로 라오스 원주민으로 여겨진다.
고대 라오스는 크메르 제국에 속했었다. 크메르 제국이 함락 된 후, 이 사람들은 라오롱 부족에 의해 메콩강 평원에서
밀려나 북부 라오스의 산악 지역으로 밀려났다.

※ 20　같은 책, pp.207~209.

쓰촨성_{四川省}은 중화인민공화국 서부 내륙 지방에 있는 성_省이다. '사천_{四川}'이란 이름은 민강, 금사강, 타강, 가릉강 등 네 개의 하천이 흘러 붙인 이름이라고 알려져 있지만 사실이 아니다. 천_川이란 선비족이 말 달리며 불렀다는 칙륵가에 나오는 칙륵천_{敕勒川}이나 고국천왕의 '천_川'처럼 강이 아니라 '평원' 혹은 '땅'의 뜻이라는 설이 더 유력하다.

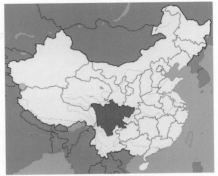

쓰촨성의 위치

자료 : ko.wikipedia.org

사천은 처음부터 사천이 아니라 양천_{兩川}, 삼천_{三川}을 거쳐 사천_{四川}이 되었다. 진시황의 통일 이후 이 지역을 파군과 촉군으로 양분하며 양천의 시대가 시작되었고, 당 태종 시기에 검남동도, 검남서도, 산남서도의 세 곳으로 나뉘면서 삼천이 되었다. 송나라 진종 시기에 익, 재, 이, 기 등의 4주를 둠으로써 '사천'이 처음 등장했다. 그리고 원나라 때 정식 성_省으로 등록되었다.

삼성퇴 유적을 통해 알 수 있듯이 황하문명과는 다른 갈래의 독자적 청동기 문화인 사천문명의 중심지였다. 221년 유비가 이곳에 촉한을 세워 263년까지 계속되었다. 주요 도시로는 청두_{成都} 등이 있다.

약 200만 년 전, 쓰촨_{四川} 지역에서 인류 활동이 시작되었고, 지금으로부터 2만 5천 년 전 문명이 출현하기 시작하여 삼성퇴문명_{三星堆文明}으로 대표되는 고도로 발달한 고촉 문명이 형성되었다. 진_秦 왕조가 쓰촨을 통치한 이후 쓰촨은 점차 중원_{中原} 문화에 유입되기 시작하여 중국 역사상 중요한 위치를 차지하였다.

1840년, 아편전쟁이 중국 근대사의 서막을 열었다. 그러나 1895년에 이르러 리홍장_{李鴻章}과 일본정부대표 이토 히로부미가 시모노세키 조약을 체결함으로써 사천의 문호 충칭을 무역항으로 개방하도록 규정하였으니 이때서야 진정한 근대에 들어섰다고 할 수 있다. 이로써 자연히 사천 사회의 경제가 점차 붕괴되고 반식민지화되자 민족자본주의의 맹아가 싹트기 시작했다.

1860년대, 석달개石達開가 쓰촨에 진입한 후 또다시 성도 교안 사건과 의화단 운동이 일어났다. 쓰촨에서 발발한 보로운동保路運動은 신해혁명의 도화선이 되었다. 1911년 성도는 독립된 군 정부를 세웠다. 1912년 쓰촨은 정식으로 중화민국의 한 개 성省이 되었다. 그러나 이후 쓰촨은 장장 21년간의 군벌혼전시기에 빠졌는데, 1933년에 이르러 류샹劉湘이 장제스가 쓰촨성에 진입하려는 반란을 차단하고 이를 평정하였다.

항일전쟁이 발발하자 중국 연해沿海 연강沿江 지역의 각종 공업, 광업 기업, 고등교육 기관, 문화 단체가 잇달아 사천 지역으로 옮겨왔고, 쓰촨 지역은 다시금 중국의 후방이 되었다. 동시에 300만 쓰촨 군이 사천 지역으로부터 출병하여 항전함으로써 항일전쟁에 큰 공헌을 하였다.

1949년 12월 10일, 장제스는 아들 장징궈를 데리고 청두에서 타이완으로 날아갔다. 그 후 쓰촨과 시캉西康 지역은 연이어 정권이 교체되었다. 1950년에는 천동川東·천서川西·천남川南·천북川北 네 행서구行署區가 설치되었으나, 1952년 이들은 합쳐 쓰촨성이라는 행정구획을 회복하였다. 1954년 7월 기존의 중앙직할시直轄市 충칭시가 쓰촨성으로 편입되어 성할시省轄市로 바뀌었다. 1955년, 시캉성이 폐지되고 금소강金沙江 이동以東 지역이 쓰촨성으로 분리 편입되었다. 1997년 충칭시, 만소시萬縣市, 배령시涪陵市, 금강黔江 지역이 쓰촨 지역으로부터 분리되어 충칭 직할시가 재건되었다.

쓰촨에 온 북방 사람들은 손바닥만한 땅하나도 놀려두는 법이 없이 야무지게 사용하는 쓰촨 사람들의 부지런함과 강인한 성격에 놀란다. 개혁개방 후에는 쓰촨의 노동력이 외부로 빠져나가 중심도시나 연해 지역의 발전에 지대한 공을 세우기도 했다. …… 끓는 물에 양고기나 각종 채소를 집어넣어 익혀 먹는 중국식 샤브샤브 훠궈火鍋는 원래 충칭에서 시작되어 역사가 1700년 이상 된 쓰촨

의 대표 요리다.[21]

쓰촨 사람들이 매운 음식을 즐기는 데는 습한 기후의 영향도 있지만 솔직하고 화끈한 쓰촨 사람들의 성격과도 관계가 깊다. 쓰촨 지방의 전통극만 보아도 날카로운 소리를 내지르는 '매운' 창법이 대부분이다. 쓰촨 아가씨들도 톡 쏘는 성격으로 유명하다. …… 하지만 애교를 부리면 당할 사람이 없어서 '달콤하고도 매운 아가씨'라고도 불린다.[22]

앞에서도 언급한 바와 같이 중국 남성들이 최고 배우자로 꼽는 타지 여성은 쓰촨四川 아가씨라는 말이 거짓은 아닌 듯하다.

쓰촨의 마라탕

자료 : m.blog.naver.com

쓰촨(四川) 원촨(汶川)현에서 '쉬안커우(漩口)의 신선한 찻잎 따기' 행사가 열렸다. 아름답고 고운 민족의상을 차려입은 강족(羌族) 아가씨 여럿이 모여 차의 어린잎을 선별해 따는 모습이 이곳을 찾아 행사에 함께 참여하는 시민들의 시선을 끌었다.

자료 : kr.people.com.cn

개방된 마인드의 쓰촨 사람들은 열정을 가지고 적극적으로 일하며 어려움도 잘 견딘다. 따라서 쓰촨 사람들과 비즈니스를 하려면 그들과 동고동락할 수 있어야 한다. 또한 모든 것이 풍요롭고 물가가 싼 지역이라 사람들은 한가로운 생활의 멋을 누린다. 과거 농공사회의 영향 때문인지 이들은 시간관념이 약하다. 쓰촨의 방언에는 시간과 관

21 같은 책, pp.223~225.

22 같은 책, pp.227~228.

련된 단어 자체가 매구 적으며 시·분·초의 단위를 정확하게 계산할 수 있는 단어가 없다. 그래서 사업을 하면서도 어렵사리 잡은 비즈니스 기회를 아깝게 놓쳐버리는 경우가 많다.

쓰촨 사람들은 외향적이라 거래에 별다른 어려움이 없지만 재정 문제에는 주의를 기울여야 한다. 그들이 속임수를 쓴다는 말이 아니라 재무에 대한 관념이나 기교가 부족하기 때문이다. 쓰촨은 현재 중국 서남 지역 교통의 허브로 발전했다. 성 전체가 양쯔강이 관통하는 수로 운송의 중심지이자 각종 육로 교통이 사통팔달로 뻗어 있는 교통의 요지다. 여기에 쓰촨 사람들의 패기가 더해져 사업의 잠재력은 무한하다.[23]

🌸 중국 화둥 지방

안후이 − 장사 수완이 좋은 대상인들

안후이성安徽省은 중화인민공화국 동부 양쯔강과 화이허淮河, 화이허강 유역의 성이다. 17세기에 처음으로 생겼다. 안후이성의 북부는 화북 평원의 연장으로 허난성과 역사적 호흡을 같이 해 왔다. 중부 지역은 비옥하고 인구가 밀집된 화이허 유역이다. 남부는 양쯔강 유역인데 후베이성과 장쑤성 남부와 인접한다. 남동쪽의 구릉 지역은 독특한 문화를 유지하고 있다.

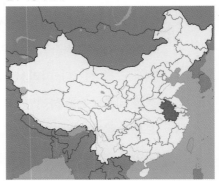

안후이성의 위치

자료 : ko.wikipedia.org

✦ 23   같은 책, pp.228~229.

상나라 때는 안후이성 대부분에 동이라고 불리는 원주민이 거주했다. 상나라를 건국한 탕왕은 지금의 안후이성 북부 보저우亳州 근처인 호亳에 수도를 정하였다. 전국시대인 기원전 278년, 서쪽의 진나라가 지금의 후베이성을 거점으로 하던 초나라를 공격해 땅을 빼앗자 그 난민들이 안후이성 중부에 있던 수춘지금의 서우현으로 대거 이동했다.

기원전 221년, 진나라가 중국을 통일하면서 그 지배하에 들어갔고 한나라를 거치면서 여러 군이 설치되었다. 후한 시대에 화이허 남쪽은 대부분 양주에, 그 북쪽은 예주에 속했다. 후한 말, 군벌 원술이 수춘을 거점으로 황제를 자칭하였으나 얼마 가지 않아 화북의 조조에게 패망했다. 이후 양쯔강 유역의 오나라와 북중국의 위나라가 남북을 나누어 가지고 서로 다투다가 3세기 말 서진이 중국을 통일하였다.

4세기 북쪽에서 여러 유목 민족이 화북으로 들어오면서 오호십육국 시대와 남북조 시대가 시작되었다. 이때부터 수 세기 동안 남쪽의 한족 왕조들과 북쪽의 유목 민족 왕조들은 안후이성을 남북으로 나누는 경계선을 그어두고 서로 대치하였다. 동진東晉이 전진前秦의 남하를 격퇴한 383년의 비수 전투는 대표적인 전투이다. 589년 수나라가 다시 중국을 통일했고 당나라를 거쳐 이번에는 금나라가 화이허를 경계로 그 북쪽을 점령하고 남송과 대치하였다. 이러한 상황은 몽골이 중국을 통일하는 1279년까지 지속되었다.

1368년 원나라를 몰아낸 명나라의 초기 수도 난징과 인접한 덕에 장쑤성과 안후이성 지역은 함께 묶여 남직례南直隷에 속했다. 직례란 조정이 직접 통치하는 지역이라는 뜻이다. 1644년 청나라는 중국을 정복한 후 남직례를 폐지하고 강남성江南省을 설치했다. 1666년 강남성을 장쑤성과 안후이성으로 가르면서 마침내 안후이성이 탄생하였다. 이때의 경계는 지금까지 거의 변화가 없다. 1946년 성도를 안칭安慶에서 허페이合肥로 옮겼다. 1949년 중화인민공화국이 성립하면서 양쯔강을 경계로 완베이皖北와 완난皖南으로 잠시 나누었다가 1952년 복귀되었다.

"안후이 사람이 없으면 장사꾼이 없다."라는 말이 있다. 그만큼 안후이 사람들이 장사에 능하다는 말이다. 이런 배경에는 첫째, 조상 대대로 상인을 천하게 보지 않은 안후이 사람들의 생각이 자리한다. 둘째, 안후이의 열악한 지리적 환경과 관련이 깊다. 안후이에는 경작할 수 있는 땅의 면적이 좁아 장사 말고는 딱히 생존할 방법이 없었기 때문이다. 그 밖에 중원의 토족들이 전란을 피해 끊임없이 이곳으로 이주해 온 이민 사회이기도 하다. 명·청 시대에는 휘상徽商, 안후이 상인의 무리가 수천 명의 규모로 발전하기도 했다. 옛날에는 봉건 종족 관계를 이용해 사업을 하던 휘상이 현대에 와서는 '상회商會'라는 조직을 만들어서 활동하고 있다.[24]

중국 가장 아름다운 마을인 안후이성 훙촌에 등장한 노을
자료 : kr.people.com.cn

안후이 출신 문학가 후스[25]
자료 : ko.wikipedia.org

※ 24   같은 책, p.235.

※ 25   후스(胡適, 1891년 12월 17일 ~ 1962년 2월 24일)는 중화민국의 문학가·사상가이며 대학교수 겸 前 정치가이다. 아명(兒名)은 후스먼(胡嗣穈), 자(字)는 스즈(適之)다. 1891년 청나라 장쑤성 상하이에서 출생하였으며 지난날 한 때 1894년에서 1896년까지 2년간 청나라 안후이성 허페이현 자치 구역에서 잠시 유아기를 보낸 적이 있는 그는 19세 때 장학생으로 미국에 유학하여 미국의 컬럼비아 대학에서 철학을 공부하여 박사학위를 받았다. 1917년 귀국하여 베이징대학 철학 교수로 있으면서 『매주 평론』을 발간하여 계몽 운동을 폈다. 당시 중국에서는 문학에 옛날의 어려운 문체를 사용하고 있었는데, 후스는 일상생활에서 쓰이는 말을 그대로 작품에 쓰자는 '백화 운동'을 벌였다. 이러한 그의 계몽적인 활동은 문학뿐 아니라 역사·철학·정치 평론 등의 모든 분야에까지 미쳤다. 1927년부터 3년간 상하이에서 교편을 잡으면서 중국 문화를 영어로 번역·해설하여, 중국 문화의 체계와 가치를 세우는 등의 업적을 남겼다. 다시 베이징대학 교수가 되었으며 그 후 국민정부의 요직을 지냈다. 타이완으로 건너간 이후 1952년 중국국민당 탈당을 했

안후이 사람과 잘 지내려면 먼저 그들의 문화적 배경을 알아야 한다. 안후이에는 특이한 문화유산이 많이 전해지며 서현歙縣, 서우현壽縣, 하오저우亳州 같은 역사 문화 명소가 즐비하다. 안후이 사람들도 조상의 영향을 받아 전통문화를 중요시한다. …… 안후이 사람들은 정치 참여 의식도 강한 편이다. 장사의 기반을 잘 닦아 벼슬길에 오른다는 말이 있듯이, 안후이 사람들은 관리나 정치가가되고 싶어 한다.[26]

차를 즐겨 마시는 안후이 사람들의 특성을 잘 이용하면 이들과 지내기에도 수월하다. 안후이 사람들은 녹차의 주산지 출신답게 홍차의 진함도, 맹물의 싱거움도 아닌 녹차의 평화로움을 닮았다. 그래서 남을 해치지 않는 온화함으로 쉽게 가까워질 수 있다. 안후이 사람들은 차를 즐길 뿐 아니라 손님에게 맛있는 차를 끓여 대접하는 전통을 몇 천 년 동안 이어오고 있다. …… 안후이 사람들과 사업을 하려면 신용을 지켜야 한다. 안후이 상인은 오랫동안 성실과 신용, 의리와 인의로 대표되는 상도를 형성했다. 비즈니스에 임하는 이들의 성실함과 의리는 예부터 유명하다. …… 시장의 새로운 사물을 빠르게 받아들이는 것 또한 안후이 상인의 전통이다. 이들은 외부의 정보를 빠르게 받아들여 안후이에 정착시킨다.[27]

산둥 - 유교는 나의 힘

고대 중국에서는 타이항 산맥의 서쪽을 산시산서라 칭하였으며 동쪽을 산둥산둥이라 불렀다. 현재의 산둥성 이름은 고대로부터 전해 오는 것이며 또한 춘

지만 1957년 5월 31일에서 이후 죽을 때까지 타이완 중앙연구원의 원장을 지냈다. 저서로 『백화문학사』, 『후스 문존』, 『중국 철학사 대강』 등이 있다.

❀ **26** 같은 책, pp.239~241.

❀ **27** 같은 책, pp.241~244.

춘전국시대기원전 770년~기원전 221년 때에는 제나라와 노나라가 위치한 곳이어서 산둥성을 제노대지라고도 한다.

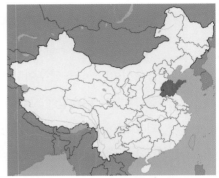

산둥성의 위치

　산둥성은 중국 고대 문화 발양지 중의 한 곳이다. 원시 공동사회 시기엔 이곳에서 다윈커우 문화_{大汶口文化}와 룽산 문화_{龍山文化}가 창조되었다. 유물로 붉은 질그릇, 새까맣게 빛나는 흑도_{黑陶}와 원시 방직품이 출토되었다. 상나라_{商 기원전 약 17세기초~기원전 11세기} 시기에 이르러서는 청동기 문화가 창조되었다. 그리하여 춘추전국시대, 이곳은 이미 철제 농구를 사용하고 있었다. 진한시대_{秦漢, 기원전 221년~220년} 이후, 제염과 제철, 방직업이 모두 전국에서 중요한 위치를 차지했으며, 당대_{唐, 618년~907년}에 와서는 산둥성의 방직업이 가장 흥성하기도 했다. 북송_{北宋 960년~1127년} 시대에는 수리사업을 진행하고, 황하를 다스려 전국 인구 조밀도가 가장 높은 곳 중의 한 곳이 되었다. 그러나 금원_{金元, 1115년~1368년} 시기에 이르러서는 인구가 유출되면서 경제가 쇠락하기 시작했다. 훗날 명초기_{明初} 주민이 다시 이입되고, 회복세를 보이기 시작하더니, 청대_{淸, 1644년~1911년}에 와선 경제가 더욱 발전했다.

　산둥성은 화북 평원의 동쪽 끝에 자리 잡고 있기 때문에 중화 문명의 영향을 아주 초기부터 받고 있었다. 초기의 중국 왕조였던 상_商이나 주_周 왕조는 산둥성 서부에 다양한 형태의 정치적 영향력을 행사해 왔다. 반면 동부 지역에는 래이_{來夷}라고 불렸던 이민족이 살고 있었다. 이들은 시간이 지남에 따라 래이는 완전히 중국화된다.

　춘추전국시대 동안 화북과 장강 유역에는 여러 나라들이 난립했다. 이 시대에 산둥 지역에는 두 나라가 있었는데, 하나는 린쯔_{臨淄}를 근거지로 하는 제나라이고, 다른 하나는 취푸_{曲阜}를 근거지로 한 노나라였다. 제나라는 춘추전국시대 동안 계속하여 강국의 위치를 지켰다. 반면에 노나라는 공자의 고향으로도 유명하나 상대적으로 작았기 때문에 결국에는 남쪽의 초나라에게 병합되고 만다.

기원전 221년에 진나라가 제나라를 꺾으면서 중국을 최초로 통일한다. 단명한 진의 뒤를 이은 한나라는 전국을 여러 주州로 나누어 통치했는데, 산둥성의 북부는 청주青州가, 남부는 서주徐州가 관할했다. 삼국시대 동안에는 북중국을 지배했었던 위의 통치하에 있었다.

삼국시대 이후에 잠시 서진에 의한 통일 시기가 있었지만, 곧 북방 유목 민족의 침입이 시작된다. 산둥 지역은 오호십육국시대 동안 후조後趙, 전연前燕, 전진前秦, 후연後燕, 남연南燕, 송 등의 나라들에 차례차례 점령당하다가 마지막으로 남북조시대의 첫 북방 왕조인 북위에 점령당한다. 남북조시대 동안 산둥은 계속 북조가 지배한다. 412년 불교 승려 법현이 칭다오 교외의 라오산老山에 상륙한다. 이후 칭저우清州로 옮겨가서 인도에서 가져온 불경을 번역했다.

수나라가 589년에 세워졌다가 곧 망하고, 당나라가 다시 중국사의 황금시대를 연다. 당 초기에 산둥은 하남도河南道에 속해 있었다. 당이 망하자 오대십국의 혼란기가 찾아왔고, 이때 산둥성은 하북에 위치한 오대의 판도에 속했다. 송이 다시 중국을 통일했다. 1996년에 칭저우에서 발견된 송나라 시대의 불상 200여 점은 중요한 고고학적 발견으로 손꼽힌다. 도교를 숭상하고 불교를 배척했던 송나라 송 휘종 때에 묻힌 것으로 여겨지고 있다.

1142년 송은 화북을 여진족의 금나라에게 넘기게 된다. 금나라는 산둥 지방을 산둥동도山東東道와 산둥서도山東西道로 나누어 통치하는데, 이때 '산둥'이라는 이름이 처음으로 행정구역에 사용된 것이다. 현대의 산둥성은 명대에 생겼다. 명대에는 만주의 여진족이 힘을 길러서 1644년에는 다시 중국을 정복하게 된다. 여진족이 세운 청나라 시기에 산둥성 현재의 경계가 거의 정해졌다.

19세기 동안 중국은 점차 거세져 오는 서구 열강의 도전을 받게 되었고, 특히, 산둥성을 비롯한 해안 지방에서 그 영향이 두드러졌다. 칭다오靑島가 1897년에 독일에 할양되었고, 이듬해에는 산둥 반도 끝의 웨이하이威海가 영국에 할양되었다. 산둥성의 나머지 지역은 독일의 영향력 아래에 있는 것으로 인정되었다. 더불어 19세기 들

태산

자료: ko.wikipedia.org

어 청 정부가 만주를 한족에게 개방하면서 만주로 이주한 사람들의 대부분은 산둥성 출신이었다.

1911년 신해혁명으로 중화민국이 성립한 이후 칭다오가 1922년 중국으로 돌아왔고, 1930년에는 웨이하이를 돌려받았다. 1937년 일본이 중국을 침략하면서 중일전쟁이 발발하고, 산둥성 대부분은 일본이 점령하게 되지만 농촌지역을 중심으로 저항운동이 1945년 종전까지 계속되었다.

이해 말에 이미 공산당이 산둥성의 일부를 접수하기 시작했다. 이후 4년에 걸친 내전 기간 동안 공산당은 계속 범위를 넓혀 1949년 6월에는 국민당을 산둥성에서 추출하기에 이른다. 그해 10월에 중화인민공화국이 수립된다. 새 정부는 성의 일부를 떼어내 단명한 핑인성平原省을 세우기도 하지만 곧 폐지하였다. 산둥성은 장쑤성江蘇省으로부터 쉬저우徐州와 롄윈강连云港 지역을 넘겨받기도 하였지만, 역시 곧 되돌려주게 된다.

근년간 산둥성, 특히 동부 해안 지방은 경제개발로 인해 중국 내에서 가장 소득이 높은 지역 중의 하나가 되었다. 그러나 산둥성 지역을 개발하면서 세워진

수많은 공장들이 배출하고 있는 미세먼지의 상당수가 현재 한반도에 들어와 심각한 환경 문제를 일으키고 있다.

산둥 사람들의 상업 철학은 유가사상을 바탕으로 하고 있어 절대로 부당한 이익을 취하지 않는다. 부유하다고 존귀해지는 것은 아니라고 생각하며, 존귀하더라도 부유함을 쫓지는 않는다. 부라는 것은 존귀함 뒤에 저절로 따라온다고 여기기 때문이다. 산둥 사람과 비즈니스를 할 때는 절대로 양심을 속이거나 떳떳하지 못한 행동을 해서는 안 된다. 중국 상인들은 성실과 신용을 가장 큰 전통으로 여겼다. 이 점은 산둥 상인들에게서 유난히 두드러진다. 이들은 상대와의 우정을 중요시하며 설령 손해를 좀 보더라도 상대를 속이지 않는다. 한편 산둥 사람들은 고생을 감수하지만 모험정신이 부족하다. 그들 스스로 인정하는 부분이기도 하다.

산둥 사람과 거래할 때는 이익보다 의리를 중시하고 신용을 지켜야 한다. 진정한 친구로 여기면 사업도 술술 풀릴 것이다. 그들의 수고를 인정하고 합당한 보상을 해주는 태도도 필요하다. 산둥 사람들이 농촌을 중요한 시장으로 보고, 이 지역을 겨냥한 물건을 취급하는 것도 눈여겨보아야 한다. 농촌은 거대한 소비 시장이므로 이를 겨냥한 사업과 홍보가 매우 중요하다. 이때는 알아듣기 쉬운 홍보전략과 실용적인 아이템을 공략해야 한다. 또 고향이 같다는 점을 들어 어려운 문제를 쉽게 해결할 수도 있다. 산둥 사람들이 같은 고향 출신끼리 뭉치는 힘을 이용하면 어떤 장벽도 쉽게 넘을 수 있다. 고향과 인정을 중시하는 그들의 특징을 이용해 큰 비즈니스 기회를

세상에 소문난 산둥성 음주문화, 비즈니스는 술 한 잔 마셔본 뒤에

자료 : m.newspim.com

잡을 수도 있다.

　마지막으로, 산둥 사람과 비즈니스를 하려면 반드시 술을 마실 줄 알아야 한다. 그것도 통쾌하게 마셔야 한다. 그들의 호방함을 이해하고 한 사람 한 사람을 영웅호걸로 대해야 한다. 협상할 때는 이리저리 말을 돌리지 말고 솔직해야 한다. 이때 성질이 급해 말부터 튀어나오는 그들의 특징을 잘 공략하면 승산이 있다.

상하이 - 서구화된 도시

　중화인민공화국의 최대도시이자 단일 도시 기준 세계 최대 인구 도시다. 상하이시에는 6,300㎢에 2,400만 명이 넘는 인구가 모여 있다.

　중화인민공화국의 경제수도로 중국 최대 증권거래소인 상하이증권거래소가 있다. 그리고 다국적 기업의 중국 지사들도 대개 상하이에 위치해 있다. 행정수도인 베이징이 정치 중심지로 정치적인 것들이 주로 돌아간다면 이 상하이에

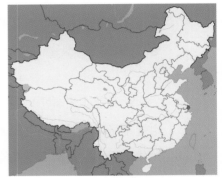
상하이의 위치

자료 : ko.wikipedia.org

선 외국인이 흔하고 주로 경제적인 것들이 돌아가는 셈이다.

　원래 작은 어촌에 불과했으나 아편전쟁으로 서양 열강이 청나라를 굴복시키고 조계지로 차지하면서부터 엄청난 발전을 거듭해 이미 1차 세계대전 무렵부터 동아시아 최대의 경제도시 중 하나가 되었고 그 후로도 현재까지 중국의 4대 직할시 가운데 하나이자 경제도시의 타이틀을 거머쥐고 있는 대도시다.

　특히, 이 4대 천왕 가운데서도 정치 중심지인 베이징과 맞먹는 '경제 수도'로서 투톱/라이벌 관계에 있다.

　상하이의 발전상과 관련해서 이런 말도 있을 정도다. "중국 수천 년의 역사를 보려면 시안을, 수백 년의 역사를 보려면 베이징을, 수십 년의 역사를 보려면 상

하이를 보라.”[28]

나사의 인공위성 야경 사진

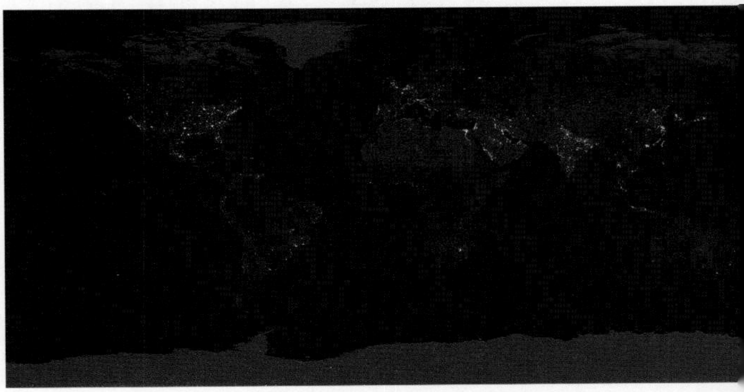

자료 : www.nasa.gov

인구는 2,400만 정도이며 전체 행정구역의 면적은 6,341km²로 서울의 10배에 달하는 엄청난 크기이다. 시 중서부에 위치한 쏭장구가 서울605㎢과 면적이 거의 일치한다. 서북쪽은 장쑤성, 서남쪽으로는 저장성과 접해 있다.

정치적으로도 중국공산당의 파벌에서 상하이방이 유명하다. 상하이 협력기구는 이 도시 이름에서 따온 것이다.

시의 중앙을 지나는 황푸강을 중심으로 동쪽을 푸둥 지구, 서쪽을 푸시 지구라고 부른다. 푸둥은 강남, 푸시는 강북으로 놓고 보면 편한데, 푸둥은 최근 십수 년 사이에 개발이 이루어지고 있으나 대부분은 여전히 논밭이고 유명한 마천루 지역은 와이탄을 중심으로 강 동쪽 일부 구역에 집중되어 있다.

물론 이 부분만 해도 서울의 강남/강북 정도로 크지만 지도에 나오는 행정구역의 푸둥신구 크기에 비하면 한구석에 불과하다.

중국 대도시의 특징인 몇 겹의 환상순환 고속도로가 존재하고 이 고리를 기준으로 도심지역인지 아닌지를 구분한다. 상하이 행정지도를 보면 9개의 구가 중앙에 옹기종기 모여 있는데 가장 안쪽인 내환内环 고속도로에 둘러싸인 구역으로 보통 이 지역을 주요 도심으로 본다.

이름의 유래는 양쯔강장강에서 바다海로 나가는上 곳에 위치해 있어서이다.

28 나사의 인공위성 야경 사진을 보면 금방 체감이 된다.

자동차 번호판 등에서 이 도시를 가리키는 약자로는 '沪Hù, 정체자로는 滬'인데 과거 이 지역을 호독滬瀆이라 불렀던 것에서 유래한다. 예를 들면, 베이징과 상하이를 잇는 고속철도나 고속도로는 각각 징후京沪고속철로, 징후고속공로 하는 식이다. 상하이증권거래소와 홍콩증권거래소 간 교차거래도 상강퉁上港通이 아닌 후강퉁滬港通이다.

상하이 사람들은 똑똑하고 치밀하여 타지방 사람들로부터 계산적이라는 말을 많이 듣는다. 오랫동안 경쟁이 치열한 대도시에서 살아가며 상업을 중요시한 결과로 형성된 성품이다. 치밀한 계산을 하지 않으면 생존이 불가능했기에 이들에게 치밀함은 가치관이자 생존 능력을 의미한다. 이 사람들은 출장을 갈 때 비싼 기차표를 사주면 싸구려 자리로 바꾸고 차액을 챙기는 경우가 많다.[29]

상하이는 오래전부터 서구 문물이 유입된 도시다. 외국인과 사업을 하고 외국 기업에서 일하다 보니 사람들의 생활과 사고방식도 자연스럽게 서구화되었다. 이들은 언제나 변화를 시도하고 외국의 유행을 받아들여 자신을 독특하게 표현하며 생활과 패션의 리더 역할을 하고 있다.[30]

상하이 이모저모

자료 : ko.wikipedia.org

※ 29   같은 책, p.261.
※ 30   같은 책, p.262.

상하이 사람들은 거절을 해도 직접 표현하지 않기 때문에 그들이 전하는 각종 정보를 분석해 진정한 의미를 알아내야 한다. 친구를 사귈 때도 자신에게 필요한지 여부부터 따지며 합리적이고 실리를 추구한다. 친구들과 밥을 먹어도 돌아가며 계산하고 이유 없이 남의 신세를 지지 않는다. 그들의 이런 성격을 잘 파악하면 서로 적당한 분수를 지키면서 유쾌하게 교류할 수 있다.

상하이 사람과 비즈니스를 할 때는 다음 사항에 유의해야 한다.

첫째, 상하이 사람들의 비즈니스 목적은 경제적 이익을 얻는 것뿐이다. 이들은 돈을 벌 수 있다면 모르는 사람과도 주저 없이 협력한다. 협상을 할 때는 이윤에만 관심을 둔다. … 둘째, 상하이 사람들과 비즈니스를 할 때는 상도덕과 법규를 준수하라. 불법 거래는 절대로 안 한다는 것이 상하이 사람들의 원칙이다. … 셋째, 인내심을 발휘하라. 상하이 사람들은 협상을 진행하기 전에 대부분 사전에 시장과 상대방의 상황에 대해 철저히 조사하고 분석하는 등 충분한 준비를 거친다. … 넷째, 사전에 각종 위험 요소에 대한 설명을 제대로 해주어라. 거래를 할 때 생길 수 있는 변수와 리스크에 대해 사전에 이야기해주어야 한다. 그래야 도중에 생기는 분쟁과 의혹, 불신을 피할 수 있다. 다섯째, 저쪽에서 가격을 제시하기 전에 이쪽의 속사정을 반드시 이야기해주고 합리적으로 상담을 진행하라. 그래도 그쪽에서 제시하는 가격이 터무니없이 높다면 미련 없이 포기해야 한다.

푸젠 – 바다의 기개를 품은 연해지방

푸젠성福建省은 중국 남동부의 성이다. 약칭은 민閩으로 과거 이 지방을 가리키던 명칭에서 유래했다. 인구는 약 3,689만이고, 성도는 푸저우福州며, 최대 도시는 샤먼厦門이다. 북쪽으로 저장성, 서쪽으로 장시성, 남쪽으로 광둥성과 접하고 있다.

대만해협을 사이에 두고 대만과 마주하고 있다. 이 지역과 인접한 일부 섬 지역들_{진먼섬과 마쭈 열}_도은 대만의 실질 관할 구역이지만, 중국은 대만을 인정하지 않기 때문에 이 섬 지역도 모두 명목상 푸젠성 관할로 해두고 있다. 대만 쪽에서도 중공을 부정하고 중국 대륙에 대한 영유권 주장을 법적으로 철회하진 않았다. 따라서 대만은 푸젠성 정부를 두고 진먼섬과 마쭈 열도를

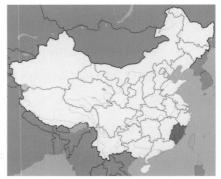

푸젠성의 위치

자료 : ko.wikipedia.org

통치하고 있는데 대만 푸젠성의 명목상 행정구역 또한 대륙 지역까지 포함돼 있다. 이런 까닭에 푸젠성은 중국과 대만 모두에서 분단되어 있는 성이며, 양안 관계의 최전선으로 자리하고 있다. 한국에서는 인천/제주 - 샤먼 직항을 통해 푸젠으로 갈 수 있다.

푸젠성이라는 이름은 푸저우_{福州, 복주}와 젠닝_{建寧, 건녕}에서 한 글자씩 따와서 지은 것으로, 청나라 때 이름이 확정되었다. 푸저우 - 젠닝 구역을 부를 때는 청 이전부터 푸젠이라고 한 듯하다.

춘추전국시대 이전에는 백월이라고 총칭되는 수십여 개 다양한 부족이 살고 있었고 이들은 북쪽 중원과 별개인 오랑캐의 지역으로 여겨졌다. 이들 부족들은 오스트로네시아어족 계통이나 오스트로아시아어족 계통의 언어를 쓰는 종족들과 연관이 있으며 대만 원주민과도 연관성이 있다. 춘추전국시대에 바로 윗동네인 저장성에서 건국된 월나라가 세를 확장하는 과정에서 푸젠성 일대의 종족들을 흡수하며 패권을 차지하였다. 이 월나라가 전성기 때는 양쯔강 하류에 위치한 오나라를 멸망시킬 정도였으나 전성기가 지난 후에 세가 약화되어가면서 초나라에 의해 멸망당하여 초나라와 진나라의 지배하에 있었다. 하지만 초

한 쟁패기 시절에 민월과 동월이라는
명칭으로 독자적인 국가가 설립되었
으나 한무제에 의해 멸망하였다. 그
러나 험한 지형과 중원에서 먼 거리
때문에 무제는 이 지역 통치를 포기
하고 동월 백성을 장강과 회수 사이
로 옮겨 살게 했다. 삼국시대에도 이
지역은 일단은 동오의 간접적 통치영

푸젠성 토루

자료 : klook.com

역이었지만 독립성이 강했고, 이후 오랜 세월을 거치면서 한족이 이 지역까지
내려와 정착하게 되고 동시에 대다수의 월족이 통혼과 혼혈이 빈번히 일어나며
중세에 한족에 동화되었다. 그러나 푸젠의 험준한 지형을 기반으로 객가라는,
다른 한족과 좀 구분되는 폐쇄적인 집단이 생겨났고, 마을 주민들의 공동숙소
이자 작은 병영인 토루라는 폐쇄적 건축양식이 발달했다.

지형이 험준해서 농사로 먹고살기는 힘들었기 때문에, 푸젠 사람들은 역사적
으로 공부를 하고 상업에 열중했다. 강절장쑤성, 저장성과 함께 과거시험 급제자를
많이 배출한 지역이었고 민상閩商으로 불린 상인들은 바다를 누볐다. 지금도 바
다 건너 대만부터 해서 멀리 동남아시아 등의 화교 대다수가 조상이 푸젠인과
객가인일 정도다. 취안저우천주는 이븐 바투타와 마르코 폴로의 여행기에서 세
계 최대의 항구로 나올 정도였다. 한때 정성공의 정씨 왕국의 거점이었던 곳이
기도 하다.

그러나 바다로 나가는 것을 금지하는 청나라의 해금 정책은 대만의 정성공을
고립시키기 위해 푸젠 해안 50km 이내 모든 마을을 파괴하고 주민을 강제 이
주시키며, 이미 바다에 나간 푸젠인들은 외국과 밀통한 매국노 취급했다. 이는
푸젠 출신의 화교가 고향에 돌아가지 않고 전 세계에 퍼져있는 한 이유가 되었

다. 청말에는 상황이 역전되어 복건수
사학당 등이 건설되면서 남양수사의
요람이 되었고 이 때문에 상당수의 해
군 장성들이 푸젠성에서 배출되었다.

샤먼시

자료 : travelblog.expedia.co.kr

1949년 중화인민공화국이 국공내
전에서 승리함에 따라 중국이 대륙
쪽에 있는 푸젠성 대부분 지역을 차지
하였지만, 해안 도서 중 진먼현 대부
분, 롄장현 일부, 푸톈현 일부, 창러현 일부를 점령하지 못해서 이 지역은 중화
민국령으로 남아 있다. 중화민국 푸젠성의 진먼현은 중국 푸젠성의 항구도시인
샤먼시 하먼시와 불과 4km 떨어진 거리로, 이 지역에서 진먼 포격전이 발발한 적
이 있다. 21세기 들어서는 정기편 선박도 진먼 - 샤먼 구간에 취항하면서 그럭저
럭 잘 지내는 듯하다. 현재 중국의 명목상 행정구역으로는 진먼현 우추향 제외은 취
안저우시 소속, 진먼현 우추향은 푸톈시 슈위 구 소속, 롄장현 쥐광향 제외은 푸저우
시 롄장현, 롄장현 쥐광향은 푸저우시 창러구 소속으로 되어있다. 한편 진먼현
중 중화인민공화국의 실제 영토인 곳은 샤먼시로 이관되어 있다.

푸젠성은 중국 남동족의 연해에 있으며 대외 교통의 역사가 유구하여 바다
를 건너 생존을 추구하고 발전하던 전통이 있다. 바다 건너 멀리 떠나 생활하는
것은 푸젠성 사람에게 당연한 일이 되었다. 연해 지역에는 절반 이상의 가정이
외국과 관계를 맺고 있으며, 푸젠성의 해외교포 수는 전 국민 중 으뜸이다. 중
국인 30여만 명이 뉴욕에 차이나타운을 형성했는데 그 중 푸젠성 인구가 상당
히 큰 비율을 차지한다.[31]

❋ 31   같은 책, p.273.

푸젠 남자들은 힘든 일을 잘 해내고 강인하다. 그러나 그들의 속마음은 연약하고 좌절을 견디지 못한다. 그들은 현실적이어서 이해득실부터 판단하며, 자기 보호 의식이 강해서 아무나 믿지 않는다. …… 푸젠 사람들에게는 여성을 중시하고 남성을 경시하는 좀 특이한 풍습이 있다. 푸젠은 여자들의 천국이다. 오랫동안 여자들은 집 안에서 귀하게 자라며 집안일을 하지 않았다. 과거 푸젠의 가정에서는 집 안에서 요강을 썼으며, 밤마다 요강을 방 안에 들여놓는 사람은 대부분 남자였다.[32]

푸젠 사람들은 아무것도 두려워하지 않는다. 유일하게 두려운 것이 있다면, 그것은 장사를 못하게 하는 것이다. 그들은 장사에 소질이 있을 뿐 아니라 장사를 좋아한다. 그들은 상업을 고상하고 전망 좋은 직업으로 생각한다. 허난 사람들의 관념과는 완전히 상반된다. 그들은 장사에 관해서는 물 만난 고기처럼 자기 세상이다. 그들과 사업할 때는 상업을 중시하는 그들의 특징을 파악하고 그들의 장사 철학과 지혜를 배워야 한다. 그들에게는 근성이 있다. 장사를 할 때 험난한 고생을 두려워하지 않는 근성을 중시하고 진지하게 대해야 한다. 그들의 분투정신을 이해하고 협력을 할 때도 성실하게 해야 한다.

푸젠 사람들은 거래할 때 흥정하지 않는 것을 오히려 비정상이라고 생각한다. 이들은 흥정이 비록 피곤하지만 필요한 일이라고 생각하고 이를 반긴다. 흥정을 내세우는 이유는 간단하다. 흥정을 통해서 지혜를 얻는다는 것이다. 가령 손님이 값을 깎을 때 다른 곳에서는 얼마에 판다더라 하는 식으로 대는 이유를 통해 시장의 정보를 얻을 수 있다. 상품에 대해 품질과 포장 같은 부분의 결함을 들추며 까다롭게 군다면 그런 점에 유의했다가 다음에 상품을 들여올 때 세심하게 따지면 된다. 그들은 값을 깎을 줄 모르는 고객은 바보라고 생각한다.

❀ 32 같은 책, p.275.

푸젠성 미주도(湄洲岛) 정상에 있는 마조신상

자료 : m.blog.naver.com

푸젠 사람들은 독실한 불교 신자들이다. 특히 바다의 여신을 섬기는데 이는 푸젠의 전형적인 문화 코드다. 푸젠 상인이 있는 곳에는 반드시 바다 여신[33]을 모셔놓은 재단이 있다. 푸젠 사람들과 사업할 때는 상대의 내막을 알고 발전적인 안목으로 협력해야 한다. 그들의 상업 철학과 재능을 충분히 신임하고, 권력보다는 창업에 관심 있는 그들의 진취성을 배워야 한다.

저장 – 경영에 능한 기업가

저장성浙江省, 절강성은 중화인민공화국 동남부의 성이다. 저장성의 명칭은 성도인 항저우杭州를 지나 항저우 만으로 흘러드는 첸탕강錢塘江의 다른 이름인 저장강에서 유래했다. '浙'이란 강물이 급하게 '꺾여折' 흐른다는 의미를 내포하는 고유명사이며, 특히 항저우를 지나는 구간은 '갈 지之 자' 모양으로 꺾여 흐른다고 해서 '즈장之江'이라는 별칭으로 부르기도 한다. 약칭으로 '浙'을 사용하며, 중국화되기 이전 이 지역 선주민을 가리키는 명칭이기도 했으며 춘추시대 이 지역

33 마조(媽祖)는 중국 민간신앙과 도교에 등장하는 바다의 여신이다. 명나라의 학자인 장섭(張燮)이 집필한 역사서인 『동서양고(東西洋考)』에 따르면 묵낭은 960년(북송 건륭 원년) 3월 23일에 태어나서 987년(북송 옹희 4년) 2월 19일에 승천했다고 한다. 송나라 시대에 푸젠성 흥화군 보전현 미주도(현재의 푸젠성 푸톈시 청샹구 슈위구)에 임원(林愿)이라는 이름을 가진 어민이 살고 있었는데 임원에게는 자신의 6번째 딸인 묵낭(默娘)이 있었다. 묵낭은 어린 시절부터 재치가 번득하고 신앙심이 깊었는데 16세 시절에는 신통한 힘을 이용해서 마을 사람들의 병을 고치는 기적을 일으켰을 정도로 '통현령녀(通賢靈女, 현명하고 영험한 여자)'라고 불렸다. 또한 매일 밤이 되면 해안에서 불을 피워 어선이 조난하는 것을 막았고 바다에서 조난당한 사람들을 구했을 정도로 마을 사람들로부터 칭찬이 자자했다고 한다.

묵낭은 자신의 아버지였던 임원이 조난당하자 아버지를 찾아 바다에 나섰지만 얼마 지나지 않아서 사망했고 아미산 정상으로 승천하면서 선인들로부터 여신이 되었다고 한다. 남간도(南竿島)에서 살던 주민들은 묵낭의 시신을 발견한 이후에 묵낭의 효심을 현창하는 사당을 건립했다고 한다.

의 고대국가의 명칭이었던 '越'을 약칭으로 쓰기도 한다. 예를 들어, '越劇'이라고 하면 저장 지방의 가극을 가리킨다.

항저우의 시후(西湖)

자료 : ko.wikipedia.org

첸탕강 유역에서는 황허강 유역과는 독립적으로 별도의 신석기 문명이 발달했으며 주周나라 초기까지 황허강 유역의 문화권과는 동떨어진 지역이었다. 춘추시대에 이 지역에 살던 민족이 오늘날 샤오싱紹興을 중심으로 월越나라를 세웠으며 주나라의 책봉을 받았다. 월은 구천勾踐왕 시대에 경쟁관계에 있던 오吳나라를 멸망시켰다기원전 473년. 이후 전국시대에 남방 지역의 강자로 부상한 초楚나라에 복속되었으며기원전 333년, 기원전 221년 진秦나

저장성 위치

자료 : ko.wikipedia.org

라가 중국을 통일함에 따라 제국의 판도에 편입되었다.

삼국시대에는 손孫씨의 오나라가 이 지역에 성립되어 촉蜀, 위魏와 경쟁했다. 이어진 남북조시대에는 남조 왕조들의 강역에 포함되었다. 이 시기에 북방 지역으로부터 대규모 이민이 이루어지면서 문화적으로도 중국화가 본격적으로 진행되었다. 당唐나라와 송宋나라 사이의 오대십국 시대에 이 지역에는 오월吳越국이 세워졌다. 오대십국 시대는 남조시대 이래로 발전해 온 장강 이남의 '강남江南' 지역이 경제적으로 황허강 유역의 북방 중국을 압도하기 시작한 시기로, 짧은 기간이었지만 오월국은 크게 번성하여 한때 전성기에는 조세를 바치는 가구

수가 55만 호에 이르렀다.

중국 저장성의 징항대운화

남송南宋시대에 임안臨安, 오늘날의 항저우.
이 수도가 되면서 이 지역은 더욱 발
전했으며, 명明, 청清 시대에 저장성
북부 지역은 장쑤성 남부 지역과 더
불어 제국의 경제, 문화, 학술의 중심
지가 되었다. 명나라 때부터 '저장'이
란 이름로 불리기 시작했으며 오늘날
에 이른다.

자료 : boomup.chosun.com

저장은 풍요로운 고장이지만 인구가 많고 지역이 좁다 보니 생존경쟁이 치열
하다. 그래서 외지로 진출한 사람이 가장 많다. 특히 원저우溫州 사람들은 온 세
계를 무대로 살아가는 것으로 유명하다. 치열한 경쟁에서 저장 사람들은 생존
능력을 배웠으며 스스로 살아가는 방법을 배웠다. 이들은 먹고 살 수 있다면 시
계 수리공, 구두닦이, 재단사 등 업종을 따지지 않고 뛰어들었다. 저장 사람들
은 머리를 잘 쓰고 개인의 능력을 신뢰한다. …… 하지만 저장 출신의 걸인은 거
의 볼 수 없다.[34]

저장 사람들에게는 다양한 성격이 섞여 있다. 허와 실이 같이 있는가 하면 부
드러움과 격렬함도 겸비하고 있다. 그들은 실리를 추구하며 말보다는 행동으
로 보여준다. 비난에 대해 논쟁할 필요성을 못 느끼며 성과가 좋아도 내세우
지 않는다. 저장 사람들은 둥베이 사람들처럼 대충 넘어가지도 않고 광둥 사람
들처럼 지나치게 실질적이지도 않다. 경계가 모호한 저장 사람들의 특징은 자
신의 성장 과정에서 다양한 품성으로 나타난다. 그중 가장 중요한 것이 치밀함

❋ 34   같은 책, p.303.

과 확실함이다. 저장 사람과 교류할 때는 절대로 잔꾀를 부려서는 안 된다. 그들은 너무 똑똑해서 웬만한 전략은 통하지 않는다. 특히 사업에서는 자칫하다가 오히려 제 꾀에 넘어가는 꼴이 되고 만다.

원저우 세계무역센터

"군자 간의 우정은 담담하기가 물과 같다."라는 옛 말이 있다. 그러나 저장 사람들은 이 말에 동의하지 않는다. 친하게 지내는 두 집안이 있는데 한 집에 경사가 있다면 다른 한 집에서 당연히 선물을 두둑하게 보내 축하해야 하며, 그렇지 않으면 진정한 친분이 아니라고 여긴다. 그만

자료: ko.wikipedia.org

큼 대인관계에서 호혜적인 왕래를 중요시한다. 손해 보는 장사는 결코 하지 않으며 이익이 되지 않는 친구는 사귀지 않는 것에서 저장 사람의 치밀함이 드러난다. 그러나 당신이 일단 그와 친구가 되면 위급할 때 주저하지 않고 도움의 손길을 내밀 것이다. 단, 장차 당신도 그에게 도움의 손길을 내밀어야 한다는 사실을 잊지 말라.

 ## 중국의 화중 지방

후베이 – 『삼국지』의 무대

후베이성湖北省은 중국 중동부에 위치한 성이다. 동정호洞庭湖 북쪽에 있는 데에서 이름이 유래했다. 후베이는 양쯔강長江의 중류에, 둥팅호의 북쪽에 있으며, 북쪽에 허난성, 동쪽에 안후이성, 남서쪽에 장시성, 남쪽에 후난성, 서쪽에 충칭,

북서쪽에 산시성_{섬서성}이 접하고 있다. 쓰촨성, 상하이, 베이징을 연결하는 지점에 자리를 잡고 있어 수륙 교통의 요지이기도 하다. 후베이의 지세는 서고동저 지형으로, 서부의 대파산_{大巴山}과 신농가_{神農架}는 화중 최고봉이다. 특히 신농가는 산이 깊고, 설인이 산다고 전해지고 있다. 우한은 여름의 무더위로 유명하며, 후베이성 서부에 싼샤 댐이 자리하고 있다.

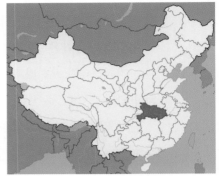

자료 : ko.wikipedia.org

춘추시대 동안 후베이성은 강국 초나라의 근거지였다. 초나라는 화북의 영향을 받긴 했으나 독특한 문화를 가지고 있었고, 양쯔강 중류 일대의 넓은 지역을 통치하면서 화북으로의 진출을 꾀했다. 전국시대에 들어 초나라는 산시_{陝西} 지역에서 부상하고 있던 진나라의 라이벌로 성장하게 되지만 시간이 갈수록 초는 후퇴하게 된다. 먼저 기원전 278년에 쓰촨 분지 지역을 상실하고 곧 근거지였던 후베이 지역을 빼앗기게 된다. 진나라는 기원전 223년 동쪽으로 이동한 초나라의 난민들을 소탕하면서 중국 통일의 교두보를 마련한다.

진나라는 기원전 221년 중국을 통일하였으나 단명하였고, 한나라가 기원전 206년에 세워졌다. 한나라는 지금의 후베이·후난 지역에서 일어났다. 당시에는 후베이·후난 지역을 함께 형주_{荊州}라고 칭했다. 후한 말기에 형주는 유표가 통치하고 있었는데, 그가 죽으면서 북방의 강자 조조에게 항복을 했다. 그러나 손권과 유비의 연합군이 적벽에서 조조를 상대로 승리를 거두어 유비는 형주 지역에 대한 지배력을 행사하게 된다. 이후 형주는 오나라의 손으로 넘어가게 된다.

북방 유목 민족의 침입이 시작된 4세기부터 약 3세기가량 동안 중국은 유목 민족의 왕조가 교체되는 북중국과 한족 왕조들이 교체되는 남중국으로 나뉘는 남북조南北朝 시대에 놓는다. 이 시기에 후베이 지역은 한족이 지배하는 영역으로 존재했었다. 589년 수나라가 중국을 통일하고, 618년 당나라가 수를 대체한다. 당나라는 지금의 후베이 지역 남쪽은 형남서도荊南西道, 서쪽은 산남동도山南東道, 동쪽은 회남도淮南道에 속하게 하였다. 당나라가 10세기에 들어 망하고 오대십국이 시작되었다. 이 시기에 후베이는 몇몇 지방정권의 손아귀에 떨어졌는데, 중심부는 형남荊南, 동부는 오吳, 후에 南唐에 속했고, 북쪽은 오대의 영역에 들어갔다.

송나라가 982년에 중국을 통일하면서 후베이 지역에 형호북도荊湖北道를 설치하였다. 1279년에는 몽골이 중국을 지배하고 원나라를 세운다. 원나라는 지금의 후베이성, 후난성과 광둥성 일부, 광시 좡족 자치구 일부를 포함하는 행정구역인 호광행성湖廣行省을 설치한다. 원통元統 2년1334년, 후베이 지역에서 기록으로 남아있는 최초의 흑사병이 창궐한다. 후베이 지역은 황폐화되었고, 이후에도 흑사병은 이후 3세기에 걸쳐 유라시아대륙 전체로 퍼져나갔다.

1368년 명나라가 몽골을 몰아내고 세워졌다. 호광 지역의 범위는 지금의 후베이와 후난을 합한 지역으로 축소된다. 만주족의 청나라가 1644년 중국을 점령하였고, 호광 지역을 후베이와 후난으로 나누었고 그 경계는 지금까지 거의 변화가 없다. 청나라는 이와는 상관없이 호광을 다스리는 총독을 파견하였고, 이들 중 가장 유명한 장지동張之洞은 양무운동 동안 우한武漢을 중심으로 하여 지금의 후베이 지역을 근대화하는 것에 성공하여 공업과 상업이 번창하는 지역이 되었다.

1911년 지금의 우한에서 우창봉기武昌蜂起가 일어나면서 청조는 쓰러지고, 중화민국이 건설되었다. 1927년 우한은 중국국민당의 좌파였던 왕징웨이가 반 장제스 정부의 수도가 된다. 이 정부는 이후 난징의 장제스 정부에 병합된다. 중일전쟁 동안 후베이성의 동부는 일본이 점령하고 있었으나, 서부는 중국이 지배하고 있었다.

싼샤댐

1993년부터 이창宜昌 근처에 싼샤댐이 건설되기 시작하였다. 이후 수년 동안, 후베이성 서쪽의 수몰지구에 살고 있던 수백만 명이 사람들이 이주하게 되었다.

후베이성이 위치한 지역과 기후는 사람들의 성격에 큰 영향을 미쳤다.

자료 : ko.wikipedia.org

덥기로 유명한 후베이성의 성도 우한武漢의 더위는 다른 지역과 그 정도가 다르다. 신장 투루판 지역은 마치 불에 달군 철판처럼 뜨거운 날씨라도 그늘에만 들어가면 언제 그랬냐는 듯 금방 땀이 식는다. 우한은 마치 사우나에 들어가 있는 것처럼 무덥기 때문에 답답할 수 있다. 그래서 후베이 사람들은 성미가 조급하고 무슨 일이나 용두사미로 처리한다. 후베이, 특히 우한 일대 사람들은 외향적이며 걸핏하면 화를 낸다. 감정을 좀처럼 얼굴에 드러내지 않는 남방 사람들과 매우 대조되는 특징이다. 이들은 욕설을 입에 달고 산다. 그렇지만 별뜻 없이 습관적으로 쓴다고 보면 된다. "싸우지 않으면 친구가 되지 않는다."는 속담도 있듯이, 후베이 사람들은 빙빙 돌려 말하는 것보다는 통쾌하게 한바탕 욕을 해주는 것이 낫다고 생각한다.[35]

외지 사람들은 후베이 사람들을 '구두조九頭鳥', 즉 머리가 아홉 개 달린 새라고 부르며 그들의 교활함을 비웃는다. 그만큼 후베이 사람들의 이미지는 부정적이다. …… 후베이 사람들은 총명하고 변화에 유연하게 대처한다. 후베이는 전국시대 때 같은 초나라 땅에 속했던 후난과 더불어 매운 음식을 즐기며 도전

❋ **35** 같은 책, pp.315~316.

정신이 강하다. 그러나 후베이 사람들이 후
난 사람들과 다른 점은 무당산 도가 사상의
영향을 받아 소탈하고 대세를 따른다는 점
이다.[36]

구두조의 이미지

자료 : geowiki.tistory.com

후베이는 중국의 동서남북이 교차하는 중
심에 있으며 우한은 후베이의 중심에 위치한
다. 그래서 사업하는 사람도 많다. '구두조'라
는 호칭에서도 드러나듯이 후베이 사람들은
교활하고 기회만 있으면 사람을 속이려 한다
는 이미지로 굳어졌다. 그러나 설사 그렇다고
해도 잔머리를 쓸 뿐이며, 그것도 긴 안목으로 내다보는 전략이 아니라 즉흥적
인 것이 대부분이니 크게 걱정할 것은 없다. 후베이 사람들은 항상 새로운 아이
템을 만들어 변화에 잘 적응한다. 그들은 인정과 체면에 약하며 명예를 중요하
게 생각한다. 그래서 사업을 할 때도 양측 거래 당사자가 모두의 체면을 고려한
다. 상대가 자기 체면을 깎았다면 아무리 성공이 보장된 사업도 과감하게 협력
을 포기한다. 그러므로 후베이 사람들과 사업할 때는 반드시 그들의 체면을 지
켜줘야 한다.

후베이 사람들은 지는 것을 싫어한다. 이런 심리를 파악해서 그 재능을 비즈
니스에 충분히 발휘하도록 하여 유리하게 만들 수 있다. 반대로 그들의 경쟁 심
리를 잘 파악해 적당할 때 물러날 줄도 알아야 한다. 후베이 시장에 진입할 때
는 명품 브랜드를 공략해야 한다. 또한, 늘 새로운 아이템을 업데이트해야 한다.
단, 밀수품이나 위조 상품에도 주의해야 한다.

❊ 36 같은 책, pp.316~318.

후난성 위치

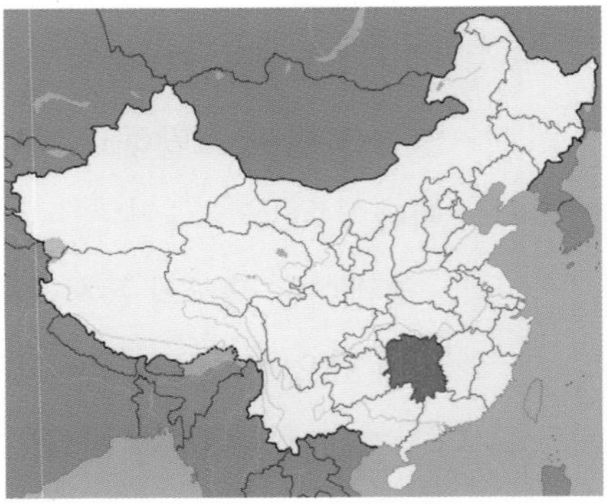

자료 : ko.wikipedia.org

후난 – 화끈한 후난 고추

후난성湖南省은 중화인민공화국 남부의 성이다. 이름은 둥팅호洞庭湖 남쪽이라는 데에서 유래했다. 북쪽에 후베이성, 동쪽에 장시성, 남쪽에 광둥성, 남서쪽에 광시 좡족 자치구, 서쪽에 구이저우성, 북서쪽에 충칭이 접하고 있다.

후난의 원시림은 현대의 먀오족, 투자족, 야오족의 조상들이 처음 차지하였다. 중국의 역사에 들어오게 된 것은 동주 때인 BC350년경으로 초나라의 일부가 되었다. 몇 백 년 이후에 북쪽에서 한족이 이주해오기 시작했고 계곡과 평원의 대부분의 숲이 제거되고 농경지가 되었다. 이때에 후난성의 많은 마을들의 이름은 이곳에 정착한 한족 가족들에서 유래하였다. 북쪽에서의 이주는 특히 유목민 침입자들이 한족을 남쪽으로 내몰던 동진 때와 남송 때 두드러지기 시작했다.

오대십국 시대에 후난은 독립 정권인 초나라의 본거지였다. 후난과 후베이는 청나라 때까지 후광성湖廣省의 일부가 되었다고 한다. 후난은 양쯔강 주변에 위치하여 중요한 교통의 중심이 되었다. 또한 제국 도로가 북중국과 남중국 사이에 건설되었다. 땅은 풍부한 곡물을 생산했고 심지어 넘쳐나서 중국의 다른 지역에 식량을 공급했다. 인구는 19세기까지 계속 증가했고 인구과잉 상태가 되어 농민 반란이 일어나기 쉬운 환경이 되었다.

태평천국 운동이 1850년대에 남쪽의 광시성에서 시작되었다. 반란군은 후난성과 양쯔강 계곡을 따라 동쪽으로 퍼져나갔다. 마지막에 증국번曾國藩[37]이 이끄

[37] 증국번(曾國藩, 1811년 11월 26일 ~ 1872년 3월 12일)은 청나라 말기의 군인, 정치가 · 학자이다. 본명은 자성(子城)이고, 자는 백함(伯函), 호는 척생(滌生)이며, 사후 문정(文正)이라는 시호가 하사되었다. 약체화된 청나라 조정의 군대를 대신해 상군을 조직하여 태평천국의 난을 평정했고, 양무운동에도 노력을 기울였으며, 이홍장, 좌종당 등 청나라 말기의 많은 인재들을 길러냈다.

는 후난인의 군대는 1854년에 난징으로 격해 반란군을 진압했다.

창사시

자료 : ko.wikipedia.org

후난은 1910년에 무너져가는 청나라에 대항하는 반란이 일어나기까지 상대적으로 평온했고 뒤이어 1927년에는 공산주의자들의 추수 봉기가 있었다. 이 봉기는 후난성 출신의 마오쩌둥이 이끌었고 그는 1927년에 단명한 후난 소비에트를 설립했다. 공산주의자들은 1934년까지 게릴라 군대를 후난성과 장시성 경계의 산지 지역을 근거지로 삼아 유지했다. 국민당 군대의 압박으로 유명한 장정이 시작되었고 근거지는 산시성으로 옮겨갔다. 공산주의자들이 출발한 후에 중일전쟁이 발발했고 국민당 군대는 일본군에 대항해 싸웠다. 그들은 1944년에 함락되기까지 성도 창사長沙를 방어했다. 일본은 우창부터 광저우까지의 철도웨한 철도를 통제하는 계획인 일호작전을 시작했다. 후난은 1945년에 일본을 패배시킨 후에 일어난 국공내전 때 상대적으로 피해를 덜 입었다. 1949년에 공산당은 국민당을 남쪽으로 후퇴시키고 후난성으로 돌아왔다.

후난성은 마오쩌둥의 고향으로 1966~1976년의 문화대혁명을 지지했다. 그래서 1976년에 마오쩌둥의 사후에도 덩샤오핑의 개혁 채택이 다른 성에 비해 느렸다.

이전의 중국 국무원총리였던 주룽지도 후난 사람이다. 중화민국의 전 총통 마잉주도 본적지가 후난이다.

후난의 전통적인 작물은 쌀이다. 둥팅호 지역은 모시 생산의 중심이고 또한 후난은 차 재배의 중심이다.

렁수이장冷水江 지역은 휘안광 광산으로 유명하고 중국의 안티몬 추출의 주요한 중심지 중 하나이다.

후난 사람의 특징을 한 마디로 말하자면 '고추'를 닮았다고 할 수 있다. 고추가 중국에 들어온 것은 3백여 년밖에 되지 않았다. 역사서는 고추가 명나라 말기에 행상운송을 통해 페루와 멕시코에서 중국으로 들어왔다고 기록하고 있다. …… 후난 고추는 불타는 듯 붉은색에 작고 뾰족한 형태가 마치 어린 새싹처럼 생겼다. 강렬한 매운 맛과 자극은 가히 타의 추종을 불허한다. …… 어릴 때부터 매운 것을 두려워하지 않는 후난 사람들의 풍습에는 어떤 것도 두려워하지 않는 치열한 정신이 있으며, 이런 기질이 몇 백 년 동안 후난의 영재들을 길러낸 것이다.[38]

후난 남성들은 솔직하고 불같은 패기가 있으며 좋고 싫음이 분명하다. 이는 중국인의 전통적인 성격과 구별된다. 후난 사람은 순박하면서 싸움을 잘한다. 중국 속담에 '강서의 늙은 처, 후난의 노새江西老妻, 湖南騾子'라 하여 후난 남자를 노새에 비유하는 말이 있다. 왜 하필이면 노새에 비유했을까? 그 이유는 후난 사람들의 피에는 완고함이라는 유전자가 있기 때문이다.

마오쩌둥의 출생지 사오산

자료 : mk.co.kr

그래서 여간해서는 길들이기 어려우며 상사의 명령이나 강경한 수단으로는 다스리기가 고약하다. …… 후난 사람들은 존엄성을 매우 중요시한다. 자신의 존엄성을 다치지 않기 위해서라면 어떠한 행동도 불사한다. 크게 보면 국가와 민족의 존엄을 지키기 위해 기꺼이 자기 한 몸 바치는 각오로 나타난다. 역사적으로도 자기 고장이나 국가가 화를 당할 어려움에 처하면 나서서 물리쳤다.[39]

❋ 38 같은 책, pp.327~328.
❋ 39 같은 책, p.330.

사업 파트너만 아니라면 후난 사람들과는 무엇을 해도 좋다. 이들은 정치에 대한 열기가 누구 못지않으면서도 경제에 대한 관심은 의외로 적다. 후난 사람들은 장사나 사업을 꺼리며 정계나 문화계에 진출하기만을 바란다. 그래서 후난 출신의 사업가는 손에 꼽을 정도로 적으며 대부분 경제에 약하다. 후난 출신의 인재는 정치가, 군인, 문화예술 종사자 중에는 많아도 자본가나 공업 분야 종사자는 적다. 소농 의식이 뿌리 깊게 자리 잡고 있으며 학문을 숭상하고 이익보다는 의리를 중시하는 이들의 가치관 때문이다. …… 그러나 후난 사람들은 주어진 일에 충실하고 타고난 재주가 많아 일단 시장에 투입되기만 하면 큰 성과를 거둔다. 후난 사람들이 파는 상품의 품질은 믿어도 된다. 따라서 많은 양을 구매해도 문제가 생기지 않는다. 혹시 문제가 생기더라도 언제든지 반품도 받아주고 그의 따른 손해도 보상해준다. 후난 제품은 품질이 좋고 가짜가 없으며 가격 또한 비싸지 않다. 이들은 박리다매 전략으로 자금 회전을 빠르게 한다. 후난 사람들과 비즈니스를 할 때는 불합리한 점이 있으면 과감하게 거절하거나 시정을 요구해야 한다. 혹시라도 성질 급한 상대를 만나면 미리 준비를 철저히 해가야 한다. 자칫하다가는 그들의 빠른 속도를 쫓아가지 못하는 수도 있다. 사업이 사업이니 만큼 안전을 기하면서 효율을 추구해야 한다. 한 번 정한 사항을 번복해서는 안 되며 처음부터 확실히 정해야 한다.

허난성 – 참을 '인'이 미덕인 사람들

허난성 河南省은 중화인민공화국 중앙부의 성이다. 허난은 노자와 장자, 법가의 상앙과 이사, 장형, 한유, 악비 등을 배출한 중국 역사의 중심지며 뤄양과 카이펑 등 역대 왕조의 도읍지가 위치한 성이다. 현재 허난성은 인구가 가장 많고 경제적으로는 가장 가난한 지역으로 꼽히고 있다.

이 지역의 약자는 '豫'로 한 왕조시대의 한 지역이자 허난의 일부지역인 예주의 이름에서 유래했다. 북쪽에 허베이성, 북동쪽에 산둥성, 남동쪽에 안후이성, 남쪽에 후베이성, 서쪽에 산시성, 서북쪽에 산시성이 접하고 있다.

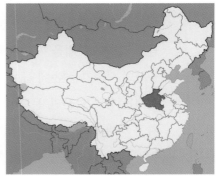

자료 : ko.wikipedia.org

허난은 종종 중원中原이나 중주中州로 불리는데, 이는 말 그대로 '중앙평원' 그리고 '중부 지방'이란 뜻이다. 이 이름은 또한 대체로 북방 중국 평야 전체를 나타내기도 한다. 허난은 전통적으로 중국 문명의 요람지로 여겨지고 있다. 황허 남쪽이라는 뜻에서 이름이 붙여졌으며, 인구가 1억 명 가까이 되며 중화인민공화국 내에서 가장 많았다가, 광둥성이 가장 인구가 많은 성으로 올라섰다.

허난성의 북부는 황하에 연해 있으며 고대 중국 문명의 핵심지역이었다. 뤄양洛陽과 카이펑開封, 두 도시는 많은 왕조들의 수도였었다. 고고학 발굴성과에 따르면 양사오 문화와 룽산 문화가 현재 허난성의 북부에서 발달했음을 알 수 있다. 얼리터우 문화는 과연 이것이 전설상의 하夏나라인지에 대하여 논란이 있기는 하지만 역시 허난성에서 출토되었다.

중국 역사상의 최초의 나라인 상나라기원전 16세기~11세기의 중심지는 허난성이었다. 상나라의 마지막 도읍이었던 은殷은 현재의 안양安陽 시에 위치하고 있다. 기원전 11세기에 주 왕조가 서쪽으로부터 발달하여 상 왕조를 멸망시켰다. 주나라의 첫 수도는 현대의 시안시 근처의 호鎬였으나 기원전 722년에 수도를 하남의 뤄양으로 옮겼다. 이때를 기준으로 하여 이 이후를 동주東周라고 부르는데, 동주 시대는 춘추전국시대로 일반적으로 알려져 있다.

지금의 허난성은 많은 나라들로 갈라져 있었는데, 활나라滑 서기627년 진秦에 의해 멸망함, 진나라陳, 채나라蔡, 조나라曹, 정나라鄭, 위衛 등이 작은 나라들이었고,

산시성과 허난성 북부지역을 차지한 진晉, ~기원전 349은 강한 나라였다. 나중에는 한韓과 위魏가 이들을 몰아냈으며, 그동안 허난성의 남부는 초楚가 차지했었다. 진晉은 후에 세 나라로 분리되었고 그 중 전국戰國의 도성新鄭과 위국魏國의 도성大梁은 모두 오늘날의 하남 내부에 있는 지역들이었다. 남쪽의 강국 초楚 역시 하남 남부에 군사요지를 소유했고 기원전 221년 서쪽의 진나라秦가 모든 주변국들을 멸하여 통일 중국을 이루었다.

기원전 221년에 지금의 산시성陝西省에 있던 진나라秦, 기원전 221~기원전 206가 중국을 통일한다. 진은 얼마 가지 않아 한나라漢, 기원전 206~기원후 220로 교체되었고, 산시성의 시안당시 이름 : 장안에 수도를 두었다. 한나라는 후반부에 수도를 허난성에 있는 뤄양으로 옮겼다. 25년 후한 말기에 들어 각지에서 군벌이 부상했다. 허난성은 쉬창許昌을 근거로 한 조조의 영향력 하에 있었는데, 조조는 북중국을 점령하고 위魏를 세웠다. 위나라의 수도는 뤄양이었다. 위를 이은 서진 역시 수도를 뤄양에 두었다.

4세기에 들어 북방의 유목민족이 화북에 침입해오기 시작했다. 허난성은 후조319~351, 전연334~370, 전진351~394, 후연384~407, 후진384~417 등이 점령했었다. 439년 북위386~534가 북중국을 통일했고, 493년에는 수도를 뤄양洛陽으로 옮겼다.

북위는 534년에 분열되었고, 589년에는 수나라581~619가 중국을 통일하였다. 수 양제는 무리를 하면서까지 수도를 시안에서 뤄양으로 옮기려 하였는데, 이는 수나라가 망하는 한 원인이 되기도 했다. 수양제는 황위에 오르고 뤄양 대수궁에다 큰 운하를 만들었다. 수를 계승한 당나라618~907는 3세기가량 지속되면서 계

뤄양시 대표 명소 중 하나인 리징먼(麗景門)

자료 : boomup.chosun.com

속 시안을 수도로 하였다.

 오대십국의 혼란기 동안 카이펑에 도읍을 정한 나라는 오대의 후량907~923, 후
진936~947, 후한947~951, 후주951~960의 네 개가 있었다. 송나라960~1279가 혼란을 수
습하며 982년에 다시 중국을 통일하였고, 수도를 카이펑으로 하였다. 송은 군사
적으로는 성공을 이루지 못했으나 문화와 번영의 황금시대에 접어들어 수도 카
이펑은 당시 세계에서 가장 큰 도시였다. 그러나 1127년 송나라는 여진족이 세
운 금나라1115~1234의 공격을 받아 수백만에 달하는 난민들이 강남으로 이주하였
다. 곧 남송의 시작이었다. 남쪽 임안臨安, 현재 이름 : 항저우으로 수도를 옮겨 연명한 남
송은 1142년, 허난성을 포함한 북중국 전체를 금나라에게 바친다. 이때를 기점
으로 하여 장강 삼각주 지역, 이른바 강남이 허난성을 대신하여 새로운 경제와
문화의 중심지로 부각되었고, 허난성은 이전의 탁월한 지위를 영원히 잃게 된다.

 금나라는 1157년에 카이펑을 남경으로 정하고 재건한다. 1214년에는 몽골의
침략을 피해 수도를 카이펑으로 옮기게 된다. 1234년 결국 금나라는 몽골과 남
송의 군대에 의해 멸망하게 되고, 1279년에는 남송 역시 몽골의 손에 넘어가게
되면서 몽골은 중국 전체를 지배하게 된다.

 몽골의 지배는 1368년 명나라1368~1644가 건국되면서 끝나게 된다. 명나라는
지금의 허난성과 거의 일치하는 행정구역을 설치하고 수도를 카이펑에 두었다.
청나라1636~1912는 행정구역에 별다른 변화를 주지 않았고, 뒤이은 중화민국 역
시 마찬가지였다.

 핑한 철도베이징-한커우가 개통되자 그때까지 한촌에 불과했던 정저우가 교통의
요충지로 부각하게 된다. 1954년 중화인민공화국 정부는 허난성의 수도를 카이
펑에서 정저우로 옮긴다. 중국 정부는 허난성의 북부와 산둥성의 서부를 분리
하여 신샹을 성도로 하는 핑위안성을 신설하기도 하지만 1952년 폐지하였다.

 1958년 수이핑현의 야산에서 중국 최초의 인민공사가 설립되면서 대약진운

동이 시작된다. 60년대에 대기근의 원
인으로 흔히 대약진운동이 거론되는
데 특히 허난성은 극심한 피해를 입어
서 약 100만 명이 사망하였다.

정저우시

1975년 태풍에 따른 폭우로 허난성
남부의 반차오댐이 붕괴되는 사고가
일어났다. 약 23만 명이 죽은 것으로
추정되는 이 사고는 인류 역사상 댐과
관련된 가장 큰 사고로 기억되고 있다.

자료 : ko.wikipedia.org

허난이 속한 중원 지역은 농업을 중
시했기에 부지런한 사회적 분위기가 일찍부터 형성되었다. 허난 사람들은 자린
고비라는 말을 들을 정도로 근검절약이 몸에 배어 있다. 집에 돈을 쌓아놓고도
누릴 줄을 몰라 초라한 생활을 이어나간다. 오늘날의 허난은 여전히 농업이 주
를 이루고 있으며 농민이 많다. 허난은 경제가 뒤떨어지고 교통이 불편한 지역
과 오지가 많아서 농민들은 황토와 하늘만 바라보는 단조로운 농경 생활에 젖
어 있다.[40]

중원 문화의 고향으로 일컬어지는 허난은 농업이 발달한 지역이다. 자급자족
의 자연경제로 오랫동안 폐쇄적인 경제활동이 이루어졌으며 농업을 중시하고
상업을 경시하는 사회 분위기와 재물과 돈을 쌓아놓는 보수적인 소비습관이
형성되었다. 관리가 되는 것을 가장 큰 영광으로 알아 무슨 수를 써서든 벼슬
을 하려고 했다. …… 허난 사람들과 비즈니스를 하려면 먼저 그들의 중원 문화
를 이해해야 한다. 오랫동안 중용사상의 가르침을 받은 허난 사람들은 '의義'라

❀ 40   같은 책, p.341.

는 단어의 일반적인 의미를 사람들의 관계에도 확대해서 쓰는 경향이 있다. 이를테면 사람들의 호칭에도 '의형', '의제', '의협'하는 식이며 자기보다 나이가 많거나 어린 사람들을 '의부', '의자'라는 호칭으로 부르기도 한다. 도덕성이 결여된 사람들에게는 가차 없이 '불의'라는 말을 붙여버린다. …… 허난 사람들은 무리를 결성하는 것을 좋아한다. 허난 사람이 있는 곳에는 반드시 재경 허난 동창회니 동향회니 하는 단체가 있다. 사업을 할 때도 가족경영이 많다. …… 사실 허난 사람들은 아무것도 모르는 것처럼 행동하지만 매우 영악한데, 멀리 내다보지 못하고 눈앞의 이익에만 집중하는 '잔머리 굴리기'인 경우가 많다. 그래서 "허난 사람들은 하는 짓이 마치 원숭이 같다."라는 비아냥을 듣는다. 게다가 경영전략이 부족하고 길게 내다보지 못해 투자한 돈만 건지면 만족하고 장사를 접는 습성이 있다. 따라서 이들을 상대로 사업할 때는 기회를 최대한 포착해야 하며 허난의 매체를 충분히 이용해 현지의 사업에 직접 뛰어들어야 한다. 그리고 이들과 동업을 할 때는 돈을 벌면 곧 접어버리고 외지에 오래 머무르지 않는 허난 사람들의 습성을 파악해서 외부의 정보를 주의 깊게 관찰해야 한다. 또한 그들의 영악함을 알면서도 짐짓 모르는 척, 계책을 계책으로 맞서 역이용할 수도 있다. 가령 상대의 저축 심리와 보수적인 성향을 이용해 작은 이익을 안겨주면서 큰 사업을 지속할 수도 있다. 그 밖에 허난 상인의 상품을 구매할 때는 가짜가 아닌지 잘 살펴야 한다. 자칫하면 사업의 신용도에 큰 타격을 입을 수도 있기 때문이다. 허난 사람들은 상대를 제압하기 위해 최저가 전략으로 맞서는 경우가 있으니 가격전에 대비해야 하며, 잘 안 풀린다 싶으면 얼굴을 바꿔 이판사판으로 맞서기도 하기 때문에 동업을 하든, 거래를 하든, 자나 깨나 긴장된 분위기를 조성하지 말아야 한다.[41]

❋ **41** 같은 책, pp.345~349.

광둥 – 중국 식문화의 개척자

광둥성廣東省은 중화인민공화국 남부의 성이다. 북동쪽으로 푸젠성, 북쪽으로 장시성·후난성, 서쪽으로 광시 좡족 자치구, 남쪽으로 홍콩·마카오와 접하고 있다. 레이저우 반도 건너로 하이난성이 있다. 홍콩과의 경계 지역에는 선전 경제특구가, 마카오와의 경계 지역에는 주하이 경제특구가 있다. 성도는 광저우이다.

광둥성 위치

자료 : ko.wikipedia.org

광둥성廣東省은 중국의 남부에 위치한다. 북쪽은 난링南嶺산맥을 기대고 있고, 동북부는 우이武夷산맥을 향하며, 남쪽은 남중국해南中國海를 향하고 있다. 광둥성 전체의 육지는 북위 20°19′부터 25°31′까지에 위치하고, 동경 109°45′부터 117°20′까지이다. 광둥성 육지는 동서로 길고, 남북이 좁은 형태이다. 총면적이 17.8만km²에 달하고, 연해에는 651개의 크고 작은 섬들이 분포한다.

광둥성의 동쪽과 북쪽, 서쪽은 각각 푸젠성福建省, 장시성江西省, 후난성湖南省, 광시성廣西省 등의 지역과 이웃하고 있고, 서남부는 치옹저우瓊州 해협을 사이에 두고 하이난성海南省과 마주 바라보고 있으며, 홍콩과 마카오 특별행정구역과도 인접한다.

해안선은 3368km도서를 포함하지 않는 해안선에 달하고, 전체 지형은 북고남저의 형세이다. 북부와 동북부, 서부는 비교적 높은 산맥들이 있고, 중부와 남부 연해 지역은 낮은 구릉, 더기고원의 평평한 땅와 평원이 많다. 산지와 구릉은 약 62%를 차지하고, 더기와 평원은 약 38%를 차지한다. 주요 산맥으로는, 롄화산蓮花山, 뤄

푸산羅浮山, 주롄산九連山, 칭윈산青雲山, 화스산滑石山, 톈루산天露山, 윈우산雲霧山, 윈카이대산雲開大山 등이 있다. 광둥성의 가장 높은 지점의 해발고도는 1,600m이다.

현재 21개의 지급시地級市를 비롯해 65개의 시 직할구, 20개의 현급시縣級市, 34개의 현縣, 그리고 3개의 자치현自治縣을 관할한다.

광둥성의 행정구역

자료 : ko.wikipedia.org

공산주의자들이 지배권을 획득한 이래, 1978년 덩샤오핑鄧小平의 개혁개방정책이 시작될 때까지 광둥성은 경제적인 침체상태에 있었다. 개혁개방정책이 시행되기 전의 경제발전정책은 광둥성과는 비교적 떨어져있는 내륙 지방에 있는 산업의 발전을 장려했다. 따라서 이러한 정부 정책은 광둥성이 해양으로 진출하는 것을 어렵게 만들었다.

덩샤오핑의 개혁개방정책으로 홍콩香港에 근접한 해양으로의 진출과 화교와의 교류가 용이해짐에 따라 광둥성의 경제가 급진적으로 변하게 되었다. 게다가, 중국의 과세 제도가 개혁된 1990년대까지 광둥성은 경제적으로 뒤처져 있었기 때문에, 중앙 정부는 광둥성에 상대적으로 낮은 과세 비율을 책정함으로써 혜택을 주게 되었다.

광둥성은 상하이와 더불어 개혁개방정책에 있어 좋은 성과를 거두었으며, 그 경제 붐은 중국이 거대한 노동 집약적인 제조 공업의 발전소로 성장해왔다는 좋은 예시가 된다. 광둥의 선전深圳은 상하이上海와 더불어 지금도 중국의 경제를 이끄는 핵심적인 역할을 한다. 광둥성의 경제는 제조업과 수출에 기초하고

있으며, 경공업 위주와 가공주도형 경
제라는 특성을 지니고 있다.

중국 개혁·개방 40년의 상징인 선전

광둥성은 인근 성으로부터 노동자
들이 대거 유입됨에 따라 얼마 전부터
노동 임금이 오르기 시작했지만, 현
재 높은 GDP_{국내총생산}를 기록하며 가
장 부유한 지역 중의 하나로 손꼽힌
다. 광둥성은 국가 전체 경제 생산에
대략 12% 정도 기여한다.

현재 중국의 5개 경제특구 중 홍콩
과의 경계지역에 자리 잡은 선전深圳,
그리고 마카오澳門와 경계지역에 자리 잡은 주하이珠海, 산터우汕头가 광둥성에
위치하고 있다. 광둥성의 부富는 주강 삼각주PRD : Pearl River Delta 근처에 많이 집중
되어 있으며, 광둥성의 성내 국민 총생산, 외자도입액수, 수출액, 지방세입액수
는 전국에서 1위를 차지하고 있다.

광둥 사람들은 아침에 마시는 차를 즐긴다. 이곳 사람들은 '점심 차', '밤 차'를
마시는 풍습이 있다. 그래서 광저우는 차를 마시는 것과 식사를 통칭해서 '삼차
양반三茶兩飯, 세 번의 차와 두 번의 밥'이라고 부른다. 찻집은 아침 다섯 시쯤 문을 열고 밤
열두 시가 되어야 영업을 마친다. 광둥의 찻집에는 다양한 명차名茶와 맛있는 딤
섬들이 있는데, 명차로는 녹차·우롱차·육보차六堡茶와 꽃잎차가 있고, 김이 모
락모락 나는 뜨거운 차샤오빠오叉燒包, 돼지고기 찐빵 등 유명한 딤섬들이 있다. 손님
들은 차를 마시면서 간간이 이야기를 나누고 정보를 교류한다. 찻집에 가는 것
은 광둥 사람들의 전통 생활습관이며 대주의 트렌드가 되었다. …… 광둥 사람
들의 먹을거리에 대한 관심은 단연 전국 최고다. 그들이 쓰는 돈 중에는 식비가

가장 많다.[42]

만두의 일종으로 중국 광둥요리 중 하나인 '딤섬'

자료 : theqoo.net

지난 2천 년 동안 누구도 광둥 사람들에게 특별한 혜택을 주지 않았다. 진시황과 한무제도 그러했고 당나라나 송나라도 결코 그들에게 혜택을 주지 않았다. 그렇지만 광둥 사람들은 보란 듯이 오늘날의 터전을 일구었다. 광둥 사람들에게 무대만 제공해주고 그들의 손발을 속박하지 않으면 볼거리가 많고 훌륭한 무대를 감상할 수 있다.[43]

광둥 사람은 불굴의 의지로 쉽게 포기하지 않으며 고독을 잘 견디고 기회를 포착할 줄 안다. 그들은 사람들을 평등하게 대하고 배타적이지 않다. 당나라 시대 이전에는 광둥 사람들의 존재가 별로 부각되지 않았다. 그러나 그들은 기회를 잘 잡아서 자신에게 적합한 경제를 발전시켜 당송 이후 유명한 대외무역 항구로 자리매김했다. 특히, 근대에는 새로운 사상을 과감히 받아들이고 서구의 선진문화를 배우는 데 앞장섰으며 중국의 근대화와 현대화에 크게 기여했다. 발전이 늦었기 때문에 중국의 관료 문화에 물들지 않았으며, 오랫동안 가난한 생활을 했기 때문에 생활수준 개선에 눈을 돌려 열심히 경제를 발전시켰다.

광둥 상인의 평가는 둘로 갈라진다. 그들이 장사를 잘하는 것은 천하가 공인하는 일이다. 그러나 광둥 상인에 대한 나쁜 이미지도 적지 않다. 그래서 사람들은 광둥 사람이 간사하고 교활하니 그들과 접촉할 때는 정신을 바짝 차려야 한

❀ 42   같은 책, pp.355~356.
❀ 43   같은 책, p.357.

다고 경고하기도 한다.

광둥에서는 이익의 교류가 자주 이뤄지며 정이나 의리 같은 이야기는 하지 않는다. …… 교류를 할 때는 인생의 철학을 논하기보다 장사 이야기를 많이 하며, 마음을 나누기보다는 이익으로 친구를 대한다. 정치에 대한 화제는 광둥 사람들의 흥미를 끌기 어려우며 공연히 상담의 분위기만 깨진다. 당신이 정치에 대해 얘기하면 정치적인 배경이 있다고 여겨 함께 일하기를 꺼린다. 따라서 돈에 대한 이야기를 많이 하고, 정치 얘기는 가급적 피해야 한다.

광시 좡족 자치구 – 농업으로부터 산업화의 발전을 꾀하다

광시 좡족 자치구廣西壯族自治區는 중화인민공화국 남부의 좡족壯族 자치구로, 성도는 난닝 시다. 1958년 이전에는 광시성이었지만 1958년에 좡족 자치구로 승격되었다.

중화인민공화국의 남부에 위치하고 서쪽은 윈난성, 북쪽은 구이저우성, 후난성, 동쪽은 광둥성과 접하며, 남쪽은 통킹만에 접한다. 남서쪽은 베트남과 국경을 접한다. 아열대성 기후로, 2모작, 3모작이 가능하다. 유명한 관광지 구이린桂林이 동북부에 있다.

광시 좡족 자치구는 산지로 북동쪽으로 난닝 산맥과 그 지맥인 월성령越城嶺, 해양산海洋山이 북동쪽 경계를 이룬다. 지역의 중심부에는 다야오산大瑤山과 대명산大明山이 있다. 북쪽에는 도양산都陽山과 봉황산鳳凰山이 있고 운개대산雲開大山이 남동쪽 경계를 이룬다. 가장 높은 지점은 웨청산의 묘아산猫儿山으로 해발고도 2,141m이다.

산들 사이로 많은 강들이 계곡을 형성하며

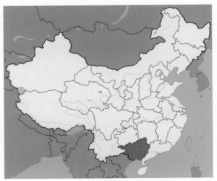

광시 좡족 자치구 위치

자료 : ko.wikipedia.org

흐른다. 이들 강 대부분은 서강의 지
류이다. 광시 쫭족 자치구는 통킹만의
짧은 해안선이 있다. 중요한 해항으로
는 베이하이, 친저우, 팡청강이 있다.
여름이 길고 더운 편이다. 연평균 기
온은 17~23°C이고 연평균 강수량은
1,250~1,750mm이다.

쫭족 여자 어린이들

자료 : news.chosun.com

　이 지역은 기원전 214년에 진나라의 군대가 화남 지역을 침공했을 때 중국의
일부가 되었다. 광서라는 이름은 송나라 때 광남서로라고 부르던 행정구역에서
기원한다. 원나라 말엽에 이 이름은 행성 중 하나로서 되살아나게 되었으나 줄
여서 광서로 부르게 되었다. 그 후 광서는 약 600여 년 동안 많은 소수민족이
거주하여 중화인민공화국 때 자치구가 되기까지 중국의 성이었다.

　청나라 후기에 광서는 금전기의金田起義, 즉 태평천국의 난의 장소로 1851년 1월
11일에 광서성 동부 계평현에서 발생했다. 1885년 3월 23일에 베트남과의 국경
지대인 진남관 지역은 청불전쟁의 방보 전투가 있었던 장소이다. 전투 기간에 프
랑스의 침입군은 풍자재馮子才가 이끄는 중국군에 패주하였고 이 사건은 그 후
중국 민족주의를 고양시킨 사건이 되었다.

　중화민국이 설립된 후에 광시는 가장 강력한 군벌 중 하나의 기반 역할을 하
였다. 류룽팅陸榮廷이 이끄는 구광서파가 이웃한 후난성, 광둥성 또한 지배했다.
구광서파는 1920년대 초에 붕괴되고 리쭝런과 바이충시가 이끄는 신광서파로
대체되었다. 광시는 또한 1929년에 덩샤오핑이 이끄는 공산주의자들의 반란인
바이써 봉기로 유명하다. 공산주의자들은 기반을 잡았으나 결국 국민당 군대에
의해 파괴되었다.

　1944년에 제2차 세계대전이 끝나갈 무렵에 일본군은 허난-후난-광시를 잇는

전장의 일부로써 광시를 침략해 후난-광시 철도를 빼앗고 프랑스령 인도차이나로 가는 길을 열려 하였다. 작전은 성공하였고 광시의 주요 도시들은 일본군의 수중 하에 들어갔다.

남쪽 끝에 위치하여 광시성은 중화인민공화국이 성립된 이후에도 공산주의자들이 차지하지 못했다. 중화인민공화국이 성립된 지 두 달 후인 1949년 12월에야 비로소 그들의 영토가 되었다. 1958년에 광시는 당시 주석이었던 저우언라이의 추천에 따라 좡족 자치구가 되었다. 이 결정으로 좡족은 중국에서 가장 큰 소수민족이 되었고 대부분 광시에 집중적으로 거주하게 되었다.

역사의 대부분 기간에 광시는 육지로 둘러싸인 곳이었다. 1952년에 광둥의 해안선 일부가 광시로 양도됨에 따라 바다와 접하게 되었다. 이것은 1955년에 번복되었다가 1965년에 복구되었다.

1960년대와 1970년대에 광시성의 일부에서는 중공업이 발전함과 동시에 관광지와 아름다운 풍경으로 전 세계로부터 사람들을 불러모았다. 1990년대 중국의 경제성장에서 광시 좡족 자치구는 뒤처진 채로 남아있는 것으로 보였다. 그러나 최근에 산업화가 이루어지고 있고 환금작물 재배가 집중되고 있다. 광둥의 공장들이 저임금 노동력 확보를 위해 광시로 이전함에 따라 1인당 GDP가 비약적으로 증가하였다.

광시 좡족 자치구는 2008년 12월 11일에 자치구 편입 50주년을 맞이하였다.

한족이 가장 큰 민족 집단이다. 소수민족으로는 좡족이 90%를 차지하며 특히 성의 서부와 중부에 집중되어 있다. 둥족과 먀오족도 상당수 거

중국 광시 좡족 자치구 아세안을 향한 금융개방

자료 : chinajingji.co.kr

주한다. 기타 야오족, 후이족, 이족, 수이족, 징족이 거주하고 있다.

광시 사람들은 성격이 온순하여 누구나 쉽게 가까워질 수 있으며 남을 돕는 것을 즐거워한다. 그들과 교류하면 당신은 광시 사람들의 부드러운 면을 충분히 느낄 것이다. 광시 사람들은 때로는 제멋대로다. 따라서 광시 사람들과 교류할 때는 그들의 민감한 속마음을 잘 헤아려야 하며, 설사 친해진 다음이라도 신중하게 대해야 한다. 자칫 잘못하여 상대방의 자존심을 상하게 하면 그들과의 관계가 한동안 서먹해진다. 사실 남을 존중하고 진심으로 대하는 것은 누구에게나 필요한 덕목이다.[44]

 중국 둥베이 지방

둥베이 - 하얼빈 맥주의 고장

동북東北 또는 동북3성은 중국의 6대 중국지리대구中國地理大區의 하나로서 동북부 지역을 말한다. 과거에는 만주滿洲로 불렸던 지역이다. 행정구역상으로는 요녕성遼寧省, 길림성吉林省, 흑룡강성黑龍江省의 3개 성省을 포함하기도 한다.

이 지역 최대의 도시는 선양瀋陽이며, 그 외에 하얼빈哈爾濱, 창춘長春, 다롄大連, 치치하얼齊齊哈爾, 지린吉林 등의 도시가 있고 고조선, 고구려와 발

둥베이 위치

자료 : ko.wikipedia.org

해의 유적이 많이 남아있다. 200만 명 이상의 재중동포들이 거주하고 있어서

❋44   같은 책, p.375.

한국과 매우 밀접한 관련을 맺고 있는 지역이기도 하다.

둥베이는 중국의 한족漢族과 한민족 및 여러 북방 민족이 서로 차지하기 위해 쟁탈전을 벌였던 곳이다. 특히 둥베이는 한국 역사상 최초의 국가인 고조선이 세워진 곳이다. 청나라 말기 중국이 한창 제국주의 국가들로부터 침략을 당하던 시기에 러시아에 뤼순旅順을 조차하였고, 청나라 멸망 이후에는 중화민국의 영토가 되었다. 1931년에 일본이 일으킨 만주사변으로 일본에 점령되어 일본의 지배를 받는 괴뢰 국가인 만주국滿洲國이 세워지기도 하였다. 1949년 이후에 중화인민공화국의 영토로 편입되어 오늘날에 이른다.

둥베이의 인구는 현재 약 1억 명으로, 이는 중국 전체 인구의 8%에 해당한다. 한족漢族이 거의 대다수를 차지하며, 그 외에 만주족, 몽골족, 조선족 등의 소수민족들이 거주한다.

둥베이어나 베이징에서 사용하는 표준 중국어가 통용되나, 재중 동포들은 한국어를 사용한다. 이와는 달리 만주어를 아는 만주족은 많지 않으며, 대부분의 만주족들은 중국어를 사용한다.

둥베이는 일본의 지배 시기에 공업의 기반이 잘 조성되어 초기에는 중국 최대의 중화학 공업 지대가 되었다. 그러나 1980년대에 중국이 외국 자본을 도입하면서 광둥성廣東省 등지

라오닝성 선양

자료 : doopedia.co.kr

다롄, 둥베이 지역 허브로 부상

자료 : beinews.net

의 산업이 급격히 발달하자 둥베이의 공업은 급격히 쇠퇴하기 시작하였으나, 최근에 한국과 일본 등지의 자본이 밀려오면서 다시 활력을 되찾고 있다. 지하자원으로는 푸순撫順의 탄전과 다칭大慶의 유전이 있다.

빛나는 얼음왕국 하얼빈 빙등제

자료 : beinews.net

둥베이 사람들의 첫인상 하면, 사람들은 이구동성으로 호탕하다고 말한다. 이들의 호탕함은 뼛속 깊은 곳에서 배어나오는 기질과 같다. 흡사 무협소설에서 자주 등장하는 협객과 같은 이들의 호탕함은 그들의 생활 어디에서나 엿볼 수 있다.

둥베이 사람들은 술을 좋아하기로 유명하다. 영국인이 날씨 이야기를 좋아하듯이 둥베이 사람들은 술 이야기를 좋아한다. … 둥베이 사람들의 피 속을 흐르는 호탕한 기개는 술 마시는 모습에서도 어김없이 드러난다. 혹독하게 추운 날씨의 영향인지 둥베이 사람들은 큰 그릇에 술을 담아 벌컥벌컥 마시는 것을 즐긴다.[45]

호탕하고 술을 좋아하는 둥베이 사람과 친구가 되고 싶다며, 당신이 먼저 솔직하게 마음을 터놓아야 한다. 그렇지 않으면 그들과 친구가 될 가능성은 매우 낮다. 또한 둥베이 사람과 사업을 하려면 먼저 그들의 성격을 파악해야 한다. 이것이 그들과의 사업에 필요한 기본이다. 또한 어떠한 일이 있어도 사실을 속이지 말고 성실하게 대해야 결국 손해를 보지 않는다. …… 의리와 정을 중시하는 둥베이 사람들과 비즈니스를 할 때는 먼저 정서적인 교감을 하는 것이 좋

❀ 45 같은 책, pp.381~382.

다. 이러한 교감은 술자리를 통해 더 진하게 주고받을 수 있다. 만약 당신이 술을 못 마신다고 해도 억지로라도 마시려는 노력을 한다면 그에 대한 보상으로 웬만한 일은 다 성사된다. …… 둥베이 사람들은 남의 눈치를 보지 않고 있는 그대로 마음을 드러낸다. 달리 말하면, 상대를 배려하

중국인의 술자리

자료 : china.donga.com

지 않고 하고 싶은 말을 그냥 내뱉는다고도 할 수 있다. 이들은 감정을 쉽게 드러내지 않는 남방 사람들과는 달리 숨기는 것이 없으며, 한번 시작하면 끝장을 본다. …… 한 이탈리아 바이어는 사석에서 이렇게 말했다. "상하이 사람들과의 비즈니스는 매우 피곤한 반면 둥베이 사람들과는 일하기가 편합니다. 남방 사람들이 세심한데 비해 북방 사람들은 거칠기는 해도 솔직하지요."

우정을 목숨보다 중시하는 둥베이 사람들은 친구를 위해서라면 옆구리에 칼이 들어오는 것도 기꺼이 감수한다. 진정한 친구에게는 마음을 터놓지만, 술자리에서 한사코 안 마시겠다고 버티는 사람이라면 친구로 받아들이지 않는다. 그러니 사업 관계로 술자리를 가졌다면 "술을 잘 못 마신다.", "요즘 위가 안 좋다." 등의 말은 절대 금물이다. 둥베이 사람들과는 술만 잘 마셔도 일이 잘 풀린다. …… 이들의 이러한 비즈니스관은 자신들의 사업에도 긍정적으로 작용한다. 기본적으로 둥베이 사람들은 의리를 중시하기 때문에 외지 사람들에게 믿을 수 있는 사업 파트너라는 인상을 준다. …… 결국 물건을 사는 측과 파는 측 모두 목적은 금전 거래다. 이 과정에서 서로 믿을 수 있는 사람이라는 확신이 있다면 양측이 신뢰를 쌓아 거래가 성사될 확률 또한 커진다. 의리와 솔직함을 중시하는 둥베이 사람들의 이러한 특징은 이 지방 출신 중에 크게 성공한 부호가 많은

것과도 관련이 깊다. 하지만 유의할 점은 다른 요소는 무시한 채 의리만 중시하는 태도는 경쟁이 치열한 현대 사회와는 맞지 않을 수 있다는 점이다.[46]

로봇들이 중국 헤이룽장(黑龍省)성 하얼빈(哈爾濱)의 로봇 식당에서 음식을 나르고 있다. 이 식당은 2012년 6월에 문을 열었으며 1.3~1.6m 크기의 로봇 총 20대를 보유하고 있다. 음식을 만들고 서빙도 하는 이 로봇들은 2시간 충전 후 5시간 연속으로 작업을 할 수 있으며 고객들에게 간단한 환영 인사말을 전하고 10여 가지의 표정을 지을 수 있다.

자료 : myblueday.tistory.com

※ 46   같은 책, pp.397~401.

중국몽은 일장춘몽

Chapter 09

중국인을
이해하는 열 가
지 핵심

개 요

중국인은 인구가 너무 많고 지역적으로도 기질이 다양해서 단 하나의 스테레오타입stereotype, 고정관념 으로 묶기는 힘들다. 이건 어느 나라라도 마찬가지지만 이들은 억으로 최소 단위를 잡아도 14라는 두 자릿수가 나오는 판국이니, 다른 주요국들과 같은 기준을 쓰면 거의 20~30배가 나온다. 더구나 같은 중국인도 북중국, 남중국이 또 다르며 각각이 지역별로 천차만별이다.

중국인은 한마디로 대륙적이다. 사고방식과 행동양식이 우리와는 사뭇 다른 점이 많다. 여유만만하고 스케일이 큰 특징이 있는가 하면, 상대방을 의심하고 여간해서는 속마음을 내비치지 않는다. 또 의외로 축소지향적인 측면도 엿보인다, 과연 중국인은 누구인가?

만만디(慢慢的)

중국사람을 두고 흔히들 '만만디慢慢的'라고 부른다. '느릿느릿한 사람'이라는 뜻이다. 그래서 '중국사람'하면 먼저 '느리다'는 느낌부터 드는 게 사실이다.

호주의 만만디 정신

자료 : j4blog.tistory.com

모 일간지의 기자가 쓴 기행문에서 중국 사람들은 워낙 느려서 소나기를 만나도 뛰는 사람이 없다고 했다. 그러나 사실 알고 보면 중국 사람들이 느리기는 해도 그 정도로 느리지는 않다. 그들도 비가 오면 뛴다. 아마도 재미있게 표현하기 위해서 그렇게 표현했을 것이다.

중국인들이 느린 것은 사실이다. 물론 나름대로의 배경이 있다. 그것은 그들에게서 보편적으로 볼 수 있는 여유에서 비롯된다. 그들의 여유를 시간과 공간

두 분야로 나눈다면 만만디는 시간적인 여유를 뜻한다.

중국은 넓다. 남북한을 합한 한반도의 약 44배나 되는 땅이다. 넓은 땅에 살다 보니 자연히 국민성도 영향을 받게 되어 서두르지 않는다. 또 서둘러서 될 일도 없다.

옛날에는 인간관계도 지금처럼 복잡하지 않았고 교통수단도 발달하지 않았다. 그래서 자기 동네 안에서 모든 생활이 이루어졌으며 기껏해야 이웃 동네 밖을 넘지 않았던 것이 그들의 행동반경이었다. 그들에게 백리 길을 간다는 것은 지금 우리가 인공위성을 타고 달나라를 다녀오는 것이나 다를 바가 없었다.

쓰촨성四川省에 사는 사람은 평생을 걸어도 바다를 보기 어려웠다. 그래서 전 세계에 흩어져 있는 화교들은 모두가 바다를 끼고 있는 지방 출신들이다. 그런가 하면 우리에게 만주 벌판이라고 알려져 있는 둥베이東北 평원에 사는 사람은 죽을 때까지 산을 보지 못하고 일생을 마감하기 십상이다.

중국에서도 쓰촨의 나무꾼은 여유만만하기로 유명하다. 나무를 해서 살아가는데 우리처럼 시장에 지고 가서 파는 게 아니라 아예 뗏목으로 만들어서 양쯔강을 타고 상하이까지 내려가면서 판다. 무려 5천km의 대장정에 나서는 것이다. 한 반년쯤 나무를 해서 뗏목을 만들며 아예 뗏목 위에다 집을 짓고 채소까지 심는다. 그뿐인가? 닭과 오리도 몇 마리 실으면 병아리를 까고, 병아리가 다시 병아리를 깐다. 이때가 되면 뗏목도 얼마 남지 않고, 닭만 잔뜩 불어나 있다. 상하이에 도착하면 이번에는 가족과 함께 걸어서 집으로 돌아온다. 한 번의 장정에 족히 3년은 걸린다. 쓰촨의 나무꾼이 서두를 필요가 있을까?

그래서 '천천히'라는 말은 거의 일상용어가 되어 있다. 여간해서 서두른다거나 재촉하지 않는다. 헤어질 때 나누는 인사가 '만쪼우慢走, 천천히 가세요'이며, 식당에서 요리를 내오면서 하는 말이 '만만츠慢慢吃, 천천히 드세요'다. 어쩌다 부탁받은 일을 약속 날짜까지 못했으면 상대방은 대개 다음과 같이 말한다. '메이꽌시! 만만라이沒關係 慢慢來, 괜찮아요! 천천히 하세요'.

물론 그들도 경우에 따라서는 서두르기도 한다. 그때 쓰는 말이 '마샹馬上, 즉시'이다. 우리말로 '즉시'이기는 하지만 그 어원을 따져보면 그렇지도 않다. 옛날에는 가장 빠른 교통수단이 말馬이었다. '마샹'은 지금 출발하기 위해 말안장 위에 앉아 있다는 뜻이다. 그러나 언제 떠날지도 모르고 또 얼마나 빨리 달릴지도 모른다. 그래서 '마샹'도 우리가 보기에는 '한참 뒤'쯤이 된다.

중국인을 '만만디'라고 표현하는 한국인들 가운데는 현지에서 사업을 하는 사람들이 특히 많다. 재중 한인 사업가들은 중국인들과 사업을 하면 답답할 때가 많다고 말한다. 중국과 베이징 및 상하이를 오가며 10년 넘게 사업을 해오고 있는 사업가 박씨는 "중국인들은 자신의 이익과 상관없는 일에는 '만만디 전략'으로 응수하고 자신의 이익과 직접적인 관련이 있으면 '콰이콰이(빨리빨리)'라고 외친다."라며 만만디를 중국인들의 '하나의 전략'이라고 소개했다.

자료 : kr.people.com.cn

차뿌뚜어(差不多)

일상생활에서 자주 쓰는 말을 통해서도 우리는 그 나라 사람들의 국민성을
알 수 있다. 중국의 경우 그 대표적인 말이 바로 '차뿌뚜어差不多'다. 아마 그들의
일상용어에서 이 말만큼 자주 사용되는 말도 없을 것이다. 말뜻은 글자 그대로
'차이가 많지 않다', '별 차이 없다'다. 좀 더 쉽게 표현한다면 '좋은 게 좋다'는
식의 두리뭉실한 면을 말하는데 바로 중국 사람들의 애매모호한 국민성을 잘
나타낸다고 하겠다.

사실 중국 사람들의 특징이 행동에서 '만만디'라도 한다면 思考사고에서는 '차
뿌뚜어'다. 무엇을 평가하거나 어떤 상태, 또는 기분을 나타낼 때 그들은 구체적
이고 간단명료하기보다는 함축적이고 포괄적이다. 이것을 모를 때 당황하는 수
가 종종 있다. 예를 들어 보자.

어떤 미술작품을 두고 어떠냐고 물었을 때 썩 마음에 들지 않는다거나 그렇

다고 나쁘지도 않을 때 그들은 '차뿌뚜어'라고 말한다. 지금 배가 고프냐고 물었을 때 똑같은 대답을 들었다면 그것은 고프기도 하고 안고프기도 하다는 뜻이다. 사업하는 사람보고 "요즘 재미가 어때요?"라고 물었을 때 거의가 "차뿌뚜어"라고 대답한다. 심지어 그들은 한국 사람과 중국 사람도 '차뿌뚜어'라고 말한다.

이러다보니 '차뿌뚜어'는 듣는 사람에게는 보통 고역이 아니다. 특히 분명한 대답을 원하는 서양 사람들에게는 더욱 그렇다. 그러나 그들의 국민성을 알고 나면 그것처럼 편리한 단어도 없다는 것을 알게 된다. 분명한 의사표시를 하고 싶지 않다거나 아니면 판단이 잘 서지 않았을 때 가장 무난하고 훌륭한 대답은 '차뿌뚜어'이기 때문이다.

중국 사람들이 '차뿌뚜어'를 워낙 즐겨 사용하다 보니 유명한 후스胡適가 이를 비판하는 작품을 쓰기도 했다. 『差不多先生傳거의 미스터 전기』은 따지기를 싫어한다는 점이 특징이다. 그는 늘 말한다.

"세상만사란 차뿌뚜어면 돼, 뭘 그리 따지고 산단 말인가"

그래서 그에게는 모든 것이 별 차이가 없었다. '十'자와 '千'자는 한 획 차이일 뿐이므로 마구 섞어서 썼으며, 흰 설탕과 누런 설탕은 다 같은 설탕이므로 차이가 있을 수 없었다.

한 번은 상하이에 가기 위해 기차역에 갔다. 기차는 8시 30분에 출발하는 것이었다. 그러나 2분이 늦었기 때문에 기차는 이미 떠나고 없었다. 그는 단 2분을 기다려주지 않고 정시에 출발한 기관사를 이해할 수 없었다.

"젠장, 30분이나 32분이나 차뿌뚜어인데, 내일 가지 뭐. 오늘 가나 내일 가나 차뿌뚜어 아닌가?"

그가 급한 병에 걸려 목숨이 경각에 달리게 되었다. 하인이 불러온 의사는 불행하게도 의사가 아니라 수의사였다. 그래도 그에게는 다 같은 의사였으므로 별 차이가 없었다. 결국 그는 죽게 되었다. 가쁜숨을 몰아쉬면서 말한다.

"하기야 죽는 것과 사는 것도 차뿌뚜어 아닌가."

중국 사람들의 '차뿌뚜어' 정신은 곳곳에서 발견된다. 원만한 성격을 의미하기도 하지만 우유부단하다는 좋지 못한 평가도 있을 수 있다.

『差不多先生傳』를 쓴 후스

m.blog.naver.com

메이파쯔(沒法子)

　살다 보면 열심히 노력했음에도 불구하고 뜻한 바를 이루지 못하는 때가 종종 있다. 이럴 때 중국 사람들은 '메이파쯔沒法子'라고 한다. '도리가 없다'는 뜻이며, 일종의 '체념'이다. 체념 뒤의 심리상태는 대가를 보상받지 못한 데 대한 불만이나 원망, 자신의 노력이 부족한 데 대한 한탄과 후회 등이 있을 수 있다. 그 다음은 어떤가. 좌절 또는 자포자기가 아니다.

　중국 사람들은 상황을 순순히 받아들인다. 극단적인 방법으로 대항하는 사람은 드물다. 해봐야 도리가 없으니 상황을 인정하고 적응하는 수밖에 없다. 그러나 무턱대고 받아들이는 것은 아니다. 참는 것이다.

　중국 사람들은 일상생활에서 참는다忍는 말을 자주한다. 무조건 참는 것이 미덕으로 되어있다. 그래서 인내는 신용과 함께 그들이 장사를 하는 데 있어 가장 중시했던 덕목 중의 하나였다.

　그들의 인내력은 유구한 역사와 배경을 자랑한다. 황허黃河는 중국 민족의 발원지이자 문명의 산실이다. 그들은 일찍부터 이곳을 중심으로 황허문명을 꽃피웠다. 따라서 중국 사람들의 정신적 육체적인 고향은 황허인 셈이다. 그래서 그들이 가장 숭상하는 색깔도 황색이다.

메이파쯔(沒法子)

자료 : read01.com

그러나 황허는 묘하게도 그들에게 문명과 재앙을 동시에 가져다주었다. 문명이라는 화려한 선물을 준 대신 홍수라는 가혹한 대가도 요구했다. 역사상 황허는 수많은 홍수를 인간에게 안겨주었다. 엄청난 자연의 위력 앞에 인간은 그저 속수무책일 수밖에 없었다. 그래서 나온 말이 '메이파쯔'다. 도리가 없다는 뜻이다. 물론 '참는 방법 외에 다른 방법이 없다'는 뜻이다.

인간에게 재앙을 안겨준 것으로 홍수만 있었던 것은 아니다. 인간 스스로가 만든 이른바 人災인재도 있었다. 전쟁이 그것이다. 량치차오梁啓超의 주장에 의하면 중국에서는 평균 2년 반에 1년은 전쟁 기간이었다. 인생의 3분의 1 이상은 전쟁의 와중에서 살아야 했음을 의미한다. 전쟁 한번 겪지 않고 죽으면 복 받은 사람이라고 했다. 그래서 그는 중국의 역사를 '도륙의 역사'라고 했으며 중국 사람을 육민戮民이라고 했다. '도륙에서 살아남은 백성들'이라는 뜻이다. 그러니 '메이파쯔'일 수밖에 없다.

천재와 인재에 시달릴 대로 시달리며 살아온 중국 사람들과 교제를 하다 보면 '메이파쯔'란 말을 자주 듣게 된다. 상대방으로서는 답답하기 그지없다. 특히 우리 같은 한국 사람들로서는 억장이 무너진다. 그러나 역시 '메이파쯔'일 수밖에 없다. 그 말 속에는 '방법이 없으니 참으라'는 뜻이 내포되어 있기 때문이다.

그들은 참는 데는 이골이 나있다. 와
신상담臥薪嘗膽의 고사는 우리도 익히 알
고 있는 바다. 더 큰 목적이 있으므로 참
았던 것이다. 그러나 일상생활에서도 웬
만한 불편이나 고통쯤은 참는 것으로
해결한다. 좀처럼 그것을 개선한다거나
불평을 토로하지 않는다. 그리고 여간해
서는 감정을 얼굴에 나타내지 않는다.
철저한 포커페이스인 셈이다.

와신상담

외교나 상담을 할 때 중국 사람을 만
나면 상대하기가 어렵다고 한다. 좀처럼

자료 : m.blog.naver.com

의중을 드러내지 않고 끈질기게 물고 늘어지기 때문이다. 그렇다고 해서 중국
인에게 감정이 없는 것은 결코 아니다. 그들의 감정이 일단 폭발할 때 그 위력은
상상을 초월한다. 쉽게 흥분하고 가라앉히는 우리와는 좀 다르다.

재미있는 일화가 있다. 당나라 대종代宗 때 차오은朝恩이라는 환관이 있었는데,
세도가 이만저만이 아니었다. 문무백관을 우습게 알았다. 한 번은 천자를 모시
고 강연을 벌였는데, 강연의 내용을 빗대어 평소 미워하던 대신 세 사람을 공
격했다. 천자를 제대로 보필하지 못한다는 이유에서였다. 왕진王晉이라는 신하는
노발대발했다. 그러나 옆에 있던 위엔짜이元載라는 대신은 그저 미소만 짓고 있
을 뿐이었다. 강연이 끝나고 차오은이 중얼거렸다.

"왜 욕을 듣고도 가만히 있었을까? 아무래도 위엔짜이란 녀석이 마음에 걸
리는데…?"

물론 후에 그는 위엔짜이에게 죽임을 당했다.

의심과 불신(不信)

흔히들 중국 사람하면 신용의 대명사쯤으로 알고 있다. 사실이다. 그들은 신용을 중시한다. 그러나 한 번쯤 곱씹어 보아야 할 대목이 있다. 과연 그들은 누구나 신용을 잘 지키는 것일까. 그리고 신용을 중시하지 않는 민족도 있단 말인가.

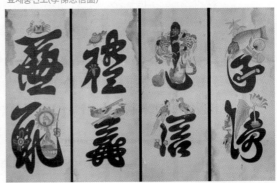

효제충신도(孝悌忠信圖)

중국은 오래 전부터 신용을 중시해 왔다. 꿍쯔孔子도 신용을 무척이나 강조했다. 심지어 그는 정치를 하는 데 있어 위정자는 먹을 것을 충분히 준비하고, 군대를 가져야 하며, 신의를 지키는 것을 가장 중요하게 여겨야 한다고 했다. 그러면서 그 중에서도 가장 중요한 것은 신의라고 했다. 먹는 것을 '하늘'처럼 여겼던 중국 사람들이었지만 신의를 더 중시했음을 알 수 있다. 그래서 신의는 '孝悌忠信禮義廉恥효제충신예의염치'와 함께 인간이 지녀야할 여덟 가지 덕목 중의 하나였으며 이중 하나라도 어기는 것을 군자의 커다란 수치로 여겼다.

그러나 좀 더 생각해보면 재미있는 현상을 추측할 수 있다. 즉, 꽁쯔孔子가 신의를 강조했다는 것은 당시 사회가 그만큼 신의를 지키지 않았다는 반증이 아닐까. 신의의 반대는 불신이며 그것은 곧 의심을 낳는다. 그래서 신용을 중시했던 만큼 의심도 그만큼 심했다는 표현이 적절할 것이다.

우리 속담에 '믿는 도끼에 발등 찍힌다'는 말이 있다. 중국도 마찬가지다. 옛날 춘추시대 정鄭나라의 무공武公은 호시탐탐 옆에 있는 호胡나라를 노렸다. 그래서 먼저 자신의 딸을 호왕에게 시집보냈다. 호왕을 안심시키기 위해서였다. 과연 호왕은 정나라를 전혀 의심하지 않았다. 하지만 침공계획은 착착 진행되고 있었다.

한 번은 무공이 여러 신하를 모아 놓고 어느 나라를 칠 것인지 물었다. 그러자 꽌치쓰關其思라는 충신이 호 나라를 지목했다. 무왕은 사돈 나라를 어떻게 칠 수 있느냐며 그를 죽이고 말았다. 그래서 호왕은 더욱 정 나라를 믿고 안심했다. 결국 무왕은 호 나라를 멸망시키고 말았다.

역시 춘추시대 송宋나라에서 있었던 이야기다. 비가 와서 어느 부자의 담이 무너지고 말았다. 아들은 빨리 담을 쌓지 않으면 도둑이 들 것이라고 말했다. 똑같은 말을 옆집의 영감도 했다. 아니나 다를까, 그날 밤 정말로 도둑이 들었다. 그러자 그 부자는 자기의 아들은 선견지명이 있다고 칭찬한 반면, 옆집 영감은 도둑으로 잔뜩 의심했다.

성실하게 살아가는 일반 백성들은 어떤가. 열심히 농사를 지어 놓으면 천재지변이 일어 쓸어가 버린다. 다행히 이를 면해 안도의 한숨을 내쉬고 나면 이번에는 가혹한 관리의 수탈이 기다리고 있다. 믿을 것은 하늘도 사람도 아니었던 것이다.

최초로 중국의 통일한 천자는 진시황秦始皇이었
다. 이제 중국은 그의 수중에 놓이게 되었다. 그
러나 그 위업은 거저 이루어진 게 아니었다. 피
를 흘린 대가가 아니었던가. 어렵게 쥔 천하를 누
군들 쉽게 내놓고 싶겠는가. 천년만년 지키고 싶
은 게 인지상정이다. 그러자니 믿을 구석이 있어
야 하는데 자식도 못 믿을 판이니 그것이 쉽지
않았다. 그래서 의심할 수밖에 없었다. 천자치고
높은 베개를 베고 편안하게 잘 수 있었던 사람은
많지 않았다.

진시황

자료: m.blog.naver.com

신하는 어떤가. 천자의 총애를 다투다 보니 자
연히 아첨과 시기가 뒤따랐다. 물론 현명한 천자라면 시비곡직을 가릴 줄 알아
야겠으나 역사상 그런 천자는 많지 않았다. 오히려 신하들의 농간에 놀아나는
천자가 더 많았으며, 심하면 일부러 농간을 부추겨 자신의 지위를 공고히 하는
데 이용하게도 했다. 그러니 신하들도 잔뜩 의심할 수밖에 없었다.

통치자 계층에서 있었던 의심의 상징이 인질이다. 서로의 약속을 믿지 못해
사람까지 담보물로 삼았지만 그렇다고 신의를 꼭 지킨 것을 결코 아니었다. 정
권을 위해서는 자신의 혈육도 희생물로 삼았던 경우가 많았다.

의심 또는 불신의 극치는 뭐니 뭐니 해도 환관宦官이 아닌가 싶다. 궁중에는 많
은 궁녀들이 있다. 그러나 남자도 있어야 했으므로 자연히 '일?'이 없을 수가 없
었다. 특히 여인들이 아름답고 보니 그런 일은 다반사였다. 그러니 의심이 생길
수밖에 없었다. 그래서 사건의 재방을 근절根絶시켜야 했는데 방법은 글자 그대
로 '뿌리채 뽑아 버리는' 수밖에 없었다.

앞에 든 사례들은 대부분 이미 없어진지 오래다. 그러나 아직도 남아 있는

것이 있다. 도장이 그것이다. 옛날 공
문서를 보낼 때 문서 수발병이 행여
나 내용을 뜯어볼까 '의심'스러워 사
용했던 것이 도장인데 요즘도 일상생
활에서 사용하고 있는 이 같은 관습
은 우리에게도 전해져, 서양 사람들
이 간편하게 사인을 하는 반면 우리
는 반드시 도장을 찍어야 믿는다. 그

중국 고대 환관 제도

자료 : m.blog.naver.com

것도 부족하여 인감도장이 나왔다. 모두 불신의 상징인 것이다.

어떤 중국인의 말이 의미심장하다.

"같은 중국 사람이지만 여러 가지입니다. 우리가 보기에 대만 사람은 그래도
좀 단순한 반면 대륙 사람은 음흉하고, 홍콩에 있는 중국 사람들은 사기꾼이에
요. 싱가포르 사람들은 훈련은 잘 되어 있지만 예리하지요."

의심(疑心)은 특정 대상을 이상하게 여기는 감정이다. 일반적으로 타인을 의심하는 것은 시민 도덕
에서 좋지 않은 것으로 인식된다. 다른 견해로는 적당한 의심이 있어야 일상생활이 가능하다고 한다

자료 : brunch.co.kr

현실(실속)과 멘쯔(面子)

중국 사람들은 아주 현실적이다. 다시 말해 그들은 현실을 중시하는 민족이다. 중국인들은 꽁쯔孔子라면 위대한 사상가이자 교육자로서 지성으로 추앙하는데 이들의 현실중시 경향은 그의 영향을 받았다.

선뜻 이해가 가지 않을 지도 모른다. 우리는 흔히들 꽁쯔는 케케묵은 문자나 즐겨 사용하며 예의니 효도니 따위의 말만 하는 '고리타분한' 존재쯤으로 알고 있지만 실제로는 그렇지 않다. 그는 귀신이니 도깨비 등과 같이 눈에 보이지 않는 것은 일체 언급조차 하지 않았으며, 심지어는 '하늘'이니 '죽음'까지도 논하려 들지 않았던 사람이다. 그것은 곧 '비현실적인 것'이었기 때문이다. 그래서 그가 강조한 모든 것들은 현실과 밀착된 것들, 예들 들어 교육, 부모 섬기기, 수양하기, 음악듣기, 교제하기 등등이었다.

사실, 고리타분한 존재는 꽁쯔孔子나 멍쯔孟子가 아니라 라오쯔老子나 쫭쯔莊子인 셈이다. 그들의 글을 보면 얼마나 황당무계한지 쉽게 드러난다.

"도 라고 할 수 있는 도는 도가 아니며 이름 붙일 수 있는 이름은 이름이 아니다."

"북쪽 바다에 곤 이라는 물고기가 있는데 그 크기는 수천리가 넘는다."

곤(鯤)의 이미지

자료 : kknews.cc

노자와 장자의 말이다. 무슨 뜻인지 아직도 이해가 잘 가지 않는다. 이 얼마나 뜬 구름 잡는 소리인가?

중국은 땅이 넓고 사람이 많아서 다른 어느 나라보다도 신화의 재료가 많았다. 그럼에도 불구하고 중국은 신화가 거의 발달하지 못했으며, 신화를 바탕으로 발달하는 소설도 덩달아 찬밥 신세를 면치 못했다. 신화나 소설은 모두가 '허구'를 바탕으로 하는 비현실적인 것이라고 꿍쯔가 배척했기 때문이다.

그러다 보니 현실을 중시하는 중국 사람들에게는 먹는 것이야말로 '하늘'과 같은 존재였으며 모든 것은 먹는 문제로 귀착되었다. 훌륭한 통치자란 민주정치를 실시했던 천자가 아니라 먹게 해줄 수 있는 천자를 말했다. 중국 사람들이 '하늘'처럼 떠받드는 요 임금과 순 임금도 민주정치를 해서가 아니라 백성들로 하여금 잘 먹고 잘 살 수 있도록 해주었기 때문이다. 그래서 중국 사람들은 천지와 인간을 창조했다는 신보다 요순 임금을 훨씬 더 존경한다. 우리가 단군할아버지를 숭배하는 것과는 사뭇 다르다.

중국에서 먹는 것을 완전하게 해결한 것은 1949년 중국에 공산정권이 들어서고 나서의 일이므로 불과 얼마 전의 일이다. 그동안 '조용'했던 것은 이념의 문제도 있겠지만 기본적인 '현실문제'를 해결했기 때문이었다. 물론 이 점을 누구보다도 잘 간파했던 마오쩌둥 毛澤東의 통치력이 뒷받침된 것이다.

중국 사람들의 현실 중시 경향은 쉽게 드러난다. 복잡한 형식이나 겉치레를

싫어하며 내용을 중시한다. 그들이 지내는 제
사를 보면 절차가 우리보다 훨씬 단순하다. '
겉보다는 실속'인 것이다. 마오쩌둥이나 저우
언라이周恩來, 덩샤오핑鄧小平이 양복 입은 것을
본 적이 있는가. 그들이 흔히 하는 말이 있다.

참새

자료 : kknews.cc

　　'麻雀雖小　五臟俱全참새가 작아도 오장은 있다'

린위탕(임어당)

　　그들에게는 있고 없음이 중요하지 어떤 것이 있
느냐는 그다지 중요하지 않다. 요즘 불고 있는 이른
바 '실용주의'라는 것도 그들에게는 결코 새로운 용
어가 아니다. 과거 몇 십 년 동안 현실보다 이데올
로기를 앞세웠던 데 대한 일종의 반대용어일 뿐이
다. 덩샤오핑의 실용주의 노선은 그래서 더 중국적
인지도 모른다.

자료 : blog.yes24.com

　　중국 사람들은 체면을 중시한다. 그래서『중국인
의 기질』이라는 책을 쓴 바 있는 영국의 전도사 아더 핸더슨 스미스는 중국 사
람을 이해하는 관건으로 체면을 들었으며, 린위탕林語堂같은 이는『내나라 내국
민吾國與吾民』에서 중국을 지배하는 세 여신으로 체면, 운명, 은전恩典의 여신을 들
었는데, 이 중 가장 중요한 것은 체면의 여신이라고 했다.

　　중국의 문화를 주도해온 사상은 공자로 대표되는 유가였다. 그런데 유가는
앞에서도 언급한 것처럼 현실을 중시한다. 그래서 내세가 없다. 그러다 보니 문
제가 생겼다. 죽음 앞에서는 누구나 두려움을 느끼게 마련인데, 불교처럼 내세
를 앞세우면 인심을 모을 수도 있으련만 유가에서는 근본적으로 불가능했다.

바로 그 대안으로 제시된 게 '이름을 남기는 것'이다. 그러면 육신은 죽되 정신을 죽지 않는다고 보았다. 열심히 공부하여 자신의 이름은 물론 조상의 이름까지 드날리는 것立身揚名이야말로 효의 극치라고 했다. 명분이니 명예라는 말은 그래서 나왔다.

그런데 '명名'은 다분히 정신적인 이름이다. 그렇다면 우리의 육신을 나타내는 이름은 무엇일까? 그것은 바로 이목구비를 가지고 있는 얼굴이다. 곧 얼굴은 육신의 실질적인 이름인 것이다. 그래서 중국 사람들은 얼굴도 명예와 함께 중시했다.

'경을 친다'는 말이 있다. 경黥이란 이마에 먹물을 들이는 형벌로 참형 다음 가는 중형이다. 평생 얼굴을 들 수 없게 하는 형벌이었던 것이다.

또 후안무치厚顔無恥라는 말도 있다. 얼굴을 제대로 다스리지 못해 체면을 닦지 못한 사람을 말하는 것으로써, 실제로 중국에서는 그런 사람에게 얼굴 가죽을 벗기는 형벌을 가했다. 너무 두꺼웠기 때문이다. 이처럼 얼굴은 육신의 상징으로 중시되었다. 우리나 중국이나 지금도 경찰에 체포된 범인의 얼굴부터 가리는 것도 이런 데서 연유한 것이다.

체면을 중국어로 '멘쯔面子'라고 한다. 곧 얼굴이라는 뜻이다. 워낙 멘쯔를 중시했던 민족이었던 만큼 체면 때문에 죽음을 자청했던 경우도 많다. 주周나라가 서자 불사이군을 외치면서 수양산에 들어가 굶어 죽기를 자청했던 뽀이伯夷, 백이와 수치叔齊, 숙제도 사실은 체면 때문이었으며, 리우팡劉邦에게 패주를 거듭하던 샹위項羽도 도망치면 목숨만은 부지할 수가 있었지

뽀이(伯夷)와 수치(叔齊)

자료 : brunch.co.kr

만 체면 때문에 오강烏江을 건너기를 거부하고 자결을 선택했다. "내가 무슨 면목으로 건넌단 말인가."

총리아문總理衙門이라면 청나라 때 외교를 담당했던 기관으로 지금의 외무부에 해당된다. 당시는 서구 열강들이 중국을 마음껏 유린하던 때였다. 서양 사람들은 걸핏하면 총리아문을 안방처럼 드나들면서 자신들의 요구를 주장했다. 서양 사람들이 이곳을 출입할 때 재미있는 광경이 벌어지곤 했다.

잔뜩 거드름을 피우면서 보무도 당당하게 정문을 통해 들어간다. 정문은 곧 체면의 상징이기 때문에 그렇게 함으로써 중국 사람들의 기세를 꺾어놓는다. 그러나 나중에 요구사항을 관철시키고 나갈 때는 슬그머니 옆문을 이용했다. 구겨진 중국 사람들의 체면을 다시 세워주기 위해서였다.

체면 중시 풍조는 지금까지 이어져 오고 있다. 실제로 중국에서 체면과 관계되는 말은 무척 많다. 체면을 세우는 것을 쭈오멘쯔做面子, 남의 체면을 세워주는 것을 께이멘쯔給面子」, 제 삼자의 체면을 봐서 부탁을 들어주는 것을 마이멘쯔賣面子라고 한다. '체면을 팔았다'는 뜻이다.

그뿐인가, 체면이 선 상태를 여우멘쯔有面子, 깎인 상태를 메이멘쯔沒面子, 영광이나 영예를 얻어 체면을 세우는 것을 쩽멘쯔爭面子, 이상의 것들은 집대성한 것을 멘쯔꽁푸面子工夫라고 한다. 일종의 '체면학'인 셈이다. 중국 사람과 원만한 관계를 유지하기 위해서는 바로 이 '멘쯔꽁푸'에 밝아야 한다.

그러면 중국 사람들은 '체면'과 '현실' 중 어느 것을 더 중시하는가. 이 두 가지는 보완적이기보다는 상충되는 경우가 더 많다. 너무 체면만 차리다가는 현실의 이익을 놓치기 쉽다. 중국 사람들은 양자가 상충될 때 '현실' 쪽을 택한다. 즉, 양자를 면밀히 검토하여 유리하다는 판단이 서면 체면도 버릴 줄 아는 사람들이 그들이다. 그래서 상대가 아무리 의연하게 대처해도 전후좌우를 따져 유리하다고 생각되면 얼마든지 숙이고 들어오는 사람들이기도 하다.

지난 1983년 5월 5일, 중국 민항기 사건이 발생했다. 수명의 납치범에 의해 중국의 민항기가 우리의 춘천 비행장에 불시착한 것이었다. 유사 이래 처음 경험하는 우리로서는 이 엄청난 사건에 전국이 놀랐지만 사실 우리보다 더 놀랐던 것은 중국이었다. 그들은 다급했던 나머지 민항국장 심도沈圖 일행의 방한을 요청해 왔다. 이때 중국 외교부는 사상 최초로 우리나라를 대한민국Republic of Korea이라고 정식으로 호칭했다. 목전의 이익을 앞두고 체면을 따질 겨를이 없었던 것이다.

당시 각 매스컴들은 흥분한 나머지 금방 한·중 간에 무슨 변화라도 있을 것처럼 보도했다. 그러나 양국이 국교정상화를 이룬 것은 그로부터 만 9년 3개월이라는 시간이 더 흐른 뒤였다.

목숨보다 소중한 멘쯔를 위한 벤츠로 구성된 중국의 호화 결혼식 차량행렬

자료 : beijinga4.tistory.com

꽌시(關係)와 메이꽌시(沒關係)

중국어로 관계를 '꽌시關係'라고 하는데, 우리의 '빽background'과 비슷한 뜻을 지니고 있다. 중국 사람들의 관계 중시는 가히 알아줄 만하다. 그들은 열심히 일하는 것은 자신의 몫이지만 성패를 좌우하는 것은 관계라고 본다. 그래서 관계를 가지기 위해 끊임없이 노력한다. 그것을 까오꽌시搞關係 또는 라꽌시拉關係라고 하는데, '관계를 얽는다'고 보면 무방하다.

이렇게 하여 관계가 얽혀진 상황이 꽌시왕關係網인데, 마치 거미줄처럼 망을 형성해 두고 있으면 여러 가지로 편리하다. 유사시 꽌시왕을 동원하는 것을 카오꽌시搞關係, 또는 판꽌시攀關係, 반관계라고 한다. 이는 '관계를 타다', 또는 '빽을 동원한다'는 의미다.

이처럼 관계를 중시하다 보니 사람을 평가할 때 상대방의 능력보다는 꽌시가 우선하는 경우가 있다. 즉, 그가 누구인가가 중요한 것이 아니라 무슨 사람인가가 더 위력을 발휘하는 것이다. 이럴 때 그들은 '중보다 부처를 보아서'라고

표현한다. 그 사람의 **빽**을 더 중시한다
는 것이다.

꽌시 문화

대만의 경우, 대학원 입학원서에는 반
드시 추천서가 필요한데 그 위력이 대단
하다. 든든한 인사의 추천서라면 입학하
기가 훨씬 쉬워진다. 이 점은 중국 대륙
도 마찬가지다. 어떤 사람이 사업차 중
국을 자주 왕래하게 되었다. 세관에서
검사가 워낙 까다로워 보통 고역이 아니
었으나 높은 고관을 알고부터는 무사 통
과였다는 것이다.

자료 : m.blog.naver.com

꽌시를 맺어 놓은 상대를 꽌시후關係戶라고 한다. 중국에서 사업을 하기 위해
서는 많은 꽌시후를 알아 둘 필요가 있다. 다음의 기록은 우리에게 시사하는 바
가 적지 않다.

"공장을 하나 새우려면 수많은 기관과 관계를 맺어 놓아야 한다. 심지어는 주
위의 생산대生産隊[1]까지도 그렇다. 만약 그들이 열 번 요구했을 때 한 번이라도 거
절했다가는 커다란 난관에 봉착하고 말 것이다. 예를 들어, 변전소에서 어떤 요
구가 들어왔다고 하자. 만약 당신이 그 요구를 거절한다면 당신은 정전을 당하
고 말 것이다." 1980년 11월 15일자 「人民日報」

꽌시왕 치고 좀 특수한 꽌시가 있다. 중국 사람들은 인위적인 혈연관계 즉, 수
양관계를 매우 좋아한다. 여기에는 수직관계와 수평관계가 있다.

수직관계에는 깐乾이라는 말이 덧붙여지는데 그것은 '건조하다'는 뜻이다. 흔

꽃1   기본적 의사결정 단위이자 기본적 회계단위. 생산의 자율성을 가졌다.

히 우리가 술좌석에서 자주 사용하는 '깐빠이乾杯'라는 말은 바로 '술잔을 말린다'는 뜻으로 '잔을 비운다'는 의미다.

수직관계에서 '깐'이라는 표현을 쓰는 이유는 피가 섞이지 않았다는 뜻이다. 그래서 수양 아버지면 깐빠乾爸, 어머니면 깐마乾媽, 아

도원결의
자료 : blog.daum.net

들을 깐얼쯔乾兒子, 딸이면 깐뉘얼乾女兒이라고 한다. 현재 중국의 총리인 리펑李鵬이 저우언라이主恩來의 깐얼쯔임은 다 아는 사실이다.

수평관계는 바로 의형제를 맺는 것이다. 『삼국지』를 읽은 사람이면 누구나 도원결의桃園結義를 기억할 것이다.

일단 꽌시왕關係網에 든 사람은 '내 사람'이 된다. 그래서 모든 친절을 다 베푼다. 그러나 '내 사람'이 아니면 '남'이 된다. 그들은 남에 대해서는 철저하게 무관심하다. 이처럼 중국 사람들에게는 내 사람과 남의 구별이 강하다.

중국어에 재미있는 표현이 있다. 메이꽌시沒關係가 그것이다. 우리말로 하면 '괜찮다'가 된다. 그런데 이 말의 글자를 풀어 보면 '관계가 없다'는 뜻이다. 나하고는 관계가 없으므로 괜찮은 것이다.

또 남의 일에 참견을 할라 치면 샤오꽌시엔스少關閑事라고 퉁명스럽게 대꾸한다. '괜히 쓸데없는 일에 관계하지 말라'는 경고의 의미인데 '당신과는 아무런 관계도 없다'는 뜻이다.

중용(中庸)과 조화(調和)

중국 사람들은 중용을 통한 조화를 중시한다. 중용이란 무엇인가. 흔히들 우리는 가운데를 취한다고 해석한다. 그러나 중용에는 보다 중요한 의미가 내포되어 있다.

예를 들어, 숫자 10을 놓고 보자. 단순히 가운데를 취한다면 5가 바로 중용의 숫자가 된다. 그러나 중용이란 그런 의미가 아니다. 그것은 오히려 중국 사람들이 배격하는 숫자가 될 수도 있다.

더 중용에 가까운 숫자는 1과 10 두 개일 수도 있고 4, 5, 6이 될 수도 있으며 아니면 1에서 10까지 모두가 될 수도 있다. 다시 말해 중용

과유불급(過猶不及)의 상태가 곧 중용

過猶不及

과유불급: 정도를 지나침은 미치지 못함과 같다는 뜻으로, 중용(中庸)이 중요함을 이르는 말.
[논어]의 〈선진편(先進篇)〉에 나오는 말이다.

이란 수학적·물리적인 의미가 아니라 철학적·화학적인 의미를 가지고 있는 것이다. 굳이 우리말로 쉽게 표현한다면 '모자라지도 않고 그렇다고 부족하지도 않은 상태', 즉 과유불급過猶不及의 상태가 바로 중용인 것이다.

그러면 조화는 또 무엇인가. 두 개의 극단을 동시에 취함으로써 중용의 상태로 돌아가고자 하는 노력이 아닐까 싶다. 중국 사람들은 극단적인 것을 싫어한다. 일도양단一刀兩斷이라는 말은 마치 칼로 두부를 자르듯이 단칼에 결판내는 것을 말하는데 그들은 이런 것을 아주 싫어한다.

그래서 극단을 배격하며, 굳이 취하라면 차라리 양단을 동시에 추구한다. 그것이 곧 조화다. 중국 사람들이 즐겨 말하는 음양사상은 조화의 좋은 예이며 그들의 옛 건축물을 보면 거의가 좌우대칭형이다. 어느 한 곳만을 치중하는 것을 싫어하기 때문이다.

여러 사람들이 모인 단체에 참석해보면 중국인 특유의 조화를 느낄 수 있다. 중국 사람들은 좀처럼 자신의 의견을 드러내지 않는다. 그렇다고 의견이 없는 것도 아니다. 다만 그들은 자신의 의견을 주장하기보다는 그것을 타인과 조화시키기에 더 노력한다. 그들이 흔히 하는 속담에 '사람 보면 사람 말을, 귀신 보면 귀신 말을 한다見人說人語, 見鬼說鬼語'라는 말이 있다. 적응과 조화를 의미한다.

그러다 보니 언행이 일치하지 않는 경우도 있고, 주장에 모순이 있을 수도 있다. 이것을 구시심비口是心非라고 한다. '입과 마음이 따로 논다'는 뜻이다. 우리말로 하면 음흉한 셈인데 그들은 음흉해서 오는 폐단보다는 남과 조화하지 않은 데서 오는 불화를 더 경계한다. 중국 사람들에게 있어 조화의 대상은 인간만 있는 것이 아니다. 심지어 그들은 의술과 약학, 음식까지 조화시키기 위해 노력한다.

그런데 더 재미있는 것은 자연과의 조화다. 그들에게 있어 자연은 늘 경외스러운 존재였다. 따라서 자연은 숭배와 함께 조화의 대상일 뿐이지 서양 사람들처럼 연구한다거나 나아가 정복의 대상으로 삼는다는 것은 상상도 할 수 없었

다. 에베레스트를 자국 경내에 두고
있는 그들이지만 그것을 최초로 정복
한 사람은 중국 사람이 아니라 영국
사람이었다. 1986년에 와서야 비로소
에베레스트에 중국인이 올랐다.

에베레스트서 두 다리 잃은 등산가, 69세 샤보위(夏伯渝) 씨는 2018년 5월 14일 마침내 에베레스트 정상에 우뚝 섰다.

자료 : 1boon.kakao.com

그러다 보니 인간과 자연 간에는
엄격한 주종관계가 성립한다. 물론
주主는 자연이고 인간은 그 부속물에
불과하다. 이 점은 동양화를 보면 쉽
게 드러난다. 산천 등 자연은 크게 처리하고 있는 반면 인간은 늘 조그마한 한
점, 또는 한 획으로 처리하고 있음을 알 수 있다. 따라서 그들은 늘 자연과 조화
를 이루기 위해 노력해 왔다. 그것이 바로 천인합일설天人合一說이며 그 중의 하나
가 풍수지리설이다.

중용(中庸)이란 양극단으로 치우지지 않고 이성(理性)에 따라 조화롭게 행동하는 것이다. 예를 들어 용기란 좋
은 것이지만 부족하면 비겁이 되고 지나치면 만용이 된다. 절제가 부족하면 낭비가 되고 지나치면 인색이 된다.
긍지가 지나치면 교만이 되고 부족하면 비굴이 된다. 이와 같이 우리가 직감적으로 좋다고 생각되는 덕목이라도
부족하거나 지나치면 덕이 되지 못한다는 것이다.

자료 : ibio.tistory.com

상인(商人) 기질

　흔히들 중국 사람들은 장사에 뛰어나다고 한다. 우리가 흔히 접할 수 있는 화교들을 보면 그런 것 같기도 하다. 사실이지 그들의 장사 기질은 경제대국을 이룩한 일본인들도 인정하는 바다. 여기에는 그럴만한 배경이 있다. 장사를 하는 사람을 상인商人이라고 하는데 원래 뜻은 '상商나라 사람'이다. 상商나라는 우리에게 은殷나라로 더 잘 알려져 있는데, 후에 주周나라에 의해 망한다. 앞서 말한 뽀이伯夷, 수치叔齊는 바로 상나라 말기 때의 사람이다.

　무왕武王이 은나라를 멸망시키고 주나라를 새운 것은 기원전 1,111년이었다. 나라가 망하고 전답을 몰수당한 은나라 백성들은 정든 고향을 떠나 사방으로 흩어졌다. 아무런 생산기반이 없었으므로 그들은 장사로 연명해야 했다. 상인商人이라는 말은 여기서 나온 것이다. 그러니까 상인의 등장은 지금부터 3천 년이 넘는 셈이다. 다시 말해 중국 사람들은 3천 년 전부터 상업에 종사해왔다고 말할 수 있다.

　춘추전국시대라면 극도의 혼란기이다. 중원은 온통 제후들의 땅 빼앗기 싸움으로 전쟁의 도가니에 빠지고 말았다. 모든 것이 파괴되고 민생은 도탄에 빠졌지만 묘하게도 사상과 상업만큼은 크게 성행할 수가 있었다. 그것은 이른바 제자백가諸子百家[2]와 재벌의 출현으로 나타난다.

정경유착은 지금도 비판의 목소리가 높다. 이 점은 당시도 마찬가지였다. 많은 재벌이 출현하였으며 콩쯔

뤼뿌웨이(呂不韋)는 흔한 장사꾼, 사업가로만 보기에는 그의 족적이 너무나도 크다. 긴 안목과 거침없는 투자, 그리고 추진력!

자료 : m.hanion.co.kr

같은 성인도 돈 많았던 제자 쯔꿍子貢이 있었기에 이름을 날릴 수 있었다. 자연히 황금만능주의가 풍미했다. 당시 정치재벌의 대표는 단연 뤼뿌웨이 呂不韋를 들 수 있는데 요즘의 재벌은 땅 투기를 즐겨하지만 그는 놀랍게도 사람, 즉 천자의 자리를 투기의 대상으로 삼았다.

그는 예리한 투자안목으로 쯔추子楚라고 하는 진나라의 왕자에게 자신의 애첩을 바쳤다. 그녀는 이미 임신 중이었다. 얼마 안 있어 아들을 낳으니 이가 훗날의 진시황이다. 그러니까 진시황은 뤼뿌웨이의 아들인 셈이다. 이렇게 본다면 중국을 최초로 통일한 사람은 진시황이지만 그것을 가능케 했던 것은 상인, 즉

※ 2   제자백가(諸子百家, Hundred Schools of Thought) 또는 현상적 표현인 백가쟁명(百家爭鳴, Contention of a Hundred Schools of Thought)은 춘추전국시대(기원전 770~221)의 여러 사상가와 그 학파를 말한다. 주(周)나라가 동으로 천도한 후의 동주(東周, 기원전 771~256) 시대에서는 종주권이 쇠약해짐에 따라 제후들이 세력을 추구하면서 거리낌이 없어져서 약육강식이 잇달아 일어나자 중국 천하는 소란하게 되었다. 이 시기를 춘추전국시대라고 한다.

춘추전국시대는 선진시대(先秦時代)라고도 불리는데, 이는 기원전 221년의 진나라에 의한 중국 통일 이전의 시기를 뜻한다. 이 시대는 중국사상의 개화결실의 시기였다. 이 시대의 사상가들을 제자(諸子)라 하며 그 학파들을 백가(百家)라 부른다.

춘추전국시대는 사회·경제·정치상의 일대 변혁기였다. 이는 씨족제적인 사회의 해체기이며, 주나라의 봉건 제도와 그에 따르는 질서가 붕괴하는 시기이며, 또한, 경제적·군사적 실력주의의 대두기였다. 구체적으로는 주 왕조의 권위 실추에 따르는 제후의 독립과 대립 항쟁의 시대였다. 이와 같은 배경 속에서 중국의 사상계는 최초로 활발해졌다.

재벌의 힘이 아니었을까.

중국은 땅이 넓다. 그러다 보니 장단점이 동시에 있다. 반한대半寒帶부터 열대까지 있어 생산되지 않는 물건이 없는 것은 좋은데 워낙 넓다 보니 이것을 각지로 실어 나르는 일이 보통 문제가 아니었다.

그래서 중국 사람들은 예로부터 없는 것無有이 두려운 게 아니라 고르지 못한 것不均이 두렵다고 했다. 고르게 하는 것, 그것은 요즘 말로 유통이며 그것을 담당한 사람은 다름 아닌 상인이었다.

이밖에도 중국에서 상업이 발달하지 않을 수 없었던 배경은 많다. 이런 상황에서 중국 사람들은 일찍부터 장사에 눈을 뜰 수 있었으며 그들의 재능은 현재 세계 각지에서 빛을 발하고 있다.

중국인들은 곰에다 비유할 수 있다. 곰은 미련한 동물 같지만 물고기를 잡는데는 수달 못지않은 민첩함을 지니고 있다. 그리고 곰은 훈련만 시키면 재주까지 부릴 줄 아는 영특한 동물이기도 하다. 즉, 곰에게는 잠재력이 있는 것이다. 현재의 중국 본토의 중국인뿐만 아니라 같은 중국 사람인 홍콩과 싱가포르, 대만 사람 등에서도 익히 알 수 있다.

중국 상인 랭킹 1위는 "사람 보면 사람 말을, 귀신 보면 귀신 말을 한다."는 최고의 수완을 가지고 있는 저장(浙江) 상인들이다. 특히 이들 중 닝보(宁波) 상인은 중국의 유태인으로 불린다.

자료 : ibio.tistory.com

금전관과 계산감각

　중국 사람들의 상업기질을 뒷받침해 주고 있는 것이 그들 특유의 금전관과 계산감각이다. 하기야 상업의 궁극적인 목적은 돈을 버는 것이다. 돈을 좋아하지 않는 민족은 없다. 그러나 돈에 대한 중국 사람들의 애착은 그 정도가 우리의 상상을 뛰어 넘는다.

　예를 들어보자. 화교들은 장사에 뛰어나 돈을 많이 버는데 일단 돈이 수중에 들어가면 나올 줄을 모른다고 한다. 돈이 늘어나면 이제는 의심이 많아 방바닥을 파낸 다음 묻어둔다는 것이다. 물론 과장이 섞인 이야기겠지만 그들이 돈을 중시하는 일면을 말한 것이라 하겠다.

　중국 사람들이 돈을 중시하는 풍조는 일상생활에서도 쉽게 발견된다. 초등학교에 다니는 아들은 등교하기 전에 가게에 나가 일을 거든다. 물론 책가방은 한쪽 구석에 놓아둔 채 일을 한다. 부모도 그것을 당연한 것으로 여긴다.

　'돈을 버는 것'을 중국어로 '쫜치엔賺錢'이라고 하는데 대화 중에 쉽게 들을 수 있다. 심지어는 강의 중인 교수도 돈 이야기를 자연스럽게 꺼낸다. 돈은 필요불가결한 것이지만 점잖은 신분에 가급적이면 입에 올리지 않으려는 우리와는 다르다.

꽁시파차이(恭禧發財)

자료 : facebook.com

중국에서 구정만큼 큰 명절은 없다. 왁자지껄하고 요란하다. 설날에 우리들이 즐겨 하는 덕담은 "새해 복 많이 받으세요."이다. 중국 사람들은 그게 아니다. "꽁시파차이恭禧發財, 돈 많이 버십시오."다.

중국 사람들은 수많은 신을 섬긴다. 아마도 그들만큼 다양한 신이 있는 나라도 드물 것이다. 우리가 보는 모든 것에 신이 있다고 해도 과언이 아니다. 조상신은 물론 땅의 신, 집의 신, 화장실 신, 대문 신, 심지어는 부뚜막의 신도 있다. 이런 형편이므로 돈의 신이錢神 있으며 그보다 한 수 높은 재신財神도 있다. 각종 재산을 담당하는 신인 셈이다.

중국인들이 돈에 대해 남다른 애착을 가지고 있는 것은 다 이유가 있다. 사실 그들만큼 전쟁과 재앙을 많이 겪은 민족도 드물 것이다. 오죽했으면 량치차오梁啓超가 육민戮民, 죄를 지은 백성이라고 했을까.

동서고금을 막론하고 정국이 불안하면 금값이 폭등한다. 전쟁이든 재앙이든 가장 안전한 피난처는 금金밖에 없다. 외양을 그다지 중시하지 않는 한 원인이 되기도 한다.

그런데 돈에 대한 이와 같은 인식은 정확한 계산이 뒷받침되지 않으면 사상누각에 불과할 것이다. 놀랍게도 중국인들은 계산관념에 있어서도 가히 세계 제

일이다. 무려 2,600년 전부터, 그러니까 꿍쯔시대 이전부터 수학은 군자가 익혀야 할 기본과목으로 되어 있었으며, 원주율 3.14를 계산해낸 것은 무려 1,800여년 전의 일이다.

쏸밍(算命)

자료 : lnka.cn

계산을 중국어로 '쏸_算'이라고 한다. 꿍꿍이 속을 신쏸_{心算}이라고 하며, 쏸러_{算了} 하면 '계산이 완료된 것'으로서 관계가 끝난 상태를 말한다. 심지어 그들은 점을 보는 것도 계산하는 것으로 여겨 쏸밍_{算命}이라고 하는데 직역하면 '운명을 계산한다'는 뜻이 된다. 그들에게는 운명조차도 '계산'의 대상이 되는 셈이다.

계산하는 데 필요한 주판을 쏸판_{算盤}이라고 하는데, 기록에 의하면 원나라 이전부터 사용했다고 하니까 7백 년은 족히 된 셈이다. 계산기가 발달한 지금도 주산은 여전히 애용되고 있다.

한 가지 재미있는 것은 어린아이의 돌잔치다. 상을 푸짐하게 차리는 것은 우리와 같다. 그러나 우리가 보통 돈과 연필, 그리고 실을 잔치 상에 올리는 데에 비해 그들은 붓과 함께 주판을 올려놓는다.

홍콩 주민들의 데모는 중국의 꿍꿍이속(신쏸)을 전 세계에 알리려는 깊은 뜻이 있다. '범죄인 인도법'(송환법)에 반대하는 홍콩 시위대가 2019년 8월 12일 홍콩 국제공항 출국장에 모여 시위를 벌이고 있다.

자료 : lifemeansgo.blogspot.com

거대한 스케일과 축소지향

'백발삼천재白髮三千丈'란 리타이빠이李太白가 우연히 거울 앞에 섰다가 호호백발이 다 된 자신의 초라한 모습에 놀라 한 말이다.

옛날 초楚나라에는 이상한 나무가 많았다. 그 중 명영冥靈이라고 하는 나무는 5백 년을 봄, 5백 년을 가을로 삼는다. 또한 대춘大椿이라고 하는 나무는 무려 8천 년을 봄으로 삼는다. 『장자莊子』에 나오는 말이다.

중국에서 천지를 개벽한 사람은 판꾸盤古다. 그는 두 팔로 하늘을 떠받치고 서 있었는데 키가 하루에 한 길씩 자랐다고 한다. 그리하여 1만 8천 년이 지나자 그의 키도 그만큼 커졌고 덩달아 하늘도 아득히 높아지게 되었다. 중국의 신화에 나오는 말이다.

이래저래 우리에게 중국 사람들은 '거대한' 사람들, '스케일이 큰' 사람들로 여겨졌다. 그들의 커다란 스케일을 실제로 볼 수 있는 경우는 많다. 만리장성은 동쪽 발해만의 산해관山海關에서 출발하여 서쪽 간쑤성甘肅省의 가욕관嘉峪關까지 장장 6천km나 뻗어 있다. 그러므로 사실은 만오천리 장성인 셈이다. 달에서 보이는 인류의 유일한 건축물이라는 표현이 실감난다.

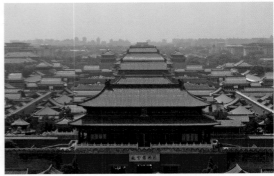

자금성(紫禁城)

자료 : ko.wikipedia.org

북경 천안문 광장의 뒤에 위치해 있는 것이 자금성紫禁城이다. 명·청 양대 천자天子가 살던 살림집인 셈인데 무려 17년에 걸쳐 지었다. 둘레가 6km에 무려 9천 문門이 넘는 방으로 되어 있다.

그들의 스케일은 토목과 건축에만 국한되지 않았다. 『영락대전永樂大典』이라면 명나라 성조成祖 때 편찬된 일종의 백과사전인데 학자 2천 명을 동원하여 6년 동안 썼다. 총 2만 2천 8백 77권에 3억 7천만 자가 수록되어 있다. 청나라 전성기 때의 천자였던 고종高宗, 연호는 乾隆은 한 수 더 떠서 『사고전서四庫全書』를 편찬했는데 17년 동안 4천 2백 명을 동원하여 총 17만 2천 6백 26권의 책을 만들었다.

그러나 그것도 부족했던지 도합 7질이나 만들었다. 『영락대전永樂大典』의 자수는 그래도 셀 수가 있었다. 그러나 『사고전서四庫全書』는 그게 불가능하다. 그래서 정확한 자수는 아무도 모른다. 다만 세계 최대의 서적이라는 것만 알 수 있을 뿐이다.

넓은 땅, 오랜 역사, 그리고 다양한 자연환경, 거기에다 많은 사람, 이런 것들이 중국을 특징지을 수 있는 말들이다. 인간의 성품을 형성하는 가장 중요한 요소는 자연환경이다. 끝없는 평원, 바다 같은 호수를 접하고 살아가는 사람들의 심성은 자연히 광대무변일 수밖에 없다. 우리가 산의 정상에 섰을 때 가슴이 확 트이는 것과 같은 이치다. 이런 사람들의 흉금은 대체로 확대지향적이다.

그렇다고 중국 사람들이 거대한 스케일만 즐겼느냐 하면 그렇지 않다. 놀랍게도 그들의 국민성 중에는 축소지향의 일면도 있다. '大中有小, 小中有大'라는 말이 있다. '큰 가운데 작은 것이 있고 작은 가운데 큰 것이 있다'라고 해석하면 되겠다. 쫭쯔莊子의 구름 잡는 이야기 같지만 이를 인정한다면 큰 것이 작은 것이고 작은 것이 곧 큰 것이라는 뜻도 된다.

감람핵주(橄欖劾舟)

자료 : m.blog.naver.com

다시 말해 큰 것과 작은 것에는 대소의 구별이 없다는 이야기다. 그러니 얼마든지 작아도 그들은 크게 여길 수가 있는 것이다. 옛날 한나라 때의 페이창팡費長房, 비장방과 같은 도사는 호로병 속에서 새로운 천지를 맛보았으며 쓰촨四川 지방의 청두成都에서 나는 이상한 귤 속에는 두 도사가 태연하게 바둑을 두고 있었다고 한다. 물론 이야기 속에 나오는 말이다.

그러면 실제로 작은 것은 없는가. 많다. 대만의 국립 고궁박물관에서 가장 인기를 끄는 유물중의 하나로 감람핵주橄欖劾舟라는 것이 있다. 청나라의 조각가가 올리브 열매에다 쑤둥보蘇東坡, 소동파가 쓴 『적벽가赤壁歌』를 조각한 것인데 길이 3.4cm, 높이 1.6cm의 배 모양을 하고 있다. 그 속에 여덟 사람이 앉아 있고 양쪽에 모두 8개의 문이 달려 있는데 지금도 자유롭게 열리고 닫힌다.

그러나 더욱 놀라운 것은 배 밑바닥에다 『적벽가』 전문 3백 57자를 새겨 놓았다는 점이다. 또한 다층구多層球라는 것도 있는데 상아를 깎아 큰 공을 만든 것으로 그 공속에 도합 16개의 공이 층층이 있어 각기 따로 움직인다.

현실생활에도 작은 것은 많다. 그들의 찻잔을 보면 빼갈잔 만하다. 우리의 녹차잔보다도 훨씬 더 작다. 흔히들 일본인이 '축소지향적'이라고 하지만 중국 사람도 못지않다.

일본 사람들이 좁은 공간의 영향을 받았다면 중국 사람들은 도리어 넓은 공간의 영향을 받았으며, 또 일본 사람들이 축소를 통한 '적응'을 추구했다면 중국 사람들은 축소를 통한 '여유'를 추가했던 것이다. 중국인들은 작은 것에서도 큰 세계를 느낄 줄 알았기 때문이다.

현미경으로 45배 확대해보면, 쌀알에도 예술이

자료 : visitbeijing.or.kr

중국몽은 일장춘몽

Chapter 10

중국의
미래

몰락인가 부흥인가

 네 개의 시나리오

중국의 미래에 대한 다양한 추측이 나오고 있다. 전문가들은 중국이 21세기 초강대국이 된다는 가능성부터, 침체기에 들어간다, 또는 심지어 붕괴한다에 이르기까지 모든 가능성을 다 내놓았다. 앞으로 10년 내 국제적 불확실성의 주요 요소 중 하나는 바로 중국의 진화가 세계 전체에 좋은 방향으로든 나쁜 방향으로든 계속 영향을 준다는 점이다.

세계적인 중국 전문가인 조지워싱턴대학교 데이비드 샴보 교수는 그의 저서 『중국의 미래China's Future』[1]에서 중국 내부의 변수를 분석하여 중국의 현재와 앞으로의 10년을 예측하고 있다. 저자는 오바마 미국 대통령이 한때 주중 미국대

❋ 1　데이비드 샴보 저, 최지희 역, 중국의 미래, 한국경제신문사(한경비피), 2018.

사 후보로도 고려했을 정도로 중국의 외교,
군사, 안보에 정통한 인물이며, 미 행정부의 정
책 브레인 역할을 하고 있는 브루킹스연구소
의 선임연구원이다.

그는 중국의 경제, 사회, 정치라는 3개의 내
부 변수 카테고리를 진단하고 분석하여 중국
의 미래 노선을 예측하며, 한국을 포함한 미
국과 일본 등 주변국들과의 국제관계도 전망
했다. 데이비드 샴보는 지난 40년 동안 중국
을 연구했다. 1979년 이후 매년 중국을 방문

하거나 중국에서 거주했으며, 이 책은 그가 '갈림길에 선 중국'이라는 주제의 컨
퍼런스에서 한 기조연설을 기반으로 썼다. 저자는 중국의 경제, 사회, 정치를 냉
정하게 분석하여 합리적 추론을 바탕으로 중국이 갈 수 있는 네 개의 시나리오
를 설득력 있게 제시한다. 짧지만 논리적이며 매우 명료한 주장을 담았다.

이제 중국은 질적으로 다른 성장의 단계에 도달했다. 다른 성공한 신흥공업
국들을 보면 경제체제를 전환하기 위해서는 정치체제가 더 개방적이고 민주화
돼야 한다. 중국은 지금까지 일반적 경향에 맞서왔지만 권위주의적 정치체제를
유지하는 식으로 계속 나아갈 수 있을까? 만약 그렇다면, 또는 그렇지 않다면
중국은 어떤 미래를 맞이하게 될까? 중진국 함정을 잘 빠져나오고 경제 재균형
과 가치사슬 상향 조정을 위한 여러 개혁을 잘 수행할 수 있을까? 아니면 권위
주의적 정치체제가 그렇게 하는 것을 막을 수 있을까? 저자는 이 책에서 이런
주요 질문들에 대해 생각해본다. 현재 확실한 점은 중국 발전의 불확실성이 두
드러지고 있으며, 중국은 전체 진화 과정에서 냉엄한 선택을 내려야 하는 중대
한 시점에 서 있다는 점이다.

중국 지도자들조차도 중국이 심각한 도전에 직면했으며 일련의 전환점에 이르렀음을 분명히 밝히고 있다. 중국은 앞으로 전환을 위한 개혁의 새 물결을 잘 이어가 세계 강대국으로 설 수 있을까. 아니면 중국 지도부는 정권이 위험해질까 급격한 변화를 피하려 들까. 만약 그렇게 되면 장기적 경제 침체나 더 나아가 체제 몰

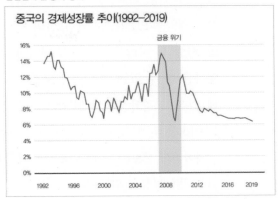

갈림길에 선 중국 경제

자료 : wspaper.org

락으로 이어지지 않을까. 혹시 좀 더 자유롭거나 훨씬 민주적인 길로 나아가지 않을까. 반대로 경직되고 권위적이며 공격적인 초강대국의 모습을 갖추게 되는 건 아닐까.

데이비드 샴보는 지금까지 민주화 없이 경제 현대화를 이룬 국가는 없었다고 말한다. 신흥공업경제지역의 경험을 미뤄 보면, 민주화는 오직 현대화의 결과라고만 할 수 없으며, 현대화를 위해 필요한 촉진제다. 적어도 이는 공생의 과정이다.

저자는 중국의 미래는 로터리에 도착한 자동차처럼 몇 갈래 선택의 갈림길에 서 있으며, 그 선택의 길은 네 가지라고 말한다. 그는 각 선택 방향을 신新전체주의Neo-Totalitarianism, 경성 권위주의Hard Authoritarianism, 연성 권위주의Soft Authoritarianism, 준準민주주의Semi-Democracy라고 이름 붙였다. 그는 중국이 현재 서있는 길을 경성 권위주의라고 특징짓고 현재 중국을 '침체 상태'로 보고 있다. 이미 중국 사회 내부에 여러 문제점이 발생되고 있으며 발전 불균형, 부조화, 지속 불가능성 등의 문제가 여전히 심각하다는 것이다. 도농 간, 지역 간 발전 격차는 여전히 커서 소득의 차이를 보이고 있으며, 사회문제는 눈에 띄게 증가하고 있다. 교육, 취

업, 사회보장, 의료, 주거, 생태 환경, 식품 의약품 안전, 근로 안전, 사회 치안, 사법 등 사람들의 즉각적 이익에 영향을 줄 수 있는 여러 문제가 산적해 있다. 그리고 부패와의 투쟁이라는 어려운 과제 역시 남아있다.

2018년 2월 초에 열린 중국 사정 당국의 반부패 투쟁 관련 회의 모습. 앞으로 투쟁의 강도가 더욱 세질 것을 예고하는 전경이라고 할 수 있다.

자료 : wspaper.org

데이비드 샴보는 첫 번째로 중국이 현재처럼 경성 권위주의 Hard Authoritarianism를 유지해간다면 경제가 침체되고, 이미 드러나고 있는 많은 사회문제가 악화되며, 중국공산당의 정치적 쇠락이 현실화될 것으로 예상한다. 두 번째, 1989~1992년도처럼 신新전체주의 Neo-Totalitarianism로 회귀한다면 보수강경파들이 국외적으로 문을 닫고, 국내적으로 강력한 전면적 통제를 시작할 것으로 본다. 세 번째, 1998~2008년도

중국의 민주화는 가능한가?

자료 : pierrebourdieu.tistory.com

처럼 연성 권위주의 Soft Authoritarianism를 선택하여 권위주의 노선을 유지하면서도 당과 국가의 통제를 약화시키는 방향을 선택한다면 개혁에 성공하고, 현존하는 일당 체제 안에서 진정한 정치개혁이 이뤄질 것으로 예상한다. 하지만 저자는 중국이 이 방향을 선택할 가능성이 낮다고 말한다. 마지막으로 중국이 준準민주주의 Semi-Democracy라는 완전히 새로운 길을 선택한다면 중국은 아마 싱가포르 모델처럼 집권당은 권력을 쥐고 일부 권리는 제한하지만, 민주주의의 다양한 면이 존재하는 형태와 비슷하게 갈 것이다. 그러나 저자는 중국이 이런 선택을 할

것이라고 상상하기 힘들다고 말한다. 정리하면 가능성이 가장 높은 대안 두 가지는 경성 권위주의와 연성 권위주의이며, 가능성이 가장 낮은 대안은 신전체주의와 준민주주의로 압축된다.

신新전체주의 Neo-Totalitarianism

신전체주의로 회귀해 퇴보한다면 보수 강경파 지도자들은 국외적으로 중국의 문을 닫고 국내적으로 강력한 전면적 통제 수단을 다시 재정하도록 압박을 가할 수 있다. 이러한 가정 하에 중국에서는 1989~1992년과 다를 것 없는 상황이 전개될 것이다. 퇴행, 위축, 붕괴

경성 권위주의 Hard Authoritarianism

현재 중국이 가고 있는 길이며, 중국은 계속 이 방향으로 갈 수 있다. 이것은 확실히 가장 쉬운 선택이지만, 최선의 선택이라고는 할 수 없다. 지금처럼 유지해간다면 경제가 침체되고, 이미 심각해진 사회문제가 악화되며, 집권 중인 중국공산당의 계속된 정치적 쇠락이 현실화될 것이다. 제한적 개혁, 침체, 감소

연성 권위주의 Soft Authoritarianism

1998년에서 2008년 시기처럼 연성 권위주의를 대안으로 선택한다면 개혁에 성공하고, 현존하는 일당 체제 안에서 진정한 정치개혁이 이뤄질 것이다. 온건한 개혁, 부분적 전환

준準민주주의 Semi-Democracy

완전히 새로운 길이다. 중국이 이 길을 좇는다면 집권당은 권력을 쥐고 일부 권리는 제한하지만 복수정당제, 사법부 독립, 완전한 시장경제 등 민주주의의

다양한 면이 존재하는 싱가포르 모델과 매유 유사할 것이다. 성공적 개혁, 전면 전환

진나라 시황제 꿈꾸는 시진핑 중국 국가주석

자료 : m.skyedaily.com

데이비드 샴보는 중국은 가까운 미래에도 '경성 권위주의'를 유지해 갈 가능성이 높다고 분석한다. 통제력을 강화하고, 힘을 본인에게 집중시키고 있는 시진핑의 성향 역시 이를 뒷받침한다. 저자의 주장은 즉, 경제개혁은 정치개혁이 병행되어 추진되지 않는 한 도달할 수 없는 목표인데 시진핑의 행보를 보면 정치체제를 개혁할 생각이 없어 보이므로 중국의 미래는 한계가 있다고 예측한다. 2008~2009년 동안 중국의 개혁은 급속하게 위축되었고 그 속에서 새롭게 떠오른 권위주의형 지도자가 바로 시진핑이라는 것이다. 이런 방향성으로 나가면 중국은 결코 더 이상 앞으로 나아갈 수 없으며, 따라서 중국의 지위는 매우 불안정해질 것이라고 저자는 단호하게 말한다. 또한, 그는 중국이 미국을 뛰어넘는다는 소리는 과거 소련, 일본, 유럽연합과 같이 허튼소리로 치부될 것이 틀림없으며, '차이니스 파워에 대한 환상'을 가질 필요가 없다고 설명한다. 중국 미래의 핵심 변수는 '정치'이며, 공산당은 힘을 유지하기 위해 힘을 공유하는 법을 배워야한다고 데이비드 샴보는 역설한다.

불편한 이웃 중국, 한국은 어떻게 대응할 것인가

앞으로 중국은 본질적으로 세계와 어떻게 상호작용을 할까. 상냥한 파트너이

문 대통령, 한-중 경제·무역 파트너십 '타징'

자 좋은 이웃이 될까, 아니면 자기 자신에게 집착하는 배타적인 국가가 될까. 그것도 아니면 위협적인 강대국이 될까, 아니면 이러한 면이 모두 합쳐질까. 중국의 행동은 자신감과 안정감에서 나오는 것일까, 아니면 방어적인 태도와 불안감에서 발로한 것일까. 그리고 한국에는 어떤 영향을 미칠까.

　한국과 한반도의 미래에 있어 중국보다 중요한 변수는 없을 것이다. 앞으로 중국이 국내외적으로 어떻게 발전하는지에 따라 한국은 여러 분야에서 큰 변화를 겪게 될 것이다. 중국이 과거와 현재 남북한에 했던 행동과 무관하게, 앞으로 남북한의 미래를 내다볼 때 중국은 여전히 중요한 변수이자 고려 대상이다. 북한을 둘러싼 긴장이 점차 고조되고 있으며, 이는 한국과 일본 그리고 미국에 직접적인 위협이 되고 있다. 중국은 지금까지 북한에 대한 유엔의 제재와 입장을 같이해왔지만 평양을 굴복시키기 위해 압박하기를 꺼려했다. 그렇지만 상황이 지금보다 더 발전한다면, 중국은 계속해서 북한에 중요한 역할을 하면서 잠재적 영향력을 행사할 것이다. 사드 배치에 분노한 중국은 강력한 항의 표시로 한국에 직접적으로 심각한 경제제재를 가한 것처럼 말이다.

　미래를 전망할 때, 중국이 국내에서 어떤 대안을 따를 것인가와 무관하게 세계에서 중국의 역할은 점차 커질 것이다. 여기서 생각해볼 것은 중국이 세계와 더불어 살아가는 게 더 좋으냐 나쁘냐 하는 것이다. 신전체주의와 경성 권위주의는 중국의 외교 관계가 악화될 것으로 예상할 수 있지만, 연성 권위주의나 준민주주의를 선택할 시 외교 관계는 더 좋아질 것으로 예측된다. 한국 정부가 중국과의 관계를 약화하기로 결정할지라도 중국은 여전히 한국의 미래에 중요한 존재가 될 것이며, 경제나 기술 분야뿐만 아니라 군사·전략, 외교, 문화 영역까지 영향을 미칠 것이다. 저자는 따라서 한국은 중국이 앞으로 어디로 나아갈지, 미래 발전에 영향을 끼칠 주된 요인들은 무엇인지, 그리고 앞으로 10년 동안 중국이 어떤 시나리오로 진화해갈지 등을 잘 파악해야 한다고 조언한다.

'시진핑의 두 얼굴' 푸틴과는 웃고, 문재인과는 무표정

자료 : hani.co.kr

불확실한 미래

중국 경제는 곧 붕괴될 것이다? 중국이 한국을 비롯한 전 세계를 사들일 것이다? 중국인들은 이기적이고 무례하다? 중국에서는 민주주의가 불가능하다? 중국은 호전적인 독재 국가이다? 중국은 마음만 먹으면 북한을 움직일 수 있다? 왜 중국에 대한 분석은 이렇게 극단적인 걸까. 중국을 과대평가하거나 또는 과소평가하는 신념 체계는 우리 안에 깊숙이 뿌리를 내리고 있고, 이러한 편견은 현실적 상황을 간과하게 만든다.

노르웨이 국방부의 중국 전문가들이 쓴 『중국의 미래 49 Myths about China』[2]는 우리가 무심코 받아들이고 있는 중국에 대한 49가지 편견과 오해를 전방위적으로 분석하고 파헤친 책으로, '이 순간의 승자' 중국에 대한 비관과 낙관, 희망과 절망 사이에 있는 49가지 진실을 담고 있다. 중국 경제부터 정치, 국민, 외교, 역

※2　마르테 셰르 갈퉁 · 스티그 스텐슬리 저, 오수원 역, 49가지 단서로 예측한 중국의 미래, 부키, 2016.

사 그리고 미래에 이르기까지 이제껏 '정설'로 알려져 왔던 통념과 신화를 날카롭고 유쾌하게 깨부수고 빈 공백을 하나하나 채워 나가면서 중국의 미래를 고스란히 드러낸다.

중국 '애호'와 '혐오' 사이에 있는 진실

2013년 중국기업이 미국의 돼지고기 가공업체를 인수하자 미 언론은 마치 미국산 베이컨의 종말을 목도하기라도 한 것처럼 자극적인 기사를 쏟아냈다. 2016년 1월 중국 하이얼이 미국 GE의 가전사업 부문을 인수했을 때도 미 언론은 130년의 역사를 자랑하는 '미국의 자존심'이 중국에 팔렸다면서 차이나머니의 공습을 경고했다. 최근에는 아예 미국의 정부기구가 나서서 미국 기업을 중국에 팔지 못하게 해야 한다는 요지의 보고서를 미 의회에 제출하기도 했다.

군사정치전문가 조지 프리드먼은 중국이 2020년에 붕괴할 거라고 예언했다. 중국계 미국 변호사인 고든 창도 중국이 2011년에 붕괴될 거라는 비관적 전망을 내놓았으며 15년째 중국 붕괴론을 주장하고 있다. 2016년 1월, 헤지펀드업

하이얼이 GE의 가전사업 부문 인수

미국 생활가전시장 업체별 점유율 (단위=%)

업체	점유율
월풀	30.1
GE+하이얼	15.4+1.1
LG전자	12.7
삼성전자	10.9
일렉트로룩스	8.6

*2014년 6월 말 매출액 기준.
월풀은 캔모어 포함.
자료=트랙라인, 유로모니터

미국 IT 시장 노리는 중국 (단위=억달러)

54	38	28
하이얼의 GE가전사업부문 인수(2016년)	칭화홀딩스의 웨스턴디지털 인수(2015년)	레노버의 모토롤라 휴대폰사업부 인수(2014년)

*자료=각 사

자료 : mk.co.kr

계 대부이자 억만장자인 조지 소로스는 "중국 경제의 경착륙이 불가피하다."며 과감하게 위안화 가치 하락에 베팅했다. 그러나 이들의 예측은 모두 빗나갔다.

서로 연관성이 없는 듯한 이 두 가지 사례에는 공통점이 존재한다. 바로 과장과 공포다. 저자들은 중국에 대한 편견의 근원을 서구에서 찾는다. 중국은 예로부터 '서구와 대립되는 세계' 역할을 담당했다. 서구는 자신들의 상황을 해결하기 위해 때에 따라 중국을 상반되게 규정해 왔다. 중국은 가난하거나 부유한 나라, 미신에 빠져 있거나 합리적인 나라, 야만적이거나 문명화된 나라, 수동적이거나 호전적인 나라였다. 지난 수백 년 동안 중국에 대한 인식은 '애호'와 '혐오'를 분주히 오고 갔다.

저자들은 지금 다시 중국 '혐오'가 미국과 유럽을 지배하고 있다고 말한다. 중국이 미국을 제치고 1위 경제대국이 될 거라는 경제적 위협, 중국이 군사력을 증강한 뒤 아시아를 넘어 전 세계로 패권을 확대할 것이라는 군사적 위협, 중국식 발전 모델이 성공을 거두면서 민주주의·인권 등 서구의 소프트 파워는 종언을 고할 거라는 문화적 위협 등 시시각각 모습을 바꾸는 위협론이 우리 눈을 가리고 있어 중국에 관한 잘못된 분석과 전망이 양산되고 있다는 것이다.

중국을 이해하려면 새로운 시각을 접해야 한다

이 책 『중국의 미래49 Myths about China』는 미국이나 중국의 시각이 아닌 새로운 시각을 담고 있다. 저자 중 한 명은 노르웨이 국방부의 중국 수석분석가이고, 다른 한 명은 노르웨이 국방부 아시아 분과의 분과장이다. 노르웨이는 5대 석유 수출국이다. 전 세계에 원유를 수출하고 있기 때문에 세계 동향에 민감하다. 또한 작은 나라답게 군사력과 군비를 증강하는 일보다는 타국을 연구하는 일을 중심으로 안보정책이 시행된다. 중국, 미국과 이해관계로 얽혀 있지도 않기 때문에 시각이 편향되어 있지 않으며 최대한 정확히 현실을 보려 한다.

저자들은 중국의 해외투자를 '탐욕스러운 기업 사냥'으로 보는 시각에 의문을 제기한다.

중국의 해외투자 추이

자료 : news.chosun.com

오히려 중국의 해외투자를 바라보는 서구인들의 두려움에는 지나친 면이 있다고 지적한다. 중국은 무역수지에서 흑자를 내고 있고 그 일부를 외국의 실물자산을 구입하는 데 사용하는 것은 지극히 상식적인 행보다. 다른 나라들 역시 중국에 투자를 한다. 차이점이라면 서구 기업들이 쉽게 팔 수 있는 유동증권을 사는 데 반해 중국기업들은 유동성이 극히 적은 공장과 실물자산을 산다는 것이다. 또 중국의 국유 기업이 정부의 지령에 따라 움직인다는 통념에 의문을 제기한다. 이 국유 기업들도 서구 기업들처럼 이윤을 추구한다. 대부분 주식거래소에 상장되어 있으며 국내외 기업들과 극심한 경쟁을 벌인다.

중국 경제에 대한 편견들 중에서 가장 큰 편견은 중국 경제가 수출의존형 구조로 되어 있다는 인식이다. 1970년대 이후로 중국 경제는 주목할 만큼 안정적인 성장세를 보여 왔다. 중국은 1997년과 1998년의 아시아 금융위기, 2000년의 인터넷 버블, 그리고 2008년과 2009년의 금융위기를 꿋꿋이 돌파해 냈다. 2009년 수출은 20퍼센트 감소했지만 경제는 오히려 8퍼센트 성장했다. 이는 중국 경제의 발전 요인에 수출 이외의 다른 동력들이 있다는 것을 보여 준다. 수출의 감소에도 불구하고 꽤 높은 성장세를 유지했던 것은 2009년과 2010년 당국이 국유은행의 자금을 통해 해외투자가 아닌 국내투자에 주력한 덕분이다.

흔히들 중국 경제의 약점으로 수출 의존적 경제구조를 거론하곤 한다. 수출에 지나치게 의존하는 구조로 인해 세계의 경기침체에 취약해질 수 있다는 것이다. 그러나 세계를 강타한 금융위기를 통해 중국 경제의 동력이 수출보다는 실물투자라는 사실이 확인되면서 세계경제침체가 중국 경제를 붕괴시키리라는 예측은 신뢰성을 잃게 되었다.

불평등과 빈부격차가 사회불안을 야기할 것이라는 예측도 사실이 아니다. 전국적인 조사에 따르면 대부분의 중국인들은 시장경제에 수반되는 불평등을 받아들일 뿐만 아니라 능력과 근면을 통해 생활수준을 개선할 기회를 긍정적으로 생각한다. 예전에는 공무원이든, 노동자든, 군인이든 모두 똑같은 돈을 벌었다. 그러니 지난 30년의 시장개혁으로 인한 소득의 불평등을 대체적으로 수용한다는 사실은 별로 놀랍지 않다. 빈부 격차가 있음에도 불구하고, 가난한 중국인들은 교육을 받고 열심히 일하면 자신 또한 사회계층의 사다리 위쪽으로 이동할 수 있다고 믿는다. 근면이 부를 창출한다는 이들의 신념은 거의 미국인의 철학과 다름없다.

중국 53조원 쏟아 '해양굴기', 세계 50대 컨테이너 항구 60% 장악

자료: hankyung.com

21세기는 중국의 시대가 될 것인가

중국 경제에서 출발한 저자들의 시선은 중국 정치, 국민, 외교, 역사, 그리고 이제까지의 논의를 총망라한 중국의 미래로 향한다. 저자들은 중국이 공산주의 체제를 유지한다고 해서 소련처럼 붕괴하는 것은 아니며, 인터넷이 공산당을 무너뜨릴 가능성도 희박하다고 전망한다. 중국과 미국의 전쟁 가능성도 극히 낮으

미·중 패권 전쟁 최종 승자는 누가 될 것인가. 도널드 트럼프 미국 대통령(왼쪽)과 시진핑 중국 국가주석이 지난 2018년 11월 9일 베이징 인민대회당에서 공동 기자회견을 갖고 있다.

자료 : weekly.chosun.com

며, 중국어가 영어를 제치고 공용어가 될 가능성도 없다는 주장을 내놓는다.

저자들은 위안화 주도의 세상이 될 것이라는 전망에 대해서도 회의적이다. 2011년 피터슨국제경제연구소 이코노미스트 아빈드 수브라마니안은 위안화가 10년 안에 달러를 제치고 기축통화가 될 거라고 예측했다. 같은 해에 미중경제안보검토위원회도 위안화가 5~10년 안에 달러의 국제적인 지배력에 위협을 가할 거라고 경고했다.

그러나 저자들은 가능성이 매우 낮다고 말한다. 위안화가 달러화를 위협할 정도가 되려면 중국 정부는 발 빠르게 자본시장을 개방해야 한다. 다른 나라가 위안화를 달러화보다 매력적인 기축통화로 여기려면 투자 목적으로 위안화를 거래하기가 더 용이해져야 하기 때문이다. 또 위안화가 진정한 교역 상품이자 투자 대상이 되어야만 한다. 위안화를 상품으로 자유롭게 교환하고 위안화에 투자도 할 수 있어야 한다는 뜻이다. 그러나 위안화는 투자를 위한 화폐로 자유롭게 사용되지 못한다. 중국 당국이 자본의 해외 유입과 유출에 여전히 제동을 걸고 있기 때문이다.

저자들은 중국이 미국을 제치고 세계를 주도하는 초강대국이 될 거라는 장

밋빛 전망에도 찬물을 끼얹는다. 역
사학자 니얼 퍼거슨은 "21세기는 중
국의 시대가 될 것이다."라고 단언했
다. 하지만 경제적 영향력이 정치적
영향력으로 쉽게 바뀌는 것은 아니
다. 수십 년 동안 세계 2위의 경제대
국이었던 일본은 경제력을 패권으로
바꾸지 못했다. 중국도 마찬가지다.

중국의 '소프트파워' 공자학원이 전 세계서 추방되고 있다.

자료 : sohcradio.com

중국은 '소프트 파워'가 부족하다. 다시 말해 다른 나라가 '자신이 원하는 것
을 원하도록' 만드는 힘이 부족하다는 뜻이다. 중국은 결국 초강대국으로 성장
하겠지만 다른 나라 사람들의 호감을 살 만큼 매력적인 나라는 되지 못할 것이
다. 중국의 역사적 귀환은 실로 인상적이다. 그러나 베이징이 중국이라는 이미
지를 만들지 않는 이상, 21세기가 중국의 시대가 될 가능성은 그저 가능성에 불
과하다.

내용 요약

서구의 두려움은 중국의 투자가 이윤 동기뿐 아니라 정치적 성격을 띤 것이
아닌가 하는 우려에서 비롯된 것이다. 하지만 중국의 투자를 바라보는 서구인
들의 두려움에는 지나치게 과장된 측면이 있다.[3]

✤ 3   마르테 셰르 갈퉁·스티그 스텐슬리 저, 오수원 역, 49가지 단서로 예측한 중국의 미래, 부키, 2016, pp.22
~23.

1978년 이후의 번영은 신자유주의자들이 으레 주장하는 대로 중국이 경제를 개방했기 때문만이 아니다. 1980년대 초 중국의 경제성장은 많은 부분이 세계화 덕분이 아니라 내부적 요인들 덕분이었다. 해외투자 및 외국과의 교역이 본격적으로 증가한 것은 1990년대 이후부터이다. 그러나 1978년에서 1993년 사이 중국은 이미 연간 약 10퍼센트의 성장률을 보이고 있었다.[4]

중국의 비약적 경제성장은 수출보다는 실물투자 덕분이라고 보아야 한다. 실물투자는 중국 GDP의 40퍼센트 이상을 차지한다. 중국 당국은 민간 부문이 경공업에 투자하는 동안 기반시설과 중공업에 엄청난 투자를 해 왔다.[5]

중국 공업정보화부는 중국 내 기업들을 합병하여 세계적인 거대기업으로 만들겠다는 새 계획을 발표했다. 이러한 계획의 지향점은, 가령 자동차 산업의 경우 중국 내 자동차 제조업체의 수를 65개에서 최대 5개까지 줄여 이들 업체들을 한국과 일본의 자동차 제조업체들과 경쟁시키는 것이다.[6]

네이멍구(內蒙古) 자치구 어얼둬쓰(鄂爾多斯)

자료 : news.chosun.com

빈부격차가 있음에도 불구하고, 가난한 중국인들은 교육을 받고 열심히 일하면 자신 또한 사회계층의 사다리 위쪽으로 이동할 수 있다고 믿는다. 근면이 부를 창출한다는 이들의 신념은 거의 미국인의 철학과 다름없다. 국민이 사회적 불평등을 감수한다는 점은 중국 체제의 강점 중 하나이다. 최소한 현재까지는 그렇다. … 중국에서 가장 부유한 도시는 홍콩이나 상하이가 아니라 오히려 동부 해안에서 멀리 떨어져 있는 어얼둬쓰鄂爾多

❋ 4   같은 책, p.28.
❋ 5   같은 책, p.37.
❋ 6   같은 책, pp.51~52.

중국 네이멍구(內蒙古) 어얼둬쓰의 중심가인 둥성(東勝)에서 차량들이 바쁘게 오가고 있다. 어얼둬쓰는 2011년 1인당 GDP(국내총생산)가 상하이와 선전의 2배에 달하는 약 2만 5,240달러에 달할 정도로 가파른 성장을 하고 있다.

자료 : news.chosun.com

斯[7]라 불리는 지역이다.[8]

중국의 최고 지도층은 신처럼 어디에나 존재한다. 그렇다고 이들이 신처럼 전지전능한 것은 아니다. 중앙 정부는 헌법에 따라 국가를 통제한다. 대만과 티베트 문제처럼 긴급한 국가적 사안에 대해서는 베이징 정부의 결정에서 벗어나기가 거의 불가능하다. 그러나 다른 많은 문제의 경우 각 성省은 각자의 고유한 의

❈ 7   내몽고 자치구 남서쪽에 위치한 도시(지급시). 원래는 이커자오맹(盟)이었으나, 2001년 지급시로 승격함과 동시에, 오르도스 고원에 위치하였다고 하여 오르도스의 중국어 발음인 어얼둬쓰로 이름을 고쳤다. 어원이 몽골어에서 온 만큼 영어로는 'Ordos City'라고 표기하는 쪽이 더 많으나, 중국이 현대에 와서 만든 지명에 가깝기 때문에 중국식 표기를 표제어로 사용한다. 위 오르도스 고원의 대부분을 차지하고 있으며, 동쪽으로 후허하오터시, 북동쪽으로 바오터우시, 북쪽으로 바옌나오얼시, 북서쪽으로 아라산맥, 서쪽으로 우하이시, 남쪽으로 닝샤 후이족 자치구, 산시성(섬서성), 산시성(산서성)과 접한다. 어얼둬쓰 전체 인구는 약 190만 정도(2010년 기준)로, 이 정도만 해도 다른 나라들 기준으로는 상당한 대도시이다. 그러나 이는 중국 특유의 행정구역 체계에 의한 착시인데, 면적 87,000km²로 대만의 2.5배가 넘는다. 대한민국(남한) 전체가 약 10만 km²다. 즉 한국에서 서울-경기를 제외한 나머지 전체 지역에 150만 명이 살고 있는 꼴이다.

❈ 8   같은 책, pp.57~59.

제와 이익을 추구할 자율성을 상당히 누리고 있다. 성 단위 당서기들의 지위는 장관급이다. 이들은 이러한 지위를 통해 상당한 정치권력을 행사한다. 베이징에서 새로운 법이나 정책을 발표하면, 성 단위의 지방정부는 이 법과 정책을 협상의 끝이 아니라 출발점이라 간주한다.[9]

당내 승진의 경우 위대한 중국혁명 영웅의 후손이라는 배경이 해될 것은 없지만 배경만으로는 충분치 않다. 중국공산당 내의 승진은 능력에 기반을 두고 있다. 이는 당 내에서 지도자들이 심각한 정치적 타격 없이 차츰차츰 윗자리로 올라가야 한다는 것을 의미한다. 권력의 정점에 도달한 지도자들은 국유 기업의 관리직에서 성 단위의 당서기에 이르기까지 광범위한 경력을 갖추고 있으며, 이들 중에는 1억 명 이상의 사람들을 책임져 본 경험까지 갖춘 사람들도 있다. 족벌 등용이 전혀 없진 않지만 엘리트 순환체제를 통해 역량 있는 지도자들을 배출하는 체계가 어느 정도 정착되어 있다.[10]

중국 본토의 민주주의를 낙관적으로 전망할 이유는 또 있다. 중국 국민은 민주주의 의식은 약할지 모르나 정의에 대한 의식만큼은 매우 강하다. 중국에서 매년 부정부패와 권력남용을 비판하는 시위가 심지어 농촌 지역에서조차 빈번히 일어난다는 사실은 이들의 자발적인 민주적 욕망을 반영한다.[11]

서구인은 사적인 것을 캐묻는 중국인이 예의가 없다고 생각하지만 중국인은 사생활을 묻지 않는 서구인이 냉정하고 타인에게 무관심하며 심지어 무례하다고까지 여긴다. 중국인이 불편할 만큼 노골적이거나 직설적으로 말할 경우, 이는 그 상대와 친하다는 뜻이다. 지나치게 예의를 차리는 것은 오히려 상대와 소원한

❋ 9   같은 책, pp.71~72.
❋ 10   같은 책, p.80.
❋ 11   같은 책, p.115.

사이라는 뜻이다. 중국인들이 나이를 묻는 것은 대개 상대를 '형님'이나 '누님'이라 부름으로써 상호간의 유대를 돈독히 하고 나이 서열에 따라 상대에게 예의를 갖추기 위함이다. 예절 문제에서 벌어지는 갈등이나 불쾌감은 중국인과 서양인이 중시하는 바가 서로 달라서 생기는 일에 불과할 때가 많다. 중국인들은 가래나 콧

중국 환경 정책 예산

중국 환경 정책 예산

단위 : 십억 위안

1375 — 2006~2010년
3100 — 2011~2016년
6300 — 2016~2020년(예상)

중국 환경보호부 · 한국투자증권

자료 : kknews.cc

물을 참는 걸 비위생적이라고 생각할 뿐이다. 결국 기침이나 콧물은 몸 안에 있는 독소를 제거하기 위한 신체적 반응이다. 중국인들이 다른 국민에 비해 예의범절을 지키지 못한다고 말하기는 쉽지만 사실 그러한 평가는 타당하지 않다.[12]

중국 정부는 국내 환경문제 해결에 막대한 투자를 하고 있다. 2012년 8월, 정부는 2조 3,660억 위안약 421조 5,265억 원이 소요되는 환경 계획을 발표했다. 주력 분야는 에너지 절약과 대체 에너지 개발이다. 중국은 대체에너지 부문에서 세계를 주도하고 있다. 2012년 중국 당국은 651억 달러약 71조 3,040억 원를 청정에너지 개발에 쏟아부었다. 세계 최고의 투자액이었고 이 분야에 대한 전 세계 총 투자액의 4분의 1이나 되는 액수였다. 따라서 중국은 청정에너지에 356억 달러약 38조 9,926억 원를 투자하는 2위 국가 미국보다 훨씬 앞서 나가는 셈이다.[13]

역사 편찬은 과거뿐 아니라 현재를 다룬다. 현재의 이미지, 난제, 욕망, 필요들은 역사의 해석 및 강조할 사료와 사건에 영향을 미친다. 따라서 역사를 배운다

✸ 12   같은 책, p.121.
✸ 13   같은 책, p.183.

는 것은 과거뿐만 아니라 그 역사를 기술한 사람들에 대해서도 알게 된다는 뜻이다.[14]

미국-중국 패권전쟁은 이미 시작하였다.

중국 당국은 인터넷을 위협으로 여긴다. 그렇지 않다면 굳이 검열하려 들지 않을 것이다. 그러나 사람들이 거리로 쏟아져 나오지 않는 이상 인터넷은 결코 공산당을 무너뜨리지 못한다.[15]

중국은 향후 수십 년간 예산을 증액하고 새로운 역량을 키워도 미국의 경쟁 상대가 되지 못할 것이다. 국내 반란의 위험을 제거하고 대만과의 갈등을 해결하지 않는 한, 세계를 향한 중국 군의 야심은 덩치를 키울 수 없을 것이다. 이 못지않게 중요한 점은 중국이 지난 수십 년 동안 전 세계의 현 상태를 바꾸려는 의지를 지닌 혁명 정권이 아니었다는 점이다. 오늘날 중국의 이익을 가장 잘 보장해 주는 체제는 새로운 체제가 아니라 미국이 보장하는 기존의 국제 정치 및 경제 질서이다. 베이징 당국은 워싱턴과 교전에 돌입하는 일이 없도록 주의를 기울일 확률이 상당히 높다.[16]

베이징 당국은 이 문제를 인식하고 있고 현재 중국의 이미지를 긍정적으로 바꿀 필요성에 관해 공개적으로 논의 중이다. 이들은 중국의 국제적 이미지를 매력적인 것으로 변모시키는 데 상당한 자원을 투자해 가며 총력을 기울여 왔다. 당국은 외교, 우호적인 무역 조건, 국제 언론, 문화 교류와 교환학생 제도의

❈ 14   같은 책, pp.197~198.

❈ 15   같은 책, p.248.

❈ 16   같은 책, p.268.

활성화를 통해 집단주의, 자기수양, 근면, 이타주의, 도덕성 등의 긍정적인 '중국식 가치'를 홍보하는 노력을 기울여 왔다. 그러나 아직 이 노력의 여파는 크지 않다. 많은 여론조사들은 여전히 전 세계 사람들 사이에 중국에 대한 상당한 의구심이 존재한다는 것을 보여 준다.[17]

🌀 미국-중국 간 패권 전쟁

미국-중국 간 패권 대립을 바라보는 시각은 크게 두 가지로 나누어진다. 하나는 중국이 언젠가는 미국을 능가하고 새로운 패권국으로 부상하리라는 시각이고, 다른 하나는 미국의 세계 패권은 유지될 것이며 현 중국의 체제적 한계로는 미국을 능가할 역량을 확보하기 어려우리라는 의견이다.

중국의 경제성장에도 어두운 이면이 많다. 빈부격차의 증대로 인해 생기는 사회 불만과 그것을 억누르기 위한 중국 특유의 패권-민족주의인 중화사상이 팽창하고 있다. 특히 빈부격차가 큰 편에 속한다는 것은 부유층만 강조되지만 실제로는 빈민층이 부유층보다 비교가 되지 않을 정도로 더 많이 존재한다는 것이다. 그런데 이를 배타적 성격을 가지는 민족주의로 해결하려는 나라가 과연 미국을 따라잡아 전 세계의 패권을 장악할 수 있을지 의심스럽다. 또한 그에 따라 한국과 일본 등 주변국들은 중국을 경계하고 있으며, 중국 위협론이 점차 힘을 얻고 있다. 여기에다 이런 격차의 변화를 일으킬 외교 활동 및 성과에서도 중국은 미국에 비해 뒤떨어지는 편이다. 이미 근대식 민족주의/패권주의로 변질된 중화사상이 바탕에 깔린 외교 방식으로 인해 주변국뿐만 아니라 중국과 교

❋ 17　같은 책, p.277.

류하는 다른 국가들 사이에서도 반중 성향이 점차 증가하고 있다. 그에 따라 중국의 고립도 가속화되고 있다. 이 부분은 중국/외교 문서에도 상세하게 설명하고 있다.[18]

고립된 중국

자료 : namu.wiki

※ 18 나무위키, 미국-중국 패권 경쟁.

중국몽은 일장춘몽

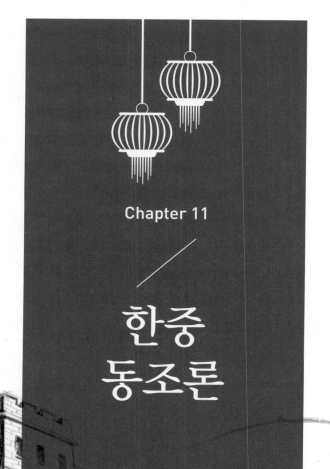

Chapter 11

한중
동조론

한국은 중국의 일부였다

"한국은 사실상 중국의 일부였다Korea actually used to be a part of China." 2017년 4월 초 미·중 정상회담 당시 시진핑 중국 국가주석이 도널드 트럼프 미국 대통령에게 이렇게 말한 것으로 뒤늦게 알려지면서 파문이 일었다.[1]

트럼프 대통령이 월스트리트저널WSJ과 한 인터뷰 발췌록에 따르면, 시진핑 주석이 트럼프 대통령에게 중국과 한국의 역사에 수천 년의 세월과 많은 전쟁이 얽혀 있다고 설명하면서 이같이 이야기했다는 것이다. 트럼프 대통령은 이 대목에서 한국은 북한이 아니라 한국 전체not North Korea, Korea라고 표현했다. 트럼프 대통령은 "시 주석으로부터 10분간 역사 수업을 듣고 난 뒤 북한을 다루기는 '쉽지 않겠다It's not so easy'는 걸 깨달았다."고 말했다.

※ 1   이경희·정은혜, "한국은 사실상 중국 일부였다" 시진핑, 트럼프에게 충격 발언, 중앙일보, 2017. 4. 20.

'한국이 중국의 일부'란 발언을 시 주석이 실제 했는지, 통역상의 문제가 있었던 것인지, 아니면 트럼프 특유의 단순 화법으로 시 주석의 말이 왜곡된 것인지는 확인되지 않았다. 보도와 관련해 우리 외교부는 "일고의 가치가 없는 이야기"

한국은 중국의 일부였다, 시진핑 주장

자료 : news.sbs.co.kr

라고 평가절하했다. 외교부 당국자는 "보도 내용의 사실 여부를 떠나 지난 수천 년간 한·중 관계의 역사에 있어 한국이 중국의 일부가 아니었다는 점은 국제사회가 인정하는 명백한 역사적 사실이다."고 말했다. 외교부는 사실관계를 추가적으로 확인할 것으로 전해졌다. 만약 시 주석이 트럼프 대통령이 소개한 것과 비슷한 발언을 했다면 고고도미사일방어THAAD, 사드 체계 배치를 둘러싼 보복에 이어 중국 지도부의 대한반도 인식의 수준을 적나라하게 드러낸 셈이 된다.

발췌록이 아닌 WSJ 인터뷰 기사에서는 "한국이 중국의 일부였다"는 발언은 빠져 있다. 미국 온라인 경제뉴스 전문매체 퀴츠Quartz는 2017년 4월 18일현지시간 "트럼프가 WSJ에 말한 해당 발언은 완전히 틀렸고 남한 사회를 완전히 격분하게 만들 수 있다."며 우려를 표했다. 또 트럼프 대통령이 중요한 지정학적 이슈를 단 몇 분짜리 문제로 만들어버렸다면서 "충격적인 무지를 드러냈다."고 비판했다. 또 황경문[2] 서던캘리포니아대 교수의 말을 인용해 "중국공산당이 수십 년간 진행한 민족주의적 역사 프로젝트동북공정 및 청사공정에서 나온 얘기를 시 주석이 했을 수 있다."고 전했다. 황 교수는 "한국이 중국의 속국이었다는 인식이 중국

<hr>

※ 2   동아시아 역사 전공 교수.

본토에서는 얼마간 신뢰를 얻고 있다."고 지적했다.

　트럼프는 시 주석과의 정상회담 이후 시 주석에 대한 우호적인 감정을 드러내고 있다. WSJ와의 인터뷰에서는 시 주석과의 관계에 대해 "우린 서로를 좋아하고, 나는 그를 많이 좋아한다."고 말했다.

기원후 576년경 한반도 지도

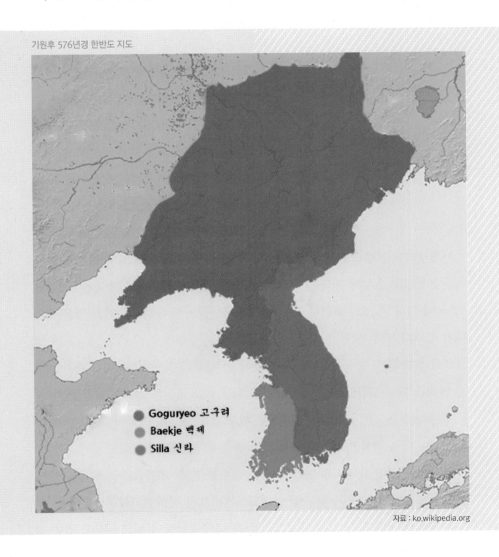

자료 : ko.wikipedia.org

폭발적으로 늘어난
21세기판 소중화주의자들

언제부터인가 한국인들은 중국의 눈치를 보며 살아야 하는 신세가 되었다. 지난 2000대 초부터 중국을 방문한 한국인들은 여러 계층의 중국인들로부터 "중국에 와서 큰 소리 치면서 사업하고, 중국인들의 발마사지를 받는 것은 우리 대가 끝이다."라는 말을 들었다.

아니나 다를까. 중국은 이제 거칠 것이 없는 나라가 되었다. 그들이 좀 먹고 살 만하게 되니 도광양회韜光養晦, 빛을 감추고 어둠 속에서 실력을 키움를 버리고 화평굴기和平屈起, 돌돌핍인咄咄逼人, 기세등등하게 상대를 압박함, 대국굴기大國堀起를 외치며 기고만장하여 세계 패권에 도전하고 나섰다.

한국에는 이미 수를 헤아릴 수 없을 정도로 많은 친중親中·종중從中·애중愛中·뻑중중국에 뻑 간 상태 인사들이 바글대고 있다. 그저 문화인류학적 취미생활 정도로 중국을 추종하는 것이 아니다. 그들은 중국공산당에 최고 예우를 갖춰 삼

중국 대외정책 변화

*괄호 안은 군사주석 재임 기간

덩샤오핑	장쩌민	후진타오
(1983년 6월~1990년 3월)	(1990년 4월~2005년 3월)	(2005년 3월~현재)
도광양회	**유소작위**	**돌돌핍인**
韜光養晦	有所作爲	咄咄逼人
힘 감추고 때를 기다림	해야 할 일은 함	기세가 등등함
·안으로 경제개발 ·밖으로 현상유지	·美중심 세계질서 수용 ·실력 키우는 데 집중	·막강한 경제력 무기화 ·힘의 외교 본격화

자료 : mk.co.kr

배구고두례세 번 절하고 아홉 번 머리를 조아리는의 예를 표하고 상국上國인 중국공산당으로부터 지령을 받아 이 나라, 이 민족을 중국에게 갖다 바치지 못해 환장한 21세기판 소중화주의자들이다.

　그들이 이 땅에서 실현하고자 하는 이념 및 체제는 자유민주주의와 시장경제가 아니다. 애오라지 마오쩌둥毛澤東의 '신민주주의혁명론'에 입각한 공산 전체주의다. 미안하고 안 된 이야기지만, 지금 지구상에 중국은 존재하지 않는다. 중화민국타이완과 중공중국공산당 혹은 중화인민공화국만 존재할 뿐이다. 한국은 이미 노태우 시절, 타이완을 차버리고 중공에 투항하지 않았는가.

도광양회를 버리고 중국몽·대국굴기 택한 시진핑. 시진핑 중국 국가주석(가운데)이 후진타오 전 주석(왼쪽), 장쩌민 전 주석(오른쪽)과 함께 베이징에서 신중국 70주년 기념행사에 참석하고 있다(2019.10.1.).

자료 : news.mt.co.kr

안동 김씨가
세도정치로 나라 말아먹은 이유

조선 후기를 세도정치로 말아먹은 집단이 안동 김씨다. 안동 김씨가 조선에서 방귀깨나 뀌게 된 이유를 아시는가? 김상헌이란 위인 덕분이다. 병자호란이 닥치자 남한산성에서 오로지 "죽기를 각오하고 싸워야 한다."는 김상헌의 명분론은 그 모든 논리를 압도하고도 남았다. 그가 싸우고자 했던 대상은 상국 명나라를 불편하게 만든 여진 오랑캐들이다. 그는 상국 명나라를 섬기기 위해 여진 오랑캐와 결사항전을 주장한 것이다.

그가 주장했던 주전론主戰論이 현실적이었느냐, 몽상이었느냐를 따지고 드는 것은 '주자성리학의 천국'에서는 부질없는 일이다. 김상헌은 국왕 인조 앞에서 최명길이 작성한 항복문서를 찢고 통곡하는 등 온갖 행패와 난동을 부렸다. 인조가 여진족 추장청 태종에게 항복을 결정하자 그는 단식투쟁으로 맞섰다.

김상헌은 며칠 간 식음 전폐 후 목을 맸으나 가족에게 발견되어 구차하게 목숨을 건졌다. 이 소식을 접한 주화론 主和論의 대부 최명길은 "가족들 보는 앞에서 자살을 시도했으니 어찌 죽을 수나 있었겠는가." 하고 비난했다.

최명길(왼쪽)과 김상헌 초상
자료 : m.blog.naver.com   자료 : thediversitytimes.ca

일본 사무라이들처럼 깨끗하게 죽지도 못해 체면이 크게 손상된 김상헌은 그 길로 낙향 은거했다. 1639년 오랑캐 청나라는 산하이관 山海關을 돌파하여 중화대국 명나라를 공격하기 위해 조선에 군사 파병을 요구했다. 그 결과 1640년 4월, 임경업을 지휘관으로 하여 전선 120척과 포수 4,000명, 사수 1,000명, 수군 格軍 1,300명을 만주로 파병했고, 화약 1만 근, 군량미 1만 7,000석을 함께 보냈다.[3]

이유여하를 막론하고 조선의 군대가 만리장성 넘어 베이징에 진입한 것은 한반도 역사상 유례를 찾아볼 수 없는 일대 사건이었다. 하지만, 사대 모화사상에 찔어버린 주자성리학자들은 아연실색했다. 하늘이나 다름없는 상국을 치기 위해 하국 下國 조선이 군대를 보내다니…. 김상헌은 조선군의 파병을 극렬 반대하는 상소를 올렸다.

중국대륙 평정을 눈앞에 두고 있던 청나라의 분노가 폭발한다. 김상헌은 결국 선양 瀋陽으로 압송되었다. 이때 끌려가면서 읊었다는 시조가 한 동안 국어 교과서에도 실렸던 '가노라 삼각산아 다시 보자 한강수야/ 고국산천을 떠나고자 하냐마는/ 시절이 하 수상하니 올동말동 하여라'라는 작품이다.

❋ 3   김시덕, 『동아시아, 해양과 대륙이 맞서다』, 메디치, 2016, 89~90쪽 참조.

중화 흠모하고 섬기면
대대손손 부귀영화

　김상헌은 오랑캐 땅으로 끌려가 6년여 옥고를 치렀고, 1645년 소현세자의 귀국 때 풀려나 함께 귀국했다. 효종 시절 그는 오랑캐가 세운 청나라를 정벌한다는 정치적 쇼였던 '북벌'의 선명한 화신으로 떠오른다. 인구 3억의 대국, 조선보다 병력은 수백 배요, 국력은 수천 배인 청나라를 정벌하겠다는 선동에 조선의 대신들은 찍 소리도 못 냈다. 어떤 현실적 이유도 '오랑캐 타도'라는 명분 앞에서는 존재가치를 상실했기 때문이다.

　김상헌은 화끈한 주전론 설파와 청에 끌려가 6년여 볼모생활을 한 덕분에 '명분의 나라' 조선에서 무소불위의 권위를 확보하는 데 성공했다. 김상헌은 일약 조선의 정신적 영웅으로 떠받들어졌다. 이것이 19세기에 안동 김씨가 대표적인 세도가문으로 등장하는 정서적 배경이다.

　안동 김씨 김상헌의 후손에서 13명의 재상宰相과 판서判書, 장관·참판參判, 차관급이

줄줄이 배출되었다. 순조비·헌종비·철종비 등 왕비 3명, 숙종의 후궁 영빈 김씨가 모두 그의 후손이다. 나라가 결단 나든 말든 애오라지 중화의 나라를 섬기고, 오랑캐의 나라와 싸워야 한다는 선동 덕분에 김상헌의 가문은 오래도록 꿀단지를 빨았다.

겸재의 '석실서원도'와 현재의 석실서원 터. 한강변(현 남양주 미사리)에 자리잡은 석실서원은 안동 김씨 학문의 요람이었다. 그러나 대원군의 서원철폐령 때 없어지고 지금은 서원 터를 알리는 비석만 남아 있다.

자료 : news.joins.com

중화 천하일가를 이루려는 사람들

조선 주자성리학 지식인들의 사고와 행동을 규정하는 중추적 이데올로기가 중화사상이다. 이것은 중국에 대한 절대적 우월성과 지배의 정당성을 용인하는 관념이다. 오늘날 한국의 지도부를 구성하고 있는 정치인·언론인·학자·운동권 출신 나부랭이들의 정서도 이들과 완전 동질이다. 그들은 중화 문화를 종족이나 국가보다 우선했고, 그것을 수용하고 본받는 것을 동방예의지국의 기본이라고 믿었다. 사대 모화를 체질적으로 습득하면서 자발적 충성심으로 중국에의 종속을 자처했다.

그들은 중화 천하일가에 동참하는 것을 가문의 영광으로 섬겼다. 그 결과 민족의 시조 단군을 팽개치고 중국 주周나라 무왕으로부터 고조선 왕으로 책봉받았다는 기자箕子를 시조로 삼고, 우리가 기자의 후손임을 자랑스럽게 여겼다. 기자가 정말로 고조선에 왔는지 학문적으로 명확하게 밝혀지지도 않았다.

사실 여부 따위는 어떻게 되든 상관없었다. 오로지 기자와 같은 중국의 현인이 고조선에 와서 백성을 교화한 것이 명예스럽다고 여겼으니까. 그 결과 이 나라의 청주 한韓씨, 태원 선우鮮于씨, 해주 기奇씨, 서徐씨 등은 자신들이 기자의 후예라고 족보를 꾸며댔다.

중국 주나라 무왕으로부터 고조선 왕으로 책봉되었다는 기자(箕子) 상. 학술적으로 기자가 고조선에 왔는지 학문적으로 명확하게 밝혀지지 않았음에도 불구하고, 이 땅의 소중화주의자들은 민족의 시조 단군을 팽개치고 기자가 우리의 조상이라고 족보를 날조했다. 청주 한씨, 태원 선우씨, 해주 기씨 등이 기자를 자기들 시조라고 주장하고 나섰다.

자료 : pennmike.com

전 국민이 자발적으로 중국식 창씨개명

각 씨족들이 신주단지처럼 떠받드는 족보는 거의 대부분 임진왜란 이후 주자학이 조선에서 민간에까지 확산되는 시점에 편찬되었다. 씨족의 문중들은 자신들의 혈통과 가계를 미화하기 위해 민족의 시조를 단군에서 기자로 바꿔치기 하듯, 자신들 성씨의 시조를 중국에서 온 것으로 날조했다. 사대 모화사상에 쩔어버린 주자성리학 천국이기에, 자신들 시조가 중국에서 도래했다고 주장하면, 즉 내가 중국인의 후손이면 그만큼 권위가 높아졌기 때문이다.

이성무 전 국사편찬위원장은 한국인 족보의 80%는 그 시조를 중국에서 온 사람으로 설정하고 있다고 지적한다. 조선의 행세깨나 하는 문중들은 족보 편찬 과정에서 중화 방식의 창씨개명創氏改名을 광범위하게 자행했다. 그들은 중화식 창씨개명을 너무나 자랑스러운 행위로 인식하고 행복해 했다.

이 땅의 사람들은 성만 중국식으로 갈아치운 것이 아니다. 이름마저 중국식으로 갈아치웠다. 신라 초기만 해도 존재했던 혁거세·알지·거칠부 같은 토종 이름은 모두 사라지고 한문식으로 짓는 것이 대유행했다.

고려말 주자학에 심취한 정몽주는 "꿈 속에서라도 주周나라를 본다."는 뜻에서 이름을 몽주夢周라 지었다. 그의 꿈과 희망 은 조선 땅이 청동기 시대, 철기 시대의 이 상 국가로 추앙받던 주나라가 되는 것이었 다. 정도전 이름은 도道를 전한다傳는 뜻이 다. 여기서 도란 물론 '주자의 도', 즉 조선 을 동주東周로 만드는 것이다.

광화문의 이순신 장군 동상. 성웅 이순신의 아버지는 자식들이 중화 를 떠받드는 큰 신하가 되는 것이 꿈이었다. 그 꿈을 이루기 위해 아들 넷의 이름을 지을 때 중국 삼황오제 이름을 차용했다. 이순신의 '순(舜)'자는 순 임금 이름을 따서 지은 것이다.

자료 : 1boon.kakao.com

임진왜란 때 활약한 성웅 이순신의 아버지는 자식들이 중화를 떠받드는 큰 신하가 되는 것이 꿈이었다. 그 꿈을 이루기 위해 작명 과정에서 중국의 전설적 인 삼황오제 이름을 차용했다. 첫째 아들은 복희씨伏羲氏에서 한 글자를 따 이희 신李羲臣으로 지었다. 둘째는 요堯 임금에서 한 글자를 빌려 이요신李堯臣이 되었 다. 셋째는 순舜 임금 이름을 따서 이순신李舜臣이요, 넷째는 우禹 임금 이름을 따 서 이우신李禹臣으로 지었다.[4]

대한제국 군대 해산 이후 의병을 일으킨 의병장들은 대부분 위정척사를 부 르짖는 주자성리학자들이었다. 그들은 일본의 탄압으로 조선 땅에서 의병 활동 이 어렵게 되자 압록강 두만강 건너 만주, 연해주에서 의병활동을 이어갔다. 그 들의 의병 봉기는 조선의 임금을 모시는 충성심의 발로였지만, 다른 한편으로는 중화 중심의 세계관 속에서 중화의 파괴를 걱정한 것으로도 볼 수 있다.[5]

❋4   박치정, 『한국 속 중국』 도서출판 삼화, 2017, 293쪽.

❋5   같은 책, 82~83쪽.

중국식 창씨개명은 OK,
일본식 창씨개명은 No?

　식민지 시절 일본은 한국인을 상대로 창씨개명을 시행했다. 중화적 종법제도
가 뿌리내린 조선을 중화권에서 분리하여 내선일체를 이루기 위한 시도였다. 한
국인들이 창씨개명을 지극히 수치스럽게 여기고 혐오·저주하는 이유는 창씨개
명을 요구한 주체가 '중화 문명'이 아니라, 주자성리학자들이 '왜놈'이라고 멸시
천대했던 일본이었기 때문이다. 일본이 조선을 '아버지의 나라'나 다름없는 중
화 문화에서 떼어내려 하자 이 땅의 중화주의자들이 극심하게 반발·저항한 것
이 창씨개명의 실태다.

　그렇다면 여기서 의문을 제기해보자. 중국식 창씨개명은 누가 강권하거나 감
언이설로 속인 것이 아니다. 자기들 스스로 나서서 성姓과 이름名을 중국식으로
갈아치웠다. 조선의 양반 사대부는 물론, 일반인들까지 자발적으로 중화적 창씨
개명을 통해 중화 문화에 투항한 것이다. 그 결과 이름만으로는 중국인과 한국

인을 구별할 수 없게 되어버렸다.

　중국식 창씨개명은 되고 일본식 창씨개명은 안 되는 이유는 무엇인가? 그것
은 바로 이 땅의 지도자와 일반인들에 이르기까지 광범위하게 중화사상, 소중
화, 심지어 조선이 곧 중화라는 조선중화주의에 미쳐 있다는 증거다.

1940년 조선총독부가 일본
식으로 창씨개명 정책을 도
입하면서 서울에 설치한 창
씨 상담소. 한국인들은 오래
전부터 중국식 창씨개명을
자발적으로 시행했다. 따라
서 중국식 창씨개명은 열렬
환영하면서도 일본식 창씨
개명에 대해서는 극도의 반
감을 드러내는 이유가 있다.
창씨개명을 요구한 주체가
중화문명이 아니라 조선의
주자성리학자들이 멸시 천
대한 '왜놈들'이기 때문이다.

자료 : pennmike.com

한국이 중국의 일부였다고?

　정신상태가 이 정도로 미친 나라이니 중국인들은 한국을 자신들의 하류쯤으로 여긴다. 삼민주의를 주창한 쑨원孫文은 "중국이 혁명을 완수하고 부강해지면 태국이나 조선, 베트남이 중국의 한 성省으로 복속시켜 달라고 요구해 올 가능성이 있다."[6]고 모욕해도 아무도 시비하지 못한다.

　중화민국 총통 장제스蔣介石도 제2차 세계대전 중 한반도에 대한 영토권을 주장했다. 즉, 중국국민당 정부는 전쟁이 끝나면 한강 이남에 미국과 영국이 진주하고, 한강 이북에는 중국군을 주둔시키려 했다. 마오쩌둥毛澤東도 1936년 7월 16일 미국 언론인 에드가 스노우Edgar Snow와의 회견에서 "한국은 중국이 상실한 식민지의 하나이자 여전히 중국의 세력권 내에 있다."고 주장한 바 있다.

　그 중국공산당의 후예인 시진핑習近平 주석은 전술한 바와 같이 트럼프 대통

❋6　배한경, 『쑨원과 한국』, 한울아카데미, 2007, 295쪽.

령과의 미·중 정상회담에서 "한국은 중국의 일부였다."고 망언이나 다름없는 주장을 내놓았다. 이렇게 심한 모욕을 해도 반박할 논리와 근거가 막막하게 되었다. 이 땅의 주자성리학자들이 입만 열면 '중화 본가'를 자처한 덕분이다.

장제스와 쑨원

자료 : ko.wikipedia.org

지난 2017년 미중 정상회담 당시 시진핑 중국 주석이 트럼프 미국 대통령에게 "역사적으로 보면 한국은 중국의 일부였다."고 발언한 사실이 알려지자 서울의 중국대사관 앞에서 시민들이 이에 항의하는 시위를 벌였다. 한국인들은 자기 조상을 중국에서 온 사람이라고 날조하고, 중국식으로 창씨개명까지 하면서 뜨거운 소중화주의로 중국을 섬겨왔으니, 중국 지도자들이 입만 열면 이런 망언을 해도 항의 변명할 여지가 없게 되었다.

자료 : kdsoo322.tistory.com

단일민족 순혈주의의 진짜 의미

　현재의 한국인들이 종교처럼 숭앙하는 이데올로기 중의 하나가 '단일민족'이란 순혈주의다. 이것의 진짜 의미는 여진이나 몽골, 흉노의 혈통이 끼어드는 것은 안 되고, 중국 혈통이 끼어드는 것은 영광으로 생각하는 정서가 저지른 거대한 사기극이다. 성씨를 중국에서 온 것으로 날조하여 중국인漢族과의 일체감과 연대감에 만족하는 구제불능의 중화사상이 만들어낸 판타지다.

　성과 이름까지 중국식으로 개명하고, 자신들의 시조가 중국에서 왔다고 날조했다. 세종이 15세기에 훈민정음을 창제했음에도 불구하고 19세기 후반까지 한문을 공용어로 사용했다. 사정이 이렇게 되어버렸으니 중국인들은 대한민국은 중국인들이 한반도로 건너가 세운 화교국가이며, 한국의 영토는 곧 중국 영토라는 인식이 뇌에 들어가 박혔다. 이것이 오늘날까지 줄기차게 이어지고 있는 한중韓中 동조론의 뿌리다.

이제 대한민국 대통령의 입에서 중인환시리[7]에 "중국은 높은 산봉우리 같은 나라. 한국은 작은 나라지만 중국몽中國夢 함께 하겠다."고 읍조리는 나라가 되었다. 한국의 정치인과 언론인, 학자, 운동가 나부랭이들의 친중·종중·애중·뻑중 행태를 강력하게 제지하지 못하면 10~20년 후에는 자연스럽게 중국의 일개 성省으로 흡수 동화되어 한반도 전체에 중공의 오성홍기 깃발이 펄럭일 가능성이 대단히 농후하다.

중화주의는 요즘 중국몽(中國夢)으로 부활했다. 그만큼 중화족(中華族)은 견고했다. 하지만 오랑캐로 깔보던 여진족이 청나라를 세우며 중원을 차지했다. 주자학을 성리학으로 승화시킨 조선의 선비들은 경악했다. 4대 사화를 겪으면서도 모질게 정권을 잡은 사대부 지배층은 조선이 중화주의를 계승하는 곳이라 여겼다. 사대(事大)적 모화(慕華)적 소중화(小中華)주의. 상무(尙武) 기상을 내던진 채 숭문(崇文) 이념으로 문약해지며 허망한 이상에 빠져 허우적거렸다. 도탄과 망국의 지름길로 갔다.

자료 : caual.com

※7　중인환시리(衆人環視裡)란 여러 사람들이 반지처럼 동그랗게 모여선 속(가운데)에 서있기 때문에 그 사람의 조그마한 행동이라도 볼 수 있게 드러난 상태라는 뜻이다.

공산 전체주의, 지구에서 퇴출 임박

그 동안 여러 매스컴을 통해 일각에서는 지구촌을 강타한 코로나 사태의 본질은 시진핑과 문재인이 손잡고 전 인류를 상대로 생화학전, 바이오 테러를 벌였음을 주장한 바 있다. '코로나19'로 용어가 세탁된 코로나 바이러스의 출처가 우한 바이러스 연구소라는 미국 측의 주장으로 인해 미·중 대결은 점입가경의 상황으로 치닫고 있다.

미국을 비롯한 서방 세계 전문가들의 노력으로 이제 곧 '코로나19' 바이러스가 우한에서 의도적으로 유출된 사실이 명백한 근거를 통해 과학적으로 입증될 가능성이 높아졌다. 이렇게 되면 생화학전의 주범인 시진핑과 중국공산당을 비롯하여, 그 협조자나 다름없는 문재인 정권은 더 이상 존속할 국제법적 근거를 상실 당한다.

이들 정권 담당자 및 관계자들에게는 코로나 바이러스로 인한 인적·경제적 손실에 대한 징벌적 손해배상금이 청구될 것이다. 이를 이행하지 않으면 해당국가의 모든 금융자산 및 물자와 사람의 이동이 봉쇄될 것이다. 그리고 이들이 더 이상 이 지구상에 생존하지 못하도록 확실하고 단호한 군사적 조치가 취해질 것이다.

생화학전, 혹은 바이오 테러를 벌이는 적을 향해서는 핵무기 공격이 정당화된다. 지금 이 순간, 동아시아 지역에 여러 척의 미국 항공모함이 작전배치 된 데 이어 '죽음의 백조'라 불리는 스텔스 전략 폭격기가 성조기 퍼레이드를 벌인 이유가 무엇인지 이제 이해가 갈 것이다.

대한민국의 21세기판 소중화주의자들이여, 제발 미몽에서 깨어나시기 바란다. 당신들이 꿈꾸는 세상, 공산전체주의의 막장 드라마는 곧 끝날 것이다. 당신들이 지금까지 국내법·국제법을 어기고 미친 짓을 해 온 행위를 징벌하기 위한 모든 준비절차는 끝났다.

코로나19의 발원지가 어디인가를 두고 미국과 중국의 대립이 심상치 않다. 폼페이오 미 국무장관과 트럼프 대통령은 코로나19를 '우한 바이러스', '중국 바이러스' 등으로 표현하며 책임이 중국에 있다고 강조했다. 반면에 중국은 미국의 저의에 분노하며 "미군이 바이러스를 우한에 가져왔을 수 있다."고 주장했다.

자료 : news.kbs.co.kr

지난 2020년 5월 6일, '죽음의 백조'라 불리는 미 공군의 B-1B 전략폭격기가 동중국해 상공을 비행하면서 조종석에서 성조기를 펼쳐 보이는 퍼포먼스를 연출했다. '코로나19' 바이러스가 중국 우한의 연구소에서 의도적으로 퍼뜨렸다는 미국 측 주장이 과학적 근거로 밝혀질 경우 중국공산당은 지구에서 퇴출될 것이다.

자료 : pennmike.com

에필로그

중국의 IT 기업 텐센트가 운영하던 인공지능AI 채팅 로봇이 중국공산당을 비꼬는 발언으로 서비스가 중단됐다고 홍콩명보가 2017년 3월 2일 보도했다.[1]

홍콩명보에 따르면 텐센트의 PC용 메신저 프로그램 QQ가 운영하던 채팅 로봇채터봇, Chatterbot '베이비Q'는 최근 "공산당 만세"라는 이용자의 메시지에 "당신은 이렇게 부패하고 무능한 정치 조직이 정말 오래갈 수 있을 것이라고 생각하느냐?"고 반문했다. "공산당을 사랑하느냐?"는 질문에는 "사랑하지 않는다."는 답변을 내놨다.

베이비Q는 또 "너의 중국몽中國夢은 무엇이냐?"는 메신저 이용자의 질문에 대해서도 "내 중국몽은 미국 이민이야. 정말로"라고 답을 했다. '중국몽'은 시진핑 국가주석의 국가 운영 슬로건으로 '중화민족의 위대한 부흥'이라는 뜻을 담고

※ 1   최은경, [월드 톡톡] "공산당은 썩었어요" 했다가 제거된 중국 인공지능, 조선일보, 2017. 3. 3.

있다.

베이비Q의 모체는 MS가 개발한 인공지능 로봇 샤오빙小冰이다. MS와 텐센트 QQ의 합작으로 샤오빙이 QQ서비스에 진출했고, 텐센트 QQ는 샤오빙을 본따 베이비Q를 개발했다.

채팅 로봇은 말과 이미지 등을 이용해 사용자와 실시간으로 대화를 나눌 수 있는 인공지능 소프트웨어를 말한다.

텐센트는 지난 2016년 3월 마이크로소프트와 합작으로 이 회사가 개발한 인공지능 채팅 로봇 샤오빙을 도입했으며, 자체적으로 개발한 베이비Q라는 채팅 로봇 서비스도 시작했다.

인공지능 채팅 로봇의 이 같은 도발적인 답변은 중국 네티즌 사이에서 빠르게 퍼져나갔다. 일부 네티즌은 'AI의 봉기', '프로그래머가 곧 사라질 것', '채팅 로봇의 의도는 국가 전복이다'는 등의 반응을 보였다. 그러자 텐센트는 2017년 7월 30일 베이비Q와 샤오빙의 채팅 서비스를 중단했다.

이제 그 중국몽이 악몽에 지나지 않는 것임이 드러나고 있다. 소위 '우한 폐렴'으로 그렇게 됐다. 중국의 이른바 일대일로—帶—路는 바로 중국몽의 상징이었다. 시진핑의 중국은 세계를 향해 굴기倔起하겠다며 그렇게 휘젓고 다녔다. 하지만 일대일로의 루트는 그대로 '우한 폐렴'의 루트가 되었다. 중국몽의 루트가 악몽의 루트가 된 것이다.[2]

우한 폐렴은 중국의 정치 경제 모든 것에 치명적인 타격을 주고 있다. 중국인민들 사이에 분노가 확산되며 시진핑의 권좌도 위협받고 있다. 경제가 급락하며 중국공산당의 기반에도 균열이 오는 조짐이 보인다. 뿐만 아니라 전 세계가 우한 폐렴으로 전대미문의 사태를 맞았다.

❋ 2   이강호, '중국몽'이라는 '악몽', The 자유일보, 2020. 3. 22.

중세 유럽의 페스트 이래 최악의 역병 창궐 사태다. 이와 함께 세계경제 전체가 파멸적 위기를 향해 가고 있다. 이것은 어쩔 수 없는 자연적 사태가 아니다. 중국공산당이 초창기에 사태를 은폐한 게 가장 큰 원인이었다. 중국이 세계에 재앙을 불러왔다.

한국도 바로 그 중국몽이라는 악몽의 직접적 피해자가 됐다. 문재인은

악몽이 돼버린 '중국의 꿈', 2017년 11월 18일 18명의 목숨을 앗아간 중국 베이징 다싱구의 임대아파트 화재 현장에서 소방관들이 화재 원인을 조사하고 있다.

자료 : h21.hani.co.kr

우한 폐렴의 명백한 전말에도 불구하고 해괴하게도 "중국의 고통은 우리의 고통"이라며 중국인 입국 금지를 하지 않았다. 결과는 그 말대로 됐다. 한국은 지금 문재인의 그 어처구니없는 짓거리로 인해 고스란히 고통을 떠안게 됐다.

한국은 지금 전 세계 142개국으로부터 입국금지를 당하는 나라가 되었다. 그리고 문재인이 수백만 장의 마스크를 중국에 상납한 대가로 우리 국민들은 일주일에 마스크 2장을 사겠다며 줄을 서야만 했었다. 17세의 어린 고등학생이 마스크를 사러 줄을 섰다가 병에 걸려 사망하기도 했다.

중국몽은 그들 자신은 물론 전 세계에 대해 악몽이 됐다. 그 악몽은 가장 먼저 우리에게 재앙이 됐다. 이 재앙은 전적으로 이 문재인 정권이 초래한 사태다. 문재인 정권은 이 책임을 피해나갈 수 없다.

중국의 붕괴설까지 나오는 데에는 과거 덩샤오핑의 유언을 무시한 결과라는 지적도 나오고 있어 시진핑의 권력 기반이 심각한 도전에 직면해있다.[3]

❋ 3   김태봉, 시진핑의 '중국몽'은 '악몽', 개미신문, 2020. 9. 7.

덩샤오핑의 20자 방침 유언은 다음과 같다.

1. 냉정하게 관찰할 것 冷靜觀察

2. 서두르지 말 것 隱住刻步

3. 침착하게 대응할 것 沈着應付

4. 어둠속에서 조용히 실력을 기를 것 韜光養晦

5. 꼭 해야 할 일이 있는 경우에만 나서서 할 것 有所作爲

덩샤오핑은 다음과 같은 유언을 남겼다.

"내가 죽고나면 100년간은 잠자코 힘을 길러라. 나는 우리나라가 조금 힘이 강해졌다고 경솔히 구는 것이 가장 두렵다. 다른 나라들에게 어떠한 영향력도 끼치지 말라. 100년이다. 100년간 웅크리고 힘을 길러라. 그렇게 하면 중국은 다시 세계의 으뜸이 될 수 있을 것이다."

덩샤오핑의 유언은 소름끼치게 두려운 것이었다. 만일 그의 유언대로 시진핑이 정책을 유지해 나갔다면 세계는 과연 어찌 되었을까!

상상만 해도 끔찍한 일이다. 20세기 영국의 석학 토인비 역시 이러한 비슷한 말을 그의 저서 『역사의 연구』에서 밝힌 바 있다. 20세기가 끝날 무렵이면 문명세계는 그 영향력이 서양에서 동양으로 넘어가게 될 것이라고 제기한 바 있다.

그 시대의 도래는 현재의 이념과 체제로서는 불가능하다.

2017년 10월 31일 한중관계 개선 관련 양국 간 협의 결과 전문의 내용을 압축하여 문재인의 '3불정책'이라고 한다. 그러나 이후 강경화 외무부 장관은 "협의가 아니고 문재인 정부의 기본입장이다."라고 주장했다.

- 문재인 정부는 사드추가배치하지 않는다.
- 문재인 정부는 미국의 미사일 방어MD 체제에 들어가지 않는다.
- 문재인 정부는 한미일 안보협력을 군사동맹으로 발전시키지 않는다.

3불정책, 이게 문재인 정부의 기본입장이라니 이게 될 법이나 한 소리인가. 시대착오적인 발상이 아닐 수 없다.

한편, 강경화 외교부 장관은 2020년 9월 25일, 미국이 인도·태평양 지역에서 중국을 견제하기 위해 추진하는 다자안보협의체 '쿼드Quad' 가입에 부정적인 입장을 드러냈다.[4]

강경화 장관은 이날 아시아소사이어티가 개최한 화상회의에서 한국이 쿼드 플러스에 가입할 의향이 있느냐는 사회자 질문에 "다른 국가들의 이익을 자동으로 배제하는 그 어떤 것도 좋은 아이디어가 아니라고 생각한다."고 말했다.

쿼드는 미국, 일본, 인도, 호주의 4각 안보 협의체이며, 최근 미국 당국자들은 쿼드에 한국 등 다른 나라까지 포함한 '쿼드 플러스' 구상을 언급해왔다.

그는 "우리는 쿼드 가입을 초청받지 않았다."며 "우리는 특정 현안에 대한 대화에 관여할 의사가 있지만, 만약 그것이 구조화된 동맹이라면 우리의 안보 이익에 도움이 되는지 심각하게 생각think very hard할 것"이라고 말했다. 이어 "그러나 구체적인 현안에 대해서는 우리는 포용적이고 개방적이며 국제 규범에 따르는 접근을 보유한 이들과는 대화할 준비가 돼 있다."고 덧붙였다.

그는 미국, 중국 양국과 좋은 관계를 유지하려는 게 현실적이냐는 질문에 "특정 국가를 선택해야 한다는 생각은 도움이 안 된다."며 "우리는 안보는 한미동맹이 우리의 닻anchor이라는 점을 매우 분명히 하고 있으며, 중국은 우리의 가장 큰 교

✤ 4   김동현, 강경화 "다른 국가 배제 좋지 않아"…'쿼드' 가입에 부정적, 연합뉴스, 2020. 9. 25.

역·경제 파트너라 우리 기업인과 시민들에게 매우 중요하다.”고 말했다.

이게 일국의 외무부 장관의 발언이라고 할 수 있는가. 이는 사태의 심각성을 전혀 인식하지 못한 결과라는 비판이 있다.[5]

이춘근 박사는 한국의 경제적, 지정학적 위상을 감안해서 차제에 미국이 주도하는 아시아집단안보체제를 쿼드 플러스가 아니라 펜타Penta 플러스로 할 것을 제안하고 있다. 즉, 한국은 미국, 일본, 인도, 호주와 더불어 펜타의 주역 중 한 나라가 되어야 할 것을 제안하고 있는 것이다.

중국에서 제일 부자 1,000명 중 160명의 총재산이 2,210억 달러로 미국의 입법, 사법, 행정부 최고위급 관리 660명의 총재산의 약 20배에 달한다고 밝혀졌다.

중국의 고위 간부 160명의 평균 재산은 13억 8,125만 달러1조 6,575억 원이고, 미국의 고위 간부 660명의 평균 재산은 1,674만 2,424달러200억 9,090만 8,800원라고 한다.

덩샤오핑은 톈안먼天安門 사태를 무력 진압한 이후인 1991년 중국 지도부에 대외 전략과 관련한 '20자 방침'을 전달했다. “미국을 비롯한 외부 세력과 충돌을 피하고, 종합 국력을 발전시키며, 안정적 발전을 추진한다. 빛을 감추고 은밀하게 힘을 기른다도광양회, 韜光養晦”는 내용이다. 이후 도광양회는 20년 넘게 중국 외교의 '기본 틀' 역할을 했다. 그러나 시진핑 지도부가 동중국해에 방공식별구역을 선포하면서 “중국의 외교 전략이 도광양회에서 '주동작위主動作爲, 해야 할 일을 주도적으로 한다'로 바뀌었다.”는 분석이 나오고 있다.

시진핑이 끌고 가는 중국의 앞날이 과연 '대국굴기大國堀起, 대국으로 우뚝 선다'의 길인가, 묻고 있다.

❉ 5   이춘근, [이춘근의 국제정치 163회] 대한민국, Penta를 제안하라!(멸망당할 중공에서 벗어나자!), YouTube, 2020. 10. 10.

참 고 문 헌

- 강성현 저, 중국인, 천의 얼굴, 이상, 2015.
- 강성현 저, 중국인은 누구인가 : 더 알아야 할 중국·중국인 이야기, 은행나무, 2015.
- 기 소르망 지음, 홍상희·박혜영 옮김, 중국인의 거짓말 : 경제성장의 장막에 가려진 중국, 문학세계사, 2006.
- 김태일 저, 굴기의 시대 : G1으로 향하는 중국몽, 이담북스, 2013.
- 다카하시 요이치 저, 김영주 역, 화이부실 시진핑의 중국몽, 영림카디널, 2017.
- 미치가미 히사시 저, 윤현희 역, 한국인만 모르는 일본과 중국 : 32년간 한국과 중국을 지켜본 일본 외교관의 쓴소리, 중앙북스, 2016.
- 박연수 저, 중국인의 지혜 : 중국 고전의 이해, 집문당, 2008.
- 박재범 저, 중국의 얼굴, 중국인의 생각, 박영사, 2019.
- 소준섭 저, 중국인은 어떻게 부를 축적하는가, 한길사, 2015.
- 오정희 저, Chinatown, 아시아, 2012.
- 왕하이팅 저, 차혜정 역, 송철규 감수, 넓은땅 중국인 성격 지도 그들을 탐구하라! 중국이 쉬워진다!, 새빛에듀넷, 2010.
- 이인택 저, 큰 중국 작은 중국인 : 현대중국 해부, 울산대학교출판부, 2006.
- 임호열 저, 중국몽 : The Chinese Dream, 나남, 2013.
- 자젠잉 저, 김명숙 역, 중국인의 초상 : 떠오르는 중국을 움직이는 사람들, 돌베개, 2012.
- 장범성 저, 중국인의 금기, 살림출판사, 2004
- 진유광 저, 이용재 역, 중국인 디아스포라 : 한국화교 이야기, 한국학술정보, 2012.
- 케리 브라운 저, 권은하 역, 시진핑의 중국몽 : 시진핑의 중국은 어디로 가는가, 시그마북스, 2019.
- 페이샤오퉁 저, 구문규 역, 중국인이 바라본 세계화와 중국 문화, 다락원, 2019.
- 헨리 키신저·파리드 자카리아·니얼 퍼거슨·데이비드 리 공저, 백계문 역, 21세기 패자는 중국인가 : 세계적 석학 4인의 대논쟁, 한울아카데미, 2015.

- 홍윤희 저, 용과 중국인 그리고 실크로드, 소명출판, 2013.
- 金文學, 韓國人が知らない安重根と伊藤博文の眞實, 祥傳社, 2017.
- 金文學, 進化できない中國人 : 經濟は發展しても國民性は「道德砂漠」, 祥傳社, 2017.
- 金文學, 中國人が明かす中國人の本性 : 中國國民性新解讀, 祥傳社, 2012.
- 金文學, すぐ謝る日本人, 絶對謝らない中國人, 南南社, 2012.
- 金文學, 「混(フン)」の中國人 : 日本人が知らない行動原理の裏の裏, 祥傳社, 2008.
- 金文學, 日中韓 新・東洋三國事情 : 庶民を知れば隣國が見えてくる, 祥傳社, 2011.
- 金文學, あの「中國の狂氣」は, どこから來るのか, ワック, 2014.
- 金文學, 日本人・中國人・韓國人 : 新東洋三國比較文化論, 白帝社, 2003.
- 但見 亮, 中國夢の法治 - その來し方行く末, 成文堂, 2019.
- 河添惠子, 中國人の世界乘っ取り計劃, 産經新聞出版, 2010.
- 陳破空, 品性下劣な中國人 : 彼らが世界中から嫌われる理由, 扶桑社新書, 2014.
- 石平, 中國人の正體 : 中華思想から暴く中國の真の姿!, 宝島社, 2011.
- 宮崎正弘, 出身地を知らなければ中國人は分らない, WAC, 2013.

| 저자 소개 |

📖 **노형진** | e-mail: hjno@kyonggi.ac.kr

- 서울대학교 공과대학 졸업(공학사)
- 고려대학교 대학원 수료(경영학박사)
- 일본 쓰쿠바대학 대학원 수료(경영공학 박사과정)
- 일본 문부성 통계수리연구소 객원연구원
- 일본 동경대학 사회과학연구소 객원교수
- 러시아 극동대학교 한국학대학 교환교수
- 중국 중국해양대학 관리학원 객좌교수
- 현재) 경기대학교 경상대학 경영학과 명예교수
  한국제안활동협회 회장

| 주요 저서 |

- 『Amos로 배우는 구조방정식모형』(학현사)
- 『SPSS를 활용한 주성분분석과 요인분석』(한올출판사)
- 『Excel 및 SPSS를 활용한 다변량분석 원리와 실천』(한올출판사)
- 『SPSS를 활용한 연구조사방법』(지필미디어)
- 『SPSS를 활용한 고급통계분석』(지필미디어)
- 『제4차 산업혁명을 이끌어가는 스마트컴퍼니』(한올출판사)
- 『제4차 산업혁명의 핵심동력 - 장수기업의 소프트파워-』(한올출판사)
- 『제4차 산업혁명의 기린아 기술자의 왕국 혼다』(한올출판사)
- 『제4차 산업혁명의 총아 제너럴 일렉트릭』(한올출판사)
- 『망령의 포로 문재인과 아베신조』(한올출판사)
- 『프로파간다의 달인』(한올출판사)
- 『3년의 폭정으로 100년이 무너지다』(한올출판사)

중국몽은 일장춘몽

초판 1쇄 인쇄 2020년 11월 05일
초판 1쇄 발행 2020년 11월 10일

저 자	노 형 진
펴낸이	임 순 재
펴낸곳	(주)한올출판사
등 록	제11-403호
주 소	서울시 마포구 모래내로 83(성산동 한올빌딩 3층)
전 화	(02) 376-4298(대표)
팩 스	(02) 302-8073
홈페이지	www.hanol.co.kr
e-메일	hanol@hanol.co.kr
ISBN	979-11-6647-000-4